第三届世界现代化论坛文集

世界现代化报告

现代化与人类发展

（意）阿尔伯特·马蒂内利　何传启　主编

科学出版社
北京

内 容 简 介

现代化既是一个世界现象，又是一种文明进步。它不仅改变了18世纪以来的世界政治、经济、社会和文化生活，还促进了人类发展、生态文明和国际体系的变迁，同时有助于文化多样性长期存在。世界各国都在开展某种现代化建设，都把实现现代化作为一个发展目标。

2019年5月，“第三届世界现代化论坛暨第十七期中国现代化研究论坛”在北京中国科技会堂成功举行，来自亚洲、欧洲和美洲的80多位学者出席论坛，论坛联合主席共同签署了《世界现代化论坛章程》。本书是第三届世界现代化论坛的主要成果，包含现代化与人类发展、教育现代化与人类发展、现代科技与人的现代化、健康现代化与人类发展、生态现代化与人类发展、生活质量与现代化等，反映了现代化研究的国际前沿和热点。

2020年中国开启现代化建设的新征程。本书可为关心世界现代化的学者和人士提供一个系统把握现代化研究和发展趋势的机会，为中国现代化建设提供国际借鉴。

图书在版编目（CIP）数据

世界现代化报告：现代化与人类发展 /（意）阿尔伯特·马蒂内利，（Alberto Martinelli），何传启主编. —北京：科学出版社，2021.3
ISBN 978-7-03-068262-8

Ⅰ.①世… Ⅱ.①阿… ②何… Ⅲ.①现代化-研究报告-世界
Ⅳ.①F113.4

中国版本图书馆CIP数据核字（2021）第040213号

责任编辑：崔文燕 / 责任校对：何艳萍
责任印制：李 彤 / 封面设计：楠竹文化

科学出版社 出版
北京东黄城根北街16号
邮政编码：100717
http://www.sciencep.com
北京中科印刷有限公司 印刷
科学出版社发行 各地新华书店经销
*
2021年3月第 一 版 开本：720×1000 B5
2021年3月第一次印刷 印张：19 3/4
字数：374 000
定价：99.00元
（如有印装质量问题，我社负责调换）

世界现代化论坛

学术委员会和文集编委会

序

北京是中国的首都，有三千多年的历史，拥有两千多万常住人口。它是一座现代和传统交融的伟大城市，既充满着现代化大都市的气息，像北京国际机场、奥林匹克森林公园等，也体现着灿烂悠久的中华文明，如紫禁城、八达岭长城等。它不仅是中国最重要的政治文化中心，也是重要的国际交往中心和科技创新中心。

五月是北京最美好的季节，这里阳光明媚，鲜花盛开，一派欣欣向荣的景象。在五月的北京，我们迎来了参加“第三届世界现代化论坛暨第十七期中国现代化研究论坛”的专家学者和朋友们，我们感到非常荣幸和欣喜。

感谢世界现代化论坛的学术委员会的高效率工作。这个委员会由来自 12 个国家的 32 位著名学者组成，他们高质量地完成了这次论坛 80 多篇论文的同行评议工作。特别感谢两位国际著名学者，他们分别是联合国教科文组织国际社会科学理事会前理事长、世界现代化论坛联合主席、意大利米兰大学马蒂内利教授（A. Martinelli）以及联合国前副秘书长、世界现代化论坛联合主席、美国哥伦比亚大学奥坎珀教授（J. A. Ocampo）；同时还要感谢俄罗斯科学院叶琳娜院士（Irina Eliseeva）、罗马尼亚科学院狄里克教授（C. Turliuc）、意大利米兰大学帕斯尼教授（N. Pasini）、日本大学斋藤教授（Y. Saito）和美国弗吉尼亚大学麦吉教授（A. Megill）等国际著名学者，感谢他们对论坛的大力支持！

我们还要感谢参与和支持本次论坛的中国学者，特别是中国工程院院士、中国医学科学院刘德培教授，中国工程院院士、国家环境规划研究院王金南教授，国际欧亚科学院院士、中国科学院中国现代化研究中心何传启主任等，同时也要感谢中国科学院发展规划局和国际合作局对这次论坛的支持，感谢具体承办这次论坛会务工作的中国科学院中国现代化研究中心的全体同仁。

现代化是人类社会发展的大趋势、大潮流，它大致起步于 18 世纪，流行于 20 世纪和 21 世纪。从 18 世纪到 21 世纪，现代化的内涵和特征发生了巨大变化，目前世界上绝大多数国家在自觉和不自觉地开展现代化建设，在直接和间接地把实现现代化作为本国的发展目标。

2013 年，习近平主席首次倡议构建人类命运共同体，这就要求我们加强全球深度合作。2017 年，十九大报告提出：中国将在 2020 年全面建成小康社会，在 2035 年基本实现现代化，到 2050 年左右全面建成现代化国家。这是中国现代化进程的总体目标。实现这一目标，将是中国对人类社会的巨大贡献。

为了促进现代化研究的国际交流与合作，2013 年以来，在中国科学院的支持下，中国现代化研究中心已举办了两届世界现代化论坛，这次是第三届。这次论坛的主题是“现代化与人类发展”，与会者主要围绕教育现代化与人类发展、现代科技与人的现代化、健康现代化与人类发展、生态现代化与人类发展、生活质量与现代化等议题展开了讨论，分享研究成果，交流创新思想。在大家的共同努力下，这次论坛成为在世界现代化研究进程中具有里程碑意义的一次学术盛会。该书汇集了本次论坛的重要成果，代表了当今世界现代化研究的前沿水平，其中不乏可能引领未来现代化发展的创新思想和真知灼见，期待带给大家丰富而深刻的感悟和启迪。

汪克强
中国科学院副秘书长
中国科学院中国现代化研究中心理事长

致谢

本书是2019年北京举行的第三届世界现代化论坛的主要成果。本书由世界现代化论坛论文集编委会编辑。马蒂内利教授和何传启研究员担任编委会联合主编和论坛学术委员会联合主席。论坛由中国科学院中国现代化研究中心等五家单位联合主办。论坛组委会荣誉主席为中国科学院前院长周光召院士，执行主席为中国科学院中国现代化研究中心主任何传启研究员，组委会成员包括董正华教授、刘细文教授、方竹兰教授、汤锡芳教授、邹力行研究员。组委会秘书处包括刘雷副研究员、朱文瑜助理研究员、靳京副研究员、叶青研究员。

世界现代化论坛学术委员会讨论和审定了《世界现代化论坛章程》，论坛三位联合主席共同签署了《世界现代化论坛章程》。根据论坛章程，周光召院士担任论坛名誉主席，马蒂内利教授、奥坎珀教授和何传启研究员担任论坛联合主席；论坛总部设在北京，论坛秘书处设在中国科学院中国现代化研究中心。

本次论坛收到投稿80多篇，经论坛学术委员会评议接受论文40多篇。参会学者来自10个国家（哥伦比亚、印度、意大利、日本、中国、罗马尼亚、俄罗斯、瑞典、英国和美国）。中国科学院副秘书长汪克强研究员致开幕词。马蒂内利教授和奥坎珀教授致欢迎词。论坛开幕式由何传启研究员主持。马蒂内利教授、奥坎珀教授、刘德培院士、王金南院士和何传启研究员做特邀报告。29位学者做大会发言。

本次论坛各分论坛均由优秀科学家主持，他们分别是马蒂内利教授、奥坎珀教授、叶琳娜院士、狄里克教授、帕斯尼教授、斋藤教授、阿兰教授（Allan Megill）、何传启研究员、董正华教授、方竹兰教授、张华教授、赵世举教授等。

中国科学院中国现代化研究中心成员对本次论坛的顺利举办做出了贡献。他们是刘雷副研究员、靳京副研究员、叶青研究员、朱文瑜助理研究员、赵西君副研究员、李力助理研究员、李扬助理研究员和岳启明同志。刘雷副研究员、朱文瑜助理研究员和叶青研究员同时担任编委会秘书。

中国科学院国际合作局、中国科学院发展规划局为论坛及出版物提供资金支持。特此鸣谢！

感谢国内主流媒体的专题报道。感谢科学出版社的精心编辑。感谢所有关心和支持世界现代化论坛的专家和朋友们！

前言

现代化是18世纪以来的一个世界现象和一种文明进步。它不仅深刻地改变了我们的政治、经济、社会和文化生活，而且促进了人类发展、生态文明和国际体系变迁，同时文化多样性长期存在。现代化进程就像是一场人类发展的国际马拉松比赛，跑在前面的国家成为发达国家，其他国家是发展中国家。今天，几乎所有国家都在有意识或无意识地开展某种现代化建设，都在直接或间接地把实现现代化作为一个发展目标。我们越来越需要通过国际比较研究和跨学科研究促进人们对于现代化进程的理解。

2019年5月，“第三届世界现代化论坛暨第十七期中国现代化研究论坛”在北京的中国科技会堂举行。此次论坛由中国科学院中国现代化研究中心、北京大学世界现代化进程研究中心、复旦大学中外现代化进程研究中心、天津理论与现代化杂志社和中国未来研究会现代化研究分会联合主办。论坛共接受论文40余篇，来自10个国家的80多位学者参会。世界现代化论坛的联合主席，马蒂内利教授、奥坎珀教授和何传启教授联合签署《世界现代化论坛章程》。

《世界现代化报告：现代化与人类发展》是第三届世界现代化论坛的主要成果。正文包括六个部分，即现代化与人类发展、教育现代化与人类发展、现代科技与人的现代化、健康现代化与人类发展、生态现代化与人类发展、生活质量与现代化。附录包括《世界现代化论坛章程》和2015年131个国家新人类发展指数。

世界现代化论坛是现代化研究的重要国际平台，其研究结果对于我们对现代化现象的全面理解做出了贡献。论坛为现代化的进一步研究提供了宝贵的指导意见，为现代化研究中重要的国际合作和跨学科合作开辟了道路。

阿尔伯特·马蒂内利　何传启

世界现代化论坛和论坛学术委员会联合主席

目录

第三部分　现代科技与人的现代化

第四部分　健康现代化与人类发展

第五部分　生态现代化与人类发展

第六部分　生活质量与现代化

附　　录

第一部分　现代化与人类发展

欧洲福利国家

马蒂内利（Alberto Martinelli）
意大利米兰大学荣誉教授、UNESCO 国际社会科学理事会前理事长

欧盟人口不到世界人口数量的 7%，国内生产总值（gross domestic product，GDP）不足全球 GDP 的 22%（以美元计，购买力平价只有 17%），福利支出却约占全球福利支出的 50%（European Commission，2017）。福利国家是 20 世纪最重要的制度创新之一，是欧洲的创新，其与市场经济一起共同构成欧洲社会模式（European social model，ESM），代表着资本主义和福利的原始融合。福利国家的概念有时用来定义以下两个方面：①欧洲各种协调的资本主义或社会市场经济（相对于美国各种以市场为驱动力的资本主义）；②福利国家，即卫生、教育、社会保障、公共援助服务和福利、劳动力市场规范和劳资关系方面的整套做法。在此，福利国家主要是从后一种意义上来应用这一术语的，并进一步说明：①欧洲福利国家可以指欧盟成员国共同的国家福利制度组合；②旨在协调、取代和整合欧盟成员国社会政策的一套欧盟规范和政策（在现有制度上增加一个新的超国家层面）；③是一个统一的、对所有欧洲公民实行同样政策的欧洲福利国家（吸收和整合了各种国家福利制度）。本文将谈到这三种含义，但与另外两种含义相比，第三种含义较少地反映了现阶段的情况。

与世界上以美国为首的其他主要社会相比，欧洲社会模式是欧洲社会的一个独特的方面，欧盟文件中经常提及这一概念，通常在规范性而非描述性的意义上加以应用。欧洲社会模式摒弃了自我调节市场的概念，旨在同时实现经济竞争力和社会凝聚力。它是补救市场失灵和确保社会保护的有效制度手段，是通过社会公民权利和代议制民主之间的良性循环非暴力解决冲突的重要方式。虽然全球市场竞争的加剧和福利成本的上升威胁着它的存续，但事实证明，福利国家具有很强的适应性；欧洲人仍然普遍认为经济竞争力和团结一致是相辅的目标。

欧洲社会模式在各欧盟成员国中以不同的形式和不同的路径得到发展，其基础均为共同价值观的核心，其中包括代议制民主和个人权利、市场竞争、行动自由、集体谈判、平等机会、社会保护和团结。该模式基于这样一种信念——经济进步和社会进步是不可分割的。它的主要特点包括：①一个非剩余型福利制度，不仅仅针对最贫穷的社会群体，因此涉及较高的社会支出（占 GDP 的 20%—30%）；②劳动力市场的“灵活保障”，旨在确保企业雇佣和解雇的灵活性及雇员工作岗位和工资的保障；③包容性代议机构的制度化劳资关系以及针对工资和工

作条件的集体谈判。其他特征仅在一些国家存在，如工会和商业利益协会参与经济和社会决策以及工人参与公司治理（共同决议制）。

一、福利国家模式

谈到欧洲社会模式并不意味着忽视成员国福利制度的相关多样性。众所周知的福利类型的理想分类可以帮助我们理解这种多样性，但是需要注意以下几点：①我们不应该忽视理想类型和以各种方式结合在一起的具体安排之间的不一致性；②人们应该了解理想类型固有的静态特性及其各部分虚假的系统连贯性，不应该将一种类型视为完美的模式，根据其他模式与该模式的偏差来进行评估。在大量比较福利制度的文献中（Crouch，1999；Esping-Andersen，1990；Espring-Andersen et al.，2002；Ferrera，2005；Gallie & Paugam，2002；Hemerijck，2012；Pierson，2001），可以确定四种主要的理想类型，根据基本原则、制度机制、关键行为者、权利、政策工具来定义：自由主义的、以市场为导向的新美国模式；北欧社会民主主义充分的公民权模式（简称北欧模式）；社群主义的大陆模式，可细分为中欧模式和地中海模式。

在新美国模式中，福利救济是按照基本需求发放的，政策是针对一些明确界定的社会群体（穷人、老年人），劳动力市场基本不受监管，失业补贴不多而且是短期的，卫生和社会服务的生产大多是私有的，其税收很低。其思想基础是自由企业和个人责任、机会平等，自由市场是福利的最佳来源，而国家干预会威胁个人自由的信念（值得注意的例外是政府在维护法律和秩序方面的重要作用）。世界上最接近这种理想类型的国家福利制度是美国、英国（撒切尔政府之后）、爱尔兰，在某种程度上还有荷兰。

北欧模式向所有人提供高标准的政府服务，扩大公共部门的就业，制定积极的劳动政策和性别平等措施，由工会直接管理失业补助，具有强大的去商品化效应，税收较高，从而为所有这些提供资金支持。其思想假设是社会民主主义和路德教教义，它们的原则是机会和报酬平等、充分就业，以及工作重心是身份的核心来源（Kautto et al，2001）。北欧国家更接近这种理想类型。

社群主义（或社团主义）的大陆模式依赖于以就业为基础、与地位相关的社会保险计划，需要提高就业水平，从而减少服务业的压力。19 世纪末，俾斯麦（Bismarck）改革首次在德国实施，只涉及男性养家糊口，但后来范围逐渐扩大（保持其专业基础，而不是发展为普遍的社会保障）。其思想假设植根于社会主义工会制度和基督教社会思想（天主教中的社群主义，与新教徒中的个人责任概念融合），这些思想支持社群主义团结、家庭、教会和专业机构不受政府控制以及辅助性原则。德国、奥地利、法国、荷兰、比利时、意大利和西班牙的福利制度展现了这种理想类型的各种要素。但是，它们的差异很大，因此将其分为两种类型：中欧模式和地中海模式。

采用中欧模式的包括德国、奥地利、法国和比荷卢经济联盟，其特征是将社保费作为劳动力成本的非工资部分，工会和雇主协会参与养老金制度的管理，对工作安全、部门劳资关系和谈判有严格的规范。采用地中海模式的包括地中海国家和葡萄牙，其特点是高度依赖家庭提供的社会服务，以弥补公共服务的不足，并意味着妇女很少参与劳动力市场，医疗制度具有普遍性，慷慨的养老金计划，从而加剧了代际不平等（Ferrera，2005）。

在这四种模式中，社会保护和竞争力之间的关系是不同的：新美国模式的特点是在高竞争力和低社会保护之间权衡，而大陆模式正好相反；在北欧模式中，社会保护和竞争力水平都很高，而在地中海模式中，这两个水平都很低。当进行国民经济核算时，这一分类法得到了充分确认（Martinelli，2007）。在新美国模式中，养老金的私人支出水平很高。在北欧模式中，整个社会的支出水平都很高，特别是社会服务支出水平。在大陆模式中，养老金支出水平高于社会服务支出水平。在地中海模式中，养老金的公共支出水平较高，而其他社会政策的支出水平则低得多（例如，意大利仍保持了高质量的医疗制度，但目前受到公共投入减少的威胁）。

苏联解体后，欧盟新增 11 个东欧成员国——捷克共和国、爱沙尼亚、匈牙利、拉脱维亚、立陶宛、波兰、斯洛伐克，以及斯洛文尼亚（2003 年）、保加利亚和罗马尼亚（2007 年）、克罗地亚（2013 年）。有人提出是否应增加第五种理想福利类型。事实上，尽管这些国家有从资本主义到实际的社会主义再回到资本主义的共同历史经历，但它们的福利制度不应该简单地概括为第五种理想类型，而应该是其他四种类型的要素融合的结果。在苏联解体之前，这些东欧国家的所有公民都曾享受到养老金、社会援助、充分就业、医疗保健、教育、家庭服务，但总体而言，服务质量差、劳动生产率低、就业不足的问题越来越明显，公民生活水平也低（Kornai，1992）。在从计划经济到市场经济以及从政党国家政权到代议制民主的双重复杂转变中，人们非常需要更好和更具包容性的社会政策，但社会支出在 GDP 中的占比仍然很低（Inglot，2008）。

二、欧洲福利国家面临的挑战

刚才介绍的福利国家分类已经在全球金融危机前后通过变革性的社会政策改革在全球化的动态背景下得到了更新和整合；在更好地认识福利比较分析中被分

开分析的领域之间相互作用的基础上进行了改革，这些领域包括宏观经济、财政、劳动力市场政策和监管、劳资关系、人口结构变化、不断变化的家庭模式、工作与生活平衡政策。但这四种理想类型仍然很重要，因为它们有助于理解国家福利制度如何以不同的方式应对过去几十年的外部和内部挑战。

所有欧盟国家都必须在进一步加强欧洲区域一体化的背景下应对同样的挑战，但其政策制定者进行了不同的依靠路径的尝试，以改变福利工作的方向，重新设计制度，并周密制定新的社会正义原则。就外部因素而言，国际竞争对单一民族福利国家的再分配范围和去商品化能力，以及它们保护有需要的人免受市场严酷法则影响的能力提出了挑战。一些学者认为，货币、商品和服务市场的跨国竞争加剧，大大减少了单一民族福利国家的操控余地；单一民族国家之间为吸引外资而展开的税收竞争导致公共产品供应不足。也有人将决策者被引导进行长期以来所需的福利政策变革和创新（也是为应对不断增加的公债）归因于国际竞争。

就内部因素而言，人口老龄化（由于预期寿命延长和出生率迅速下降）、家庭结构变化、劳动力市场女性化、工作组织架构的变化和偏重技能的技术变革都给工业时代遗留下来的工作和福利制度带来了挑战。第二次世界大战后的婴儿潮一代达到了退休年龄，因此改变了经济活动人口和非经济活动人口的比例，领取养老金的人数大大增加，使社会保障成本激增。医学进步和生活方式的改善延长了平均预期寿命，对医疗保健和社会保障支出都产生了影响。这一人口周期将持续三四十年，由于出生率的不同（法国等国家出生率较高，意大利和西班牙等国家出生率较低），在不同的国家会产生不同程度的后果。

由于照料学龄前儿童和无法自给自足的老年人的负担从家庭转移到了国家机构，越来越多的妇女进入劳动力市场，这也是社会保障和医疗保健支出增加的另一个原因。家庭结构的转变，特别是更容易遭受贫穷和社会边缘化风险的单亲家庭的增加，也增加了公共援助的成本。此外，由于长期的经济危机，许多工厂裁员或者关闭，增加了失业救济和职业康复项目的成本。

除了这些变化之外，还有2008年全球金融危机、长期经济衰退及其社会和政治余震。我稍后将谈到，新的以及日益加剧的不平等、青年失业、偏向技能的社会排斥模式、移民和种族隔离的新来源，以及大都市住房市场的问题也威胁着社会凝聚力。对代议制民主的信任度下降，对平民主义和新民族主义的信任度上升，给更紧密的政治统一计划带来挑战（Ispi，2017；Martinelli，2016）。在一系列紧急救助机制以及欧洲央行采取货币干预、“不惜一切代价”捍卫欧元之后，欧盟的当务之急是缓解长期低迷的社会和政治影响。

三、欧洲社会模式是欧洲福利制度的共同核心

欧洲福利是多样的，因为国家福利制度具有前面讲到的各种理想类型；欧洲福利也是独特的，因为各条约中始终存在泛欧的社会层面，成员国有着共同的核心特征，面临着共同的挑战。

在欧洲一体化的最初几十年，德国首先提出并实现了在几乎任何社会政策领域，国家政府都可以保持绝对的自由裁量权和主权，但欧洲公民更大程度的社会平等是共同体的目标之一。随着 20 世纪 80 年代单一市场的发展，通过以相互承认原则取代规则性协调原则，最先进的大陆国家解决了有关社会保护水平下降的担忧。英国对《马斯特里赫特条约》(Maastricht Treaty)（亦称《欧洲联盟条约》）中社会政策的反对意见，通过“选择退出条款”得以避开，因为该条款允许持不同意见的成员国在保留欧盟成员身份的同时不遵守特定的政策。只是到了后来，在“里斯本（Lisbon）战略”的框架内，有关劳动力市场和社会保障问题的一些权限和责任移交给超国家机构，这些机构通过开放式协调方法来实现这些权限和责任。

欧盟的“四大自由”是《欧洲经济共同体条约》（六国于 1957 年在罗马签署）的核心，即商品、人员、服务和资本的跨境自由流动。社会与劳动法律及政策的趋同是欧洲市场形成的结果，而不是先决条件。这些规范和政策在很大程度上仍然是成员国的事情。但欧洲社会模式的概念从一开始就存在，目的是满足经济一体化的社会成本，并通过社会公民的概念得以巩固，即所有欧盟公民在发展其技能和爱好方面享有平等的机会以及平等获得服务、资源和工作机会的权利。《欧洲经济共同体条约》、《欧盟基本权利宪章》（2000 年欧洲理事会在尼斯批准）和《欧洲劳动法》使欧洲社会模式合法化。早在 20 世纪 70 年代，一些欧共体指令和欧洲法院的判决就涉及男女同工同酬和就业保护等问题。《单一欧洲法案》、《马斯特里赫特条约》和《阿姆斯特丹条约》为社会政策标准的统一带来了新的机会。单一市场的建立虽然优先考虑经济而不是社会一体化，但事实上欧盟一级的福利规范和规定促使成员国部分地统一了社会和劳动政策、社会保护规范和公司治理实践，然而国家福利决策仍然占主导地位。

现行的《里斯本条约》（在《欧洲联盟条约》和《欧洲联盟运行条约》的基础上修改而来）比以前的条约更加强调社会层面的一体化。欧洲社会模式的主要支柱体现在现行的《欧洲联盟运行条约》中：欧盟在其所有活动中应致力于消除不平等，促进男女平等（第 8 条）；联盟在确定和实施其政策和活动时，应考虑到与促进高就业水平、确保充分的社会保护、打击社会排斥以及高水平教育、培训和保护人类健康相关的要求（第 9 条）；欧盟的目标是打击基于性别、种族或民族血统、宗教或信仰、残疾、年龄或性取向的歧视（第 10 条）；欧盟承认并在欧盟层

面推动社会伙伴的作用，同时将国家制度的多样性纳入考虑。欧盟将促进社会伙伴之间的对话，尊重他们的自主权（第 152 条）。《欧洲联盟运行条约》还界定了欧洲社会对话的法律框架（第 154—155 条）和采用开放式协调方法的欧洲就业战略（第 145—150 条：就业）。（欧盟，2010）

欧洲福利制度国家以及各国之间的相关差异都有一个共同的核心基本特征，即其公共支出水平比其他国家高得多。尽管 Hyman（2005）承认欧洲的民族多样性，但他认为西欧大陆具有很强的共同特征，足以将欧洲社会模式与美国基本上放松管制的劳动力市场模式和日本以管理主导的公司雇佣关系模式区分开来。欧洲的独特之处在于“对劳动力买卖的方式有很大的限制”。这些限制将雇主的自主权限制在“世界其他地方未知的程度”，主要表现为全面的就业保护立法以及包容和集中的集体谈判结构。欧洲社会模式被定义为综合福利制度和强大的制度化和政治化的劳资关系形式的具体结合（Grahl & Teague，1997）。同样，Offe（2003）认为，在欧洲模式的“社会”资本主义中，包括劳动力市场交换在内的经济交易往往具有制度根植性，因此比世界其他地方更受限制。Schiek（2013）指出，尽管存在各种差异，但欧洲国家的社会和经济模式具有共同的核心，首先是个人福祉的社会责任理念，劳动力市场通过立法和集体谈判进行纠正，并在收入损失时实行转移支付政策。

工作和福利问题的欧洲化（自 20 世纪 80 年代中期以来与单一市场和欧洲货币联盟共同起作用）以及决策者试图重新制定福利政策作为向 21 世纪知识经济顺利转变的一部分（“里斯本战略”），增强了这些共同特征。这些尝试在失业和养老金领域的长期社会政策与长期紧缩的限制之间进退两难。欧盟已经进入半主权福利国家的时代，民族福利国家不再具有自主性和完全控制性。欧洲经济一体化从根本上重新划定了国家社会保护制度的界限，限制了国内政策选择的自主权，也为欧盟领导的多层次政策协调提供了机会。

四、欧洲福利的三个阶段

如果我们更详细地了解欧洲一体化和福利之间关系的演变，就可以发现欧洲福利经历了三个主要阶段。

第一阶段：从 1957 年《罗马条约》到 20 世纪 80 年代中期的高经济增长，共同市场贸易自由化使福利国家扩张到成员国，并根据“对内奉行凯恩斯主义、对外奉行亚当 · 斯密主义”的原则，根植于混合的“管制”经济中。欧洲社会政策的主要目标是消除根据国籍区别工作条件和社会保障福利的现象，从而提高雇员在 6 个（1973 年后为 9 个）成员国之间的流动性，同时也对工人的健康和安全以及平等就业作出了规定，但工人的参与以及工会与雇主协会在超国家层面集体谈判的问题没有得到解决。

Streeck（2017）将这一阶段分为两个阶段，而本文将其作为一个阶段。Streeck划分的第一阶段为1957—1968年。在第一阶段中，社会政策被植入超国家产业政策中，这些产业主要是国家混合经济产业，包括钢铁和煤炭开采。第二阶段为1968—1985年。其特征是应对20世纪60年代后期劳资纠纷的劳动包容性超国家福利协调。本文选择把1957—1985年看作一个阶段，因为正如Streeck所说：使欧洲共同体成为国家社会政策制度超国家现代化的正确工具的尝试并没有走得太远。

第二阶段：从1986年的《单一欧洲法案》颁布到1999年引入欧元，再到2008年的全球金融危机，加速了欧洲的经济和货币一体化，加剧了世界市场的竞争，限制了社会政策的发展，使其退居二线。欧盟的建立从一开始就是一个矛盾的过程，因为“消极”一体化（消除资本、人员、商品和服务在单一市场自由流通的障碍）与国家层面通过财政政策、社会保障、公共服务、劳动力市场监管、劳资关系实现的“积极”一体化相冲突。在这一阶段，完成欧洲内部市场的目标和旨在达到加入货币联盟所需的马斯特里赫特参数的政策被置于社会政策的绝对优先地位。此外，欧洲货币联盟没有建立对欧盟货币和经济的共同治理，而是基于在任何时候对所有国家都有效的预定规则和程序加入一种自主引导，严重限制了成员国的自主权。

欧盟成员国的福利政策受到双重限制：一方面，它们受到主权移交给超国家联盟的限制（这意味着对其预算选择有限制）；另一方面，这些政策持续受到福利团体的限制，因为这些团体在选举中会严厉对待任何改革或缩减社会项目的尝试。在福利领域，超国家协调和国家特殊性之间的关系更加紧张。福利政策是敏感的政治问题，其影响直接体现在公民的日常生活中，政府党派在共识方面面临更大风险。此外，不同成员国福利制度的存在会带来社会倾销的风险，这违反了单一市场的自由竞争规则，同时还有滥用福利的风险，从而在新老成员国公民之间以及本地人与移民之间引发冲突。

然而，德洛尔（Delors）领导的欧共体委员会虽然主要侧重于单一市场的建立，却并没有忽视社会层面；为此，1992年发布的《马斯特里赫特条约》附有一个社会篇章，其中载有一项社会议定书，规定了有组织企业和劳工在社会政策建议中的重要作用；但只有少数指令得到成功实施，其中包括1995年关于育婴假的指令、1997年关于兼职的指令和1999年关于固定工作时间的指令等。这一时期最重要的指令是允许成员国的劳动制度对其领土上经营的所有公司具有约束力，包括非本国国民，以此应对日益加剧的全球竞争。工作和福利问题与《欧洲联盟条约》《阿姆斯特丹条约》下建立的单一市场和经济货币联盟共同发挥作用，这是迈向更紧密联盟、更有能力在全球化世界中竞争的关键一步，但是并未有意识地建立与欧洲货币联盟共存的欧洲社会联盟。

社会层面也没有被忽视，因为相关福利改革政策（积极劳动政策、灵活保障）在欧盟软法、相互学习、最低标准和开放式协调方法的框架内，在不同国家得到了不同程度的成功实施；还因为一个新的欧洲社会公民和团结空间逐渐形成。

为欧盟国家实施共同的福利制度并非易事，但已针对这个方面采取了措施，例如欧洲法院的大量判决和欧盟政府机构的官方文件，首先包括旨在将欧洲公民的社会权利从一个国家延伸到另一个国家的规范；劳动领域的财富、工人自由流动、工作场所的健康和安全、男女平等方面的大量法律；欧洲社会基金、全球化调整基金等结构基金、1989 年发布的《阿姆斯特丹条约》社会政策中的欧洲社会宪章；《尼斯条约》的基本权利宪章；欧洲关于非歧视、解雇保障、非居民获得社会转移支付和财政福利的立法；在就业、社会融入领域采用开放式协调方法，在 2000 年的“里斯本战略”和 2010 年的“欧洲 2020 战略”中进行协调卫生和养老金政策的各种尝试；欧盟委员会就业管理总局制定的一长串社会计划。社会政策措施不仅仅是单一市场的溢出效应，更已进入社会政策领域（Leibfried，2000）；也有一些积极的福利一体化的例子，主要是通过委员会发起的指令在欧洲建立统一的社会标准，并通过社会对话和公开式协调方法制定宏观社会战略的核心趋同措施，首先是就业措施。

Streeck 建议将这一阶段也分为两个阶段，即 1986—1995 年（他认为这一阶段的特点是福利从属于内部市场的建立）和 1996—2008 年（当时鼓励各国政府改革本国福利制度，以适应全球竞争）。本文更倾向于将这一时期视为一个阶段，因为欧盟单一市场的建立和欧洲货币联盟的创建战略以及福利政策改革具有连续性。

第三阶段：2009 年至今，以金融危机、经济衰退和危机退出战略为标志的第三阶段是一个矛盾的阶段。一方面，社会投资被视为“里斯本战略”的一个组成部分（在知识经济中，社会投资可以促进竞争力）；另一方面，社会政策被认为很难与财政紧缩和公债遏制措施相容。由于全球金融危机和经济衰退以及退出战略的社会后果，工作和福利问题变得更加复杂和矛盾。本文将在下面更详细地讨论第三个极具冲突的阶段。本文的观点是，关键问题不是维持还是废除福利国家，而是如何以可行、有效、可持续的方式改革福利国家，从被动的工作场所保护转变为主动的劳动政策和灵活保障，从分配性养老金体制转向再分配性养老金体制。

五、全球金融危机

2008 年爆发的全球金融危机对当代资本主义的两种主要模式产生了重要影

响：一方面，它大幅削弱了所谓的英美市场驱动型多样性优势；另一方面，它也给欧洲协调的市场、多样性和作为其关键部分的福利国家带来了巨大压力，使得福利国家的发展是金融危机的主要原因之一的论点并不能令人信服。管理效率低下、主仆政治和腐败也影响了社会政策，加剧了受危机影响最大的国家的财政危机。同时，正是这场危机严重恶化了公共财政状况，减少了社会政策资源。低增长率，甚至负增长率，使赤字与GDP的比例恶化，并增加了国债；去工业化和失业降低了税基；财政紧缩政策削减了福利支出。

全球金融危机实际上是一系列相关的危机，对各个发达国家和新兴经济体的影响程度和时长各不相同。由美国次贷危机引发的全球金融危机导致2009年社会生产总量大幅下降，并在随后几年引发了一系列负面影响：既带来了社会影响（失业率上升、可支配收入下降、不平等加剧、社会动荡），也产生了政治影响（公民对决策者的信任度下降、政府危机、新平民主义高涨）。这场危机对欧盟经济的打击很大，它使许多欧盟国家（如希腊、爱尔兰、葡萄牙、西班牙、意大利）面临更严重的公共财政困难以及一系列国债危机，使欧元面临巨大压力。自2008年以来，欧盟危机管理经历了不同的阶段：最初几年采取措施对陷入困境的银行进行资本调整（在英国、比利时和荷兰，相当于GDP的20%—30%，在爱尔兰高达100%；欧洲央行以接近零的利率提供资金来帮助资本重组），放松了欧洲《稳定与增长公约》的规则，支持促进就业和发展的公共投资和财政激励（如英国布朗政府的30亿英镑“发展预算”）。

欧盟的退出战略（财政巩固、价格稳定、成本降低和效率提高政策）取得了成功。欧洲经济整体已经克服危机；2018年8月，希腊成为欧盟最后一个终止紧急措施的国家。但其社会成本（就业和福利成本）一直很高：青年失业和就业不足，不平等现象越来越严重，成员国之间的经济增长率和就业水平差距越来越大，医疗、教育和公共住房方面的社会支出大幅削减。特别是在那些得到欧洲稳定机制或国际货币基金组织单独拨款支持的国家，伴随着紧缩措施，接受拨款的国家政府在《谅解备忘录》中承诺进行影响深远的制度改革。危机期间，要求进行结构改革的呼声越来越大，因为一些评论员认为，缺乏结构改革是危机的主要原因，也是危机国家恢复增长的障碍。但反对意见也有所增加，他们谴责削减社会福利和养老金、推行非典型就业和削弱就业保护、集体谈判分权和削弱工人利益代表的行为。一些研究员（Becker & Jäger，2012；Hermann，2014）指出，尽管危机的原因（房地产泡沫、公债、私人债务等）以及福利制度的类型因国家而异，但改革是相似的。他们实际上夸大了相似之处（尽管任何地方的社会政策确实都从属于财政稳定政策），并低估了不同福利制度的传承。

六、欧洲福利制度如何应对危机

欧洲福利制度通过加强过去几十年所实施的不同改革措施来回应金融危机和经济衰退，以应对日益激烈的全球竞争。根据 Hemerijck（2012）的详细分析，我们可以确定政策变革和创新的内容。

1）更严格的财政和货币政策，旨在实现宏观经济稳定、低通胀和公债减少（加入欧洲货币联盟的马斯特里赫特参数）。

2）集体谈判，旨在缓和提高工资的需求，通常通过工会、雇主协会和政府之间的三方谈判来实现。

3）基于就业优先原则的积极劳动力市场政策。

4）劳动力市场监管的灵活保障机制，旨在协调雇主要求的灵活性与对暂时没有工作的工人重返劳动力市场的积极支持。

5）倾向于通过社会援助巩固失业救济，并以参加专业再培训和咨询课程为条件发放少量失业补助（如在法国的最低工资重新整合过程中）。

6）社会保障改革、养老金制度向现付现收制转移，提高领取养老金的年龄，以及社会保障三大支柱（国家、企业和个人）一体化。

7）家庭社会服务升级，促进妇女的工作从“被动”的货币激励转变为“主动”的劳动政策（学龄前儿童照料、育婴假）。

8）社会政策融资和管理方式的相关变化（如新的公共管理办法），这意味着重新定义国家、市场和民间社会之间的关系。

2008 年全球金融危机后，这些政策变化得到加强，引发人们对福利国家存续的普遍担忧。《欧洲正在失去灵魂吗？》（Is Europe Losing Its Soul？）（Vaughan-Whitehead，2017）指出，欧洲社会模式的许多要素在过去几年发生了巨大变化，尤其是在那些面临财政整顿的国家，尽管他承认来自人口变化和长期可持续性问题以及结构性失业的压力可能意味着需要改革来确保欧洲经济和社会体系的可持续性，但他指出，欧洲的许多改革是突然的，在某些情况下是武断的，并带来了巨大的社会成本。但是，欧洲政治学者和评论员对全球金融危机期间欧盟福利表现的评价各不相同，更重要的是，对应该采取的最佳策略的看法也不相同。

在评价危机期间欧洲福利的空间和时间有效性上，一些国家（至少在金融危机的早期）比其他国家更好地经受住了这场风暴。它们通过强有力的社会对话和自动稳定器，保住了许多工作岗位，从而保障了公民的家庭收入。社会保护机制起到了自动稳定器的作用，有助于将危机中的社会成本降至最低。失业补助和救济措施有助于缓解大规模失业和贫困加剧带来的社会冲击，并避免消费萎缩，从而减弱危机的经济影响。2006—2008 年，欧盟成员国的实际公共社会支出相对稳定，从 2009 年开始大幅增加，这一事实表明，这些机制起到了自动稳定器的作用，从而限制了公民购买力，使其国内需求下降。2009 年，欧盟 27 国的社会保护支出增加了约 6%，这一加速主要是由失业支出的增加推动的，另外，健康支出以及残疾人、老年人和幸存者的支出也有所增加。失业支出的增加主要是由于失业人数的增加。各国在减轻就业危机的冲击方面存在明显差异。德国的“就业奇迹”（尽管产出放缓，但就业减少不明显），由于实行了工作分享制，可以通过企业层面的社会对话进行谈判，这是可替代裁员的可靠办法。在法国，由国家资助缩短每周工作时间的部分失业计划也成为失业的替代方案。欧洲社会模式的其他要素（如意大利的工资补贴基金）有助于减弱对失业的不利影响。瑞典的培训体系及其灵活保障制度帮助该国避免了严重的失业影响。北欧国家制定的外部灵活性制度与培训机制相结合，与西班牙采用大量临时工的外部灵活性形成了对比，这些临时工不仅在危机中失业，而且在以后几年很难找到另一份工作，使得西班牙长期失业率很高。具有企业层面社会对话传统的国家，往往通过管理层和工会就缩短工作时间（如奥地利）和/或降低工资（如法国）达成协议，从而避免裁员。相比之下，在社会对话制度欠发达的欧盟国家（如爱沙尼亚、拉脱维亚和立陶宛），危机直接导致大规模裁员。

在最初的以赤字支出来应对经济低迷、以弥补私人需求不足后，财政紧缩和公债遏制战略占据了主导地位，因为“新凯恩斯主义”政策意味着预算赤字不断增加，这在最脆弱的欧盟经济体引发了国债危机，威胁到货币联盟的未来。从 2009 年起，欧盟从经济激励转向金融整顿（Bieling，2012; European Commission，2012; Theodoropoulou & Watt，2011）。欧盟各国陆续采取了紧缩政策，其中一些国家采取了连续几个政策。希腊和爱尔兰提出了雄心勃勃的计划，将公共支出削减 GDP 的 18%，而葡萄牙的公共支出削减的目标是 12%（OECD，2012）。欧盟 27 国的社会保护支出 2009 年比上一年增加约 7%，2010 年持平，2011 年开始下降，2012 年继续下降。这一下降趋势影响到大多数成员国，尤其是希腊、拉脱维亚、立陶宛、匈牙利、葡萄牙和罗马尼亚。自 2011 年以来，继爱尔兰和葡萄牙之后，希腊和西班牙等国国债危机的恶化以及进一步扩大到意大利等其他脆弱经济体的风险，使得财政巩固成为欧盟的绝对优先事项。国债危机迫使面临风险的国家要求超国家机构（欧盟、欧洲央行、国际货币基金组织）采取有条件援助的形式（财政紧缩和控制公共支出），这反过来又意味着福利计划的大幅削减、投资减少和就业机会减少，而此时比以往任何时候都更需要这些政策。

对福利的负面影响包括减薪（但德国在 2015 年背道而驰，决定引入法定最低工资政策）、雇主更自由地单方面改变工作时间（如西班牙或罗马尼亚）、对罢工权利的限制（如匈牙利和希腊）、企业职业安全和健康预算的削减（如葡萄牙和克罗地亚）、个人解雇程序的简化（如希腊、意大利、爱沙尼亚、葡萄牙和斯洛文尼亚）、失业和社会补助的削减、更严格的资格条件以及雇佣期限的缩短（Vaughan-Whitehead，2015）。Hermann（2014）关于2008—2012年受危机严重影响的11个欧盟国家的社会保护、养老金、劳动力市场和集体谈判改革的研究报告称，其中7个国家的养老金冻结，4个国家实际削减了养老金福利，大多数成员国的社会支出普遍下降，2010—2012年实物和现金福利均下降（希腊、拉脱维亚、葡萄牙、罗马尼亚尤其明显，约为5%或以上，西班牙程度较轻）。公共领域的就业保障减弱，对妇女以及工作和家庭的协调产生了不利影响。英国在2011—2013年实施了史无前例的裁员，并冻结了所有公共领域的薪资，2013年后对薪资上涨设定了1%的上限。而北欧国家是另一个极端，它们在危机中没有经历任何裁员或工资削减，尽管瑞典公共领域的就业比例在20世纪90年代至21世纪有所下降。危机期间，荷兰、克罗地亚和德国的裁员受到了限制。

此外，几个欧盟国家实施了包括福利政策变革在内的相关结构改革。有些国家的所得税和非工资劳动力成本已经很高，在全球市场竞争激烈的背景下，无法进一步提高。但其他改革的影响更深远，比如延长工作寿命（如意大利2012年的政策），精简医疗保健、养老金和援助支出的措施。

不同类型的欧洲福利国家之间的差异影响了其应对危机的能力，但工作和福利问题的欧洲化（自20世纪80年代中期以来与单一市场和欧洲货币联盟共同作用）以及从全球金融危机和经济衰退中退出的战略使其共同要素得到了进一步加强。

七、来自对立方的批评

危机之前和危机期间实施（或建议）的改革引发了关于福利改革的必要性、可行性和类型变革以及欧洲社会模式前景的激烈辩论。一方是新自由主义理论家；另一方是危机前欧洲福利国家的传统左翼捍卫者。新自由主义理论家认为，竞争性增长很难与现有的社会保护相容，需要大幅缩减福利；市场有能力决定工资和就业的最佳水平；劳动法规如果导致劳动力市场一成不变，就会加剧危机对失业的负面影响。保护个人免受市场力量不完善影响的社会措施被认为会直接导致劳动力成本提高，破坏经济和劳动力市场表现。因此，雇主不可能将工资降低到使劳动力供应过剩的情况恢复到“自然”的水平。此外，公共社会转移（如失业补助）也会妨碍个人工作，助长其自愿失业。通过比较英国、美国和欧洲大陆的GDP增长率和失业率，他们将后者的低增长率归因于国家的诸多干预，将高失业率归因于缺乏灵活性的双重劳动力市场。在这个市场中，组成工会的工人与许多年轻人、妇女、移民和其他弱势群体等所有没有相同保障的人处于对立面。这种批评有一定的道理，但在很大程度上低估甚至完全忽略了政策创新，如灵活保障、积极的劳动政策、新的社会保护形式，这些不仅对工人有益，也对企业和整个社会有益。尽管低估了这一点，尽管欧盟官方文件（如“里斯本战略”）宣称社会进步是一个生产要素，但新自由主义范式仍占主导地位（尽管通常以不太极端的形式表达）。起初，主要针对最大的欧盟经济体——德国，并把与德国重新统一相关的困难误认为是所谓的社会市场经济模式的结构性弱点。在2008年危机之后，人们越来越关注最弱的欧盟成员国经济体及其巨额国债。

激进的左翼知识分子则谴责欧洲社会模式为了新自由主义思想而牺牲了关键的限定要素（Gallino，2013），以至于社会模式已经简单掩盖了对经济新自由主义的屈从。结构改革受到严厉批评。削减社会福利和养老金支付、促进非典型就业和削弱就业保护、集体谈判的分权、谈判结构的改变和利益代表的削弱，扭转了欧洲社会模式中的去商品化效应，加剧了贫困和不平等。开放式协调方法也受到了批评，因为通过相互学习和同行评议，结构改革可以扩展到更多的国家。

这种观点也有一定的道理，但它忽略了欧盟各成员国福利政策创新的有效性以及欧洲社会模式重要方面的弹性，即使在新自由主义背景下，例如更好的劳资关系、更有效的人力资源开发政策、实体经济和金融经济之间更平衡的关系、中央银行对金融活动更谨慎的监管。

八、改革者：社会投资模式

一方要求大幅缩减甚至解散传统的福利国家，另一方则坚定地捍卫危机前的福利国家，并希望将其恢复。而处于中间的社会投资模式，侧重于福利国家改革、存留和变革等关键问题（Hemerijck，2012）。这种模式是在2008年金融危机导致的全球经济危机之前制定的，兼顾了为应对全球竞争而进行的政策变革，但在全球经济危机期间得到了进一步发展。它认为福利国家实际上正在经历深刻的制度变革，试图应对新的宏观经济和宏观政治要求，同时保持其社会保护的基本目标。

社会投资模式标志着典型的第二次世界大战后福利国家观念向符合当代全球化的福利国家观念的转变。早在2008年经济危机之前，“凯恩斯主义折中”的三大支柱就已经被严重削弱：在快速增长的经济体中，所有成年男性在福特主义工作组织中稳定就业；基于性别的分工和代际连带促成了家庭的稳定；主权国家具有经济和社会决策自主权。这些支柱受到多个进程的破坏：企业的非本地化、劳动力的灵活化、妇女在家庭和工作场所角色的转变、全球竞争对政府决策的制约。因此，必须通过新的福利政策来应对新的社会风险，如为快速增长的老年人提供医疗保健，为严重残疾者提供援助，为长期失业者提供补助，为职业母亲提供日间托儿所，而这些政策与传统的社会保障、临时性失业和反贫困政策相冲突（Saraceno，2013）。在不忽视传统风险的前提下，应对新风险的需求是发展新观点的关键动力，福利不再是社会投资，而是社会支出。

2001 年，欧盟轮值主席国比利时委托进行的“为什么我们需要一个新的福利国家”的研究发现，来自社会阶层细分、职业技能流失、结构性贫困的新风险使得传统的被动社会政策（如失业补助）不充分且成本过高，并建议通过旨在长期开发人力资本的创新政策（培训、灵活保障、积极就业政策、家庭社会服务、延迟退休），使个人、家庭和社会做好准备，以适应正在发生的转变（职业模式和工作条件的变化、人口老龄化、新的社会和环境风险）。这一提议与 Giddens 所说的非常相似，是英国第 51 任首相托尼·布莱尔（Tony Blair）的工党政府“第三条道路”的一个重要方面。但有一个明显的区别：对于“第三条道路”思想家来说，新的社会投资模式应该取代传统的社会保护模式，而对 Andersen 和他的同行来说，新的政策应该与旧的政策并行，实际上与北欧福利模式一致。

随着全球经济危机的发生，改革福利制度的需求增加，众多重要的制度和政策创新开始实施，但在具有不同福利制度的国家分配并不平均。社会投资的观点可以更容易地应用于北欧福利模式国家，这些国家的公共财政状况更健康。丹麦、芬兰和瑞典政府实施了财政刺激、积极的就业政策，首先是针对年轻人、新的公共和半公共部门的就业机会、基础设施投资。以瑞典为例，其致力于全面解决失业问题，特别是年轻人失业的问题。2008—2009 年，瑞典失业人口上升。政府的对策是大力推行积极的就业政策，在公共和私营/领域创造新的就业机会，增加职业学院的招生人数，发展人力资源咨询服务，加倍激励雇主雇用新失业工人。

德国、法国、比利时和奥地利等大陆模式国家也制定了旨在保全工作和投资人力资本的预防性政策，采取了各种措施，通过将社会缴费从行业转移到国家来支持就业，以工会协议冻结工资换取不裁员，并增加专业培训资金。在德国，安格拉·默克尔（Angela Merkel）中右翼联合政府在教育、研究和发展方面投资 120 亿欧元，以补偿 2012—2014 年 800 亿欧元的储蓄计划，该计划旨在确保 2016 年的公共预算平衡（其中包括削减一万个公共工作岗位和减少住房税收优惠）。

在另外两种欧洲福利模式中，社会投资模式遇到了更大的困难。英国属于新美国模式国家，先是戈登·布朗（Gordon Brown）领导的工党政府不得不实施大规模的银行救助行动，然后大卫·卡梅伦（David Cameron）的保守党—自由党政府通过了一项新自由主义计划，在五年内削减 200 亿欧元的公共支出（其中福利削减 13 项，包括教育、社会保护和家庭财政激励）。在受到国债危机冲击或面临风险的地中海福利国家（如希腊、葡萄牙、西班牙和意大利），必须实施严厉的财政紧缩措施（如延迟退休、削减公共部门的就业、冻结公共部门的工资和养老金、提高增值税、放开劳动力市场）。

Kvist（2013）认为，欧洲的许多战略体现了社会投资战略的要素，尽管危机对国家层面的影响依国家、生命阶段和政策而异。在大多数国家，危机对儿童托管覆盖面的总体政策影响较小，对青年两极分化和延迟退休的影响较大。在未来几年，年轻群体生活收入减少、生育率下降，将带来更大的代际冲突，有技术的年轻人将移民（这意味着欧洲南部的社会投资回报将惠及北部），人们将感受这种危机。

总体证据表明，全球经济危机后欧洲社会投资模式在欧洲发挥了更大作用，但不太可能成为一个普遍特征，因为最需要社会投资的国家也是最不可能发展优质社会投资的国家。

九、开放式协调方法

鉴于欧盟成员国不一定都适合采用社会投资模式来调整福利，因此，要取得用社会投资模式来调整福利的成功，欧盟的协调战略将是一个必不可少的条件。事实上，各国政府被夹在“三驾马车”（欧盟、欧洲央行、国际货币基金组织）中间，需要通过财政紧缩减少公债，而选民非常不愿意接受新的牺牲。这种情况促成平民主义反欧盟派别的兴起，这些派别强烈要求实行民族主义封闭（Martinelli，2018a，2018b）。本文的主旨正是国家平民主义的目标：重启欧洲计划，在更紧密和更深层次的一体化道路上快速前进，从协调财政政策和投资开始促进经济增长和就业。我们需要对过去严重的经济危机和现在仍然严重的社会危机作出大胆的政治回应。可以在国家层面实施福利政策，但要采取共同的战略和共同的方法。开放式协调方法（open method of coordination，OMC）在福利等领域似乎是最好且更可行的，各成员国想要保持主权，就要求整个欧盟做出同样的选择。我们现在将针对一项非常重要的政策——就业政策来研究这一方法。

开放式协调方法可以追溯到《1993 年关于增长、竞争力和就业的白皮书》（*The 1993 White Paper on Growth，Competitiveness and Employment*），正如前面所述，当时全球市场竞争加剧，加速了经济和货币一体化，而社会政策有落后的风险。该白皮书侧重于经济政策和社会团结之间的联系，并提议投资 6000 亿欧洲货币单位在 5 年内创造 1500 万个新的就业机会，但各成员国认为成本太高，因此拒绝了该项提议。欧洲理事会第二年（1994 年 12 月）在埃森制定的目标（增加就业机会、减少非熟练劳动力、旨在解决失业问题的积极就业政策、针对可能失去工作能力的社会群体的措施）没有实现。1997 年签署的《阿姆斯特丹条约》（第七章）

概述了欧洲就业战略，欧盟委员会据此提出政策指导方针，欧洲理事会予以通过，各国政府得以执行。只是借助该条约，理事会评估其有效性，并可以提出合作形式，激励愿意合作的成员国。第七章将最佳实践的相互学习过程制度化，采用中层观点，对成员国的成果进行比较评价；但也可能因为缺乏严格的措施和对违约国家的有效制裁以及劳工政策附属于宏观经济政策而受到批评。

开放式协调方法利用过去十年协调就业政策的经验，作为2000年欧洲理事会"里斯本战略"（旨在到2010年使欧盟成为世界上最具竞争力和活力的知识型经济体，实现可持续经济增长、提供更多更好的就业机会，提高社会凝聚力）和之后的"欧洲2020战略"的一部分，已被广泛应用于一系列政策领域。开放式协调方法一般可以定义为一个基于参与、责任和透明度、指导方针和时间表、指标和基准、区域和国家目标和措施、独立委员会的定期监测和评估、自动纠正、同行评议和反馈、相互学习最佳实践等关键步骤的进程（Zeitlin & Pochet，2005）。在协商式多头政体的模式中，欧盟机构和成员国共同明确主要目标，同时就目标实现情况的经验评估程序和指标达成一致。若干公共和私人行为者可以在不同的权力和参与程度下为实现商定的目标作出贡献。每个参与者在选择战略和手段方面享有高度自主权，但有义务根据共同商定的程序和指标进行定期和系统的汇报，并参与同行评议，还可以定期审查目标、程序和衡量标准，因为实现商定的目标必须有新的行为者加入。行为者并非因为受到等级权力制裁的威胁而遵从，而是因为他们觉得有义务就效率、效力和公平问题在同行面前说明和证明自己的自主选择，而这反过来又需要适当的指标。

开放式协调方法被誉为欧盟社会政策在监管竞争和协调之间的"第三条道路"，是政府间主义和超国家主义的替代方案，是制定公共规则的实例，是通过向非政府组织、社会伙伴和地方/区域行为者开放决策进程来加强欧盟内部民主参与和责任的一种新方式（Rodrigues，2002）。另外，它不仅被视为一种不必要的"软法"选择而受到批评，甚至在欧盟已经拥有立法权的领域，还被视为一种符号政治活动而受到批评，在这种政治活动中，各国政府重新包装现有政策，以证明它们明显符合欧盟的目标（Radaelli，2003）。尽管这种批评不无道理，但开放式协调方法可以被视为协调欧洲公共政策的一个重要方法，在增强欧盟的竞争力方面（研究和创新、基础设施、数字经济）发挥着重要作用，同时又不削减国家层面的福利政策（社会保障就业、社会融入）。然而，由于采取积极的一体化措施长期面临困难，开放式协调方法只适用于有限的范围，这需要国家和地方政府之间的协调以及与民间社会主要行为者的合作，并有可能引起新民族主义政党和政府的反对。

2005年根据《科克报告》修订的"里斯本战略"符合欧洲社会模式，但由于全球经济危机爆发，其结果并不令人满意。2010 年，一项新的战略——欧洲 2020 战略通过，欧盟重申将致力于实施欧洲社会模式（在整个欧盟提供更多更好的就业机会）。为了实现这些目标，“欧洲就业战略”鼓励采取措施，到 2020 年实现三个主要目标：75%的 20—64 岁人口有工作；辍学率低于 10%，至少 40%的 30—34 岁的人完成高等教育；至少减少 2000 万贫困人口或面临贫困和社会排斥风险的人口。倡议“新技能新工作计划”中所述的措施对于实现这些目标至关重要。

与马里奥·德拉吉（Mario Draghi）的观点相反，本文认为，只要能够通过协调成员国的劳动、养老金、卫生、教育改革政策进行改革，将竞争性增长与保护社会权利结合起来，欧洲社会模式能够而且应该仍然是欧盟的一个关键特征。正在发生的经济复苏是实施这些协调改革的必要条件，因为经济停滞加大了成员国之间的竞争力差距，并由于经济较弱国家的福利削减而加剧了社会不平等；但这是避免“经济”欧洲和“社会”欧洲之间的不协调、缓解北方和南方国家之间冲突、防止滥用福利和降低社会保护水平的必要条件，而不是充分条件。为应对这些趋势，有必要描绘欧元区的宏观社会战略，作为其宏观经济战略的补充，也可以通过欧洲社会党提出的建立欧洲社会保护研究所来实现。这一宏观社会战略应包括：为失业、工人再就业和再培训、最低工资等领域的国家政策制定社会最低标准，在绕过了关键门槛的所有情况下（类似于宏观经济失衡的情况），利用欧洲货币联盟自己的财政资源应对威胁欧元区增长和稳定的社会危机，加强对成员国之间和成员国之下的社会失衡的监测，提出针对具体国家的建议和违规制裁，使欧盟就业、社会政策、健康及消费者事务委员会在制度上与欧洲经济及财政事务理事会同样重要。

十、结论

欧盟福利既多样又独特。除条约中规定的概述总体框架的共同原则、目标和规范（现行的《里斯本条约》比以前的条约更强调社会层面）外，还包括以下方面：一方面，各成员国的社会保护体系，尽管各不相同，但有一个共同的核心，即应保持其依靠路径的特殊性，同时努力在共同目标和标准的基础上相互协调和适应，并分担一些风险。另一方面，欧盟的社会政策是一套由欧盟预算出资并以欧盟法律为基础的针对所有欧盟公民的监管、分配和再分配政策。其中包括：①基于非歧视原则的欧洲内部流动空间（得到了欧洲法院几项判决的支持），在这一空间内，所有欧盟公民都有权作为公民，在选择生活、工作和退休的地方上获得社会服务和福利（人员的自由流动是条约中的一项关键原则，成员国社会保障体系的协调规范可以追溯到 20 世纪 60 年代，2011 年指令规范了患者的跨境流动）；

②欧盟区域合作政策产生的地方和跨国社会空间（自德洛尔以来，出现了加强第三级政府并促进劳动、卫生和融合政策等方面的区域建设的趋势，因为在各区域存在相关的经济和人口差异，更容易尝试公共/私人组合等政策创新），以及卫生和社会保障专业机构之间的合作（2004 年指令）。有必要将所有这些社会空间协调并整合成一个整体，且有必要进一步发展欧洲社会联盟，作为欧洲货币联盟的补充。

梵登布鲁克（Vandenbroucke）等欧洲领导人建议：在整个欧洲和各国采用开放式协调方法；欧盟应该基于商定的目标和标准，支持和指导国家福利政策，但要让它们在很大程度上自主确定具体的政策措施和组织模式。这可以通过多种方式来实现，但首先要通过欧洲学期的建议，在监控国家预算时明智地使用灵活性条款（以说服领导人决定社会投资，这些投资具有长期的利益和短期的成本，但由于持续的选举活动和社会媒体的平民主义宣传，他们不太愿意进行这些投资）。

欧盟 27 国领导人于 2017 年 3 月 25 日签署了《罗马宣言》，建设一个更有社会保障的和公平的欧洲是欧盟委员会的一个关键优先事项，并说明一个基于可持续发展的、强大的欧洲的重要性，这将促进经济发展和社会进步，增强凝聚力和趋同性，维护内部市场的完整性，并兼顾国家制度的多样性和社会伙伴的关键作用，从而推动欧盟 27 国向前发展。

欧盟委员会在 2017 年 4 月提出且欧盟领导人在 2017 年 11 月哥德堡社会首脑会议上宣布的欧洲社会权利支柱，是欧洲社会朝着这个方向迈出的重要一步。该支柱（主要是欧元区的支柱，但适用于所有希望加入欧元区的欧盟成员国）是在与社会伙伴协商后制定的，提出了 20 项关键原则和权利，以支持公平和良好的劳动力市场和福利制度。它为国家福利制度的向上融合及现有欧盟法律框架的现代化提供了一个框架。这 20 项关键原则和权利分为三个部分：①工作与生活的平衡（育婴假、为提供个人照料而灵活安排工作等法律规范以及反对歧视和解雇父母的政策措施）；②非标准形式的就业和个体劳动者获得社会保护的机会，这些人由于其就业状况而没有得到充分的社会保障，因此面临更大程度的经济不确定性；③透明和可预测的工作条件，旨在为所有雇员确立新的权利，特别是解决对从事更不稳定工作的工人缺乏保护的问题，同时减轻雇主的负担并保持劳动力市场的适应性（如雇员获得关于工作基本方面的更完整信息的权利和试用期的限制）。

欧盟委员会可以在此基础上批准或改写特定的指令（如委员会正在制定的协调家庭生活和工作生活的指令）以及各项建议和无约束力的沟通（软法律）；可以评估国家福利政策与 20 项关键原则和权利的一致性；社会基础设施项目资金可以利用欧盟结构基金和教育、卫生和住房等关键领域的共同融资计划来获得，使社会权利真正适用于所有人[两位前委员会主席普罗迪（Prodi）和桑特（Santer）提出了一项令人关注的社会基础设施投资计划]。“欧洲青年保障”是欧盟社会项目的一个成功的例子，青年人能够获得不错的收入和高质量的实习机会；自 2014 年启动以来，每年有 350 多万青少年参与该项目。

社会投资范式和相关政策（社会对话、开放式协调方法）产生了重要的成果，但在全球经济危机期间及其后效果不佳，因为财政整顿和削减公共支出的限制，创新性福利改革的空间缩小。现在迫切需要共同追求可持续发展及增加就业和财政整顿这两个战略目标，以避免恶性循环：削减公共投资—低增长—公债增加—财政紧缩加强。但是，除了少数例外，这些并没有实现。为打破恶性循环，福利政策需要转变范式。

欧盟面临着一个重要的选择——要么继续让社会政策从属于财政和货币稳定，冒着培养民族平民主义抗议派别和运动的风险，这些派别和运动希望将政策制定重新国有化，并将欧盟还原为自由交换区；要么大力投资欧洲一体化的社会层面，将现有的经济和货币联盟（欧洲货币联盟）与欧洲社会联盟相结合，换句话说，逐步走向单一的联邦福利国家，同时帮助以可持续的方式有选择地实现国家福利制度的现代化，与全球竞争的要求相适应。这并不容易，但远远好于将欧盟分裂成弱小、相互冲突的主权国家并拥有过时、不完善的国家福利制度。

参考文献

欧盟. 2010. 欧洲联盟基础条约：经《里斯本条约》修订. 程卫东，李靖堃译. 北京：社会科学文献出版社.

Becker J, Jäger J. 2012. Integration in crisis: A regulationist perspective on the interaction of European varieties of capitalism. Competition and Change, 16(3): 169-187.

Bieling H J. 2012. EU facing the crisis: Social and employment policies in times of tight budgets. Transfer, 18(3): 255-271.

Calabrò A, Ferrea M, Marchetti P, et al. 2019. Europa Nonostrante Tutto. Milano: La Nave di Teseo.

Crouch C. 1999. Social Change in Western Europe. Oxford: Oxford University Press.

Esping-Andersen G. 1990. The Three Worlds of Welfare Capitalism. Princeton: Princeton University Press.

Esping-Andersen G, Gallie D, Hemerijck A, et al. 2002. Why We Need a New Welfare State. Oxford: Oxford University Press.

European Commission. 2012. Employment and Social Developments in Europe. Brussels.

European Commission. 2017. White Paper on the Future of Europe. Brussels.

European Council. 2017. Rome Declaration adopted by EU leaders on 25 March 2017.

Ferrera M. 2005. The Boundaries of Welfare. Oxford: Oxford University Press.

Ferrera M. 2016. Rotta di collisione. Bari: Laterza.

Gallie D, Paugam S. 2002. Social precarity and scoail integration. Eurobarometer, 56: 1

Gallino L. 2013. Il colpo di stato di banche e governi. Torino: Einaudi.

Grahl J, Teague P. 1997. Is the European Social Model fragmenting? New Political Economy, 2(3): 405-426.

Hemerijck A. 2012. Changing Welfare States. Oxford: Oxford University Press.

Hermann C. 2014-12-17. Crisis, structural reform and the dismantling of the European Social Model(s). Economic and Industrial Democracy.

Inglot T. 2008. Welfare States in East Central Europe, 1919–1994. Cambridge: Cambridge University Press.

Ispi. 2017. The Age of Uncertainty. Milan University.

Kautto et al. 2001. Nordic Welfare States in the European Context. London: Routledge.

Kornai J. 1992. The Socialist System：The Political Economy of Communism. Oxford: Clarendon Press.

Kvist J. 2013. The post-crisis European social model: Developing or dismantling social investments. Journal of International and Comparative Social Policy, 29(2): 91-107.

Leibfried S. 2000. Social policy. In H.Wallace & W. Wallace eds. Policy-making in the European Union. Oxford: Oxford University Press.

Martinelli A. 2007. Transatlantic Divide: Comparing American and European Society. Oxford: Oxford University Press.

Martinelli A. 2016. Beyond Trump: Populism on the Rise. Milan: Ispi.

Martinelli A. 2018a. National populism and the European Union. Populism I, 59-71

Martinelli A. 2018b. When Poulism Meets Nationalism. Milan: Ispi.

OECD. 2012. Restoring Public Finances. Paris.

Offe C. 2003. The European model of “social” capitalism: Can it survive European integration? Journal of Political Philosophy, 11(4): 437-469.

Padoa Schioppa T. 2001. Europa Forza Gentile. Bologna: Il Mulino.

Pierson P. 2001. The New Politics of the Welfare State. Oxford: Oxford University Press.

Radaelli C M. 2003. The Open Coordinating Method. A new Governance Architecture for the European Union. Stockholm: Swedish Institute for European Politics.

Rodrigues M J. 2002. The New Knowledge Economy in Europe. Cheltenham: Edward Elgar.

Saraceno C. 2013. Modelli e dilemmi della cittadinanza sociale. Bologna: Il Mulino.

Schiek D. 2013. The EU Economic and Social Model in the Global Crisis: Interdisciplinary Perspectives. Ashgate: Farnham.

Streeck W. 2017. European Social Policy: Progressive Regression. Keynote Address at the Social Policy Association, Durham University.

Theodoropoulou S, Watt A. 2011. Withdrawal symptoms: An assessment of the austerity package in Europe. ETUI Working Paper, Brussels.

Vaughan-Whitehead E. 2017. The European Social Model in Crisis Is Europe Losing its Soul. Geneva: ILO.

Zeitlin J, Pochet P. 2005. The Open Method of Coordination in Action：The European Employment and Social Inclusion Strategies. Bruxelles : PIE-Peter Lang.

《"健康中国 2030"规划纲要》：目标和措施

刘德培

中国工程院院士、中国工程院前副院长、中国医学科学院前院长

2016 年 10 月 25 日，中共中央、国务院印发《"健康中国 2030"规划纲要》。它是我国健康领域的一项中长期战略规划。它将作为促进健康中国建设的蓝图和行动计划，也是国家落实联合国《2030 年可持续发展议程》的主要途径。我在此论述一下这个规划纲要的背景、挑战、目标和举措。

一、《"健康中国 2030"规划纲要》颁布的背景

1. 平均预期寿命

中华人民共和国成立以来，中国人平均预期寿命延长了，目前优于中高收入国家平均水平。国家卫生健康委员会发布的《2019 年我国卫生健康事业发展统计公报》数据显示，2019 年中国人均寿命达到 77.3 岁。但与发达国家相比，中国仍有一定的差距。

2. 儿童和孕产妇死亡率

中国通过控制传染病、扩建卫生基础设施和确保全民医疗保险，大大降低了儿童和孕产妇死亡率。《2019 年我国卫生健康事业发展统计公报》数据显示，2019

年全国孕产妇死亡率下降到 17.8/10 万，婴儿死亡率下降到 5.6 ‰，处于中高收入国家平均水平。

3. 传染病的控制

中国在传染病的控制方面取得了良好的效果。《2019 年全国法定传染病疫情概况》数据显示，2019 年全国甲乙类传染病报告发病率为 10.79/10 万，报告死亡率为 0.0019/10 万；自然疫源及虫媒传染病报告发病率为 5.70/10 万，报告死亡率为 0.026/10 万；报告血源及性传播传染病发病发病率为 139.72/10 万，报告死亡率为 1.55/10 万（这些数据均不含港澳台）。

二、我们面临的挑战

1. 非传染性疾病

随着我国社会经济的快速发展，环境问题、生活方式的变化和城市化给维护和促进人民健康带来了一系列新的挑战。心血管疾病成为中国人的主要死因。国家心血管病中心编著的《中国心血管病报告 2018》数据显示，2016 年，农村和城市心血管病死亡占全部死因的比率分别为 45.5%和 43.16%。在我国，心血管病的发病率和死亡率仍有不断上升的趋势。根据中国和世界卫生组织的预测，在不久的将来这种情况还会进一步恶化，所以心血管疾病是非常严重的问题。癌症也是一个重大问题。由于人口老龄化和新的不健康生活方式，全球癌症负担正在迅速加重。在我国，癌症也是一个重要的死亡原因，已造成沉重的疾病负担，其中，肺癌的发病率最高。中国多项癌症的死亡率高于世界平均水平。在中国，癌症五年的存活率还是偏低的。

2. 健康风险

健康的最大威胁就是吸烟，其次是酒精类的消费等。中国已成为世界上最大的烟草消费国。除非广泛戒烟，否则中国吸烟致死人数还将不断增长，其带来的危害也将持续增加。此外，近年来，中国的酒精消费量迅速增加；钠的摄入量也为世界最高。这些都是影响健康的重要因素。亚洲其他一些国家也存在类似问题。

3. 医疗保健支出

中国医疗保健支出在最近几年有些增长。目前，中国的医疗保健体系不断完善，正在努力跟上不断上涨的医疗成本，尤其是重大疾病、工伤和老龄化引起的医疗成本。2010—2019 年，医疗保健成本的增幅比 GDP 的增幅高。2019 年 9 月

26日，庆祝中华人民共和国成立70周年活动新闻中心在梅地亚中心二层新闻发布厅举办第二场新闻发布会。国家卫生健康委员会主任马晓伟介绍，个人医疗费用支出占总支出的28.6%，达历史最低水平（新京报，2019）。《“健康中国2030”规划纲要》建议，到2030年将这一比例降低至25%。

4. 生活环境

某些条件比过去有了很大程度的改善，但是空气污染仍然是一个需要解决的问题。在中国，空气污染是重要的环境问题，$PM_{2.5}$（微克/立方米）平均值较高。$PM_{2.5}$在最近两年情况比过去有很大的改善，但还是一个急需解决的问题。交通事故也是一个重要的健康风险因素，我国的交通事故死亡率高于北美和欧洲国家，是特殊伤害致死的重要原因。

5. 人口老龄化

中国人口在迅速老龄化。在过去的20—30年里，与许多国家一样，中国一般人群的健康状况有了显著改善，这体现在预期寿命和健康预期寿命的大幅延长。健康状况的改善使得老龄人口迅速且持续地增长。我的研究领域也是与老龄化紧密相关的。事实上，老龄化是一个自然的过程，但是我们希望在未来每个人都能够有一个健康的老龄化过程。

三、目标和原则

为了解决上述问题和推进健康中国建设，中共中央、国务院印发了《“健康中国2030”规划纲要》。

1. 指导思想

《“健康中国2030”规划纲要》以提高人民健康水平为核心，以体制机制改革创新为动力，以普及健康生活、优化健康服务、完善健康保障、建设健康环境、发展健康产业为重点，把健康融入所有政策，加快转变健康领域发展方式，全方位、全周期维护和保障人民健康。简而言之，就是为了促进健康生活，提供更好的卫生服务、医疗保险、卫生环境及卫生行业，让健康和卫生意识融入所有部门。

该规划纲要列出了13项核心指标（表1）。2015年的人均预期寿命是76.3岁，在未来，人均预期寿命会不断增长。还有婴儿死亡率、5岁以下儿童死亡率以及孕产妇死亡率等都是非常重要的指标。

表 1 《“健康中国 2030”规划纲要》的核心指标

领域	主要指标	2015 年	2020 年	2030 年
健康水平	人均预期寿命（岁）	76.3	77.3	79.0
	婴儿死亡率（‰）	8.1	7.5	5.0
	5 岁以下儿童死亡率（‰）	10.7	9.5	6.0
	孕产妇死亡率（1/10 万）	20.1	18.0	12.0
	城乡居民达到《国民体质测定标准》合格以上的人数比例（%）	89.6（2014 年）	90.6	92.2
健康生活	居民健康素养水平（%）	10.0	20.0	30.0
	经常参加体育锻炼人数（亿人）	3.6	4.4	5.3
健康服务与保障	重大慢性病过早死亡率（%）	19.1（2013 年）	比 2015 年降低 10%	比 2015 年降低 30%
	每千常住人口执业（助理）医师数（人）	2.2	2.5	3.0
	个人卫生支出占卫生总费用的比重（%）	29.3	约 28.0	约 25.0
健康环境	地级及以上城市空气质量优良天数比率（%）	76.7	＞80	持续改善
	地表水质量达到或好于Ⅲ类水体比例（%）	66.0	＞70	持续改善
健康产业	健康服务业总规模（万亿元）	—	＞8	16

资料来源：根据中共中央国务院发布的《“健康中国 2030”规划纲要》整理而成。

2. 卫生系统的工作方针

卫生系统的工作方针包括：①以基层为重点。城市和农村地区的社区卫生应优先获得政府投资和支持等。②以改革创新为动力。卫生改革和技术创新应成为保持卫生系统活力，促进其增长的强大动力。③以预防为主。卫生系统应当更加注重疾病预防，以节省资金和其他资源。疾病预防比疾病治疗成本更低，但效益更高。④中西医并重。中医药对一些特定的健康问题有较好的疗效，卫生系统应充分发挥中医药的独特优势。⑤把健康融入所有政策。卫生部门在制定政策时应优先考虑健康问题，任何政策或行动都应以改善健康、防止出现对健康的不利影响为目的。⑥人民共建共享卫生与健康。所有人都应该对自己的健康负责，包括保持健康的生活方式，预防风险因素对健康产生的不利影响，参与健康保险等。

这个工作方针吸取了新的理论，例如“将健康融入所有政策”。“将健康融入所有政策”强调应将健康作为卫生部门优先考虑的问题。这是一个最为重要、最为基础的指导原则。它首先强调在初级卫生体系中的卫生政策，也就是以基层为重点，它依赖于改革，即以改革创新为动力。我国是以省级预防为主，平等地强调中西医结合。其次，它是中央政府的政策，这非常重要，意味着政策当中的健康要素，强调健康应当是所有的重中之重。之前由国家卫生健康委员会专门解决健康问题，现在每一级政府都会把健康问题作为工作的重中之重，这是一个重大变化。这一工作方针也强调了个人对自身健康的责任。个人不但要对自己的健康负责，还要为全社会的健康作出贡献，也就是全民共建共享。

3. 基本原则

《“健康中国 2030”规划纲要》的基本原则是健康优先、改革创新、科学发展、公平公正。健康优先是社会事务治理的新理念，它是指在公共政策实施的整个过程中，始终把卫生保健摆在优先发展的战略地位。此外，基本原则强调健康服务的公平公正，即以农村和基层为重点，推动健康领域基本公共服务均等化，维护基本医疗卫生服务的公益性。

四、任务和举措

《“健康中国 2030”规划纲要》提出了 5 项重大任务 17 项举措。5 项重大任务包括普及健康生活、优化健康服务、完善健康保障、建设健康环境以及发展健康产业，包含 17 项举措，希望借此能够实现规划目标。

1. 普及健康生活

第一，加强健康教育。全民健康生活强调的是健康教育，也就是每个人都需要理解健康，要提高全民健康素养，加大学校健康教育力度。当今中国面临着许多生活方式相关的健康问题，如吸烟、饮食等。注重健康生活方式，强调健康知识与技能，鼓励培养良好习惯，是解决慢性非传染性疾病和其他健康问题的最佳方式。

第二，塑造自主自律的健康行为。2003 年，中国在第 56 届世界卫生组织大会上签署了《烟草控制框架公约》，尽管经过多年努力，但烟草控制行动的效果并不理想。该公约建议出台一些措施，如提高香烟税、从严立法，以减少吸烟者的数量。另外，现在人们的物质条件比之前改善很多，但是人们的文化水平没有跟上，有些人不知道怎样吃更健康，怎样锻炼更健康。这就需要加强全民在这方面的教育，同时鼓励个人培养更健康的生活习惯。人们需要维持健康的生活方式，合理膳食，控烟限酒，促进心理健康，减少不安全性行为和毒品的危害。

第三，提高全民身体素质。要完善全民健身公共服务体系，广泛开展全民健身运动，加强体医融合和非医疗健康干预，促进重点人群体育活动。为促进和普及健康生活方式，将广泛开展全民体育锻炼，加强健身步道、健身中心、体育场馆等多种健身服务。到 2030 年，实现人均体育场地面积约 2.3 平方米。在竞技体育方面，中国在世界表现很好，但是在全民基层健身方面还需要进一步提升。

2. 优化健康服务

第一，强化覆盖全民的公共卫生服务。健康服务的重点已从疾病治疗转向健康强化和健康管理。《“健康中国 2030”规划纲要》明确指出，应转变服务模式，提升健康服务水平，因此，政府应完善医疗卫生服务质量体系，同时更加注重影响人类健康的因素，有效预防疾病，最终促进全民健康。我们希望全民享受公共卫生服务（公共卫生服务也就意味着生活方式）、疫苗注射以及医疗服务。

第二，提供优质高效的医疗服务。要完善医疗卫生服务体系，创新医疗卫生服务供给模式，提升医疗服务水平和质量。我国基层卫生保健和中医药的进一步发展对健康系统的发展有宝贵意义。中央加大地方医疗投入，支持建设社区健康服务中心、乡镇卫生院和村卫生室，以确保城乡居民享有均等化的基本公共卫生服务，对于不同地区、不同人群都是如此。

第三，充分发挥中医药独特优势。这是非常独特的部分。对于中国来说，在过去的几千年，传统的中医药扮演了非常重要的角色。我们希望把中医和西医结合起来，提升中医药服务能力，促进中医药的保护和创新。中医药在预防慢性非传染性疾病方面可发挥重要作用。要提高中医药服务能力，发展中医养生保健治未病服务，推进中医药的继承和创新。

第四，加强重点人群健康服务。其中包括对母婴健康、幼儿健康、老龄人健康以及残疾人健康的关注。还应关注其他高危人群，如移民和低收入群体等。

3. 完善健康保障

第一，健全医疗保障体系。21 世纪初，中国只有不到 1/3 的人口享有医疗保险。自 2011 年以来，中国医疗保险已覆盖 95%左右的人口，而 1984 年这一比例仅为 9.6%（国家卫生健康委员会，2018），进步速度令人惊叹。现在几乎全民享有医保。中国实际上是为庞大的人口构建了一张安全网，保护人民不致因医疗费用而陷入贫困。这为促进公平、繁荣的社会做出了巨大贡献。国家需要对其加强管理，积极发展商业健康保险，提升更高质量的医保服务。

第二，完善药品供应保障体系。为了实现卫生服务均等化、更好地惠及所有人，需降低卫生系统的成本，实现成本驱动。可行政策包括国家药品价格谈判、新处方方法、优惠报销制度等。虽然制药公司获得的利益可能减少，但可使医疗保健的财务和服务覆盖面扩大，为投资创新药物留下余地。国家需要进一步完善和提升这个体系，包括深化药品、医疗器械流通体制改革，完善国家药物政策等。

4. 建设健康环境

第一，深入开展爱国卫生运动。应提升卫生条件，加强城乡环境卫生综合整治，建设健康城市和健康村镇；全面加强农村垃圾治理，实施农村生活污水治理工程，大力推广清洁能源和安全饮用水。“建设健康城市和健康村镇”是“健康中国”的一项重要工程。政府已发布评价指标，帮助地方政府建设健康城市和健康村镇。我也参加了这些活动，我与当地的农民进行了很多交谈，更加了解他们日常的劳作、饮食，以及他们如何看待卫生条件等。

第二，加强影响健康的环境问题治理。我国也需要加强影响健康的环境问题管理。《“健康中国2030”规划纲要》建议加大对高污染或对环境构成风险的技术、设备和产品的现代化改造力度，改造钢铁、水泥、石化等产业，使其符合排放标准。到2030年，地级及以上城市空气质量优良天数比率达到80%；地表水Ⅰ—Ⅲ类水体比例达到70%以上。我国需要防治空气、水和土壤的污染，还需要实施全面的计划管理和控制行业的污染排放，要有完善的监控调查和风险评估机制。

第三，保障食品和药品安全。到2030年，食品安全风险监测与食源性疾病报告实现网络全覆盖。政府非常强调食品安全监管，对于食品安全问题是非常重视的。要全面推行标准化、清洁化农业生产，深入开展农产品质量安全风险评估，推进农兽药残留、重金属污染综合治理。还有药品安全问题，这不仅仅是创新的问题，同时也是人们怎么样去获得药品的问题，比如哪种药品是适合哪种的目的、哪种的要求的，以及提升公共卫生安全体系的问题。

第四，完善公共安全体系。其中包括职业健康和交通安全。要预防和减少伤害，健全口岸公共卫生体系，提高突发事件应急能力水平。在中国，有一些风险很高的伤害原因，要加强紧急情况的卫生管理，比如在灾害发生的情况下怎么样进行更好的管理等。《“健康中国2030”规划纲要》是我国首个纳入伤害控制的长期健康倡议，其中具体规定了强化职业安全、道路交通安全和预防伤害等举措。但它忽略了伤害控制的首要重点——没有明确指定任何部门或机构来领导和协调国内多个部门和社会合作伙伴的预防伤害工作。美国疾病控制与预防中心国家伤害预防与控制中心的成功设立为我们提供了值得参考的范例。

5. 发展健康产业

第一，优化多元办医格局。发展新的卫生服务种类包括互联网医疗服务、个人定制的卫生管理服务、中医旅游、保健旅游、育儿和生育妇女的健康，以及卫生的成像中心和其他诊疗诊断中心。进一步优化政策环境，优先支持社会力量举办非营利性医疗机构。鼓励医师利用业余时间到基层医疗卫生机构执业或开设工作室，逐步扩大外资兴办医疗机构的范围。为满足国内不同人群对健康服务的需求和促进更优质的健康服务，健康系统将鼓励建立更多的医疗机构。

第二，发展健康服务新业态。医疗机构应利用现代科技提供新型健康服务，如发展基于互联网的健康服务，促进个性化健康管理服务等。这将有助于满足不同人群的健康需求，扩大健康市场。这些服务包括：基于互联网的健康服务，个性化健康管理服务，健康旅游，中医药健康旅游，孕产妇和儿童保育，健康文化、体育运动、医疗、康复、健康影像中心，病理诊断中心，血液透析中心等。

第三，积极发展健身休闲运动产业。很多年轻人关注这个行业。《国务院办公厅关于加快发展健身休闲产业的指导意见》指出，健身休闲服务包括日常健身活动、户外运动、体育旅游和“互联网+健身休闲”服务等，目标是到2025年，该产业总规模达到3万亿元。这些领域包括私营设施、无障碍体育资源、俱乐部、具有消费引领特征的运动项目、示范区和示范地带等。

第四，促进医药产业发展。中国正在推动有利于创新的法制环境，一些新的法律草案提出了更好的监管、知识产权和偿付条件。另外，特定基本药物如果能促进患者恢复健康，延长他们的寿命，那么这些基本药物的市场准入速度将被加快。这些创新药物也具有成本效益，住院治疗期可相应缩短。因此，要加强医药技术创新，到2030年，药品、医疗器械质量标准将全面与国际接轨；提升产业发展水平，到2030年，我国医药产业在全球市场份额将大幅提升。

参考文献

国家卫生健康委员会. 2018. 中国卫生健康统计年鉴（2018）. 北京：中国协和医科大学出版社.

新京报. 2019. 历史最低!中国个人医疗费用支出占总支出的28.6%. https://www.360kuai.com/pc/9e71815cbd1f9caff?cota=4&kuai_so=1&tj_url=so_rec&sign=360_57c3bbd1&refer_scene=so_1. (2019-09-26).

拉美地区的社会政策和社会发展

何塞·奥坎珀[①]　娜塔莉·阿特亚加[②]

①美国哥伦比亚大学教授、哥伦比亚共和国中央银行董事会成员

②世界银行顾问

本文是对21世纪初拉美地区经历的主要社会变革的分析，其中一些变革可追溯至20世纪最后十年。这些变革是重大的，特别是在人类发展和社会包容方面，

包括卫生、教育、住房和公共设施的获得情况。在这些变化的背后，公共部门发挥了更为积极的作用，这体现在社会支出的增加，特别是在2003—2013年的大宗商品繁荣时期，经济增长尤为迅速。一方面，中央政府社会支出占GDP的比例继续上升，延续了20世纪最后十年的上升趋势。另一方面，地区GDP也持续增长。这段时期经济增长的加快仰仗商品价格的超级周期（南美洲因此受益）以及国际融资的充分获得。

人类发展和社会包容指标显示，获得社会服务的机会有所改善，贫困和不平等现象也显著减少。当积极的社会政策与快速的经济增长同时出现时，情况尤其如此。然而，两大挑战（社会支出的再分配效应有限以及这些成就与创造高质量就业机会之间缺乏同步）依然存在。关于后一个因素，可以认为，2003—2013年，经济的飞速发展对高质量就业机会的影响不如社会支出对人类发展的影响。随着拉丁美洲的经济增长在2008—2013年放缓，它可能重回20世纪最后十年的典型状况：人类发展取得进步，但伴随着就业不稳定、贫困现象缓慢减少以及严重的收入不平等（ECLAC，2013）。

因此，保证体面就业和减少严重的不平等是该区域两个悬而未决的主要问题。今后几年的挑战将是设计一项发展战略，继续改善社会，继续降低收入不平等，同时保证较高的人力资本和适当的高质量工作岗位。经济增长加速将是保证这些成果的必要条件。

一、社会支出、获得社会服务与减少贫困

21世纪以来，各个领域的社会支出普遍增加。从拉丁美洲整体来看，中央政府的社会支出从2000—2003年的9.9%增加到2014—2016年的12.4%（图1）。人均社会支出从473美元增加到894美元（按2010年价格计算），这意味着人均社会支出增长了89%，这是继20世纪90年代以来又一次广泛基础上的增长。在2008年全球金融危机前的“黄金五年”里，经济也迅速增长（ECLAC，2018，图III.4）。本文分析的这段时期的人均社会支出增长，有超过一半来自“黄金五年”。

支出的增加对社会保障（包括社会保险和援助计划）和教育起到尤为重要的影响——同样，在这些方面延续了20世纪90年代的趋势。前者受到社会保险覆盖面扩大和“社会援助革命”的推动，“社会援助革命”伴随21世纪初巴西和墨西哥的有条件限制资助（conditional cash transfer，CCT）计划而出现，随后扩展到整个地区（Ferreira & Robalino，2011）。社会保险开支的另一个重要增长来源

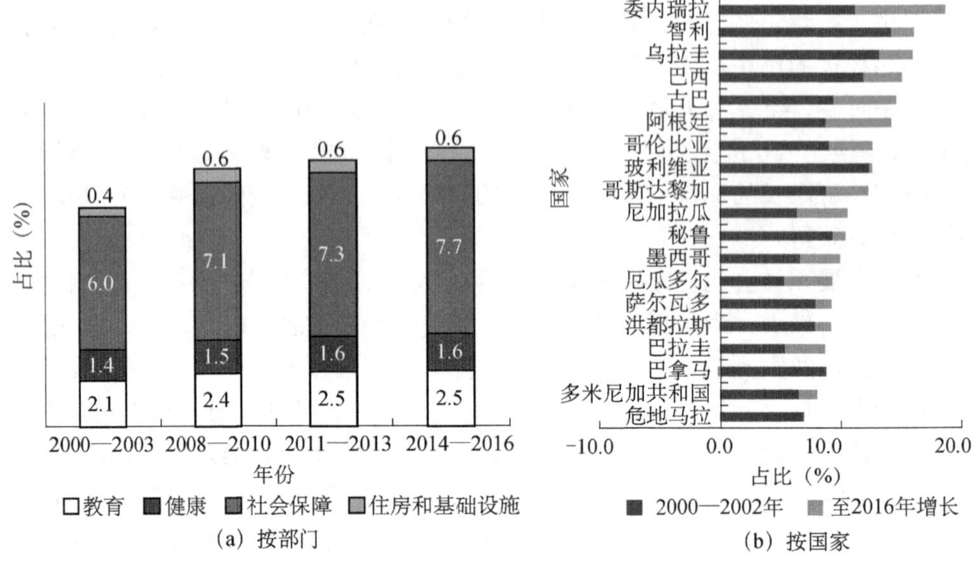

图 1　社会支出占 GDP 的比例（ECLAC，2018）

是阿根廷、玻利维亚、巴西和智利设立无缴款养恤金，实现普遍养恤金；此外还有一些普遍转移，如阿根廷的儿童福利以及增加劳动年龄人口获得社会保险（特别是卫生保险）的机会（Ocampo & Arteaga，2016）。

教育支出的增加反映在覆盖面和质量的改善上。鉴于拉丁美洲国家和中等收入经济体的特点，联合国千年发展目标为教育制定的目标要求更高，不仅包括初等教育，还扩大了中等教育、技术教育和高等教育的覆盖面。结果，小学净入学率在 2014 年扩大至几乎实现完全覆盖（ECLAC，2015a），但正如刚才所言，其他教育领域，特别是中等教育的支出也有所增加。

社会支出的增加促进了人类发展的改善，特别是使数千人得以获得社会服务。该地区的人类发展指数（human development index，HDI）从 1990 年的 0.63 上升至 2017 年的 0.77（图 2）。

人类发展方面的改善表现在卫生和教育方面，而不是收入方面，由于经济增长相对缓慢，收入方面的增加没有那么多。非收入 HDI 仅涵盖卫生和教育领域，从 1990 年的 0.63 上升至 2017 年的 0.78。增长最快的领域是教育，1990—2017 年提高了 21 个百分点。然而，尽管教育方面已经得到上述改善，但教育指数仍然是 HDI 所包含的 3 个方面中最低的。

HDI 的改善与社会支出的增长直接相关：社会人均公共支出越高，HDI 就越高（Ocampo & Arteaga，2018）（图 3）。如果以不平等调整后的 HDI 作为参照，就会发现这种关系更加明显，可以看到，教育与卫生的改善显然与社会支出有关，

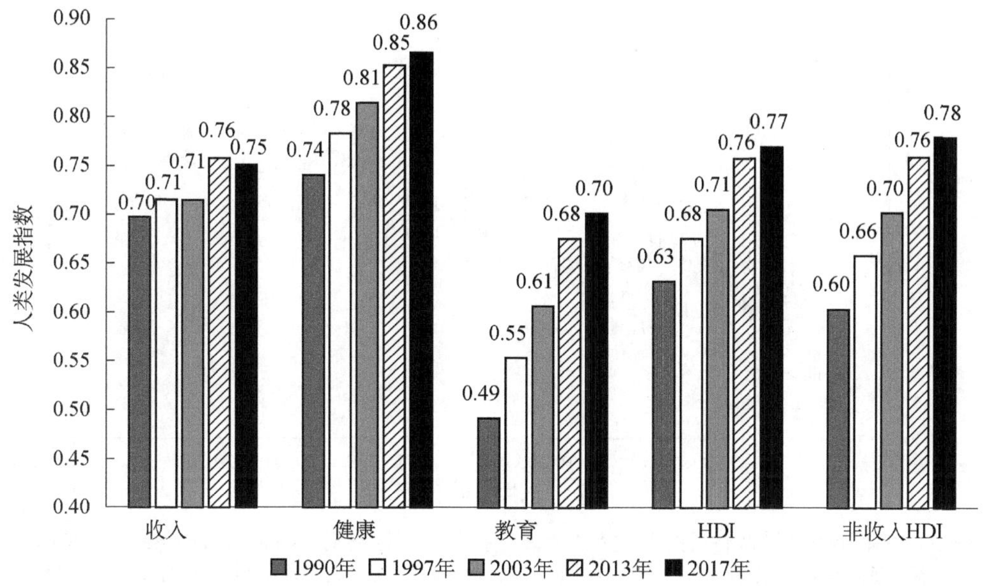

图 2　拉丁美洲人类发展指数

注：根据联合国开发计划署《人类发展报告》的数据估计得出

而与经济增长无关。此外，这两项指标之间的差异往往随着社会支出水平的增长而缩小，这表明支出在缩小社会差距方面的相对效率更高。无论如何，正如 Ocampo 和 Arteaga（2016）详细阐述的，人均收入相似的国家在社会支出方面存在显著差异。社会支出最高的国家不一定是收入水平较高的国家。

与其他发展中国家相比，拉丁美洲国家在教育和卫生方面（非收入 HDI）的表现要好于同等发展水平的国际标准。这尤其意味着，考虑到该区域的人均收入水平，该区域的大多数国家在教育和卫生方面的表现要好于预期。此外，如图 3 所示，在对非收入 HDI 进行不平等调整后，情况尤其如此：该区域的大多数国家确实要好于相关的国际格局，考虑到该区域是世界上收入不平等最严重的地区，所以这是该区域的一个显著的特征。

包括《拉丁美洲和加勒比人类发展区域报告》（UNDP，2016）在内的其他研究已经对社会包容的其他基本方面（如住房、公共服务和其他卫生与教育指标）的福利改善进行了广泛分析。这份报告通过对影响各社会阶级生活质量的各种变量进行分析，展示了收入以外的改善。联合国开发计划署与“牛津贫困与人类发展倡议”发布的全球多维贫困指数以及根据该地区调整的多维贫困指数（Santos et al.，2015）的下降也体现了这一点。根据后者，在所有被分析的国家中，面临多维贫困（在生活质量方面同时存在多种剥夺）的人口比都有所下降，这主要是由于基本服务和教育得到了改善。所有报告中的一个突出特点是人口的最大教育成

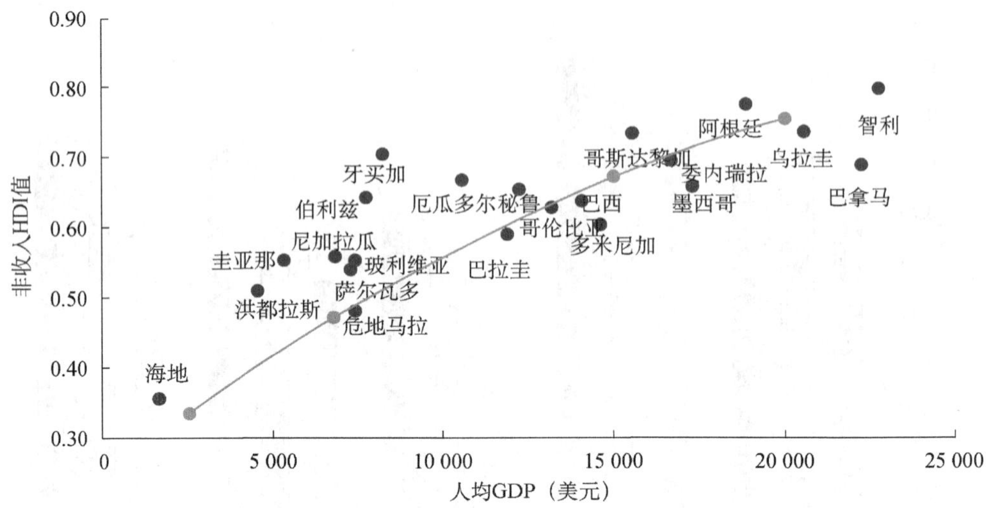

图 3　2011 年不平等调整后的非收入人类发展指数和国际格局（Ocampo & Arteaga，2016）

注：根据联合国开发计划署《人类发展报告》的一系列数据估计得出。这条连续的线是根据人类发展水平，两项指标在不同国家群体中的平均水平所代表的模式

就，即培养了一批更合格的劳动力。

2003—2013 年最大的进步是收入分配的改善和贫困人口的急剧下降。经济增长、社会支出提高和不平等降低又转而促进贫困人口的大幅下降（图 4）。根据世界银行的数据，贫困发生率在 1990—2002 年几乎保持不变，但 2003—2013 年，从 42.5%下降到 24.4%，7400 万人摆脱贫困，其中 5900 万人克服了极端贫困（World Bank，2015a）。据世界银行分析，这十年间该地区减贫的原因在于收入的进一步增长。

拉丁美洲和加勒比经济委员会（Economic Commission of Latin America and the Caribbean，ECLAC）的数据显示了类似的情况。根据 ECLAC 的数据，经历了 20 世纪 80 年代的债务危机、“失去的十年”以及 20 世纪末的危机后，贫困发生率从 2002 年的 43.9%下降到 2013 年的 28.1%。在世界银行和 ECLAC 的各种措施下，2003—2013 年，除危地马拉外，该区域所有国家的贫困发生率都显著降低。

正如世界银行所证明的那样，贫困的急剧下降伴随着该地区中产阶级的增加（Ferreira & Robalino，2011）。中产阶级人口比例从 2002 年的 21%上升到 2013 年的 35%。但它也涉及脆弱家庭群体（每日人均收入在 4—10 美元的人口）的增加，这些家庭的收入虽然在贫困线以上，但仍然有很高的重回贫困线的风险。这一人口比例从 2003 年的 35%上升到 2013 年的 38%，成为该地区最大的人口群体，其比例甚至高于贫困人口。

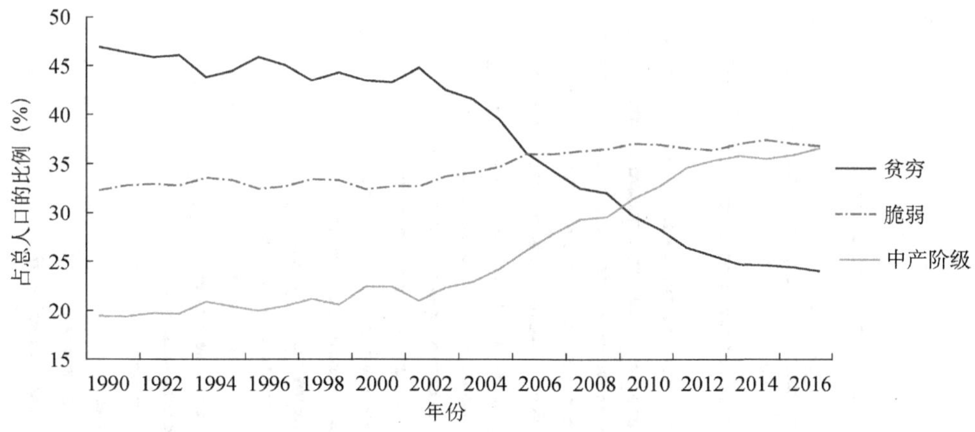

图 4　中产阶级的崛起（López et al.，2011；World Bank，2015a）

这一弱势群体多方面的生活质量仍然存在严重的匮乏，如难以获得社会保障，非正规工作的发生率高，依赖他人者多，受教育程度低（UNDP，2016）。总而言之，这一群体更接近于穷人，而非中产阶级。由于缺乏针对这一人群的公共政策（特别是管理收入保障和高质量工作的政策），预计每年 10%—12%的弱势人口将重新陷入贫困（Stampini et al.，2015）。

就不平等而言，继 20 世纪 80 年代“失去的十年”、90 年代结构性改革和世纪末危机导致的严重恶化后，不平等水平显著下降，基尼系数从 2002 年的 0.548 下降到 2013 年的 0.494（图 5）。该区域所有国家的不平等现象都得到了改善；一些国家从 20 世纪 90 年代已开始得到改善，另一些国家则从 21 世纪初开始。

关于不平等分解的多种研究发现，不平等的下降以每小时劳动收入的提高（特别是分配的低十分位数），以及不同教育水平的工人之间工资差距的缩小为特征（Lustig et al.，2013）。尽管有所改善，但拉丁美洲无论如何仍然是世界上发展最不平等的地区之一。如果考虑拉丁美洲的发展水平，不平等就更加严重。事实上，如前所述，该区域所有国家的收入不平等程度都很高（图 6）。此外，不平等程度的下降自 2011 年以来已经停滞，最近可能有所上升。

尽管不平等的现象有所改善，但仍然面临重大挑战，特别是在该区域公共服务供应与获得不平等的情况下。首先是质量问题。这一问题在该区域普遍存在，在教育方面尤为明显。大部分拉美国家在经济合作与发展组织的国际学生评估项目中的表现不尽如人意，发展水平处于非常低的位置（Lustig & Sean，2013）。其次是公共服务的细分，其结果是根据收入水平提供不同质量的服务。Ocampo 和 Vallejo（2013）曾强调这一问题，这也是该区域不断增长的中产阶级对公共产品消费不足的原因之一。最后，一些国家在医疗服务和获得养老金方面的低覆盖率

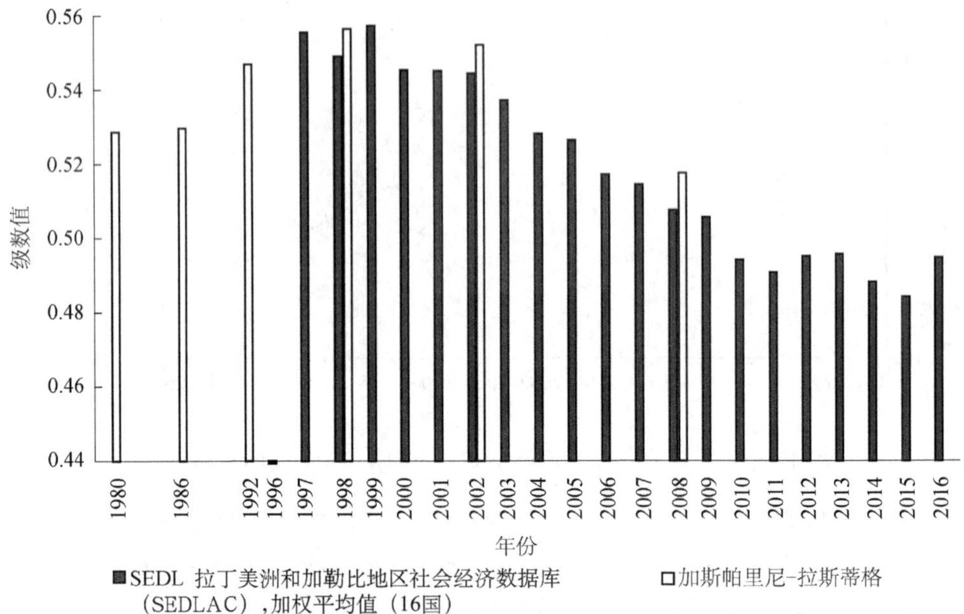

图5　拉丁美洲国家之间的不平等（拉丁美洲和加勒比地区社会经济数据库；Gasparini & Lustig，2011）

注：加斯帕里尼-拉斯蒂格级数是1980年8个国家、1986年14个国家和1992年以来18个国家的人口加权平均值。该级数是16个国家的加权平均值。对于那些某一年不平等数据缺失的国家，这一平均值是由线性回归估计得来

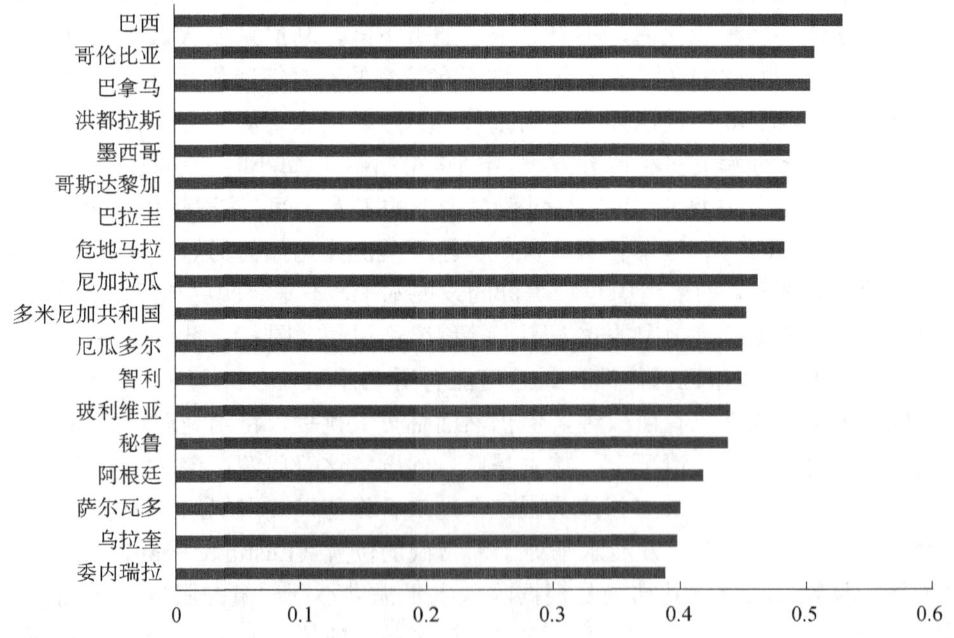

图6　2014—2016年拉丁美洲各国基尼系数（分配、劳工和社会研究中心的数据）

仍然反映了社会保障制度与正式就业之间的联系，这导致很大一部分人被排除在外（López et al.，2011；Ocampo & Arteaga，2016）。还有一个重要的问题就是社会支出的再分配效应低。

从图 7（按就业类型和收入五分法分类）可以看出，尽管自 2002 年以来社会保障（卫生和养老金）有所改善，但在获得社会保障（卫生和养老金）方面仍存在两个重要划分：按就业类型划分和按收入划分。养老金方面的不平等比卫生方面更严重，分别有 55.4%和 66.4%的受薪员工获得卫生和养老基金保障，但对于非受薪员工来讲，其比例分别仅为 12.4%和 41.2%。2012 年，收入较低的 1/5 的非受薪员工养老金领取率只有 3.4%，而同一区间的受薪员工养老金领取率为 24.4%（ECLAC，2013）。即使在最富裕的 1/5 区间，非受薪员工获得养老金和卫生保障的比率也更低。贫困家庭和非受薪员工获得双重保障的可能性更小。所有国家都不例外，即使在拥有全面体制的国家也是如此，尽管其覆盖率差距不太明显。

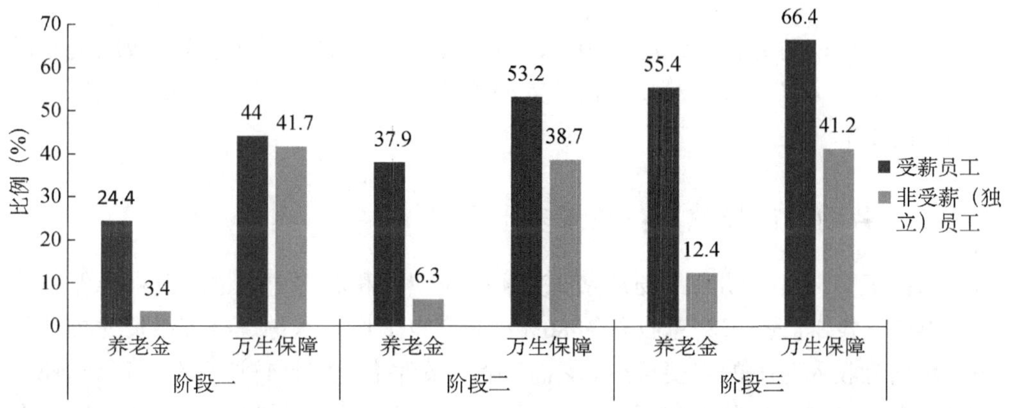

图 7 拉丁美洲工作人口获得卫生保障和养老金的情况（ECLAC，2013）

关于再分配效应，转移支付作为再分配的公共工具的效果因各国社会保障制度的特点而异。根据 Ocampo 和 Arteaga（2016）的研究，拥有综合社会保障制度的国家，通过直接和实物转移，在减少不平等和贫困方面的社会支出发生率更高。这意味着，社会支出作为再分配和减贫工具，在综合制度下发挥着更强有力的作用，与中等的和有限的制度相比，综合制度覆盖面较大或可实现全民覆盖，用于社会保险项目的社会支出也相对较高，可参考图 8，其依据是杜兰大学公平承诺项目与美洲国家对话组织提供的关于社会支出再分配效应的信息。

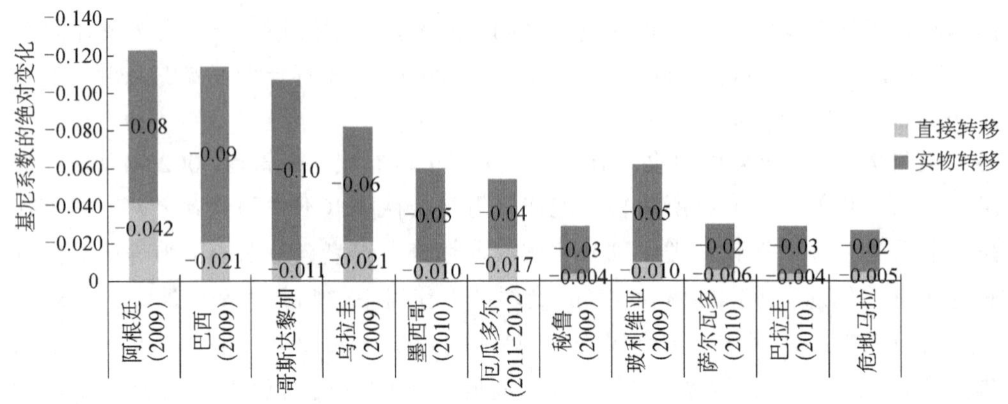

图 8　社会支出的再分配效应（直接和实物转移）①

（Ocampo & Arteaga，2016，基于公平承诺项目，基于每个国家的工作文件）

注：发生率分析衡量了不同收入概念（税前和转移前、直接税后、直接和实物转移后）之间的基尼系数和贫困指标的变化。市场净收入（市场收入减去个人所得税和员工缴纳的社保）和可支配收入（市场净收入加上直接公共转移）的基尼系数之差，是直接转移的再分配效应。市场净收入和最终收入之间的差额是所有直接转移和实物转移的结果。养老金是市场收入的一部分

无论如何，与经合组织成员相比，拉丁美洲税收和转移的再分配效应仍然很小。事实上，可以说税收对整个拉丁美洲的效应为零，转让的效应最多是经合组织国家的1/3。

二、劳动力市场状况：数量多于质量

在拉丁美洲，劳动力市场是家庭克服贫困状况和获得更多福利及社会保障的主要渠道：拉丁美洲家庭总收入的80%左右来自工作。这也是经济增长的收益更好地转化为收入分配的主要渠道。然而，由于条件不稳定且普遍存在不正规情况，劳动力市场也会产生并加剧不平等。在拉丁美洲和加勒比地区，劳动力市场历来是低生产率（非正式）部门与家庭收入高度不平等的异质生产结构之间的纽带（ECLAC，2015a）。在这种结构模式下，劳动指标的改善具有重要意义。经历了20世纪最后十年的严重恶化之后，劳动指标在2003—2013年得到显著改善。然而，经济增长疲软已经反映在最近几年劳动力市场的新一轮恶化上。

① “公平承诺评估”（CEQ）使用标准发生率分析来解决以下三个问题：每个国家通过社会支出、补贴和税收实现了多大程度的再分配和减贫？税收和政府支出获得了多大程度的进步？在财政审慎的范围内，如何通过改变税收和支出来增加再分配和减少贫困？CEQ是第一批致力于全面评估发展中国家税收/福利制度（包括以免费教育和卫生保健形式提供的间接补贴和税收及实物福利），并使评估在各国和各时期具有可比性的工作之一。查看CEQ项目的所有工作文件。各国数据来自该国的工作文件。有关方法的详细说明，请参阅评估方法手册（Lustig & Sean，2013）。

改善体现在失业率、劳动年龄人口占比（就业率）、女性劳动参与率、每小时工资（尤其是前面提到的较低的分配部分）的相应变化上，另外在正规性的提升方面也有较小程度的改善。但是，这些成就并未像社会其他方面的成就那样快速改善，因此，在多方面的社会进展与创造高质量就业（或国际劳工组织的术语“体面就业”）之间仍然存在不对称。事实上，即使2003—2013年劳动力市场指标出现积极变化，拉美劳动力市场也仍然存在较大的缺口、排斥和高非正规性。

20世纪的最后十年，经济增长放缓、经济自由化政策的施行以及1997年开始的危机导致失业率普遍上升、就业率下降和非正规性加剧。多项研究表明，经济自由化时期对劳动力市场产生了不利影响。根据Ocampo和Vallejo（2013）的研究，这是一段就业条件不稳定、经济保障水平较低的人类发展时期。

相比之下，2003—2013年的特点是失业率下降，就业率却在上升，特别是在城市地区（图9）。2007—2009年的北大西洋金融危机暂时导致就业率与失业率的轻微恶化，但很快便因这些指标得到改善而重新见好。总而言之，如今该区域各国的失业率比目前被归入高收入的国家的失业率要低得多。

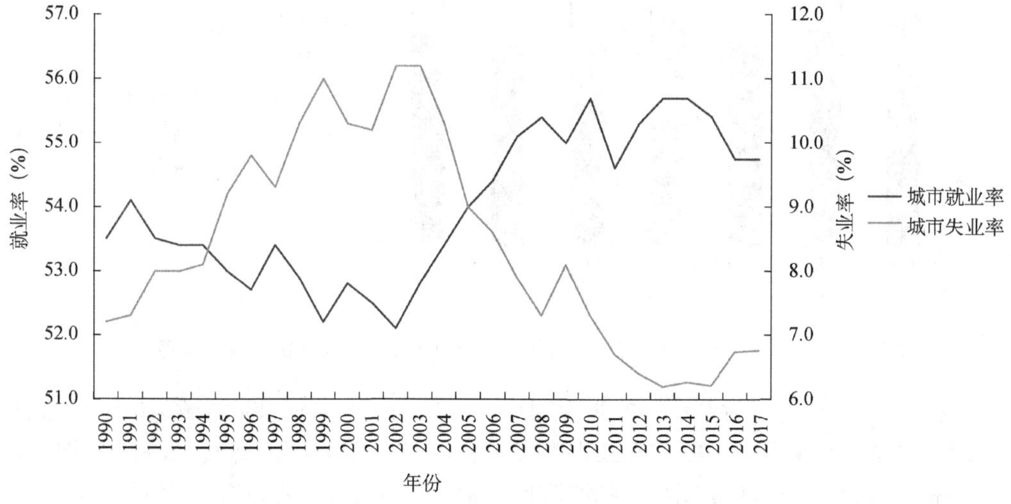

图9　1990—2017年城市劳动力市场状况（ECLAC，2018）

然而，这一趋势在2014年被打破，随之而来的是劳动力市场状况的恶化，这是由于大宗商品价格下跌导致经济增长放缓（特别是南美的经济增长放缓）。这首先反映在就业的恶化，继而是失业的增加。

女性参与率的提高是该地区劳动力市场状况的另一个重要变化。这一比例从1990年的38.4%上升到2018年的54.5%，但仍比男性劳动参与率（78.6%）低1/3。此外，在2017年前后，该区域的女性失业率（10.6%）仍然高于男性（8.2%）

（ECLAC，2018）。此外，就业数量上的差距也由收入、年龄、种族和教育水平决定。

传统的劳动力市场指标，如失业率和就业人数，通常是对“工作量”进行衡量，应在此基础上充分衡量就业的“质量”，新增用来衡量合同类型、工作时数、风险和工作条件等指标，作为对分析工作的补充。这些研究也是对国际劳工组织呼吁体面就业和欧盟呼吁高质量工作的响应（Ocampo & Sehnbruch，2015）。但是，在这些指标上的改善效果不明显。以职业类型测定的非正规率（指小企业非正规雇员、低教育水平的自营业务者和无报酬家庭员工）在 2000—2008 年下降了 3.3 个百分点，在 2008—2012 年下降了 3.6 个百分点，但此后由于经济增长放缓，又再度上升（图 10）。

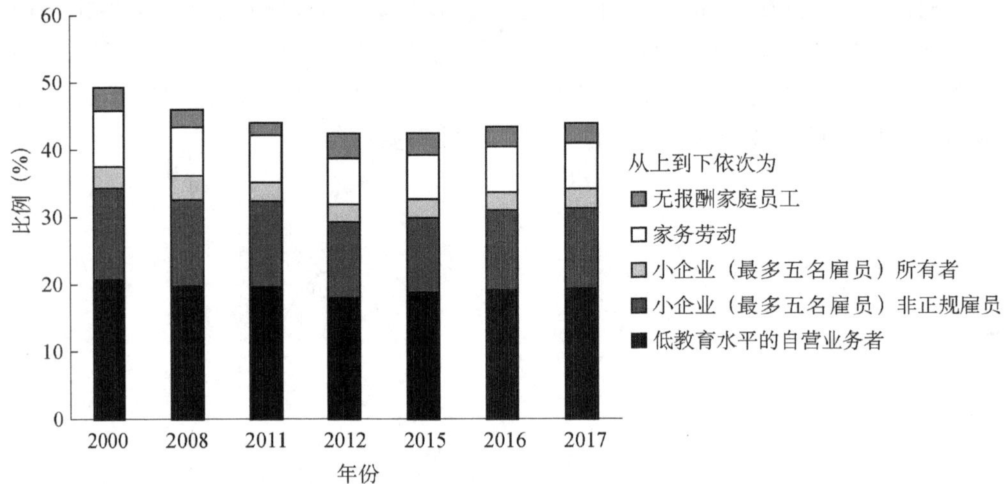

图 10　在低生产率行业（非正式部门）就业的城市工人（ILO 的统计数据）

无法获得社会保险（另一种非正规形式）的就业人数在 2002—2016 年也略有下降，从 62.2%降至 54.9%（ECLAC，2018）。这一切表明，尽管经济增长加速，人力资本有所改善，但在本区域的就业人口中，仍有一半在非正式条件下工作，他们或从事非正式职业，或签订不含社会保险的合同。

非正规性率比贫困率高 10 个百分点以上，说明非正规性不只是一种与收入相关的现象。事实上，很大一部分生活在贫困线以上的人口从事非正规工作，在获得社会保障方面存在重大差距。据联合国开发计划署（United Nations Development Programme，UNDP）（2016）统计，在所有收入群体（极端贫困、中等贫困、脆弱状况和中产阶级家庭）中，非正规部门的就业人口比例很高。到 2013 年，处于极端贫困、贫困和脆弱状况中的就业人口分别有约 80%、70%和 50%在非正规部门就业。即使在中产阶级就业人口中，这也是一个多发现象：36%的中产阶级雇员在非正规（低生产率）部门工作。

因此，除了贫富差距和排斥穷人之外，非正式就业的高发生率也是该区域经济和社会政策必须解决的一个普遍问题。此外，正如我们在 2013 年之后的经济放缓中所看到的，近期经济增长放缓对该区域劳动力市场的影响包括就业创造受到限制，失业率增高和实际工资下降（World Bank，2015b；ECLAC，2018）。

三、政策结论和未来的重大挑战

本文分析表明，拉丁美洲在社会包容和保障社会权利（教育、卫生、住房和家庭公共服务）方面获得的成功远远超过创造高质量的就业机会。无论如何，就业人数、劳工正规化和社会保障制度的覆盖范围都有所改善，尽管由于近期新一轮的经济增长放缓又出现了恶化。

因此，未来最重要的挑战是如何加速改善劳动力市场状况，实现这一目标的措施包括创造高质量的就业机会，扩大社会保障制度，利用灵活的机制确保所有工人都能获得保障。需谨记，难以获得体面工作与性别、种族和民族、生命周期的特定时期（特别是年轻人）和居住在农村地区等初始条件有强烈的相关性，在制定针对各人群的公共政策时，需考虑这些因素，且并不局限于弥补最初的歧视，方可促进体面工作。这一点对于现在尤为重要，因为经济放缓已经开始反映在工作条件的恶化上，特别是妇女和年轻人的工作条件，而且有迹象表明，随着低质量工作的产生，非正规性可能会增加。

同样，在减少贫穷和不平等方面取得的巨大成就也带来了新的挑战，因为脆弱人口在就业和社会保护方面继续遭受严重的剥夺，而中产阶级则对高质量的普遍服务提出需求。鉴于这种情况，虽然社会的重大变化已经改变了该区域，但这种变化也对未来提出了同样重要的挑战。提高服务质量，减少准入细分，保证任何收入水平、种族或居住地的人都能获得高质量的工作，这需要公共部门发挥更积极的作用，还需要扩大投资，促进生产部门结构变化，从而提供高质量的工作岗位，妥善利用不断增加的人力资本。以服务业为例，该产业在就业人数中所占的比例不断增加，但雇员教育水平低和工作效率低的比例也是所有部门最高的。此外，与其他发展中国家相比，这一产业的人均生产率最低。

尽管已经取得一些进展，但拉丁美洲国家之间仍然存在严重不平等，2003—2013 年所经历的改善似乎已经消耗殆尽。在减少不平等的可行措施中，最重要的是通过积极使用最低工资等措施继续降低劳动收入分配方面的不平等，并保证实行更多的累进税制，包括对最富裕阶层的资本收入征收更高的有效税率。

另一项必要举措是改革财政制度，以确保有更多的资源来维持公共支出的上升轨道和逐步转移。

劳动改革包括社会保护政策普遍化，缴费机制灵活化，简化对小型企业和独立工人的税收，以及通过非缴费支柱对公司和工人制度的缴费形成补充。

此外，如上所述，还有几点必要措施：依据各国平均收入制定活跃的低工资政策，设定适应各类工作特点的劳动标准，包括对农村地区工人、家务劳动乃至由于全球生产结构的变化而不断增长的新的灵活工作形式实行差异化管理（ILO，2014）。在该区域经济增长仍将继续放缓且贫困率已明显增长的情况下，随着社会支出的不断扩大和劳动力市场的积极趋势的更新，公共部门在维持社会收益（减少贫困和不平等，保障普遍享有体面工作的权利）方面将发挥至关重要的作用。无论如何，制定可用于设计家庭调查的指标、提供就业质量方面的参照指标的区域议程，是必不可少的举措。

参考文献

ECLAC. 2013. Social Panorama of Latin America 2013. Santiago: ECLAC.

ECLAC. 2014. Social Panorama of Latin America 2014. Santiago: ECLAC

ECLAC. 2015a. América Latina y el Caribe: una mirada al futuro desde los Objetivos de Desarrollo del Milenio. Informe regional de monitoreo de los Objetivos de Desarrollo del Milenio . ODM. en América Latina y el Caribe, 2015, Santiago: ECLAC

ECLAC. 2015b. Social Panorama of Latin America 2015. Santiago: ECLAC.

ECLAC. 2018. Social Panorama of Latin America 2018. Santiago: ECLAC.

Ferreira F H，Robalino D. 2011. Social Assistance in Latin America: Achievements and Limitations. In José Antonio Ocampo and Jaime Ros (Eds.). Handbook of Latin American Economics. Oxford: Oxford University Press, chapter 33.

Ganimian A J, Rocha A S. 2011. Measuring Up? How Did Latin America and the Caribbean Perform on the 2009 Programme for International Student Assessment. PISA. Washington D.C. and Santiago: Partnership for Educational Revitalization in the Americas. PREAL.

Gasparini L, Lustig N. 2011. The rise and fall of income inequality in Latin America, en José Antonio Ocampo and Jaime Ros (eds.). Handbook of Latin American Economics, Oxford: Oxford University Press, chapter 27.

ILO. 2014. World Employment and Social Outlook: The Changing Nature of Jobs. Geneva: ILO.

ILO. 2015. Panorama laboral de América Latina y el Caribe. Lima: ILO.

Jonathan M, Ocampo J A. 2013. El tamaño del Estado en América Latina y su impacto redistributivo.

Coyuntura Económica. Bogotá: FEDESARROLLO.

López C, Luis F, Juárez E O. 2011. A Vulnerability Approach to the Definition of the Middle Class. Policy Research Working Paper 5902. Washington D.C.: World Bank.

Lustig N, Luis F, López C, et al. 2013. Deconstructing the Decline in Inequality in Latin America. Policy Research Working Paper 6552. Washington D.C.: World Bank.

Lustig N, Sean H. 2013. Commitment to Equity Assessment (CEQ): Estimating the Incidence of Social Spending, Subsidies and Taxes-Handbook. CEQ Working Paper No. 1, Center for Inter-American Policy and Research and Department of Economics. Tulane University and Inter-American Dialogue, January.

Ocampo J A, Arteaga N G. 2016. Social Protection Systems in Latin America: An Assesment. Working Paper No. 52. Geneva: International Labour Organization. http://www.ilo.org/wcmsp5/groups/public/---ed_protect/---soc_sec/documents/publication/wcms_538047.pdf.

Ocampo J A, Arteaga N G. 2018. Desarrollo social: Avances asimétricos durante la última década. In Martín Puchet Anyul and Alicia Puyana Mutis (eds.). América Latina en la larga historia de la desigualdad, pp. 37-68. México: FLACSO.

Ocampo J A, Sehnbruch K. 2015. Introduction: Quality of employment in Latin America. International Labour Review, International Labour Organization, 154(2): 165-170.

Ocampo J A, Vallejo J. 2013. Economic growth, equity and human development in Latin America. Journal of Human Development and Capabilities, 13(1): 107-133.

Santos M E, Pablo V, Xavier M, et al. 2015. A Multidimensional Poverty Index for Latin America, OPHI Working Paper 79. Oxford Poverty and Human Development Initiative.

Stampini M, Marcos R, Mayra S, et al . 2015. Poverty, Vulnerability and the Middle Class in Latin America, Working Paper No. 591. Washington D.C.: Interamerican Development Bank.

UNDP. 2015. Human Development Report 2015: Work for Human Development. New York: UNDP.

UNDP. 2016. Progreso Multidimensional: Bienestar más allá del Ingreso, Regional Human Development Report for Latin America and the Caribbean. New York: UNDP.

World Bank. 2015a. Working to End Poverty in Latin America and the Caribbean: Workers, Jobs, and Wages. LAC Poverty and Labor Brief. junio 2015. https://openknowledge.worldbank.org/handle/10986/22016 License: CCBY 3.0 IGO.

World Bank. 2015b. Jobs Wages and the Latin American Slowdown, Semiannual report of Office of the Regional Chief Economist, Washington D.C. http://hdl.handle.net/10986/22709.

人类文明进程的周期表

何传启

中国科学院中国现代化研究中心、中国科学院大学公共政策与管理学院

1869年，俄罗斯化学家门捷列夫提出化学元素周期表。目前，元素周期表按照原子序数从小到大，把化学元素排成7个周期18个族；其中，每个周期的元素具有相同的核外电子层数，从左到右排成一行；每个族的元素具有相似的物化性质，从上到下排成一列。元素周期表不仅是化学发展的一个里程碑，而且在自然科学领域得到广泛应用。1999年，受元素周期表的启发，笔者在《第二次现代化：人类文明进程的启示》一书中（何传启，1999）提出人类文明进程的周期表（简称文明周期表），认为人类文明包含许多文明要素，有些文明要素的变迁遵循进化论，有些文明要素的变迁具有周期性；如果把人类文明看作一个有机整体，根据其核心要素（生产力和劳动力结构）的发展水平和周期性，可把从人类诞生到21世纪末的人类文明进程的前沿过程分为4个发展周期和16个发展阶段。根据时间顺序，把4个周期和16个阶段统一从上到下排列，构成文明周期表的竖表（表1）；在某种程度上，它犹如一条"人类文明的历史长河"。根据先后顺序，先把每个周期的4个阶段从左到右排列，然后把4个周期从上到下排列，形成文明周期表的横表（表2）；在一定程度上，它类似于元素周期表的排列方式。文明周期表是第二次现代化理论的一个核心模型，是连接人类文明与世界现代化的一个理论桥梁和分析工具。本文简要讨论它的基本事实、主要特点和理论意义。

表1　人类文明进程的周期表（竖表）

周期	阶段		主要特征（举例）	大致时间*	大约跨度
原始文化	人类诞生、原始社会、原始经济	起步期	旧石器早期。采集狩猎	250万—20万年前	230万年
		发展期	旧石器中期。血缘氏族	20万—4万年前	16万年
		成熟期	旧石器晚期。母系社会	4万—1万年前	3万年
		过渡期	新石器时期。原始农业革命	1万—0.55万年前	4500年
农业文明	文明诞生、农业社会、农业经济	起步期	古代文明。奴隶制	公元前3500—公元前500年	3000年
		发展期	古典文明。封建制	公元前500—公元500年	1000年
		成熟期	东方文明繁荣。欧洲中世纪文明	公元500—1500年	1000年
		过渡期	现代文明启蒙。欧洲科学革命	公元1500—1760年	260年

续表

周期	阶段		主要特征（举例）	大致时间*	大约跨度
工业文明	文明转型、工业社会、工业经济	起步期	第一次产业革命。机械化和城市化	1760—1870年	110年
		发展期	第二次产业革命。电气化和民主化	1870—1914年	40年
		成熟期	家庭机械化和电气化。联合国成立	1914—1945年	30年
		过渡期	第三次产业革命。自动化和福利化	1945—1970年	20年
知识文明**	文明转型、知识社会、知识经济	起步期	第一次信息革命。信息化和绿色化	1970—1992年	20年
		发展期	第二次信息革命。网络化和智能化	1992—2020年	30年
		成熟期	新生物学和再生革命。人体再生	2020—2050年	30年
		过渡期	新物理学和时空革命。宇宙旅行	2050—2100年	50年

*“文明时间”或“文明年表”，是与人类文明进程的前沿过程相对应的大致时间，详见表8、表9、表10和表11。**知识文明的成熟期和过渡期的时间和特征是一种预测（何传启，2011，2017a）；如果考虑文明周期和阶段加速性，过渡期的时间跨度有可能约为30年（表18）。在本文中，农业文明周期的农业文明被称为传统文明，工业文明周期的工业文明被称为现代文明，知识文明周期的知识文明被称为高级现代文明。在竖表中，发展周期和发展阶段统一从上到下排列。

资料来源：何传启，1999，2010，2013，2017a，2017b.

表2　人类文明进程的周期表（横表）

项目	起步期	发展期	成熟期	过渡期
原始文化	250万—20万年前 旧石器早期 人类诞生、采集狩猎	20万—4万年前 旧石器中期 血缘氏族	4万—1万年前 旧石器晚期 母系社会	1万—0.55万年前 新石器时期 原始农业革命
农业文明	公元前3500—公元前500年 古代文明 文明诞生、奴隶制	公元前500—公元500年 古典文明 封建制	500—1500年 东方文明繁荣 欧洲中世纪文明	1500—1760年 现代文明启蒙 欧洲科学革命
工业文明	1760—1870年 第一次产业革命 机械化和城市化	1870—1914年 第二次产业革命 电气化和民主化	1914—1945年 家庭机械化和电气化 联合国成立	1945—1970年 第三次产业革命 自动化和福利化
知识文明*	1970—1992年 第一次信息革命 信息化和绿色化	1992—2020年 第二次信息革命 网络化和智能化	2020—2050年 新生物学和再生革命 人体再生	2050—2100年 新物理学和时空革命 宇宙旅行

*知识文明的成熟期和过渡期的时间和特征是一种预测（何传启，2011, 2017a）；其过渡期的时间有可能缩短。在横表中,发展阶段从左到右排列，发展周期从上到下排列。

资料来源：何传启，1999，2010，2013，2017a，2017b.

一、研究方法和资料来源

迄今为止，科学研究显示，人类诞生于约250万年前，文明诞生于约公元前

3500 年，现代化起步于约 18 世纪。目前，关于文明和现代化都没有统一定义。从操作角度看，文明既是人类发展的高级阶段，也是公元前 3500 年以来人类发展成就的总和；现代化既是 18 世纪以来人类文明的一种深刻变化，也是从传统文明向现代文明的范式转变，还是一个世界现象，是不同国家追赶、达到和保持人类发展的世界前沿水平的行为和过程。根据现有知识，人类文明进程和世界现代化都是不同步的和没有止境的。本文的研究对象为人类文明进程的前沿过程，研究对象的时间跨度为 250 万年，从人类诞生到 21 世纪末。

1. 人类文明的发展理论

关于人类文明发展大致有三种理论，即进化论、循环论和周期论（何传启，2003）。

（1）进化论。认为人类文明是一个有机整体，文明发展是一个不断从低级到高级的演化过程。持这种观点的学者比较多，不同学者研究问题的角度有所不同，如法国学者伏尔泰（2009）、孔多塞（1998）和德国学者马克思（1975）等。

（2）循环论。认为人类文明是由一个一个独立的文明组成的，每一个文明的发展都有一个从诞生、生长、成熟到衰落的过程。其代表人物包括德国学者斯宾格勒（2006）和英国学者汤因比（1997）。例如，汤因比研究了 26 种文明的兴衰过程。

（3）周期论。认为人类文明是一个有机整体，文明是不断发展的，发展有周期的。在某种意义上，周期论是进化论和循环论的综合，但不是简单的加和。如意大利学者维科（1987）认为，世界历史不是直线发展的，而是一个螺旋式的、周而复始的演进过程。

2. 本研究的基本假设

（1）人类文明既是一个有机整体，又是不同国家和民族的文明的集合。不同国家和民族的文明发展是不同步的，人类文明的内涵、外延和结构是与时俱进的。

（2）人类文明发展的世界前沿是动态的。根据经济和社会特征（如生产力水平和劳动力结构等），可以判断人类文明发展的世界前沿。按照时间顺序，把不同时代的人类文明发展的世界前沿“串联”起来，可组成人类文明进程的“前沿过程”。

（3）人类文明的内涵涉及人类活动的所有领域，每个领域都有一些核心要素，简称为文明要素。文明要素的变化，有些是定性的，有些是定量的，部分可用发展指标来衡量。

（4）根据人类文明的结构和要素变化，定量与定性分析相结合，可解释人类文明进程的前沿过程的特征和规律。

3. 人类文明的结构

关于人类文明的结构，没有统一认识，大致包括内部结构、外部结构和历史结构。

（1）人类文明的内部结构，与文明内涵相关。它包括物质文明和非物质文明，有人认为有跨物质文明，即以物质为载体的非物质文明。物质文明指人类在物质生活用品如衣食、建筑、工具、器具等方面所取得的成就和达到的水平。非物质文明指人类在非物质文化如知识、制度和观念等方面所取得的成就和达到的水平。跨物质文明是指以物质文明为依托、表达非物质文明（非物质文化）的中间文明形态，如图书、电视文化、电脑和网络文化等。

（2）人类文明的外部结构，与文明外延相关。它既涉及人类发展的所有方面，如政治、经济、社会、文化、环境管理和个人行为等，相应的文明有政治文明、经济文明、社会文明、生态文明和行为文明等，也涉及不同国家和民族的文化和文明，如古埃及文明、古印度文明、中华文明、欧洲文明和美洲文明等。它们是文明内涵的外化，即文明的外延。

（3）人类文明的历史结构，与文明类型相关。综合考虑人类文明的内涵和外延，从历史过程和进化角度看，人类文明有很多类型；根据它的核心要素的发展水平和周期性（生产力和劳动力结构），可将人类文明主要分成原始文化、农业文明、工业文明和知识文明四种类型（表 3）；每一类型都有自己的经济基础和社会特征，可称为四种文明范式（表 4）。

表 3　人类文明的基本类型（基于经济基础和社会特征的分类）

项目	原始文化	农业文明	工业文明	知识文明
内涵	原始社会人类发展各方面所取得的成就和达到的水平	以农业为基础的文明，包括农业生产和农业服务的物质产品、工具和技术、相关知识、制度和文化等方面取得的成就和达到的水平	以工业为基础的文明，包括工业生产和工业服务的物质产品、工具和技术、相关知识、制度和文化等方面取得的成就和达到的水平	以知识产业为基础的文明，包括知识生产、知识传播、知识服务、相关知识、制度和文化等方面取得的成就和达到的水平
备注	文明的基础	农业时代的文明前沿	工业时代的文明前沿	知识时代的文明前沿

注：关于文明的种类，有很多种分类方式。四种类型划分是相对的，它们之间有一定交叉。
资料来源：何传启，1999，2010，2013，2017b.

表 4　人类文明的范式和特征

项目	原始文化	农业文明	工业文明	知识文明
经济	原始经济	农业经济	工业经济	知识经济
社会	原始社会	农业社会	工业社会	知识社会
政治	原始民主	专制政治	民主政治	多元政治
文化	原始文化	农业文化	工业文化	网络文化

续表

项目	原始文化	农业文明	工业文明	知识文明
个人	部落生活	乡村生活为主	城市和农村生活	物理和网络生活
环境	自然崇拜	适应自然	征服自然	人与自然互利共生
教育	原始教育*	初等教育为主	普及中等教育	普及高等教育
科学	原始知识	传统科学	现代科学	科学和高技术

注：文明范式的特征，为该种文明范式占据主导地位时的特征。*形象地说，大致相当于幼儿教育。
资料来源：何传启，1999，2010，2013，2017b.

4. 人类文明的要素

本文选择人类文明的政治、经济、社会和文化领域的 10 个核心要素和 18 个发展指标（表 5）为代表，分析人类文明进程的前沿过程的特征。

表 5　文明要素和发展指标

领域	文明要素	指标	指标定义和单位	变化特点
政治	权力	民主和专制	定性指标	周期性
	战争	战争形态	定性指标	进化
经济	劳动生产力	人均国内生产总值	美元	进化
	劳动力结构	狩猎采集劳动力比例	%	进化
		农业劳动力比例	%	周期性
		工业劳动力比例	%	周期性
		服务产业劳动力比例	%	周期性
		知识产业劳动力比例	%	进化，有极限
社会	人口	平均预期寿命	出生时平均预期寿命，岁	进化
	组织	政治和社会组织	定性指标	进化
		城市人口比例	城市人口占总人口比例，%	进化，有极限
	教育	小学普及率	小学生人数占适龄人口比例，%	进化，有极限
		中学普及率	中学生人数占适龄人口比例，%	进化，有极限
		大学普及率	大学生人数占适龄人口比例，%	进化，有极限
文化	知识	科技经费比例	科技经费占 GDP 比例，%	进化
	技术	电力普及率	电力人口覆盖比例，%	进化，有极限
		互联网普及率	每百人互联网用户数，%	进化，有极限
	观念	宗教和思想	定性指标	进化

5. 数据和资料来源

资料来源：世界银行世界发展指标数据库（World Bank，2018）、经济合作与发展组织产业结构数据库（OECD，2017）、《帕尔格雷夫世界历史统计》、《世界经济千年史》（麦迪森，2003）和《各国的经济增长》（库兹涅茨，1999）等。

历史资料来源包括：《人类的起源》（利基，1995）、《世界文明史》（拉尔夫等，1998/1999）、《文明的进程》（埃利亚斯，1998）、《全球通史》（斯塔夫里阿诺斯，1988）、《历史研究》（汤因比，1987）、《原始文化》（Tylor，1871）、《古代社会》（Morgan，1964）、《专制和民主的社会起源》（Moore，1967）、《经济成长的阶段》（Rostow，1960）、《现代化的动力》（Black，1966）和《人类的共性》（Brown，1991）等。

二、研究结果之一：人类文明进程的周期表

1. 人类文明进程的前沿过程的四个时代

在人类文明和世界史研究领域，不同学者从不同角度提出了众多的人类文明或世界史的阶段划分，但没有统一的划分。这些划分都“隐含”一个基本假设，即“人类历史是一条长河”，不同国家和民族的历史是人类历史的组成部分；形象地说，可以把不同国家和民族的历史，比喻为人类历史长河里的文明航船；可以根据文明航船的世界前沿的经历，划分人类文明或世界历史的阶段。划分的标准或方法，可以有所不同。

（1）人类文明的历史阶段划分。没有统一划分，大致有五类划分（表 6）。以生产力和劳动力结构为依据，可分为工具时代、农业时代、工业时代和知识时代四个阶段。

表 6　人类文明进程的前沿过程的历史阶段划分

<table>
<tr><td>阶段</td><td>公元前250 万年</td><td>公元前3500 年</td><td>公元前500 年</td><td>0 年　500 年</td><td>1500 年</td><td>1760 年</td><td>1914 年</td><td>1970 年　2000 年　2100 年</td></tr>
<tr><td rowspan="2">三阶段</td><td colspan="3">古代</td><td>中世纪</td><td colspan="4">现代</td></tr>
<tr><td colspan="4">古代</td><td colspan="2">近代</td><td colspan="2">现代</td></tr>
<tr><td rowspan="6">四阶段</td><td colspan="3">古代</td><td>中世纪</td><td colspan="2">近代</td><td colspan="2">现代</td></tr>
<tr><td>史前</td><td colspan="2">古代</td><td>中世纪</td><td colspan="4">现代</td></tr>
<tr><td colspan="3">古代</td><td>中世纪</td><td colspan="3">现代</td><td>后现代</td></tr>
<tr><td>工具时代</td><td colspan="4">农业时代</td><td colspan="2">工业时代</td><td>知识时代</td></tr>
<tr><td>史前时代</td><td colspan="4">农业时代</td><td colspan="2">工业时代</td><td>信息时代</td></tr>
<tr><td>史前时代</td><td colspan="4">农业时代</td><td colspan="2">工业时代</td><td>网络时代</td></tr>
<tr><td>五阶段</td><td>文前之前</td><td colspan="2">古代</td><td>中世纪</td><td colspan="3">现代</td><td>后现代</td></tr>
<tr><td>六阶段</td><td>文明之前</td><td>古代</td><td>古典</td><td>中世纪</td><td colspan="2">近代</td><td colspan="2">现代</td></tr>
<tr><td rowspan="2">七阶段</td><td>文明之前</td><td>古代</td><td>古典</td><td>中世纪</td><td>西方兴起</td><td>西方优势</td><td colspan="2">20 世纪以来的世界</td></tr>
<tr><td>文明之前</td><td>古代</td><td>古典</td><td>后古典</td><td>西方兴起</td><td>工业化</td><td colspan="2">20 世纪以来的世界</td></tr>
</table>

注：关于人类文明进程的历史阶段划分，一般是依据其前沿过程的水平和特征进行划分，阶段划分的时间节点是相对的。不同国家的文明发展是不同步的。

资料来源：何传启，2010，2013，2017b；拉尔夫等，1998；斯塔夫里阿诺斯，1988；Lyotard，1979.

（2）人类文明的社会阶段划分。没有统一划分，大致有四类划分（表 7）。以生产力和劳动力结构为依据，可分为原始社会、农业社会、工业社会和知识社会四个阶段。

表 7　人类文明进程的前沿过程的社会阶段划分

时间	公元前250万年	公元前8000年	公元前3500年	公元前500年	0年	500年	1500年	1760年	1914年	1970年	2000年	2100年
三阶段	传统社会							现代社会		后现代社会		
	前工业社会							工业社会		后工业社会		
四阶段	原始社会		农业社会					工业社会		知识社会		
	原始社会		农业社会					工业社会		信息社会		
	原始社会		农业社会					工业社会		网络社会		
	原始社会		农业社会					工业社会		风险社会		
	原始社会		农业社会					工业社会		生态社会		
五阶段	狩猎采集	园艺社会	农耕社会	农业社会				工业社会				
	狩猎采集	园艺社会	游牧社会	农业社会				工业社会				
	狩猎采集	游牧社会	农耕社会	传统文明社会				工业社会				
	原始社会		奴隶社会	封建社会			资本主义社会		社会主义社会			
六阶段	狩猎采集	园艺社会	游牧社会	农业社会			资本主义社会			后资本主义社会		
	狩猎采集	园艺社会	游牧社会	农业社会				工业社会		后工业社会		

注：人类文明进程的社会阶段划分一般是依据其前沿过程的水平和特征进行划分，时间节点是相对的。不同国家的社会发展不同步。

资料来源：何传启，2010，2013，2017b；马克思，1867；Beck，1986；Bell，1973；Castells，2000；Inglehart，1997；UNESCO，2005.

（3）人类文明的主要阶段。没有统一划分，可以重大文明事件为基础进行划分。人类历史上先后发生了四次意义深远的革命，即工具制造革命、原始农业革命、现代工业革命、知识和信息革命。四次革命导致人类历史的四次转移，第一次从动物世界向人类社会的转移，第二次是从工具时代（原始时代）向农业时代的转移，第三次是从农业时代向工业时代的转移，第四次是从工业时代向知识时代的转移。每一次转移，都促进了人类文明的巨大进步。与此相对应，人类文明进程发生了三次范式转变。第一次是从原始文化向农业文明的转变，第二次是从农业文明向工业文明的转变，第三次是从工业文明向知识文明的转变。依据上述分析，从人类诞生到21世纪末，人类文明和世界历史的前沿过程大致可以分为四个时代（表 8），四个时代的文明结构具有不同特点（表 9）。四个时代的阶段划分与人类文明进程的工具时代、农业时代、工业时代和知识时代的历史阶段划分（表 6）和原始社会、农业社会、工业社会和知识社会的社会阶段划分（表 7）基本一致。

表 8　人类文明进程的四个时代

项目	工具时代	农业时代	工业时代	知识时代
大致时间	250 万年前—公元前 3500 年	公元前 3500 年—公元 1760 年	1760—1970 年	1970—约 2100 年
时间跨度	约 250 万年	约 5260 年	约 210 年	约 130 年
相关革命	工具制造革命 250 万年前	原始农业革命 公元前 8000 年—前 3500 年	现代工业革命 18 世纪下半叶	知识和信息革命 20 世纪后期
主要特征	没有文字 没有国家 狩猎和采集 原始文化 原始经济 原始社会	发明文字 国家出现 奴隶制、封建制 农业文明 农业经济 农业社会	工业化、城市化 民主化、理性化 福利化、市场化 工业文明 工业经济 工业社会	知识化、信息化 绿色化、智能化 全球化、多元化 知识文明 知识经济 知识社会

资料来源：何传启，1999，2003，2010，2013.

表 9　人类文明进程的文明结构变化

项目	工具时代	农业时代	工业时代	知识时代
操作性定义	从人类诞生到文明诞生前的时代	传统农业文明的发生、发展，并逐步占主导地位的时代	现代工业文明的发生、发展，并逐步占主导地位的时代	现代知识文明的发生、发展，并逐步占主导地位的时代
大致时间	约 250 万年前—公元前 3500 年	约公元前 3500 年—公元 1760 年	约 1760—1970 年	约 1970 年—2100 年
文明结构	原始文化，文明的孕育	农业文明为主，工业文明和知识文明为辅	工业文明为主，农业文明和知识文明为辅	知识文明为主，工业文明和农业文明为辅

资料来源：何传启，1999，2003，2010，2013.

2. 人类文明进程的前沿过程的四个周期

人类文明进程的四个时代的内部阶段划分，需要分别讨论。这里，我们把人类文明看作一个有机整体，分析人类文明的前沿发展，而不考虑单个文明的兴衰过程。

（1）工具时代的阶段划分。工具时代是从人类诞生到文明诞生前之间的历史时期，大致为 250 万年前—公元前 3500 年。目前，还有一些人类部落仍生活在原始社会。

工具时代的前沿发展，根据石器发展和社会演变，大致可分为四个阶段（表 10）。一是起步期，旧石器早期，是“能人”和直立人生活的年代。二是发展期，旧石器中期，智人生活的年代。三是成熟期，旧石器晚期，现代人出现。四是过渡期，新石器时期。

表 10　工具时代（原始文化）的发展阶段

阶段	大致时间	主要特点（基于人类学文献的资料整理）	标志和意义
起步期	250 万—20 万年前	旧石器早期。打制石器。工业发端，原始教育和技术知识的传播。掌握了用火技术。狩猎和采集是主要食物来源	人类诞生 人类社会化 狩猎和采集 食物采集者
发展期	20 万—4 万年前	旧石器中期。打制的石器还要经过再加工。劳动分工进一步发展。形成血缘关系和血缘群婚，出现血缘氏族	
成熟期	4 万—1 万年前	旧石器晚期。工具越来越精细。搭盖棚屋，衣着饰物，审美观念和财产观念开始形成。母系社会逐步形成	
过渡期	1 万—0.55 万年前	新石器时代。磨制石器。原始农业革命，人类由食物采集者转变为食物生产者。原始手工业从农业中分离出来。出现了家庭和村庄，父系社会形成，私有制出现	

注：根据人类发展的前沿轨迹划分阶段，不同地区的人类发展是不同步的。后同。
资料来源：何传启，1999，2013；利基，2007；Morgan，1964；Tylor，1871.

（2）农业时代的阶段划分。农业时代是从文明诞生到工业革命前之间的历史时期，大致为公元前 3500—公元 1760 年。目前，还有一些国家和地区仍处于农业时代。

农业时代的前沿发展，根据农业文明的发展水平，大致可分为四个阶段（表 11）。一是起步期，约公元前 3500—公元前 500 年，古代文明时期，城市和国家出现。二是发展期，约公元前 500—公元 500 年，古典文明时期，科学和宗教诞生。三是成熟期，约公元 500—1500 年，东方文明繁荣阶段。四是过渡期，约公元 1500—1760 年，现代文明启蒙时期。在农业时代，许多国家和民族的文明经历了诞生、生长、成熟和衰落的兴衰过程。

表 11　农业时代（农业文明）的发展阶段

阶段	大致时间	主要特征（基于人类文明史的资料整理）	标志和意义
起步期	公元前 3500—公元前 500 年	古代文明。美索不达米亚文明、古印度文明、古中国文明、古埃及文明和米诺斯文明。文字使用，铜器工具，灌溉农业，城市出现，国家形成，奴隶制	文明诞生 文明化、农业化 农业比例上升 狩采比例下降 食物生产者
发展期	公元前 500—公元 500 年	古典文明。中国、印度、希腊和罗马四个古典文明中心。中国封建制形成，希腊和罗马实行民主政治。佛教、基督教诞生。科学、文艺和哲学大发展。中国人发明了纸	
成熟期	公元 500—1500 年	东方文明繁荣。中国和印度文明达到了顶峰。中国人发明了火药、指南针和印刷术。伊斯兰教诞生，阿拉伯人取得科学成就。欧洲中世纪文明、商业革命、文艺复兴	
过渡期	公元 1500—1760 年	现代文明启蒙。中国和印度文明相对停滞，穆斯林奥斯曼帝国称雄。航海大发现，世界面貌初现。欧洲发生宗教改革、资本主义、科学革命和启蒙运动	

注：关于古代和古典文明的时间分界有多种观点，如公元前 1000 年、公元前 600 年和公元前 500 年等。
资料来源：何传启，1999，2013；埃利亚斯，1998；拉尔夫等，1998；斯塔夫里阿诺斯，1988.

（3）工业时代的发展阶段。工业时代是从工业革命到知识革命前之间的历史时期，大致为 1760—1970 年。目前，还有一些国家和地区仍处于工业时代或农业时代。

工业时代的前沿发展，根据工业文明的发展水平，大致可分为四个阶段（表 12）。一是起步期，约 1760—1870 年，机械化和城市化。二是发展期，约 1870—1914 年，电气化和民主化。三是成熟期，约 1914—1945 年，家庭机械化和电器化，工业文明进入家庭。四是过渡期，约 1945—1970 年，自动化和社会福利化。

表 12 工业时代（工业文明）的发展阶段

阶段	大致时间	主要特征（基于世界现代史的资料整理）	标志和意义
起步期	1760—1870 年	第一次产业革命。机械化。蒸汽机，纺织机，工作母机，煤，铁，冶金，农业商品化，工业化，城市化，理性化	第一次现代化 工业化、城市化 工业比例上升 农业比例下降 丰富物质生活
发展期	1870—1914 年	第二次产业革命。电气化。发电机，电动机，内燃机，石油，钢，化工，标准化，民主化，科学影响扩大	
成熟期	1914—1945 年	家庭机械化和电气化。两次世界大战期间。普及初等义务教育，汽车，飞机，电视，物理学革命，原子弹，联合国	
过渡期	1945—1970 年	第三次产业革命。自动化。电子技术，自动控制，原子能，空间技术，高速公路，普及中等教育，社会福利化	

注：关于工业时代的起点有多种观点，如 1750 年、1760 年、1763 年和 1770 年等。有人认为第三次产业革命包括两个阶段：自动化阶段（1945—1970 年）和信息化阶段（1970—2020 年），也有人认为包括三个阶段：自动化阶段（1945—1970 年）、信息化阶段（1970—1992 年）和智能化阶段（1992—2020 年）。

资料来源：何传启，1999，2013；拉尔夫等，1998；斯塔夫里阿诺斯，1988；Black，1966；Rostow，1960.

（4）知识时代的发展阶段。知识时代是从知识革命到 21 世纪末的历史时期，大致为 1970—2100 年。目前，多数的国家和地区仍处于工业时代或农业时代。

知识时代的前沿发展，根据知识文明的发展水平，可以分为四个阶段（表 13）。一是起步期，约 1970—1992 年，信息革命和高技术。二是发展期，约 1992—2020 年，网络化和智能化。三是成熟期，约 2020—2050 年，人体再生和人机融合。四是过渡期，约 2050—2100 年，时空革命和宇宙旅行。其中，成熟期和过渡期的特点是一种预测。

表 13 知识时代（知识文明）的发展阶段

阶段	大致时间	主要特征（基于信息革命相关文献和新科技革命预测）	标志和意义
起步期	1970—1992 年	第一次信息革命。个人电脑普及。计算机和通信技术，高技术，信息化，全球化，普及高等教育，生态革命，可持续发展	第二次现代化 知识化、信息化 知识业比例上升 工业比例下降 丰富精神生活
发展期	1992—2020 年	第二次信息革命。互联网普及。网络化，智能化，绿色化，生态化，网络空间，学习革命，知识经济，知识社会	
成熟期*	2020—2050 年	新生物学和再生革命。人有四种存在形态。信息转换器，人格信息包，人体再生，仿生工程，创生工程，再生工程	
过渡期*	2050—2100 年	新物理学和时空革命。时空控制。新能源，新运输，新时空，工作休闲融合，家庭多样化，宇宙旅行，星际移民	

*知识时代的成熟期和过渡期的时间和特征是一种预测（何传启，2011，2017a）。如果考虑文明周期加速性，过渡期的时间跨度可能缩短为大约 30 年（表 18）。

资料来源：何传启，1999，2013，2017a；Bell，1973，Castells，2000；Inglehart，1997；UNESCO，2005.

3. 人类文明进程的前沿过程的周期表

人类诞生以来，从工具时代、农业时代、工业时代到知识时代，每个时代都经历了起步、发展、成熟和过渡的4个发展阶段（表10—表13），形成了人类文明进程的4个发展周期。从人类诞生到21世纪末，人类文明进程的前沿过程包括4个发展周期和16个发展阶段。

关于人类文明进程的前沿过程的周期表，大致有三种制表方式。

一是“阶段纵向排列和周期横向排列”，即按时间顺序，先把每个发展周期的4个发展阶段从上到下排列，然后把4个发展周期从左到右排列，形成文明周期表的简表（表14）。它大致相当于把表10—表12从左到右简单地“串联”起来。

表14　人类文明进程周期表（简表）

项目	原始文化	农业文明	工业文明	知识文明*
起步期	旧石器早期 人类诞生、狩猎采集	古代文明 文明诞生、奴隶制	第一次产业革命 机械化、城市化	第一次信息革命 信息化、绿色化
发展期	旧石器中期 血缘氏族	古典文明 封建制	第二次产业革命 电气化、民主化	第二次信息革命 网络化、智能化
成熟期	旧石器晚期 母系社会	东方文明繁荣 欧洲中世纪文明	家庭机电化 联合国成立	新生物学和再生革命 人体再生
过渡期	新石器时期 原始农业革命	现代文明启蒙 欧洲科学革命	第三次产业革命 自动化、福利化	新物理学和时空革命 宇宙旅行

*知识时代的成熟期和过渡期的特征是一种预测。
资料来源：何传启，2011，2017a.

二是“阶段和周期都按纵向排列”，即按时间顺序，把4个发展周期和16个发展阶段，统一从上到下排列，形成文明周期表的竖表（表1）。

三是“阶段横向排列和周期纵向排列”，即按先后顺序，先把每个发展周期的4个发展阶段从左到右排列（把表8—表11的发展阶段安排从竖表“转置”为横表）；然后把4个发展周期从上到下排列，形成文明周期表的横表（表2）。

三、研究结果之二：人类文明进程的周期性

1. 人类文明进程的周期性

采用历史资料和统计数据，检验人类文明进程的4个时代、10个核心要素和18个发展指标的变化，发现4个时代、2个核心要素和3个发展指标的变化具有周期性；8个核心要素和14个发展指标的变化，基本遵循进化论（表4）。

（1）人类文明进程4个时代的周期性。如果把人类文明看作一个有机整体，从人类诞生到21世纪末的人类文明进程的前沿过程，大致经历了4个时代，每个

时代都大致经历起步、发展、成熟和过渡的 4 个阶段，形成 4 个文明发展周期（表 12 和表 1）。

（2）文明要素和发展指标变迁的周期性。这里，以权力和劳动力结构为例。

首先，权力演变的周期性。原始文化时代，原始民主，权力分散。农业文明时代，封建专制，权力集中。工业文明时代，现代民主，权力分散。知识文明时代，权力淡化，权力多元。权力集中程度，大致经历了上升和下降的演变过程，即从一个起点出发，最后又回到起点，虽然前后两点有所不同，大致形成一个发展周期（图 1）。

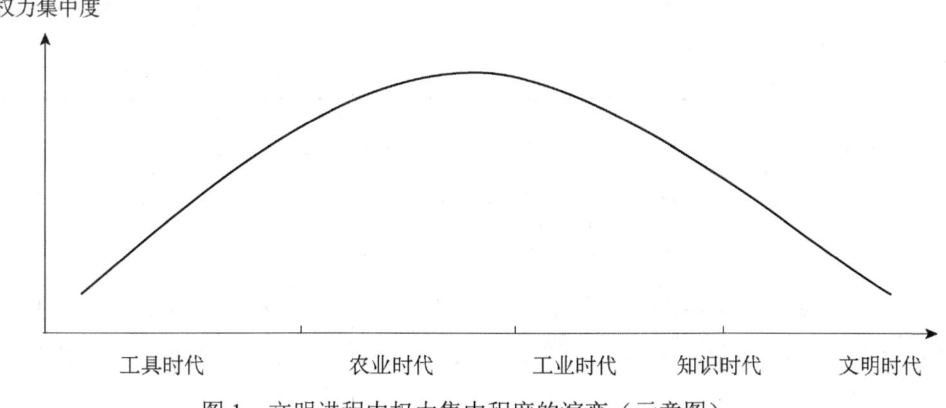

图 1　文明进程中权力集中程度的演变（示意图）

资料来源：何传启，1999，2003，2013；拉尔夫等，1998；Moore，1967.

其次，劳动力结构变迁的周期性。根据生产技术和生产模式的不同，可以把人类经济活动分为五大产业，即狩猎采集、农业、工业、服务产业和知识产业。从人类诞生到 21 世纪末，农业、工业和服务产业劳动力比例从上升到下降，狩猎采集劳动力比例下降，知识产业劳动力比例上升（表 15）。其中，农业、工业和服务产业劳动力比例变化具有周期性（表 4），农业劳动力比例变化的周期性最有代表性，其次是工业和服务产业劳动力比例变化。

表 15　人类文明前沿过程的发展周期和劳动力结构　　单位：%

周期	阶段	大致时间	狩采	农业	工业	服务产业	知识产业
原始文化	起步期	250 万年前—20 万年前	100	—	—	—	—
	发展期	20 万年前—4 万年前	100	—	—	—	—
	成熟期	4 万年前—1 万年前	98	—	—	1	1
	过渡期	1 万年前—公元前 3500 年	96	1	1	1	1
农业文明	起步期	公元前 3500—公元前 500 年	91	5	1	2	1
	发展期	公元前 500—公元 500 年	45	50	1	2	2

续表

周期	阶段	大致时间	狩采	农业	工业	服务产业	知识产业
农业文明	成熟期	500—1500 年	5	88	2	3	2
	过渡期	1500—1760 年	1	90	2	5	2
工业文明	起步期	1760—1870 年	—	80	10	8	2
	发展期	1870—1914 年	—	50	30	16	4
	成熟期	1914—1945 年	—	30	40	20	10
	过渡期	1945—1970 年	—	10	50	20	20
知识文明	起步期	1970—1992 年	—	8	32	30	30
	发展期	1992—2020 年	—	5	25	28	42
	成熟期	2020—2050 年	—	2	18	25	55
	过渡期	2050—2100 年	—	1	16	18	65

注：劳动力结构为人类文明前沿国家和地区的劳动力就业结构的估计值和模拟值，大致是不同阶段起点的就业结构，反映了不同阶段起点的世界先进水平。农业包括种植和畜牧等，服务产业指劳务密集型服务业，知识产业指知识密集型服务业，包括知识生产、知识传播和知识服务等。工具时代的劳动力结构数据为估计数，知识时代后期的劳动力结构数据为预测数，农业时代、工业时代和知识时代前期的劳动力结构数据，分别为处于不同发展阶段的国家的模拟数据。“-”表示为零或大约为零。

资料来源：何传启，2003，2010，2013，2017b，2018.

（3）国家文明进程的周期性。在农业文明时代，许多国家和民族的文明发展具有周期性和循环性，从起步、发展、成熟到衰落。例如，中国古代封建王朝的循环周期。

（4）人类文明进程的“大周期”。如果说，不同国家和民族的文明发展周期是“小周期”，人类文明进程四个时代的文明周期是“中周期”，那么，可能还存在一个“大周期”——人类文明进程的四个时代组成一个大周期。其中，工具时代是文明孕育期，农业时代是起步期，工业时代是发展期，知识时代是成熟期（表 16）。此后，人类文明将进入过渡期（新文明孕育期），一个新的“大周期”将开启，其起点有可能是“宇航文明”。

表 16　人类文明发展的“大周期”

项目	地球文明大周期				太空文明大周期
	孕育期	起步期	发展期	成熟期	孕育期（过渡期）
时代	工具时代	农业时代	工业时代	知识时代	宇航时代？
范式	原始文化	农业文明	工业文明	知识文明	宇航文明？
方向	狩猎和采集	种植和畜牧	工业和服务	知识和信息	星际自由旅行？
目标	形成人类社会 提高生存能力	满足生存需要 提高食物供给	满足物质需要 提高生活水平	满足精神需要 提高生活质量	星际自愿移民？
标志性创新	石器 家庭	犁、文字 和国家	蒸汽机、电力 和联合国	计算机、互联网 和网络空间	空间转移？

续表

项目	地球文明大周期				太空文明大周期
	孕育期	起步期	发展期	成熟期	孕育期（过渡期）
前沿	社会化 采集食物 人格化	农业化 生产食物 文明化	工业化 非农业化 第一次现代化	知识化 非工业化 第二次现代化	空间生活？

注：满足生存需要指满足人类的衣食住行的基本需要，主要是食物需要。
资料来源：何传启，2003，2010，2013.

如果把从原始文化到知识文明的“大周期”取名为“地球文明大周期”，那么，从宇航文明开始的“大周期”可以取名为“太空文明大周期”。届时，地球将成为人类文明的发源地，太空将成为人类高级文明的大舞台。一个激动人心的“太空文明时代”即将到来。

2. 人类文明进程的周期性转移

人类文明进程的周期性转移表现在许多方面，这里以下三个方面为例。

（1）文明方向和目标的周期性转移。在人类文明史上，发展方向和目标发生了三次转变（表 14）。在工具时代，促进采集和狩猎、提高生存能力是主导方向和目标。在农业时代，发展种植和畜牧、满足生存需要成为主导方向和目标。在工业时代，发展工业和服务、提高生活水平、满足物质需要是主导方向和目标。在知识时代，发展知识和信息、提高生活质量和满足精神需要成为主导方向和目标。随着发展方向和目标的周期性转移，文明前沿和文明形态也在周期性转变（表 14），文明内涵和文明特征也在周期性转变（表 1）。

（2）文明中轴的周期性转换。在人类文明史上，文明中轴发生了三次转换（表 15）。第一次是从原始文化向农业文明的中轴转换，原始文化边缘化（重要性和所占比例下降）。第二次是从农业文明向工业文明的中轴转换，农业文明边缘化。第三次是从工业文明向知识文明的中轴转换，工业文明边缘化。同时，经济和社会中轴相应发生了转换（表 17）。

表 17 人类文明中轴和文明中心的周期性转换

项目	工具时代（原始文化）	农业时代（农业文明）	工业时代（工业文明）	知识时代*（知识文明）
文明的中轴	狩猎和采集	种植和畜牧	工业和服务	知识和信息
经济中轴	食物	土地	资本	创新
社会中轴	血缘关系	权力	城市	网络
文明的中心				
文明发源地	非洲	亚洲（中东地区）	欧洲（西欧）	美洲（北美）
科学中心	—	多个中心	欧洲（意法英德）	美洲（美国）

*关于知识时代的相关分析，时间至 2015 年。美国学者贝尔认为，在社会发展过程中，有些组织结构处于中心位置，其他组织结构环绕在它的周围；或者有些社会逻辑是首要的社会逻辑，其他逻辑是次要的逻辑；每种社会都有一个中轴原理起支配作用（Bell，1973）。原始文化时代为文明诞生前的时代，它的“文明中轴”指文化中轴。
资料来源：何传启，2003，2010，2013.

（3）文明中心的周期性迁移。根据现有资料，工具时代，非洲是人类的诞生地；农业时代，亚洲（中东地区）是农业文明的主要发源地；工业时代，欧洲是工业文明的发祥地；知识时代，北美是知识文明的主要发源地。人类文明的地理中心在周期性迁移（表 15）。

3. 人类文明进程的周期性加速

人类文明进程的加速性表现在许多方面，这里以三个方面为例。

（1）文明周期的加速性。人类文明进程的前沿过程的四个发展周期的时间跨度越来越小。工具时代的时间跨度约 250 万年，农业时代约 5200 多年，工业时代约 200 多年，知识时代预计约 100 多年（表 18）。

表 18　人类文明前沿过程的周期和阶段的加速性

项目	工具时代（原始文化）	农业时代（农业文明）	工业时代（工业文明）	知识时代*（知识文明）
起步期	230 万年	3000 年	110 年	20 年
发展期	16 万年	1000 年	40 年	30 年
成熟期	3 万年	1000 年	30 年	30 年
过渡期	4500 年	260 年	20 年	50 年
时间跨度	约 250 万年	约 5260 年	约 210 年	约 130 年

注：各个周期和阶段的时间跨度是大致的时间跨度。知识时代的时间跨度为估计数。*如果考虑文明周期和阶段加速性，知识时代过渡期的时间会大大缩短，有可能约为 30 年。

资料来源：何传启，2003，2010.

（2）文明阶段的加速性。在工具时代、农业时代和工业时代的三个发展周期里，从起步、发展、成熟到过渡期，后面阶段的时间跨度一般比前面阶段的时间跨度要小；在人类文明进程的前 12 个阶段里，从前到后的阶段的时间跨度越来越小（表 15）。

（3）文明要素的加速性。例如，生产力水平提高的加速、知识增长的加速等。如果说，劳动生产力水平的提高，工具时代以万年为时间单位，农业时代以百年为时间单位，工业时代以十年为时间单位，那么，知识时代将以年为时间单位；知识时代的加速快于工业时代，工业时代的加速快于农业时代（何传启，2003）。

根据上面讨论的文明周期性、周期性转移和周期性加速，可以提出一种文明理论，即“文明周期加速转移论”，即“P-A-S 理论”，作为前面提到的“文明周期论”的一种分支理论。这里，P 代表周期，A 代表加速，S 代表转移。

四、研究结果之三：人类文明与世界现代化的关系

基于人类文明进程的周期表和周期性，可建立人类文明与世界现代化的周期

表、坐标系和路线图，阐述人类文明与世界现代化的关系，形成文明与现代化的“统一理论”；可简称为“周期表-坐标系-路线图”理论，即“P-C-R 理论”。这里，P 代表周期表，C 代表坐标系，R 代表路线图。它们用三种形式反映了人类文明与世界现代化的关系。

1. 人类文明与世界现代化的周期表

从人类诞生到 21 世纪末，人类文明进程的前沿过程可以分为原始文化、农业文明、工业文明和知识文明的 4 个发展周期，每个周期包括起步期、发展期、成熟期和过渡期的 4 个阶段，共计 4 个周期 16 个阶段；其中，从农业文明向工业文明、从农业经济向工业经济、从农业社会向工业社会的转变是第一次现代化，从工业文明向知识文明、从工业经济向知识经济、从工业社会向知识社会的转变是第二次现代化；22 世纪还会有新变化（表 19）。

表 19　人类文明和世界现代化的周期表

周期	阶段		大致时间*	主要特征（举例）	世界现代化
原始文化	250 万—0.55 万年前（原始社会、原始经济）	起步期	250 万—20 万年前	旧石器早期。采集狩猎	社会化
		发展期	20 万—4 万年前	旧石器中期。血缘氏族	狩猎和采集
		成熟期	4 万—1 万年前	旧石器晚期。母系社会	食物采集者
		过渡期	1 万—0.55 万年前	新石器时期。原始农业革命	
农业文明	公元前 3500—公元 1760 年（农业社会、农业经济）	起步期	公元前 3500—公元前 500 年	古代农业文明。奴隶制	文明化、农业化
		发展期	公元前 500—公元 500 年	古典农业文明。封建制	农业比例上升
		成熟期	公元 500—1500 年	东方文明繁荣。欧洲中世纪	狩猎采集比例下降
		过渡期	公元 1500—1760 年	现代文明启蒙。科学革命	食物生产者
工业文明	1760—1970 年（工业社会、工业经济）	起步期	1760—1870 年	第一次产业革命。机械化	工业化、城市化
		发展期	1870—1914 年	第二次产业革命。电气化	工业比例上升
		成熟期	1914—1945 年	家庭机电化。联合国成立	农业比例下降
		过渡期	1945—1970 年	第三次产业革命。自动化	提高生活水平
知识文明**	1970—2100 年（知识社会、知识经济）	起步期	1970—1992 年	第一次信息革命。信息化	知识化、绿色化
		发展期	1992—2020 年	第二次信息革命。网络化	知识业比例上升
		成熟期	*2020—2050 年*	*新生物学和再生革命*	工业比例下降
		过渡期	*2050—2100 年*	*新物理学和时空革命*	提高生活质量

*“文明时间”是与人类文明进程的前沿过程相对应的大致时间。不同国家和民族的文明发展是不同步的。**知识文明的成熟期和过渡期的时间和特征是一种预测（何传启，2011，2017a）。如果考虑文明周期加速性，过渡期的时间跨度可能缩短为大约 30 年（表 16），斜体字表示对未来的预测。

资料来源：何传启，1999，2013，2017a，2017b.

2. 人类文明与世界现代化的坐标系

以文明时间（基于人类文明的前沿轨迹的时间）或文明发展阶段为横轴，以文明发展水平、社会发展水平或现代化水平为纵轴，建立人类文明与世界现代化的坐标系（图 2），可以对不同国家和民族的文明和现代化水平进行定位。例如，在 2015 年世界现代化的坐标图中，美国等 26 个国家处于第二次现代化，中国等 102 个国家处于第一次现代化，乍得等 3 个国家处于传统农业社会，有些民族仍然生活在原始社会（何传启，2018）。

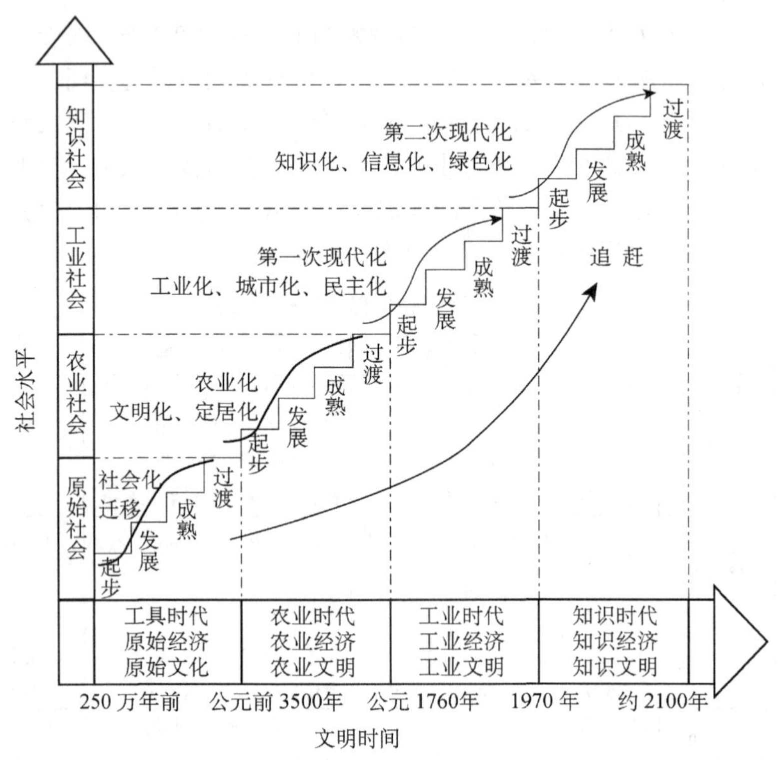

图 2　人类文明和世界现代化的坐标系（何传启，2010，2017b）

3. 人类文明与世界现代化的路线图

以生产力水平为纵轴，以生产力结构为横轴，并将生产力结构的横轴坐标进行三次转换，描绘人类文明与世界现代化的路线图（图 3）。第一次现代化是从农业经济和农业社会向工业经济和工业社会转变，农业劳动力比例从 95%下降到 10%，工业劳动力比例从 2%上升到 50%；第二次现代化是从工业经济和工业社会向知识经济和知识社会转变，工业劳动力比例从 50%下降到 20%，知识产业劳动力比例从 20%上升到 60%（何传启，2010）。综合现代化是两次现代化的协调发展，是从半工业经济和工业社会向知识经济和知识社会转变（图 3）。

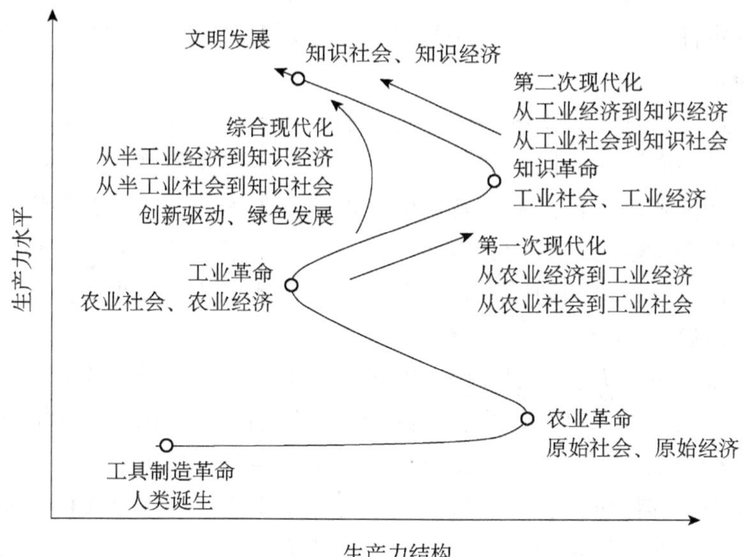

图 3　人类文明和世界现代化的路线图（何传启，2010，2017b）

注：人类文明的中轴发生了三次转换，形成四个发展周期。坐标横轴为生产力结构，纵轴为生产力水平。横轴刻度：原始文化周期为非狩猎采集与狩猎采集劳动力之比，农业文明周期为非农业与农业劳动力之比，工业文明周期为工业与非工业劳动力之比，知识文明周期为非知识产业与知识产业劳动力之比。圆圈代表工具制造革命、原始农业革命、现代工业革命和知识革命（包含信息革命和生态革命）等。

五、结束语

根据文明要素（生产力和劳动力结构）的发展水平和周期性，建立人类文明进程的周期表。它把从人类诞生到 21 世纪末的人类文明进程的前沿过程分为原始文化、农业文明、工业文明和知识文明的 4 个发展周期，每个周期包括起步期、发展期、成熟期和过渡期的 4 个阶段，共计 4 个周期 16 个阶段。文明周期表的排列主要有 3 种方式，即简表、竖表和横表。其中，根据时间顺序，把 4 个周期 16 个阶段统一从上到下排列，构成文明周期表的竖表；根据先后顺序，先把每个周期的 4 个阶段从左到右排列，然后把 4 个周期从上到下排列，形成文明周期表的横表。从农业文明向工业文明、从农业经济向工业经济、从农业社会向工业社会的转变是第一次现代化，从工业文明向知识文明、从工业经济向知识经济、从工业社会向知识社会的转变是第二次现代化，从半工业文明向知识文明、从半工业经济向知识经济、从半工业社会向知识社会的转变是综合现代化；22 世纪还会有新变化。以此为基础，建立人类文明与世界现代化的周期表、坐标系和路线图，形成文明与现代化的“统一理论”，简称为“P-C-R 理论”。

本文关于知识文明周期的分析，主要基于 1970 年以来人类文明的前沿变化和新科技革命的预测研究（何传启，2011，2017a）。这种分析是不充分的，21 世纪有很大不确定性。在 21 世纪，一个地球文明大周期即将走向成熟，一个太空文明大周期可能正在走来。

文明周期性只是人类文明的诸多特性的一种。前面提到人类文明既是一个有机整体，又是不同国家和民族文明的一个集合。从前者角度看，人类文明的前沿过程具有周期性和进步性；从后者角度看，世界范围的文明具有多样性和进程不同步。例如在 2015 年，大约有 20 多个发达国家享有知识文明，100 多个国家享有工业文明，部分国家和地区享有农业文明，有些原住民或少数民族仍然保持原始文化（何传启，2018）。

本文系统分析了人类文明周期表的事实，但没有深入讨论它的意义、启示和应用。不同国家和人群可能对此有不同看法，例如，发达国家更关心如何建设一个美好可持续的未来，发展中国家更关心如何解决现实挑战等。未来是复杂的，没有人或模型能够提供一种理想答案。本文关于人类文明周期表的分析是提出问题而不是提供答案，期待更多更深入的相关研究。

参考文献

埃利亚斯. 1998. 文明的进程：文明的社会起源和心理起源研究（第 1 卷）：西方国家世俗上层行为的变化. 王佩莉译. 北京：生活 • 读书 • 新知三联书店.

伏尔泰. 2009. 风俗论：论各民族的精神与风俗以及自查理曼至路易十三的历史（上）. 梁守锵译. 北京：商务印书馆.

何传启. 1999. 第二次现代化：人类文明进程的启示. 北京：高等教育出版社.

何传启. 2003. 东方复兴：现代化的三条道路. 北京：商务印书馆.

何传启. 2010. 现代化科学：国家发动的科学原理. 北京：科学出版社.

何传启. 2011. 第六次科技革命的战略机遇. 北京：科学出版社.

何传启. 2013. 第二次现代化理：人类发展的世界前沿和科学逻辑. 北京：科学出版社.

何传启. 2017a. 新科技革命的预测和解析. 科学通报，62（8）：785-798.

何传启. 2017b. 如何成为一个现代化国家：中国现代化报告概要 2001—2016. 北京：北京大学出版社.

何传启. 2018. 中国现代化报告 2018：产业结构现代化研究. 北京：北京大学出版社.

孔多塞. 1998. 人类精神进步史表纲要. 何兆武，何冰译. 北京：生活 • 读书 • 新知三联书店.

库兹涅茨. 1999. 各国的经济增长. 常勋等译. 北京：商务印书馆.

拉尔夫等. 1998. 世界文明史（上）. 赵丰等译. 北京：商务印书馆.

拉尔夫等. 1999. 世界文明史（下）. 赵丰等译. 北京：商务印书馆.

利基. 2007. 人类的起源. 吴汝康，吴新智，林龙圣译. 上海：上海科学技术出版社.

马克思. 1975. 资本论（第一卷）. 中共中央马克思恩格斯列宁斯大林著作编译局译. 北京：人民

出版社.
麦迪森. 2003. 世界经济千年史. 伍晓鹰，许宪春，叶燕斐等译. 北京：北京大学出版社.
斯宾格勒. 2006. 西方的没落（全译本，全 2 册）. 吴琼译. 上海：上海三联书店.
斯塔夫里阿诺斯. 1988. 全球通史——1500 年以前的世界. 吴象婴，梁赤民译. 上海：上海社会科学出版社.
汤因比. 1997. 历史研究. 曹未风等译. 上海：上海人民出版社.
维柯. 1987. 新科学（关于民族共同性的新科学原理）. 朱光潜译. 北京：人民文学出版社.
Beck U. 1992. Risk Society: Towards a New Modernity. London: Sage.
Bell D. 1973. The Coming of Postindustrial Society. New York: Penguin.
Black C E. 1966. The Dynamics of Modernization. New York: Harper & Row.
Brown D E. 1991. Human Universals. New York: McGraw-Hill.
Castells M. 2000. The Rise of the Network Society. Oxford: Blackwell publishers Ltd.
Inglehart R. 1997. Modernization and Postmodernization. Princeton: Princeton University Press.
Levinson D. 1996. Encyclopedia of World Cultures. Volume X. Boston, Mass.: G.K. Hall & Co.
Lyotard J-F. 1979. The Postmodern Condition: A Report on Knowledge. Minneapolis: University of Minnesota.
Moore B. 1967. Social Origins of Dictatorship and Democracy. Harmondsworth: Penguin.
Morgan L H. 1964. Ancient Society. Cambridge: Harvard University Press.
OECD. 2017. STAN Database for Structural Analysis (ISIC Rev.4). http://stats.oecd.org.
Rostow W. 1960. The Stages of Economic Growth. Cambridge: Cambridge University Press.
Tylor E. 1871. Primitive Culture. London: John Murray.
UNESCO. 2005. Towards Knowledge Societies. Paris: UNESCO.
World Bank. 2018. World Development Indicators. http://databank.worldbank.org/data/home.aspx.

如何衡量人类发展水平

何传启

中国科学院中国现代化研究中心、中国科学院大学公共政策与管理学院

关于人类发展的认识不断深化和人类发展指标的研究不断完善，从人均 GDP、人类发展指数（HDI）到新人类发展指数（HDI_N），反映了我们对发展的认识的深化。发展不仅包括经济发展，而且包括社会进步、文化进步、信息共享

和环境友好等。本文讨论它们的差异和政策含义。

一、人均 GDP

人均 GDP 是按人口平均的 GDP，即人均国内生产总值。

1. 什么是 GDP

1937 年，美国经济学家库兹涅茨（Simon Kuznets）向美国国会提交了一份研究报告——《国家收入：1929—1935 年》，提出用 GDP 来测量一个国家的全部经济生产。1944 年，布雷顿森林会议（Bretton Woods Conference）建立了国际金融体系，包括世界银行和国际货币组织等，随后，GDP 成为衡量国家经济的一个通用指标。

目前，GDP 是一个宏观经济指标，指在一定时期和一定区域，官方记录的全部最终产品和服务的市场价值，它不包括生产过程中作为中间投入的价值。

GDP 与国民生产总值（GNP）和国民收入（GNI）紧密相关。GDP 是地域性的概念，它包括在一定区域中本国居民和外国居民所创造的价值。GNP 和 GNI 是国民性概念。GNP 指某国国民在一定时期（如一年）创造的全部价值，包括国民在国内和国外所创造的全部价值，不包括在该国的外国居民所创造的价值。GNI 指某国国民在一定时期（如一年）获得的总收入，包括国民的国内收入和国际净要素收入。一般而言，GNI=GDP+国际净要素收入。

GDP 有三种计算方法：生产法、收入法和支出法。其中，生产法是从生产的角度，核算国民经济各行业增加值的总和。计算公式为 GDP=∑各行业的增加值=∑各行业的产出−∑各行业的中间消耗。

2. 人均 GDP 的意义

其一，人均 GDP 可反映国民经济的发展水平。其二，劳动力每小时人均 GDP 可反映劳动生产率的发展水平。其三，人均 GDP 增长率可以反映国民经济的变化和波动。其四，GDP 可以反映国民经济的规模。其五，GDP 和人均 GDP 等指标，是宏观经济分析和国际比较的常用指标。

3. 人均 GDP 的局限

其一，人均 GDP 不能反映经济发展的资源和环境成本。其二，人均 GDP 不能反映经济发展的质量，如新技术和新产品比例等。其三，人均 GDP 不能反映财富的存量，不能反映收入分配的公平性等。其四，人均 GDP 不能反映经济活动的全部产出，如非市场性经济、地下经济、非货币经济等。其五，人均 GDP 不能反映公共服务的全部价值，它用公共服务的成本衡量公共服务的价值。其六，人均

GDP 不能反映财富的增加，如拆房子产生 GDP，盖房子也产生 GDP 等。

人均 GDP 是一个宏观经济指标，可以反映一些经济发展的成果，但不能反映社会进步、环境改变、生活质量提高和人的发展等方面的成果。

关于人均 GDP 的争论和批评有很多，新的测量方法不断出现。例如，HDI、真实进步指数（GPI）、国民幸福指数（National Happiness Index）、欧洲生活质量调查（EQOLS）、经济合作与发展组织优质生活指数（BLI）、未来趋势指数（FOI）和 HDI_N 等。

二、人类发展指数

1. 什么是 HDI

1990 年 UNDP 出版首份《人类发展报告》，提出 HDI。1990 年以来，UNDP 先后提出了人类贫困指数（HPI）、性别发展指数（GDI）、不平等调整后的人类发展指数（IHDI）、性别不平等指数（GII）和多维贫困指数（MPI）等。

HDI 是人类发展水平的一种综合评价。它从人类发展的三个基本维度衡量一个国家取得的平均成就，它们分别是：健康长寿的生活、知识获取和体面的生活（表 1）。每个维度的成就表示成 0—1 的数值，HDI 是三个维度指数的几何平均数（表 2）。

表 1　HDI 的评价维度和评价指标

版本	健康长寿（a long and healthy life）	知识获取（access to knowledge）	体面生活（a decent standard of living）
1990 年	出生时平均预期寿命	成人识字率	人均 GDP（PPP）
1991 年	出生时平均预期寿命	成人识字率、平均受教育年数	人均 GDP（PPP）
1994 年	出生时平均预期寿命	成人识字率、综合入学率	人均 GDP（PPP）
2011 年	出生时平均预期寿命	平均受教育年数、预期受教育年数	人均 GNI（2005 年 PPP）

注：1990 年以来，HDI 的评价指标和评价方法有过多次调整

表 2　HDI 的评价模型（2011 年版）

指标	最大值	最小值	计算方法
预期寿命	当年实际最大值	20 岁	预期寿命指数=（实际值−20）÷（最大值−20）
平均受教育年数	当年实际最大值	0	平均受教育年数指数=（实际值−0）÷（最大值−0）
预期受教育年数	当年实际最大值	0	预期受教育年数指数=（实际值−0）÷（最大值−0）
综合教育指数	当年实际最大值	0	综合教育指数=（预期受教育年数指数×预期受教育年数指数）$^{1/2}$

续表

指标	最大值	最小值	计算方法
教育指数			教育指数=（综合教育指数实际值-0）÷（综合教育指数最大值-0）
人均收入	当年实际最大值	100	收入指数=（ln 实际值-ln100）÷（ln 最大值-ln100）
人类发展指数	1	0	HDI=（预期寿命指数×教育指数×收入指数）$^{1/3}$

注：人均收入按 2005 年价格购买力平价（PPP）美元计算，评价时采用取自然对数（ln）后的数值。

联合国开发计划署认为，实现体面的人类生活水平并不需要无限多的收入，所以可以对收入进行调整。在计算收入指数时，采用人均收入取自然对数后的数值进行计算。

2. HDI 的优点

首先，HDI 可以反映人类发展在三个方面（健康长寿、知识普及和体面生活）的平均成就，它们涉及经济、社会和文化领域的进步。其次，HDI 的计算方法简明，数据可获取。最后，HDI 的国际比较不受国家规模的影响。

3. HDI 的局限性

其一，HDI 没有反映信息时代的特点。不会使用互联网的人，其发展水平会受到限制。其二，环境保护和生态建设已经得到国际社会的广泛认同，但 HDI 没有反映环境可持续性。其三，HDI 没有反映知识经济的特点。高等教育走向普及化，知识产业已经超过物质产业。其四，人均收入采用自然对数值，对国际差距有比较大的“扭曲”，影响评价结果。

目前的人类发展指数评价指标，没有包括信息指标和环境指标，知识指标重点不突出，高等教育指标隐含在两个教育指标之中。

三、新人类发展指数（HDI_N）

1. 什么是 HDI_N

2010 年，笔者在《中国现代化报告 2010：世界现代化概览》中分析了人类发展指数的优点和局限性，提出了 HDI_N。笔者认为，现代化是 18 世纪以来的一个世界现象，是人类文明的一种前沿变化。18 世纪—21 世纪末，世界现代化的前沿进程可大致分为两个阶段：第一次现代化是从农业社会和农业经济向工业社会和工业经济的转变，典型特征是工业化、城市化和民主化等；第二次现代化是从工业社会和工业经济向知识社会和知识经济的转变，目前的典型特征是知识化、信息化和生态化等（表 3）。联合国开发计划署提出的人类发展指数包括经济、社会和知识三个方面指标，不包括信息和环境指标。因此，它比较适合评价第一次现代化过程的人类发展，能够反映工业时代的人类发展水平，但不太适合评价第二次现代化过程的人类发展，不能完全反映知识经济时代的人类发展特点。

表 3　世界现代化的前沿过程

项目	第一次现代化	第二次现代化
大致时间	1760—1970 年	1970—2100 年
大致内涵	从传统农业文明向现代工业文明的转变，包括从农业经济、农业社会、农业政治和农业文化向工业经济、工业社会、工业政治和工业文化的转变	从工业文明向知识和生态文明的转变，包括从工业经济、工业社会、工业政治和工业文化向知识经济、知识社会、知识政治、知识和生态文化的转变
主要特点	工业化、城市化、民主化、理性化、农业比例下降	知识化、信息化、生态化、全球化、工业比例下降
2015 年水平	大约 90 多个国家处于第一次现代化	大约 20 多个国家处于第二次现代化

HDI_N 是衡量一个国家在人类发展的五个基本方面的平均成就（表 4）：①健康长寿的生活，用出生时预期寿命来表示；②知识普及，用大学普及率来表示，③信息共享，用互联网普及率来表示；④环境友好，用生活废水处理率来表示；⑤富裕生活（高质量的生活或优质的生活），用人均购买力（按购买力平价 PPP 计算的人均国民收入）来表示。每个方面的成就表示成 0—100 的数值（超过 100 时取值 100），新人类发展指数是五个方面的指数（寿命、知识、信息、环境和富裕指数）的几何平均值（表 5）。

表 4　HDI 和 HDI_N 的评价指标

方面	HDI	HDI_N
经济	体面生活：人均收入（PPP）	富裕生活：人均购买力（按购买力平价 PPP 计算的人均国民收入）
社会	健康长寿：平均预期寿命	健康长寿：平均预期寿命
知识	教育普及：平均受教育年数、预期受教育年数	知识普及：大学普及率
信息	—	信息共享：互联网普及率
环境	—	环境友好：生活废水处理率

注：许多环境指标的变化，具有倒 U 型曲线的特点；虽然它们很重要，但不适合作为定量评价指标。

表 5　新人类发展指数的评价模型（第二版）

指标	最大值	最小值	计算方法
预期寿命	90 岁	30 岁	预期寿命指数=100×（实际值−30）÷（实际最大值−30）
大学普及率	100%	0	知识普及指数=100×（实际值−0）÷（100−0）
互联网普及率	100%	0	信息共享指数=100×（实际值−0）÷（100−0）
生活废水处理率	100%	0	环境友好指数=100×（实际值−0）÷（100−0）

续表

指标	最大值	最小值	计算方法
人均购买力	80 000（PPP）	200（PPP）	富裕生活指数=100×（实际值−200）÷（实际最大值−200）
新人类发展指数	100	0	HDI_N=（寿命指数×知识指数×信息指数×环境指数×富裕指数）$^{1/5}$

注：最大值约为2030年发达国家的预测平均值（按1990—2015年和2000—2015年的年均增长率预测的2030年高收入国家平均值），最小值约为1990年131个样本国家的最小值。单个指标的指数小于或等于100（大于100时取值100）。人均购买力为按购买力平价（PPP）计算的人均国民收入。生活废水处理率的统计数据难以获取，这里采用获得安全卫生设施人口比例（Percent of People using safely managed sanitation services）代替。这种替代隐含一个假设，即获得安全卫生设施的人口的生活废水也得到了处理。

2. HDI_N的优点

其一，HDI_N可以反映人类发展在五个方面（健康长寿、知识普及、信息共享、环境友好和富裕生活）的平均成就，其涉及经济、社会、文化和环境领域的进步。其二，HDI_N的计算方法简明。

3. HDI_N的局限

其一，HDI_N的部分指标如大学普及率，统计数据不全，影响评价结果。其二，HDI_N的环境友好指数，生活废水处理率采用了替代指标，而且统计数据不全会带来一定误差。

四、新人类发展指数及国际比较

1. 2015年三个指标和指数的世界前10名

2015年有15个国家分别进入人均GDP、HDI和HDI_N的世界前10名（表6）。其中，7个国家的三个指标均进入世界前10名（瑞士、挪威、澳大利亚、美国、新加坡、丹麦、荷兰），爱尔兰的两个指标（人均GDP和HDI）进入世界前10名，7个国家的一个指标进入世界前10名（瑞典、英国、德国、加拿大、奥地利、芬兰、韩国）。

表6 2015年人均GDP、HDI和HDI_N的世界前10名

国家	人均GDP（美元）	排名	国家	HDI	排名	国家	HDI_N	排名
瑞士	82 016	1	挪威	0.949	1	新加坡	90.6	1
挪威	74 498	2	澳大利亚	0.939	2	挪威	83.8	2
爱尔兰	61 808	3	瑞士	0.939	3	丹麦	82.9	3
澳大利亚	56 561	4	德国	0.926	4	荷兰	82.4	4
美国	56 444	5	丹麦	0.925	5	瑞士	81.4	5

续表

国家	人均 GDP（美元）	排名	国家	HDI	排名	国家	HDI_N	排名
新加坡	54 941	6	新加坡	0.925	6	美国	81.0	6
丹麦	53 013	7	荷兰	0.924	7	奥地利	80.8	7
瑞典	50 812	8	爱尔兰	0.923	8	芬兰	79.4	8
荷兰	44 746	9	加拿大	0.92	9	韩国	79.4	9
英国	44 306	10	美国	0.92	10	澳大利亚	79.1	10

注：排名为在 131 个样本国家（人口超过 100 万和统计数据比较齐全的国家）中的排名。

2. 2015 年三个指标和指数及排名的相关性

2015 年，在 131 个样本国家中，有 128 个国家统计数据比较齐全。这 128 个国家三个指标之间的相关性非常显著，三个指标和排名之间的相关性非常显著（表 7）。这说明，从评价结果的数值和排名角度看，三种评价方法没有明显差别；但从评价内容角度看，它们的差别非常明显（表 8）。

表 7　2015 年三个指标和指数的数值及其排名之间的相关性

项目	人均 GDP 与 HDI	HDI 与 HDI_N	人均 GDP 与 HDI_N
数值之间的相关系数相关性	0.735^{***}	0.954^{***}	0.831^{***}
排名之间的相关系数相关性	0.961^{***}	0.981^{***}	0.966^{***}

$^{***}p<0.001$

表 8　人均 GDP、HDI 和 HDI_N 的比较

项目	人均 GDP	HDI	HDI_N
内涵	人类发展一个方面的成就	人类发展三个方面的平均成就	人类发展五个方面的平均成就
有关指标	人均 GDP，涉及经济规模（GDP）和人口的有关指标	预期寿命、知识普及、体面生活的有关指标	预期寿命、知识普及、信息共享、环境友好、富裕生活的有关指标

3. 2015 年部分国家的国际比较

2015 年，在 18 个国家（12 个国家为参加世界现代化论坛学术委员会的国家、6 个国家为出席世界现代化论坛的国家）中，人均 GDP 排名高于 HDI 排名的国家有 6 个，低于 HDI 排名的国家有 12 个；人均 GDP 排名高于 HDI_N 排名的国家有 5 个，低于 HDI_N 排名的国家有 9 个；HDI 排名高于 HDI_N 排名的国家有 9 个，低于 HDI_N 排名的国家有 8 个（表 9）。

表 9　2015 年部分国家三个指标及其排名

国家	人均 GDP	排名	HDI	排名	HDI_N	排名	（1）-（2）	（2）-（3）	（1）-（3）
美国	56 444	5	0.920	10	81.0	6	−5	4	−1
荷兰	44 746	9	0.924	7	82.4	4	2	3	5
英国	44 306	10	0.909	13	74.0	17	−3	−4	−7
芬兰	42 424	13	0.895	19	79.4	8	−6	11	5
德国	41 324	14	0.926	4	77.8	12	10	−8	2
意大利	30 180	20	0.887	22	67.4	26	−2	−4	−6
韩国	27 105	22	0.901	15	79.4	9	7	6	13
捷克	17 716	28	0.878	24	66.1	28	4	−4	0
波兰	12 566	37	0.855	27	61.5	32	10	−5	5
俄罗斯	9 347	44	0.804	37	58.3	36	7	1	8
罗马尼亚	8 978	46	0.802	38	49.4	46	8	−8	0
中国	8 069	49	0.738	65	45.1	50	−16	15	−1
丹麦	53 013	7	0.925	5	82.9	3	2	2	4
瑞典	50 812	8	0.913	12	77.2	13	−4	−1	−5
日本	34 568	19	0.903	14	77.1	14	5	0	5
匈牙利	12 484	38	0.836	33	57.5	38	5	−5	0
格鲁吉亚	3 765	73	0.769	48	36.6	67	25	−19	6
印度	1 606	92	0.624	90	23.9	87	2	3	5
高收入国家	39 137		0.892*		74.5				
中等收入国家	4 792		0.631*		33.1				
低收入国家	762		0.497*		10.6				
世界平均	10 172		0.717*		38.4				

注：排名为在 131 个样本国家中的排名，全部评价结果见附录二。人均 GDP 单位为美元，后同。*分别为最高人类发展水平、中等人类发展水平、低人类发展水平和世界平均人类发展水平。（1）-（2）为人均 GDP 排名减 HDI 排名，（2）-（3）为 HDI 排名减 HDI_N 排名，（1）-（3）为人均 GDP 排名减 HDI_N 排名。

五、相关政策议题

人均 GDP、HDI 和 HDI_N 的内涵和指标不同（表 8），它们相关政策含义也有差别。

1. 人均 GDP 的相关政策

人均 GDP 是经济发展的一个核心指标，相关政策议题非常丰富。下面举例说明。

其一，保持经济增长，提高人均 GDP 增长率。其二，调整经济结构，提高工业和服务业比例，降低农业比例。其三，调整收入结构，优化劳动报酬和资本收入的比例关系，完善税收制度。其四，调整支出结构，优化消费和投资的比例关系，扩大净出口。其五，关注人均 GDP 的环境成本，发展绿色 GDP。其六，关注新技术和创新，提高经济质量等。

2. HDI 的相关政策

联合国开发计划署认为，人类发展是民有、民治、民享的发展。它既是一个过程，也是一个目标。它包括民主与参与、经济公平、健康与教育、和平与个人安全等四个方面的进步。在所有的发展层面上，三种最基本的发展程度是，健康长寿，有知识，过上体面生活。

其一，关注人类健康，提高生活质量。其二，发展各类教育，提高文化素质。其三，提高收入水平，促进经济公平。其四，保证人类和平，保证个人安全。其五，扩展人的选择，扩大人的自治。其六，加强国际交流，维护公民权益等。

3. HDI_N 的相关政策

《中国现代化报告 2010：世界现代化概览》指出，20 世纪 70 年代以来，信息革命、生态革命和知识经济的兴起，已经并在继续改变人类的生活方式和基本观念。目前，发达国家已经全部进入第二次现代化，大多数发展中国家仍然处于第一次现代化。第二次现代化代表了人类发展的前沿和方向，人的全面发展和生活质量已经成为第二次现代化的核心议题。

其一，延长健康寿命，提高生活质量，建设长寿社会。其二，加速知识普及，缩小知识鸿沟，建设知识社会。其三，扩大信息共享，缩小信息鸿沟，建设信息社会。其四，实现绿色发展，经济与环境双赢，建设生态社会。其五，提高人均购买力，缩小贫富差距，建设和谐社会。其六，提高创新能力，加速知识更新，建设创新型社会等。

参考文献

中国现代化战略研究课题组、中国科学院中国现代化研究中心. 2010. 中国现代化报告 2010：世界现代化概览. 北京：北京大学出版社.

UNDP. 2016. Human Development Report 2016. http://www.undp.org.

World Bank. 2018. World Development Indicators. ttp://databank.worldbank.org/data/home.aspx.

第二部分　教育现代化与人类发展

提高素质：罗马尼亚的现代教育和人文发展

克特林·狄里克（Cătălin Turliuc）
罗马尼亚科学院教授

罗马尼亚近代通过教育实现人文发展始于启蒙运动的黎明时期，也就是18世纪末19世纪初。一种新的教化模式与从西欧国家引入的思想“弹药”一起出现。在这一时期，现代化之前的西方化进程发生了快速、戏剧性的变化。为了更好地了解在现代罗马尼亚，教育如何被视为改善人类的过程中的有用工具，我将试图回答在过去的两个世纪里，罗马尼亚不同的政权是如何理解和追求与教育以及改善一个人/公民的想法有关的现代化进程。在处理这些问题时，这样一个事实应该被意识到：“比较方法（针对教育）首先需要评价作为教育体制基础的无形的精神和文化力量；校外的因素和力量比校内发生的事情更重要。”（Kendall，1933）

一、罗马尼亚现代启蒙运动与黎明时期

从现代意义上说，解放是许多社会在现代化进程开始时提出的一项紧迫要求。在现代，解放与启蒙运动联系在了一起，启蒙运动在奠定大规模社会和政治运动的基础之前，塑造了西方和部分中欧的道德世界。法国启蒙运动的本质是“理性”，而英国启蒙运动是由“社会美德”的思想来定义的。解放运动以及一种可称为“美德社会学”的精神特质的背后是世俗、革命或共和主义思想（Himmelfarb，2004）。

在今天的罗马尼亚领土上，启蒙运动及其原则在制度和公民方面肯定还不够同化。解放更多的是关于国家，而不是个人。必须指出的是，在18世纪的最后二十几年，本着启蒙运动的精神，制定了关于教育的新法律[①]。像教育家和教育学这样的术语首次具有现代意义。特兰西瓦尼亚、摩尔达维亚和瓦拉奇公国都出版了新版的教科书。1777年，玛丽娅·特蕾莎女皇统治时期颁布了《比率教育法》，为特兰西瓦尼亚的罗马尼亚儿童提供学校（Barsanascu & Barsanescu，1978）。Iosif Mesiodax、Leon Gheuca、Mihail Rosu、Gheorghe Sincai、Ioan Piuariu Molnar、Ion Budai Deleanu等都是深入参与现代教育发展的学者（Kitromilides，1992）。John Locke和其他相关西方学者的哲学著作的重要部分都被翻译并在罗马尼亚境内发

① 参见1776年1月颁发的《亚历山大·伊普斯兰特法令》。

行。在接下来的几十年里，一种新的享乐主义伦理逐渐形成，对幸福的追求成为正确的行为标准，效用原则成为个人甚至政府行为的核心。对教育力量的坚定信念成为一个强有力的设想，即随着知识的增长以及对知识更好的了解，人们能够掌控自然的进步。在这种复杂的背景下，开始了漫长的现代化之路。正如作者在另一篇论文中所述："对许多人来说，现代化代表着从欧洲文艺复兴开始在世界范围内持续的社会和文化的所有变革。现代化概念和理论与历史上的循环理论完全对立；它是实证主义的，认为人类历史是进步的历史。例如，时间被视为一个连贯的变化矩阵。自然被认为有一种内在的秩序，可以被人类所理解。科学研究最终有赖于对这种固有秩序的渗透，必须发展技术，根据人类的需要改造自然。科学技术的作用是通过社会工程和分工来改变人类的地位。"（Turliuc，2015）资本主义的发展方向与现代化进程和社会工程相关，社会工程引领着一种社会，在这种社会中，个人和集体之间以及人权和国家利益之间达到了灵活的平衡。

现代共济会也是在包括罗马尼亚人在内的不同社会成员之间推广理性、自由、平等和博爱思想的重要渠道。法国大革命后，许多协会和秘密社团通过宣传西方原则和价值观深入参与了精神变革的艰难过程。其宣称的目标是改善个人，并根据他们的道德价值观体系在现代社会中实现和谐与理解。

废奴主义也是现代早期被视为改善人类状况的重要运动之一。现代废奴主义者希望说服他们的同伴，让他们认为奴隶制在道德上是错误的。他们经常在手段和目的上产生分歧，但都致力于奴隶解放，并关注奴隶制对人类造成的悲惨后果。废奴主义主要建立在道德价值观的基础上，如宗教仁爱、人道主义价值观、家长式的关切和恐惧、中产阶级的经济价值观和原则、法国大革命后传播的现代政治价值观等。西方的废奴主义在形式上更加复杂和多变，而在东欧，废奴主义在结束罗马尼亚公国对吉普赛人的奴役或解放俄国农奴的运动中发挥了作用。废奴运动的全盛时期大约在1783—1888年。奴隶制在罗马尼亚社会造成的道德、社会和经济问题最早是在启蒙运动时代得到承认的。

综上所述，从启蒙运动时期开始，在罗马尼亚和世界其他一些地方，通过教育和新的道德准则来改善人类的想法迅速发展，并为现代化进程做出了贡献。

二、19世纪上半叶的教育与人文发展

19世纪上半叶对罗马尼亚社会来说是一个革命时期，其走向民族和社会解放。复兴民族主义、实现国家统一和独立的思想、西方化以及填补罗马尼亚本土与西方国家在文明方面的差距是大多数精英（主要是知识分子和文化精英）倡导的主要思想。在此期间，绝大多数罗马尼亚知识分子在西方国家接受教育，当然，

他们在我们社会的变革进程中成为更加积极、重要的行动者。罗马尼亚建立了新的教育机构，在罗马尼亚公国所有相关城市设立了王子学院(布加勒斯特和雅西)、技术学院、高中和体育馆。这些教育机构引入罗马尼亚语，并取代了希腊语、德语、法语或其他语言。早在19世纪20年代，罗马尼亚就引进了贝尔-兰卡斯特教育体系（Barsanescu & Barsanescu，1978）。当然，并不是每个学龄儿童或青少年都能接受教育，与西欧或中欧的其他社会相比，其文盲率非常高。

1821年后，在本土统治者的统治下，罗马尼亚公国制定了新的国家教育方针。针对公立学校的结构和多样化，制定了新的教育法（1822年、1826年、1831年、1847年在瓦拉几亚，1828年、1832年、1840年、1847年、1850年在摩尔达维亚）（Barsanescu & Barsanescu，1978）。在此期间实施的所有规范性法案都有一个共同的理念，即发展教育是确保公国居民进步和福祉的必要条件。就相关性而言，最重要的是将罗马尼亚语引入教育体系以及在瓦拉几亚和摩尔多瓦(1831年和1832年）建立了几乎相似的教育体系。在公国每个地区的城市都新建了学校（这些年超过了300所)。创办了新的农业、技术和军事专业教育机构。高中采用了法国高中的教育模式。在这一时期，对罗马尼亚教育体系的进步和现代化产生重大影响的人物代表有Gheorghe Lazar、Gheorghe Asachi、Eufrosin Poteca、Petrache Poenaru、Gheorghe Saulescu。就教育政策的结果而言，值得一提是，到1835年，布加勒斯特理工大学已成为“东欧最重要的采用巴黎新学校模式的高等学府之一”（Mihaila，1974)，罗马尼亚建立了第一批公共图书馆，为更广的人群提供服务。

公平地说，在此背景下，教育，特别是高等教育，只针对罗马尼亚社会的一小部分人。对那些能够负担得起昂贵的良好教育的人来说，这是一件好事。正如我之前提到的，大部分罗马尼亚精英在巴黎、柏林、维也纳、布鲁塞尔以及西欧和中欧的其他重要的学习中心接受教育。罗马尼亚的旅行者慷慨地描述了西方文明，并迅速寻求发展模式。Dinicu Golescu是这方面最有影响力的人物之一[①]。因此进一步激励了现代化进程，社会上出现了作为西方文化和价值观的倡导者的新一代人，他们被称为“Bonjurists”[②]。这一代人发起并领导了1848年欧洲大革命，成为欧洲“人民的春天”。在这一时期，国家和公民都要求民族解放、人身保护、公民自由等。人们强烈要求给予个人权利并解放奴隶。到19世纪中叶，由于废奴主义者的积极活动，奴隶制被彻底废除。有趣的是，罗马尼亚是欧洲第一个翻译

① Dinicu Golescu于1826年出版了一本关于他的欧洲之旅的记述（Insemnarea calatoriei mele)《我的旅途》，这是西欧第一个罗马尼亚人的游记。文中呼吁按照“欧洲”的模式进行全面的机构改革。他的旅行日记对那个时代的罗马尼亚知识界产生了重大影响。

② 该昵称源于这一代绝大多数人使用的法语称呼习惯。

并广泛传播 Harriet Beecher Stowe 著名的废奴主义者著作《汤姆叔叔的小屋》的国家。此时的文化舞台开始被浪漫主义主导，东方人的习惯和心态逐渐被西欧人抛弃。

在欧洲各地，现代共济会在精英成员中获得了力量，通过教育和强大的道德准则来改善人类的想法在罗马尼亚社会中得到广泛提倡。

综上所述，我可以强调这样一个事实：西方化的进程确实在这一时期开始了，在罗马尼亚国土发展了一种关于人类及其可完善性的新思路。

三、19 世纪下半叶的挑战与成就

1848 年罗马尼亚公国革命后，争取民族和社会解放的运动势不可挡。几乎在生活的每一个地方都能看到清晰的迹象。在有利的国际环境下，在很短的时间内，1859 年由两个罗马尼亚公国联盟建立了罗马尼亚民族现代国家，随后立即进行了全面的政治改革，直到 1866 年通过了新的自由宪法（受 1831 年比利时宪法的启发）。因此，罗马尼亚国家为获得欧洲血统奠定了新的坚实基础。直到第一次世界大战，罗马尼亚成为一个成熟的欧洲社会，其现代化和经济随着西方国家的脚步快速发展，因此其常常被称为“东方的比利时”或“欧洲的日本”。其首都布加勒斯特被称为“小巴黎”，罗马尼亚的现代化和经济水平与西方国家的差距已大大缩小。1877 年，罗马尼亚成为独立国家，1881 年，罗马尼亚王国正式成立。

1860 年，罗马尼亚第一所现代大学在雅西（摩尔多瓦前首都）成立。1864 年 11 月 25 日，在亚历山德鲁·约安·库扎王子（Prince Alexandru Ioan Cuza）的统治下，一项新的教育法通过。早在法国或英国通过类似法律之前，该法律就规定了免费的义务初等教育（8—12 岁的男孩和女孩享有平等的机会）。此外，该法律统一了该国的私立和公立教育体系，并采取了有效的世俗教育方法。不幸的是，由于经济限制，并未执行所有的法律条文。教育学在 1870 年获得了公认的科学地位，当时第一本关于这一领域的大学教科书出版（Barsanescu & Barsanescu，1978）。包括罗马尼亚科学院在内的大量学术团体成立起来，让所有罗马尼亚人（其中许多人仍生活在外国统治下——奥匈帝国和俄罗斯）都能接触到科学和知识。从 19 世纪 70 年代开始，以现实主义和教学形式主义为特征的赫尔巴特教育体系在特兰西瓦尼亚和旧罗马尼亚王国逐渐得到实施。值得一提的是，从 1875 年开始，Emile Picot 在法国巴黎的东方语言学院开设了一门罗马尼亚语课程，并最终于 1911 年在巴黎大学设立了罗马尼亚语系。Petru Poni 和 Spiru Haret 于 1896 年 4 月在农村地区引进幼儿园、成人教育以及其他现代服务。1898 年 3 月，新的教育法通过，它是当时欧洲最全面和最现代的教育法之一。20 多年来，Spiru Haret 一直是教育界举足轻重的人物，事实上，直到二战后共产党接管之前，整个教育体系的结构建设都归功于他。1906 年（军事教育）、1911 年（女子职业教育）、1912 年（大学教育）、1918 年（农村地区教师教育）通过相关的法律，罗马尼亚教育从而形成了的完整规范性框架（Manolache & Parnuta，1993）。教育体系针对罗马尼亚社会的多样化是那个时代统治精英的主要关注点。该国还在一些主要城市设立了残疾人特殊学校。组织了许多关于罗马尼亚教育体系的命运和演变的大会、会议、协会和特别机构，值得一提的是，1911 年在布鲁塞尔举行的第一届国际教育学大会上，罗马尼亚代表团出席了会议，并发表了颇受好评的论文。在教育领域出类拔萃的伟大人物中，不得不提到这几个人的名字：Spiru Haret、Vasile Conta、Dimitrie Leonida、Simion Mehedinti 等。

在这一时期，当西方化被强大而迅速的现代化进程所取代时，罗马尼亚与西欧国家的同步程度逐渐提高，可以说罗马尼亚首次融入欧洲。在不断进步、对未来抱有乐观态度的时代，人类的可完善性这一想法在很大程度上得到了认可，当然，教育是实现这一想法的完美工具。

在此期间，罗马尼亚教育总体进程面临的最大挑战是缺乏资金，并且国家需要根据罗马尼亚社会的发展不断改变立法。文盲率仍然很高，受过良好教育的个人与社会其他人之间的差距仍然很大。

综上所述，罗马尼亚教育体系与西欧国家发达的体系之间能够更好地相容。仍有大量罗马尼亚人在著名的欧洲学习中心和西欧国家的首都城市接受高等教育。这不仅因为教育质量问题，更是为了自己在职业生活中赢得声誉和机遇。

四、两次世界大战之间的时期及其特点

在两次世界大战之间（1918—1939 年），罗马尼亚进入了发展和现代化的新阶段。大罗马尼亚在 1918 年实现了完全的国家统一后，在面积和人口方面，已成为欧洲中等规模的国家（在欧洲大陆排名第 11 位），并在中欧成为一个具有一定重要性的次区域强国。到 1918 年，该国已成为农业工业国家，大多数人口的生活水平逐渐提高，除大萧条时期（1929—1933 年）外，罗马尼亚经济一直繁荣发展。第一次世界大战后，罗马尼亚实施了包括土地和选举在内的改革，国内生产总值持续增长。1923 年，罗马尼亚通过了新的民主宪法。总的来说，罗马尼亚社会在这一时期成为欧洲社会和文明错综复杂的一部分，在某些科学和文化领域成为先驱。George Enescu（作曲家和音乐家）、Constantin Brancusi（雕塑家）、Tristan Tzara（诗人）、Emil Racovita（新科学、洞穴学的创始人）、Horia Hulubei（原子论科学家）、Nicolae Iorga 和 Vasile Parvan（历史学家）、Simion Mehedinti（地理学家）、Nicolae Teclu（化学家）、Dimitrie Gusti 和 Petre Andrei（社会学家）等在当今的欧

洲都是众所周知的。

罗马尼亚各省的教育得到了有力的推动，特别是在教育水平低下的地区。第一项任务是使全国的教育同质化，建立了新的大学以及新的高中、体育馆和小学。在卡罗尔二世统治时期，教育和文化受到国家统治者的青睐，当时国家预算的17%用于教育和文化。通过了新的全面和专业的法律，以改善全国的教育状况。1918 年通过了一项法令，统一大罗马尼亚的教育体系。罗马尼亚先后实施了一系列新的法律，例如 1923 年的林业教育的法律，1924 年的师范教育的法律，1925 年的关于私立教育的法律，1926 年、1928 年和 1929 年的涉及男子和女子中等教育的法律，1931 年的大学教育的法律，1936 年的商业教育的法律，1937 年的关于初等教育的法律和另一项关于工业教育的法律，1939 年的初等和教师教育等。由此可见，统治精英和教育文化部对发展教育体系和以符合国家总体发展水平的新标准改进教育体系非常感兴趣。

义务教育期限延长到了 7 年。早在义务教育延长之前，对有文化的劳动力的需求就很明显，国家在这方面已经作出了巨大努力。现有体操教育有三种类型：男子体操、女子体操和男女混合体操。体操教育周期为三年，之后男子和女子可以进入四年制的中学，或者进入以高等教育为主流的技术和职业学校。第二次世界大战结束时，小学入学人数已达到 250 万，中学（公立或私立）入学人数略高于 20 万。在 1800 万居民中，仍有大约 400 万文盲，这主要是由于经济的限制。①

与前几个时期一样，这一时期成立了许多学术学会和协会，组织了许多大会和会议，罗马尼亚教师和学者积极参加了在欧洲大陆组织的专业聚会。几乎每个地方政府都通过文化教育部关注课程和教学大纲的不断修订以及最新教科书的印刷工作。

作为这一时期罗马尼亚教育的一个普遍特征，人们关注到这样一个事实——在私立和公立教育“共存”的情况下，接受教育在大多数情况下取决于学生家庭的经济实力。即使有了新的立法措施以及当局更有效的参与，与西欧和一些中欧国家相比，其文盲人数仍较多。然而，老百姓和相关部门都认为良好的教育是改善个人和公民的先决条件。

直到第二次世界大战，尽管罗马尼亚由于经济原因和一些农村地区的落后而遇到了不同的困难，但在教育方面取得了一定的可量化的进展。

五、“共产主义”时代的教育与人文发展

第二次世界大战结束后，在苏联红军的大力扶持下，罗马尼亚进入了“共产

① 更多详情和其他统计信息见 Diac F. 2004. O istorie a invatamantului romanesc modern. Bucuresti：Editura Oscar Print.

主义”时代，这个贫穷的国家从此发生了翻天覆地的变化。在不到三年的时间里，在共产党内部压力以及苏联的外部压力下，米哈伊国王于 1947 年 12 月 30 日退位，罗马尼亚人民共和国成立（苏联的一个卫星国，在冷战时期是共产主义世界的一部分），思想和政治发生了巨大转变，为罗马尼亚的发展奠定了基础。除了极少数例外，之前的精英几乎都受到压迫，被关进监狱，农民和工人政权初现端倪。在教育领域，对取得的成功和失败进行了全面的审视。1945—1948 年，罗马尼亚政府组织了一场扫盲运动，使约 100 万人具备了书写能力，组织了“街头学校”（由识字的志愿者在晚上教课），要求 14—55 岁的所有文盲报名定期参加这些课程，直到他们识字为止。到 1958 年底，官方当局宣布扫除文盲。当局为逐步从法德教育转向苏联体系制定了指导方针。1948 年颁布的教育改革法是决定性的一步①。1952 年的新宪法第 80 条规定：每个公民都有受教育的权利。通过普通、免费和义务初等教育；通过高等、中等和初等教育机构中合格学生的国家奖学金制度；通过在工业公司、国营企业、农机站以及集体农场组织工人免费职业教育，从而保障这项权利。各级教育是国家的责任。最终，罗马尼亚关闭了所有外国学校和所有宗教派别的学校。教会学校只关心教会事务，不关心普通教育。从那时起，教育成为根据思想戒律进行社会工程的重要工具。有人对教育改革法暗暗充满敌意，甚至对教育体制也不满意。1948—1953 年，有几个部门涉足教育工作，1953 年通过重组成立了一个单独的部门负责教育工作。20 世纪 60 年代初，罗马尼亚苏维埃化教育逐渐引入新的国家体系。在 Nicolae Ceausescu 的共产主义领导下，罗马尼亚通过 1968 年的教育法建立了真正的国家教育体系。公平地说，1968 年的教育法是罗马尼亚教育史朝着国家教育发展的转折点。

1969 年，罗马尼亚教育部进行了彻底重组，并对教科书进行了大规模修订。当然，在整个“共产主义”时代，教育体系的基础设施得到了极大的改善：针对所有教育领域成立了许多学校，在传统学校之外建立了新的高等教育中心，根据政府推行的政策引入新的教育标准。快速工业化进程需要大量熟练的技术工人、技术员和工程师，而这些只能由罗马尼亚的教育系统提供。与此同时，当局试图限制社会科学的发展（限制严重意识形态化的社会科学），例如于 1978 年解散了心理学和社会学学院。

在“共产主义”政权时期（1948—1989 年），教育成为共产党和国家的首要任务，因为它能够实现共产主义当局所遵循的思想目标。根除文盲，确定了十年义务教育，社会的每个成员都有受教育的机会，社会主义文化根据所谓的“社会

① Decretele Prezidiului Marii Adunari Nationale in Monitorul Oficial，Bucuresti，August 1948，Partea I/177 pp. 8322-8324.

现实主义”得到发展。从20世纪70年代开始，政府公开宣称其目标是通过创造一种深深扎根于共产主义道德准则、原则和价值观中的“新人群”来改善人类。当然，这是一个难以实现的计划，但是政府和共产党为了实现这一目标，努力落实政策。众所周知，这个雄心勃勃的计划彻底失败了。

综上所述，这一时期的整个教育体系都具有很强的思想背景，政府的主要目标是把握民众的心理，从而落实政策。一切都以创造一个能够毫无保留地建设共产主义的“全新人群”的想法达到高潮。

六、1989年后的新现实

罗马尼亚在1989年变革后建立了一个新学派，以发展新民主政权的价值观和原则。过渡时期，关于改变教育体系的倡议不绝于耳。关于立法措施，我们不得不提到1995年的教育法以及2011年1月通过的教育法。过去30年来，罗马尼亚通过了超过65项教育法修正案，可以看出罗马尼亚教育体系在规范方面存在一定的不稳定性。公平地说，这种不稳定给教师、学生及其家庭带来了巨大的问题。我们的目的不是分析1989年后建立的教育体系，而是将这一体系的现实与改善人类的想法联系起来。我们的主题涉及罗马尼亚教育体系中发生的民主化进程的特征。其中包括：高等教育在内的各级教育体系都恢复了私立教育；引入了新的学习方法，包括在线学习；在专业领域、教科书等方面大规模放宽了限制。自2007年罗马尼亚成为欧盟成员国以来，罗马尼亚教育领域的国际交流稳步增加。大量罗马尼亚人在欧盟其他成员国或美国深造（主要是大学）。罗马尼亚成为欧盟成员国以来，罗马尼亚的高中和大学里有10 000多名外国留学生。显然，建立“知识经济”的目标已成为包括罗马尼亚在内的欧盟各成员国的战略目标。

公平地说，罗马尼亚的教育体系面临新的问题：文盲和辍学的习惯再次成为一个问题。每年进行的跨国评估学生能力计划（PISA）测试呈现出严峻的现实，需要做出新的努力来提高学习质量。一些教师对他们的工资和年收入不满意。经济限制给教育体系带来很大压力，基础设施的投资有限。

如今，罗马尼亚的经济发展需要计算机科学、数字经济和其他新技术领域的新型技术人才。与此同时，私营部门需要更多的职业学校，很明显，双重教育体系还处于初级阶段。罗马尼亚目前面临的最重要问题是人才外流，高技能人才和非技术工人大量移民到欧盟发达国家。

关于如何改善人们的想法，很明显，掌握政治实权的人不再有兴趣在这个领域投入大量的财政资源，他们希望并认为这应该是每个人的个人任务。由于1989年后建立了民主制度，成立了许多非政府组织，其中一些非政府组织真正关心的是寻找新的解决办法来改善个人。社会中存在着超人类主义哲学和思想的迹象，对人类的未来产生乐观或怀疑。

七、结论

在回答本文开头提出的问题时，我们可以发现教育与现代化进程有很大关系，教育可被视为推进现代化进程的一个重要标志。当谈及教育和现代化时，很容易发现现代化和改善人类的理想之间有着重要的联系和反馈。与此同时，在过去几个世纪里，很难在社会现代化和民主化之间建立反馈关系。人类的可完善性想法在启蒙运动时期广为传播，从那时起，在包括罗马尼亚在内的不同国家中获得了广泛认同。其促进了大众教育的发展以及在民间社会中发挥重要作用的众多现代共济组织和协会的建立。自 18 世纪末至今罗马尼亚教育体系的演变，而是通过几个例子来找出教育在人文发展中的作用。无论过去还是现在，改善人类的想法都是有序社会和某些政治体制的一个重要因素。

参考文献

Barsanascu S, Barsanescu F. 1978. Dictionar cronologic. Educatia, invatamantul, gandirea pedagogica din Romania, Editura Stiintifica si Enciclopedica, Bucuresti.

Diac F. 2004. Oistorie a invatamantului romanesc modern. Bucuresti: Editura Oscar Print.

Himmelfarb G. 2004. The Roads to Modernity: The British, French and American Enlightenments. London :Vintage Book.

Kendall L. 1933. Studies in Comparative Education, Boston 1933 Apud Roy Alasdhair Niall MacGregor-Hastie: A History of Education in Romania, Summary of the PhD Thesis. University of Hull.

Kitromilides P M. 1992. The Enlightenment as Social Criticism: Iosipos Moisiodax and Greek Culture in the Eighteen Century. Princeton: Princeton University Press.

Manolache A, Parnuta G. 1993. Istoria invatamantului din Romania, vol. II, 1821-1918. Bucuresti: Editura Didactica si Pedagogica.

Mihaila G. 1974. Dictionar al limbii romane vechi (sfarsitul sec. X -inceputul sec.XVI). Bucuresti.

Turliuc C. 2015. Modernization and Regional Development in the 20th Century: The Case of Romania. In Alberto Martinelli, Chuanqi He. Global Modernization Review. New Discoveries and Theories Revisited. New Jersey, London, Singapore, Beijing, Shanghai, Hong Kong, Taipei, Chennai: World Scientific.

人工智能、人类教育和社会发展[①]

王国成
中国社会科学院数量经济与技术经济研究所研究员

本文从人类社会全面发展的角度，探讨了人工智能的自然特征及其与人类的内在关系，以人工智能—教育—人类发展为主线，论述了人工智能的基本特征、演进阶段和驱动力，探讨了如何通过教育来联系和促进人工智能与人类社会的全面发展，并展望了人工智能与人类发展在教育的帮助下的协同发展。

一、人工智能的基本特征和发展阶段

1. 人工智能的发展阶段和主要驱动因素

人工智能中的象征主义学派以人与自然的连接点为基础，其主要代表是理论结果的机器证明、演绎推理方法和规则等。从认知概念来看，象征主义者注重对时间和点的个性特征分析，反映并产生了一套特殊的符号操作系统：元素、操作支持引脚和自动算法等，贯穿人类在自己的感觉/认知、思维、决策、行动中利用符号和形式逻辑的方式与自然互动的全过程。这种符号和形式逻辑写入机器语言指令和程序中，从而控制终端设备，达到预期目的。这样的变革符合当代的特点和现实需要，推动了人工智能在当代的蓬勃发展。

人工智能的另一个强大支撑点是联结主义，其基本思想和原理是模拟人脑的神经网络结构和功能（也包括大脑通过神经系统对身体的其他部分做出命令、控制和反应），以及现实世界中的社交网络结构和各种可能的场景交互：初级神经元对简单模式敏感，高级神经元对复杂模式敏感，神经网络结构进行再次处理，并且完美地结合了异构信号敏感性和处理，生物结构和相应的关系是极其深奥的，其敏感程度和复杂模式的类型受内在的规律控制，并与外在的规律相关联。这证明了大脑网络和中枢神经系统具有简单的模式——有机协调功能的复杂组合，这也启发了计算机科学家发明人工神经网络的概念及技术实现路径的内部规范。虽然已经深入发展了学习和强化学习等，但谜团仍然很大，远远没有解决人工智能技术的问题，包括人脑神经元的组成、结构、分布、裂变、生物进化机制、团队及其他对外界条件变化的有机反应、敏感、交互模式等，以及神经网络结构中的信息处理和综合协调功能的联系和实施。应该注意的是，人工智能发展更重要的

① 特别感谢国家自然科学基金对本研究（项目号：71471177）的支持。

方向必须与分布式关系技术和人类多样性、个性化一致，并且高度符合社会网络化和共享化的发展趋势，以更好地适应人类社会更高层发展的需求。

从人工智能的基本特征及其主要形式来看，其每个发展阶段、技术动机和社会效应等，以及相应的生产力水平和社会需求，都有必然的内在联系（表 1）。

表 1　人工智能发展历程简表

发展阶段	时序	主要特点	影响因素	代表	备注
先兆	13 世纪前	技工、艺术	神话、虚构、猜测	Yan Shi、Anci.（古埃及和古希腊神话）	人性
萌芽	1206 年—20 世纪 40 年代	自动机器人	推理是计算	Leibniz、Hobbs Descartes	科学的渗透
开始	1943—1956 年	逻辑-计算达特茅斯会议	电子大脑、早期神经网络	Turing、von-Neumann、Bush	跨学科
黄金年代	1956—1974 年	推理即为查找 语义网络	乐观、充足的资金	Newell Minsky	新奇 探索
第一个冬天	1974—1980 年	有限的计算机 悖论	感知玩具 复杂性	Lucas、Simon Moravec	不可避免的成本
繁荣	1980—1987 年	专家体系 知识革命	金钱回报； 联结主义复兴	Hopfield Feigenbaum	内在 必然性
第二个冬天	1987—1993 年	符号（LISP） 新探索	硬件/ 财政削减	DARPA①	再次面临磨炼
新高峰	1993—	认知/脑科学、高性能计算……	极简主义， 行业应用	智力汇聚	轨道起飞

①美国国防高级研究计划局（Defense Advanced Research Projects Agency，DARPA）。
资料来源：作者根据相关维基条目和文献列表整理而成。

2. 人工智能的发展阶段和主要驱动因素

人性是天生固有的，在实践中演进发展，人工智能的规则是外在赋予的，而它们始终按照指令工作。人类社会的全面发展是人性从内在因素的自我完善和升华。人工智能实际上是对人类自身的一种挑战、考验和升华。在人类的根本层面上，无论自然是“善”还是“恶”，这种关于人性起源的争论都影响着人工智能的研究领域。同样，人工智能是善是恶，最终是“融入”人类还是“背叛”人类，也最终取决于人类本身。如果人类被人工智能“终结”的一天真的到来，那么真正的罪魁祸首也是人性中的自私、贪婪和邪恶，因为人工智能充其量只是工具、手段和表达形式，只是在选择功能的基础上加强和提高效率的人性。所以，人性、自我克制以及人工智能之间的关系发展是一个不可能回避的根本性问题，人工智能不能完全改变人性，但它能够以其独特的功能去验证、确认和宽容人性，校正人类社会发展的方向。

受体制和文明进步的阶段性影响，在同一时代或同一文明中，社会群体中存在一些共性和类自然现象，同时人与人之间也存在差异。这是人工智能发展和教育遗产的生物学和社会学基础，从自然存在的普遍性和统一性来看，其基于分布式集群计算。同样，不难理解为什么这一波人工智能来势更加猛烈（融合了人工智能和互联网+物联网、大数据、区块链和比特币以及相关的新技术概念和热门词汇）；为什么这会对中国产生更大的影响，这与中国的特点密切相关，包括历史、文化传统、行为习惯以及社会和经济发展。

二、人工智能技术驱动的人类教育与发展

人类文明的进步孕育并推动了人工智能及相关高科技的发展，人工智能只是人类自我完善和发展过程中的新技术。与持续教育和可持续发展相比，人工智能只是一种快速、有效的技术推广，而教育是人类自身不断运用不同手段和方式对人性的丰富、完善、升华和净化。人工智能与人类的教育和发展之间不存在替代或更替关系，它们应该更好地结合，以赋予人工智能根深蒂固的灵魂，找到人工智能发展的核心存在价值和未来方向，使其更好地在教育中发挥作用，实现人类社会更加美好、更加健康的发展。

教育联系和促进了人工智能和人类社会的全面发展。人工智能研究和发展的初衷和根本目的是服务和促进人类的发展。这必须通过相应的技术手段来实现，并且必须通过教育来传承和推广。从更广的角度来看，任何技术的兴起及其推广的主要原因和效果都与特定历史周期中人类社会发展的教育观念和模式的特点密切相关。教育的目的是塑造/培养人。在教育现代化的进程中，借助人工智能技术，教育可以更好地激发人们的创造力和潜能。

在本质和相互关系上，科技与教育密不可分。前者更多的是关于人类与自然互动的知识和技能，而后者是前者的基础。当知识的积累与需求的扩大发生碰撞时，就会促进科技的飞跃进步和人类文明与智慧的提升。同时，人类步入人工智能时代，将更好地利用科技赋予的力量来创造正能量，促进教育，克服冲击，跳出混沌，走出陷阱，解决困惑，从而进入更好发展的新时代。

以人工智能技术中的基本推理规则和核心语句“如果……那么”为例，它意味着只要“给我规则，就可以做到（征服）一切”，自身包括设置“如果”和给出推理规则等实质性内容，必须由人来完成。在人类完成自我意识的过程中，人类只需要揭示少数奥秘，将少数事物和内容严格转化为自动计算语言，从而通过外部给予人工智能的逻辑规则进行描述和推理。与伽利略在比萨斜塔上的自由落体实验相似，我们可以证明人工智能不可能从其本身的逻辑方式上超越、淘汰和取代人类，因为需要人类赋予人工智能来源和核心，或者制造机器人，并从人类的

现实生活中赋予“如果……那么”的实质，这些都离不开人类的实践和教育传统，人工智能更不可能拥有内在的自生智慧。

关于人工智能和人类之间关系的另一个担忧是，是否会有少数精英（能力非凡的人）通过人工智能控制大多数普通人，或者有少数精英奴役和控制大多数同类人。如果这些精英仍然是人类的一部分，仍然需要人类的认知和与自然的互动，就不可能孤立、单独地控制人类。人类的智慧和文明也在不断地进步和提升，即使精英们能够更好地设计、制造和控制人工智能，并进一步控制其他人群，但仍然是人类赋予人工智能来源和实质，即使遵循人工智能技术的逻辑和路线，也不可能摆脱、超越或控制人类。人工智能功能的强弱，最终是外源给予的，因为人工智能的研究团队之间始终有差异，只要不局限于一种意愿和指令，团队之间就会有竞争。哪一个团队会是赢家，取决于谁拥有更多的普通人、更多的人类知识、更现实和更丰富的人工智能实践内容。如果真的有一个超人和超意识的存在，那就超出了这个话题的范围。

人工智能技术正在推动人类教育和社会进入一个新的阶段，人工智能如何促进人类教育和发展，可以通过以下标准判断：如果，$u_{t+1}(AI, H) > u_t(AI, H)$，且 $u_{t+1}|'_{AI} \geqslant u_t|'_{AI}$，$u_{t+1}|'_{H} \geqslant u_t|'_{H}$，也就是说，人类的边际贡献率不会随人工智能技术的进步而降低。否则，如果$u_{t+1}|'_{H} < u_t|'_{H}$，则意味着人工智能控制了人类的工作和福祉。其中，$u$ 是效用或福利函数，H（人类）代表真实的人类行为。我们仍然希望提高教育水平，保持人类边际贡献的增加，促进人工智能的发展。

三、人工智能与人类教育和发展的共同演进

1. 人类智力和思维的递进层级结构

人脑的功能分布决定了人类思维必然会发生层级递进的演进。在人类历史上，没有人能准确预见人类智慧的升华、社会经济的跨越式发展、思维方式的水平，如火的使用、电的发明、计算机的诞生、信息网络的传播以及重大高科技将会发生什么样的变化；有可能根据已知的发展变化规律预见趋势，但很难提前预测思维的转变。人类的生产和消费行为、思维方式、社会分配形式和组织结构都会发生变化，甚至随着科技进步和财富积累速度的步伐而重构。精神追求的比例将大大提高，思维更加活跃，发生跨越式升级，在社会财富积累到一定程度后，即使人工智能高度发达，人们也会更加注重精神追求，在思想领域进行培养，并实现自我创造和享受。绝不可能利用过去的经验以及对人类知识、教育模式的可持续性的认知来提前猜测未来的发展，在更高水平人工智能技术的帮助下，大脑和心智可能具有结构性和层级性进步的趋势。

人类智力的一个非常重要的表现为，能够发现潜能，完成提升，有意识地学习调整，享受舒适的自我引导，并且它是相互联系的、有机和谐的并且浑然一体。所有形式的技术手段和工具都只是人类智力的某种载体和表现，它们也是人类共同努力的结果，没有失去道德和人性。随着每一次重大的科学革命和技术变革，人类的思维智慧和行动能力将在磨练、积累和提高后实现一次显著的飞跃。与世界最高水平相比，中国的人工智能及其相应的技术发展在经过模拟和并行后可能处于领先地位，这是一个有力的例证（顾险峰，2016）。

2. 为人工智能赋予灵魂

如何更好地利用人工智能的优势，使人-机在更高层次上紧密相联（大脑-计算机的对接融合）？人工智能是以人的心智和智慧为模板，不具备超人智慧的基因，只能更好地为人类服务，而人应该也很难为人工智能赋予灵魂。因此，两者的优势应互补，共同创造美好未来。

人工智能的发展必然会加强和深化对传统教育的冲击和挑战。教育应适应人工智能的未来发展趋势，培养适合社会发展的人才，在人类发展轨道上将人工智能的核心融入教育的本质并与其统一。如果只有单方面的技术进步，就不可能有真正的智能，它只会是自动机械化功能的一部分；只有“活”的思维和“灵魂”深深扎根，才能真正智能化，才能克服困难，化解人工智能单边发展带来的困惑。在传统的理论分析概念和方法发生变化的源头和层次上，这一领域取得了很大进步（王国成，2015；Mauro et al.，2017），并预示着未来的发展方向，如使用异构主体的行为分析和从微观到宏观的集成建模的 ABMS（基于 Agent 的建模与仿真）方法。

3. 构建未来：设计—控制—前瞻—引导

人类通过与自然和谐相处、竞争与演进来实现自我升华和文明发展。人工智能的升级进程不仅仅是简单、独立的技术层面的问题，它最终取决于人类与自然的互动和自我认知的升华与飞跃，包括意识产生和传播的生理基础、技术发展的内在机制以及相关学科的相互推动。无论是人工智能还是人类，其进步和未来发展的轨迹和趋势必然沿着各自的道路，有其内在的规律性、决定因素以及其他动力，它们都是相互依存、相互激励、相互促进的。其将有更好的发展前景，更有效地使人工智能与大数据、“互联网+”等结合。

教育和科技是推动人类发展的两大车轮和强大动力，人工智能是当代高科技进步的最典型代表，两者都有着与自身发展轨迹密切相关的共同目标。人类教育发挥着传承和弘扬智慧和文明的作用，与科技探索相辅相成。一方面，人工智能技术及其应用在不断创新；另一方面，它也在演进过程中自我适应，不断创新和提升人类的思维智慧和行动能力水平，以设计、创造和操纵人工智能。如果人工智能的升级进程可能偏离人类全面发展的主线，就会迷失方向，削弱内生动力。如果要更密切地围绕人类社会并更好地为人类社会发展服务，就不可能超越人类智力。这是人工智能价值链的核心。从人性和社会演变的角度来看，未来的发展阶段和主要特征见表 2。人类在其全面发展的过程中，由于需求拉动、技术提升、教育驱动和多方面结合，不断对教育和科技的发展提出新的、更高的要求，从而形成内生动力的循环，出现人工智能和人类智能协调发展的良性生态体系，促使人类和社会文明进程进入一个新阶段，步入自主探索和自我提升的蓬勃发展道路和轨迹。

表 2　人工智能与人类教育和发展的融合趋势

趋势	主要特点	作用和意义	备注
发展	丰富感知/认知	超级思考，创造力	惯性
增强/渗透	虚拟现实，互动平台	人类经验，演进	人类-自然
合作-协同	制造-生产-服务-需求	频繁-深度社会性网络服务，共同克服	人际
共享	弱势-所有者，强势-用户	如果有的话，当然可以共享	兴趣
预测-设计-创新	积极，自由，预测，共同创造	引导-控制-崇高的人类-自我	共同发展

四、结论

通过以上分析，从人工智能与通过教育传承智慧的人类发展的内在关系出发，得出以下结论：

（1）人工智能是现代人类智慧合成技术表达的一种新形式和发展阶段，它可以通过教育联系和促进人类社会。

（2）人工智能技术极大地促进了人类社会的发展，但人工智能由于其附属性和内在逻辑，不可能完全取代和超越人类的智慧和能力。

（3）人工智能和人类社会在未来的发展中，必须与新形式和技术创新一起共同进步和共同演进。

参考文献

顾险峰. 2016. 人工智能的历史回顾和发展现状. 中国自然杂志，38（3）：157-166.

王国成. 2015. 计算社会科学导论. 北京：中国社会科学出版社.

王建华. 2014. 人类教育. 清华大学教育研究，35（2）：27-34.

Boden M A. 2016. AI: Its Nature and Future. Oxford: OUP.

Jaspers K. 1953. The Origin and Goal of History. New Haven: Yale University Press.

Leigh C. 2017. Humans VS. AI: The History And Future Of Artificial Intelligence，International Business Times-Technology, 06/26/2017.

Mauro G, et. al. 2017. Introduction to Agent-based Economics. London: Academic Press.

Yoshua B, Yann L, Geoffrey H. 2015. Deep learning. Nature, 521(7553): 436-444.

历史和历史研究在现代化社会中的职能[①]

阿兰·梅吉尔（Allan Megill）[②]
美国弗吉尼亚大学

本文提出并尝试解答这一问题：历史研究和历史认识应该在现代化社会中起到何种作用？回答这一问题需要两个条件，即提出现代化的基本假设以及历史研究的基本假设。本文将进行简单说明。

现代化，归根结底，是一系列从根本上完全接受当今世界的过程。当我们提到现代化的时候，我们通常含蓄地，甚至明确地针对接下来五年、十年、二十年、四十年、八十年甚至一百年之后人类的境况将如何发展变化做出种种预测。但是未来就像深不可测的汪洋大海，而且越到后面，其境况就越难以预料。即使是短期之内，瞬息万变的情况也可能随时脱离控制，彻底改变未来的图景，而且还有可能再次发生意料之外的变故。

一、现代化的四种态度

如果有任何一段值得人们回顾的历史时期来帮助我们深入认识“现代化”的当今世界，那就是19世纪。这个世纪发生了“世界性的变革”，同时对经济、社会、政治、知识和文化层面产生了深远影响（Osterhammel，2014）。虽然我们称之为“现代化”的过程，其根源深植于19世纪更早以前，在那个时代就埋下了伏笔，但是，其连续过程的表现形式，以及依然构成现代化概念组成部分的众多设想之间的清晰连接，这些特性的首次出现是在19世纪的欧洲。现代化是一个复杂的概念，由各种不同的态度和信念组成。为进行当前的讨论，我们有必要了解现

① 感谢 Chen Huiben 在研究和编辑工作中的大力支持。

② 阿兰·梅吉尔（Allan Megill）是美国弗吉尼亚大学历史学教授。他的著作包括《历史知识和历史谬误：当代实践导论》（最近发布了中文版本）以及 *Karl Marx：The Burden of Reason*（*Why Marx Rejected Politics and the Market*），并且在欧洲思想史和史学理论方面著有多篇论文。

代化的四种态度以及这些态度在人类生活中的逐步实现构成。

1. 第一种态度

第一种是对未来人类生活发展前景的态度，在现代化理念和过程中都有体现，由于没有更好的表达，所以我们称其为宇宙乐观主义。这里作者想表达的是一种信念，即相信人类和自然宇宙最终将成为一个合理化的系统，它得到人类的充分理解，而且在某种程度上，受到人类的控制。在西方思想中，宇宙乐观主义的相关元素根植于基督教神学理论之中，尤其是在那些认为是理性上帝创造出了合理化的宇宙世界的基督教神学理论版本。从16世纪开始，德国的新教大学开始设立讲授“普世史”的教授职位。这一学科标题下的课程内容，起初是讲授《圣经》故事，但是逐渐转向讲授人类的总体历史发展。这些课程在《圣经》和神学层面的重要性越来越弱，但是仍坚持认为存在相互连贯的普世历史这一基本信念并未改变，理论内容仍然引向具有教化意义的方向。

西方历史学家一直以来都清楚，普世历史传统的世俗化版本构成了19世纪初期欧洲出现的“现代”历史学科的重要组成部分（Klempt，1960）。其中包括对于自然和人类世界的态度，尤其是对于经济生活的态度，以及欧洲人对于基督教世界界限之外所生活人群的态度。宇宙乐观主义假设存在相互连贯且合理的世界，认为世界可以为人类全面了解，也许还能加以控制，而救赎的故事则告诉人们，要向“没有律法约束的劣等人种”传播圣言（Kipling，1993）。

我们很难判断这些观点在现代化进程中起到了何种因果作用。但是，印度教徒、佛教徒、儒家学者和道教徒等并没有以一种系统的、持续的方式去征服世界，也没有在可能的情况下改变世界上其他人的生活方式、思维方式和做事方式。反而是商人、斗士和来自基督教领域的传教士采取了这种做法，或至少尝试采取这种做法。有学者指出，我们所称的“工业革命”在英国的出现，很可能在一定程度上是由于大规模生产铁所需的原材料在英国的地理分布方式而不是在中国的地理分布方式，这一说法很可能是正确的（Pomerantz，2000）。但是，这也不排除文化、宗教、法律、制度、哲学及更广泛的知识因素，通过反复灌输针对人类的努力奋斗与皈依信仰、针对法律系统（被赋予一种人们认为部分来自上帝的权威性），以及针对物料的使用与限制的特定态度，也可能对促进现代化发展具有一定的辅助作用。

2. 第二种态度

作者称其为世俗主义信仰，或更准确地说，相对世俗主义。我们不应该将“世俗主义”自动视为反教权主义。本文理解为，将宗教目标（例如首先考虑拯救世人）相对化，而并非完全摒弃宗教信仰。例如，如果一名商人想与不属于自己宗教派别的其他人开展合作业务，他最好能够搁置（至少是暂时搁置）、劝谏那些人转而相信自己“真神”信仰的想法。以19世纪欧洲人的情况来说，越来越多的人发现自己渐渐偏离有生以来一直沉浸其中的特定宗教信仰、宗教权威或宗教群体严格制定出的实践做法和教义系统。这种分歧在不同时期世界人口的不同族群中多次发生。宗教信仰的相对化在人们被迫或者自主选择远走他乡，尤其是远离故乡的亲朋好友重新开始生活的人群中最容易发生。

20世纪早期，德国社会学家马克斯·韦伯提出，在人类历史中，有一种类似于固有的“除魔”或“祛魅”（entzäuberung）倾向，韦伯的意思是，丢弃或抗拒宗教信仰，以更加“合理化”的态度看待这个世界（Weber，1958）。韦伯的观点强有力地融入了与现代化有关的主流观点，其影响力巨大，以至于“现代化”社会理论经常无视宗教信仰，有时甚至彻底忽略宗教信仰。自1991年苏联解体（或更早以前）以来，我们学习到的大部分经验教训告诉我们这是一个错误。当然，在人口密集的城市环境中，似乎人们的大多数社交互动遵循规范理性的公式化有效惯例，少有互动会遵循更加地方化的特殊惯例，这种惯例一般只在较小规模、以传统习惯为基础建立的社区中盛行。但是，宗教信仰并没有在后来出现的更加“合理化”的社会中销声匿迹，这一点在现代化研究中当然必须被纳入考虑范围。

在“正在走向现代化”的社会中，官僚主义和行政手段往往大行其道，这个大规模的秩序化社会常常缺少人情味，人们会产生疏离感，而宗教信仰，比如家族，通常可以为人们带来慰藉：的确，对于一些人而言，宗教信仰是“现实世界的避风港”（Lasch，1977）。也有可能宗教信仰在某种意义上具备推行道德规范的作用，例如诚实。简而言之，现代化社会秩序确实是世俗化的社会秩序，但是全球各个国家的众多案例表明，这并不一定等同于宗教信仰的缺失。总的来说，虽然韦伯的世俗化论点仍然对多种现代化理论有很大的影响，但是在很多情况下，这一理论与社会实际情况并不相符。

3. 第三种态度

第三种态度是全球化。“全球化”一词始于20世纪，而对于全球化现实的大规模讨论是最近几十年才刚刚开始的。例如，直到《新版大英百科全书》（1994年版本）还没有收录“全球化”这个词条[①]。但是我们要将现实与词条区别对待：全球化的概念从19世纪中期就出现了，只不过当时并没有一个特定的表达。最引

① 《新版大英百科全书》（*The New Encyclopaedia Britannica*）（芝加哥，1994年）卷五.《微型百科全书参考资料》（*Micropaedia Ready Reference*）304：在“gliwice”和“globe”之间没有“globalization”（全球化）。直到2004年，这一主题才出现。

人瞩目的是，这一概念出现在了《共产党宣言》（1848 年）之中，马克思和恩格斯在书中告诉我们，资产阶级由于开拓了世界市场，使一切国家的生产和消费都成为世界性的（Marx & Engels，1972）。这可能是迄今为止对全球化最精辟的表述。其他很多 19 世纪思想家也对这种所谓欧洲文明核心与其他人类居住的世界各个角落之间新出现的联系进行了反思。

在 19 世纪的欧洲社会思想中，我们经常发现一种欧洲必胜的心态。这并不是马克思和恩格斯在《共产党宣言》中的立场，他们将该作品以及其他作品中所描绘的经济和社会进程，归功于人类自然和社会生产力的发展，而且他们认为这一发展动力来源于人类的需求、智慧和渴望。换句话说，虽然马克思和恩格斯承认西欧地区在他们所生活的那个时代是经济发展的舞台，但他们并不认为这种发展是大不列颠或西欧所特有的，而认为它是全球发展进程的一种体现。认为全人类都在或都将受到影响的全球发展进程观念与早期“帝国意识形态”中将欧洲与世界其他地区区别对待的观点存在巨大差异（Pagden，1995）。

4. 第四种态度

现代化的第四种态度是普世化的合理性概念。从根本上来说，这一观点将我们最近大约 150 年才观察到的“现代化”与此前历史中的帝国扩张区分开来。在这里，必须略加概括地谈一谈。欧洲 19 世纪的很多杰出的知名人士总是执着于历史，主要分为两种形式。第一种，当时的很多欧洲思想家坚持认为可以从人类历史中多多少少地观察到深植其间的进步或发展过程。更具体地说，很多 19 世纪的欧洲思想家表现出较强的信心，认为人类历史的向前发展的过程就是一个进步的历史过程。此外，他们概念化地认为这一进步是普遍存在的，也就是说，这一过程将最终影响全人类。[①]第二种，19 世纪还出现了一种新的历史研究和创作概念。这种新的概念与更早以前的修辞和文学历史观念大相径庭，认为历史是一个学术科目，或根据 21 世纪的观点，历史是一种专业化的知识技术。[②]

首先，让我们从将历史作为走向进步的全球进程这一观点开始（这个历史观念的其中一个版本仍然存在于当今现代化概念范围之内）。18 世纪晚期和 19 世纪的思想家提出了几种不同的进步理论，例如进步是人类社会“内生”自然因素的结果；进步是矛盾冲突刺激的结果；进步符合达尔文的《物种起源》理论。但是，19 世纪的思想家所提出影响力最大且成果最丰厚的进步理论认为，人类的进步是

① 这一观点的两个经典研究案例为，米歇尔·福柯，《词与物：人文科学考古学》（*Les mots et les choses: Une archéologie des sciences humaines*）（1966 年）（要参阅英文翻译文稿，请见 Foucault，1970 和 Mandelbaum，1971）。福柯和曼德尔鲍姆都抨击了这一观点，福柯用诗意的方式表达了愤慨和轻蔑，而曼德尔鲍姆采取的方式则更加慎重。

② 一份有用的调查报告，但是仍然需要借助更加现代的研究和思想进行修正。参见 Iggers，1969。

人类知识进步有可能发生甚至无可避免的发展结果。很多19世纪的思想家对这一观点的不同版本进行了缜密的阐述，但是为了我们的研究需要指出，这些思想家中最具启蒙意义的是青年时期的卡尔·马克思。19世纪40年代早期和中期，马克思钻研黑格尔的《哲学史讲演录》（1833—1835年于作家去世后首次出版）中提出的哲学进步理论，并受到启发对其进行理论转化。黑格尔认为，哲学历史是一个不间断的进步过程。根据黑格尔的观点，这种进步的发生是通过哲学家之间"辩证"争辩的形式，大家在相互驳斥对方哲学系统的同时，揭露了这些系统中的概念缺陷，从而为真理的明朗化提供了可能。在黑格尔辩证法的马克思版本中，其根本上并不是哲学，而是人类社会，在不断进步。根据马克思的观点，社会的进步是通过一种"逻辑论证"，对于这一过程，马克思（遵循黑格尔的理论）在传统的辩证哲学辩论概念[众所周知，亚里士多德一方面将其与认识（绝对肯定的知识）区分开来，另一方面又与修辞（目的仅仅是使其貌似合理）区别对待]基础上为其建立了模型。但是，在马克思的历史辩证法版本中，进步的媒介并不是哲学家，而是普通大众，借助人类相互之间以及人类与大自然之间的冲突和互动而不断进步。（Megill，2002）

二、历史研究和历史认识在现代化社会中的作用

"现代化"概念与"现代"历史学科两者都开始于19世纪，但是这两者分别与历史的两个大相径庭的观念联系紧密。现代化概念始于这样一种观点，认为存在一个不统一但确实普遍存在的宏大历史发展过程，引导知识和人类达到前所未有的高度。我们可以称这种观念为"大写的历史"。"现代"历史学科是在法国大革命和拿破仑战争（1789—1815年）的刺激下产生的一套完全不同的历史观念。我们可以称其为"小写的历史"。创造这一新学科的历史学家[从利奥波德·冯·兰克（Leopold von Ranke）开始]，详细描绘出一套与上述历史观念完全不同的历史观。这些历史学家提出一套认识论标准，而这一标准与现代化理论家默认遵循的标准泾渭分明。

新的"现代"历史学科深受法国大革命的影响，这一系列事件在当时的欧洲当权者看来完全出乎意料，完全颠覆了我们现在所说的"旧秩序"（到1790年才出现的词语），或者至少看起来是这样的。从这次震惊中清醒过来之后，有三种观点最终成为新兴历史学科的标准认知。

（1）如果我们要证实历史研究与阐述是一个学科，就必须假设人类行为既不完全是预先决定的，也不完全是偶然发生的，而是存在不定数的混合作用结果，既有迹可循，又发于偶然。实际的推论就是，我们不能完全相信理论和算法规则。

（2）被视为学科的历史观假设现在与过去之间存在一个“断点”（断裂）。既然假设现在/过去之间存在断点，历史学家也就含蓄地承认，未来可能以意料之外的方式与现在割裂。历史学家的任务是研究过去，不是诊断现在的问题，也不是预测未来。对未来进行可靠预测的不可能性也符合第一重假设，也就是说，人类事务既有迹可循，又发于偶然。任何时间点，危机甚至大灾难都有可能发生，维苏威火山随时有可能喷发。

（3）历史这门学科既要考虑到整体又要考虑到具体，要尽量做到平衡，既不能把具体事件完全归结于整体，也不能削弱整体影响而只考虑具体。历史寻求描述甚至“展示”过去历史现实（国家、社会、宗教、村庄等）的“事件原貌”，不能粗略地考量事件的独特性，也不能夸大或贬低这些特性。相反，历史学家应竭尽所能让历史现实原原本本地展示在读者面前。

其结果就是，历史学科的认识论与自然科学和人文科学的一般理论截然不同。它对于偶发性、具体事件和不连续性的关注与决定性、整体性和连续性的关注不相上下，历史虽然被认定为一种现代知识技术，但是对当今社会秩序的持续现代化少有积极贡献。到目前为止，历史学有可能对现代化进程做出积极贡献，条件是只有当某一个特定的过去时段经过某位或某一组历史学家的透彻研究从而了解充分，那么它可以假设这个历史时段与当前状况具有足够的相似性，因而现代化主义者在历史学家的指导下，有可能从中获得一些有价值的经验。但是很明显，对于相似性的假设有可能在任何时间被推翻，其原因有可能来自物质力量（如公元 79 年维苏威火山的爆发）或人为因素（如 1789 年的法国大革命）。

从更普遍的情况来说，历史知识会就那些经常被忽略的问题给信心十足的现代化主义者提出警告，从而对现代化进程产生消极影响。历史学家扮演起凶事预言家的角色，提醒现代化主义者关注偶发性、不连续性和事件特殊性。历史学家还会警告现代化主义者，计划不如变化快。另外，有时候计划，甚至宏大而雄心勃勃的计划，虽然确实能够至少暂时取得成功，但也有可能成为历史教训。最后，历史学家还会警告现代化主义者，如果他们只了解当前状况，而对自己观点的历史根源完全摸不着头脑，那么这种观点的局限性会非常大。

参考文献

Foucault M. 1970. The Order of Things: An Archaeology of the Human Sciences. London: Tavistock Publications.

Iggers G G. 1969. The German Conception of History: The National Tradition of Historical Thought from Herder to the Present . Middletown CT: Wesleyan University Press.

Kipling R. 1993. Recessiol. In Penguin Classics Selected Poems of Rudyard Kipling. London:

Penguin Book, p20.

Klempt A. 1960. Die Säkularisierung der universal historischen Auffassung: zum Wandel des Geschichtsdenkens im 16. und 17. Jahrhundert：Musterschmidt.

Lasch C. 1977. Haven in a Heartless World: The Family Besieged. New York: Basic Books.

Mandelbaum M. 1971. History, Man, and Reason: A Study in Nineteenth-Century Thought Baltimore MD: Johns Hopkins University Press.

Marx K，Engels F. 1972. Manifesto of the Communist Party (section I, Bourgeois and Proletarians). In Robert C. Tucker ed. The Marx-Engels Reader. New York: W. W. Norton & Co, p476.

Megill A. 2002. Karl Marx: The Burden of Reason: Why Marx Rejected Politics and the Market . New York: Rowman & Littlefield.

Osterhammel J. 2014. The Transformation of the World: A Global History of the Nineteenth Century. Princeton: Princeton University Press.

Pagden A. 1995. Lords of all the World: Ideologies of Empire in Spain, Britain and France c. 1500-c. 1800. Cumberland: Yale University Press.

Pomerantz K. 2000. The Great Divergence: China, Europe, and the Making of the Modern World Economy. Princeton: Princeton University Press.

Weber M. 1958. The Protestant Ethic and the Spirit of Capitalism. Trans. T. Parsons. New York: Scribner’s.

语文现代化与人类发展

赵世举

武汉大学文学院原院长、教授

回顾世界语言文字发展史可以看出，无论是语言系统的日臻精密和不断更新、语言功能的不断拓展，还是文字的由繁趋简和大的变革、书写材料和手段的不断革新，以及语言文字处理等各项语言技术的发明，无不表明语言文字为服务人类而不断图新的演进过程。而其每次大的演进都推动着人类文明的发展，在人类现代化进程中也是如此。

现代化虽是工业文明的产物，但本质上反映的是人类因应现实和发展之需而不断与时俱进、不断完善的动态过程。从这个意义上说，语言自产生开始，就在不断地“现代化”，以不断满足人类发展的需求，促进人类社会的进步。当然，严格意义上的语文现代化滥觞于近代民族国家的建构过程之中，并伴随着工业文明的产生而正式兴起。我们认为，语文现代化是一个根据社会发展需求，不断地相应调整和改进语言文字及其使用的动态过程。其内涵很丰富，包括语言文字观念现代化、体系现代化、使用现代化、手段现代化、服务现代化、管理现代化、理论现代化等。其根本宗旨是，促进语文观念的与时俱进，不断改善和提升语言文字适应社会需求的能力和人高效使用语言文字的能力，以促进人类的发展。

一、语文现代化为民族国家建构和国家治理助力

语言获得现代性的重要标志之一，就是被赋予浓烈的政治功能，并被有意识地进行定位、标记和统一。于是，语言便成为民族国家建构的核心要素之一和国家象征，并且成为国家治理的对象和治理工具。其发挥的积极作用和带来的消极影响延续至今。

自 16 世纪开始，在欧洲，随着封建制度的衰落，新的“国家”观念逐渐形成。统治者为了实现国家独立、政令畅通、领土管控、中央集权和官府运行便利等目标，便努力寻求推行语言的统一，于是确定一种语言或方言作为全国的通用语和国民的身份标记，并通过立法等方式加以推广。例如，1536 年英国颁布的《联盟法案》就做了相应的规定。

法国被认为是首创民族国家概念的国家。在国家建构过程中一直推行语言统一，具有典型性。1539 年国王弗朗索瓦一世签署的《维莱-科特雷法令》要求，所有法令及相关文书和事务，都必须使用法语宣讲和书写。1635 年，法兰西学院成立，负责管理法语和编纂法语词典。1789 年法国大革命之后，法国更加强化了语言的统一（丹尼斯·埃杰，2012）。由此培育了法国民众对于法语的认同和珍爱，并且逐步上升为对法国文化、法国国家的高度认同甚至优越感，从而保证了国家的统一和施政的畅通及效率。

随着民族主义思潮的兴起，语言是民族标记和建国要素的观念更加彰显。18—19 世纪，法国、德国、意大利、美国等都有民族主义思想萌生。德国学者赫德首先提出“种族民族主义”赫德及其追随者认为，一种文化都经历过其民族的塑造，一个民族使用的语言将世界以一种特定的方式概念化，并与其他语言社团相区别。“民族是一个自然现象，其语言和文化的凝聚力源于过去，其最终命运就是形成单独的政治实体。”（苏·赖特，2012：33）民族主义者普遍认为，“语言是那些将一个民族区别于另一个民族的差异性的外在的和可见的标志”，“是一个民族被承认生存和拥有自己的国家和权力所依靠的最为重要的标准”（埃里·凯杜里，2002：58）。因此，一时间，“一个民族，一种语言，一个国家”成为政治

家普遍的政治理念和目标追求，语言也就成为近代国家建构的核心要素之一。这种思潮很快席卷欧洲，从而助推了一批现代国家的先后建立。

美国也不例外，在国家建构过程中同样发挥语言的作用。《美国独立宣言》签署人之一约翰·亚当斯，曾于1780年向大陆会议提出，要建立一个官方研究院，专门“纯洁、发展和规定”英语的使用，借以促进国家的凝聚。尽管美国一直没有在法律上确立英语的官方语言或国家语言的地位，但事实上，自《美国独立宣言》签署之后，英语很快就成为美国的主导语言。不仅在立法、司法、行政、教育等领域都使用英语，而且《国民法》（1906年）规定，加入美国国籍必须具备相应的英语能力。20世纪初的“美国化”浪潮，也伴随着“唯英语”运动，时任总统西奥多·罗斯福宣称：“在这个国家，我们只有容纳一种语言的空间，这就是英语，因为我们将会看到，这个熔炉把我们的人民变成美国人，变成具有美国国民性的美国的人，而不是成为在讲多种语言的寄宿处的居民。”（转引自杨寿勋，2003：25）除了欧美以外，日本一些人士也感到，“对于近代民族国家来说，国家的语言问题始终是一个很现实的问题”，“为了将必须建立起来的民族国家及其政府的意思更好地透彻至大众——也就是马上呼之欲出的‘国民’们，必须尽快提高‘国民’们的文化水平，亦即读写文字的水平”（小森阳一，2011：25），因此纷纷呼吁进行语言文字改良。自19世纪后半叶开始，语言文字改良一直伴随着日本现代国家的建构。

民族主义的建国理念也对后殖民时代的国家建构产生了巨大影响。尽管欧洲民族国家建构的实际与民族主义者的理想不尽吻合，但20世纪摆脱殖民统治而相继独立的亚非国家，大都试图尝试按照近代民族主义者谋划的模式来建构国家，希望借助相对单一的语言来促进文化认同、民众凝聚和国家统一。就实际结果看，既有成功的方面，也有客观的问题，各个国家的不同探索仍在继续。

中国则走了一条完全不同的道路，因为中国现代国家的建构客观上并没有受到西方民族主义运动的影响，而在西方民族国家纷纷建构之前，就逐步自然形成了统一的多民族国家。在此过程之中，汉语、汉字无疑也发挥了积极的作用。历史上也有很多执政者采取不同方式实施了语言文字的整理、规范和统一，例如秦始皇的“书同文”、汉灵帝熹平年间的“正定文字”、唐代的刊定“字样”、宋之后官韵的产生、明清官话的形成及推广等，但大都不是以建国为诉求的，而是以方便交际为旨归的。不过，也应该看到，这些积极的语言文字革新客观上也为我国统一国家的建立和巩固做出了贡献。

总的来看，在现代国家的建构和治理中，思想家和政治家一方面将语言的同质性作为建构独立国家的历史依据和号召民众的旗帜，另一方面通过确立标准语来创建“国家语言共同体”和实施统一的管理，以增强民众的国家意识和凝聚力，维护国家统一。语言在建国前后都发挥了重要作用。

二、语文现代化助推工业化

语言文字获得现代性的另外两个重要标志包括作为语言技术的印刷术的发展带来的语言文字功能的拓展和工业革命对语言文字规范化及通俗化的进一步驱动。与此相伴，语言文字现代性的增强又反过来促进了工业化、现代化的发展。

印刷术的发明为语言文字插上了能够远走高飞的翅膀，大大增强了语言文字的表现力和传播力。世界最早的印刷术是我国唐代发明的雕版印刷。至宋代（960—1279年），印刷业兴起，书坊遍布，印刷内容广泛涉及经史子集等，繁荣了文化，促进了社会文明的发展。宋代仁宗庆历年间（1041—1048年），毕昇发明了活字印刷术，大大提升了印刷的速率，进一步促进了知识的传播和文化发展。印刷术不仅推动了中华文明的不断进步，也为人类文明的发展做出了伟大贡献，被誉为人类“文明之母”（庄玉惜，2010）。15世纪德国人古登堡发明了合金活字印刷机，开启了现代印刷技术。1445年，在德国美因茨，第一本以新技术印制的书籍《末日审判》问世，接着宗教改革家马丁・路德翻译的德文本《圣经》被大量印行。这一新技术很快传到了欧洲其他地区，并且不断得到改进，广泛应用于宗教、教育、文化、科技、行政等领域，发展蓬勃。有研究显示，1640年，仅在英格兰印行的书籍就达两万种之多（姚小平，2011）。

印刷术的发展不仅实现了语言文字的快速复制，而且能够将语言文字大规模地远播久传，增强了其功能和效力，使得知识和信息的生产、复制和传播大大提速，进而更加密切了人际联系，加强了社会沟通、协调和群体凝聚，推动了教育、文化、科技、宗教等的普及和发展，促进了思想创新和学术繁荣，增强了人类认识世界和改造世界的能力，推动了人类文明的发展。这些不仅为人类工业文明和现代化的形成创造了信息、知识、思想、技术、有文化的劳动者、社会等条件，而且其自身事实上已经率先实现了工业化，此外还为大众带来了读书看报之类的现代文化生活。

工业化为语言文字现代化提供了动力。18世纪中叶工业化首先在英国兴起，其显著标志是机器的广泛使用和成规模的工厂生产。这种新的生产方式需要劳动者具备包括读写能力在内的良好素质，以尽快学习和掌握新技术，适应新的工作方式。因此，提高劳动者的文化素质成为现实需要。随之，学校教育开始得到重视，各类成人教育也蓬勃兴起，工人们学习文化知识的积极性也开始高涨，自发组织读书会、文学社团、夜校等学习文化知识。其中，读、写、算是主要教育内容（杨豫，1994；李维，1995）。这种文化教育的旺盛需求，加上其他因素的影响，促使学者更加重视对英语的研究和规范，以便为学生和社会大众学习语言提供标准英语。

针对英语存在的不稳定、不成熟、难把握等问题，有人提出了《关于纠正、改进和确定英语的建议》，有人主张设立"英格兰国家学院"，专门负责英语规范，并监督和处理使用争议，遏制不规范问题。在工业革命时期，人们在界定规范化发音时还形成了一套程式化的标准。当时还特别重视各种标准的推广，1855 年，亚历山大·贝尔敦促教育当局担当推广规范的责任，要求学校除了培养学生的阅读、拼写等技能之外，还要教会学生讲一口不带方音的标准英语，并要把这一目标贯穿到学校各个阶段；政府通过立法、资助等手段推行读写教育；女王的教育巡视员在视察各地学校的报告中，也经常提到各地学校的相关进展（陈晓华，2004；苏·赖特，2012；彭菲，1996）。这些举措使英语规范化、标准化水平很快得到提升，方便了民众的学习、掌握和使用。不少研究发现，英国工业化过程中的语文现代化大大促进了民众文化水平的提高。一个显著的事实是文盲人数急剧下降：1841 年，男性文盲为 32.7%，女性为 48.9%；1900 年下降至男性文盲为 2.8%，女性文盲为 3.2%（张湘洛，2003）。民众文化水平的提高，保障了工业生产的人力资源需求，促进了工业化的顺利发展。

回顾世界历史可以看到，近代以来，很多国家积极开展了语言文字整理、规范、统一、改革和普及等工作，推进其现代化，以方便民众学习、掌握和运用，并借助学习文化、科技知识和劳动技能适应工业化大生产的需要，从而出现语文现代化和工业现代化互促发展的良好局面。

我国虽然工业化起步较晚，但也充分发挥了语言文字现代化在工业现代化中的积极作用。新中国成立之后面临的一个很大问题是，由于国家之前长期遭受战乱、贫穷落后，国民文化素质普遍低下，多数人口是文盲。为了尽快发展教育、文化，提升国民素质，中央政府立即启动语文现代化工作，以适应国家建设发展的需要。其中一项重要举措是，专门成立文字改革协会和中国文字改革研究委员会，开展汉字改革，同时为少数民族创制和改革文字。1952 年 2 月，郭沫若在中国文字改革研究委员会成立会上指出：人民现在在经济上、政治上翻了身，迫切需要学习文化，因此文字工具问题急需解决。再就国家建设来说，文字也是迫切需要改革的。新民主主义国家是工人阶级领导的，工人阶级必须具有高度的文化水平才能负担起领导国家走向经济建设的新高潮。要提高工农大众的文化水平，文字障碍必须清除。针对随即开展的语言规范工作，语言学家罗常培和吕叔湘在 1955 年 10 月召开的现代汉语规范问题学术会议上指出：开展现代汉语规范的目的是建设一个统一的、普及的、无论在书面形式或口头形式上都具有明确的、规范的汉民族共同语。只有这样的一种民族共同语才能够担当团结人民、发展文化、提高人民文化生活水平的重要任务。1958 年 1 月，周恩来总理在政协全国委员会所做的《当前文字改革的任务》的报告中明确提出了当时文字改革的三大任务：简化汉字、推广普通话、制定和推行汉语拼音方案。在政府和学界的共同努力下，语文现代化推进迅速、成效显著。先后发布了具有语言规范性质的《语法修辞讲话》，研制并公布了《常用字表》《汉字简化方案》《简化字总表》《印刷通用汉字字形表》，制定并推行《汉语拼音方案》，在全国推广普通话，拟订“暂拟汉语教学语法系统”，编写《现代汉语词典》……这些举措促使我国语言文字现代化水平迅速提高，并在教育、文化、社会应用等领域发挥了重要作用。一个突出的成就是，“60 年来，我国的文盲率从新中国成立之初的 80%以上下降到 4.08%，识字人口使用规范汉字的比例超过 95%，普通话普及率达到 73%以上”（杜占元，2018），从而极大地提高了国民素质，为中国的现代化发展尤其是改革开放后的经济腾飞发挥了重要作用。

三、语文现代化催生现代意义的信息化和全球化

20 世纪的语文现代化最显著的特征是语言文字的信息化。语言文字信息化不仅为人类更加便捷高效地处理指数级增长的信息和知识提供了更加智慧的手段，而且拓展了语言的功能，联通了人机，促成了计算机和网络的诞生，催生了具有鲜明现代特性的信息化并加速了全球化。由此开辟了人类第二家园，改变了人类的生存方式、生活方式（包括语言生活）、生产方式、社会发展方式，乃至思维方式，助推人类发展新飞跃。

语言文字信息化的最基本表现就是通过对语言文字进行编码（数码化），让机器能够识别和理解自然语言，建立人机联系。这实际上就是为语言创造了一种新的表达形式，其重大意义不亚于文字的产生。从此，语言如虎添翼，实现了功能大突破，被再赋能。从过去的服务于人际交流，拓展至也服务于人机交流，也许还会服务于机机交流，促成人类迈入了信息社会。与此同时，计算机、网络和通信等技术的发展又极大地拉近了地球人之间的距离，使得全球化不期而遇。

中国语言文字信息化起步迟缓，客观上制约了国家信息化的发展。在计算机发明并开始应用的前期，由于适应计算机需要的汉语汉字信息技术研究没有跟上，致使以英语为基础设计的计算机不能够用来处理汉语汉字。1984 年，法新社一篇报道让很多中国人深受刺激：奥运会在美国洛杉矶举行，新华社派了 22 名记者、4 名摄影记者和 4 名技术人员在奥运会采访和工作。在全世界报道奥运会的 7000 名记者中，只有中国人手写报道[①]。因此，当时国内外不少人曾断言，汉字无法

① 见《参考消息》1984 年 8 月 6 日。

进入电脑；“电子计算机将是汉字的掘墓人”。令人欣慰的是，上述断言不攻自破。不久，通过很多专家学者的努力，“五笔字型”汉字输入法、汉字激光照排技术等相关技术问世，计算机汉字汉语处理难关被攻克，这些都大大促进了中国信息化进程。但也还存在一些缺憾，例如适应汉语汉字的计算机运行系统、办公软件、应用软件及相关核心技术还相对落后，WPS、中文之星等被边缘化，中文信息处理的效率和效果还落后于英语信息处理，真正的机器自然语言理解才刚刚起步……这些都是中国信息化发展的重要制约因素。有学者指出，19 世纪工业时代的重要标志是用机器制造机器，它极大地提高了物质生产效率；到了 21 世纪，信息时代的重要标志则是用机器理解语言和处理语言，它极大地提高了信息生产和利用效率。工业时代造就了英美等世界强国，而在信息时代要实现中国梦，就需要我们在中文信息处理方面勇立潮头。否则，又会被时代抛后（赵世举，2015）。

结语：智能化时代赋予语文现代化新使命

综上所述，人类发展的需求不断驱动着语言文字的革新，而语言文字的革新，又不断促进人类的发展。这是自古至今人类发展进程中一条显而易见的重要规律。

当今，人类正迈向大数据和人工智能驱动的智能化时代。人类社会正在被重塑，人机共生社会正悄然走来。新一轮的革命性的发展不仅继续改变着人类的语言生活，而且将改变语言的性质、内涵和语言生态，同时又为语文现代化提出了新的要求，其中最为重要的就是要努力实现语言智能化。语言智能化的核心就是要让机器像人一样自如地使用自然语言。中国中文信息学会副理事长，中国科学院自动化研究所研究员、博士生导师宗成庆在接受中新网（2018）记者采访时表示：“自然语言理解是人工智能皇冠上的一颗明珠。”语言理解问题已经成为人工智能发展的瓶颈，需要相关各领域的专家协同攻关，以语言智能化的突破来促进人工智能技术的突破和智能化时代的全面发展。

参考文献

埃里·凯杜里. 2002. 民族主义. 张明明译. 北京：中央编译出版社.

陈晓华. 2004. 论工业革命时期英语发音的规范化问题. 东南大学学报(哲学社会科学版)，6(3)：101-105.

丹尼斯·埃杰. 2012. 语言规划与语言政策的驱动过程. 吴志杰译. 北京：外语教学与研究出版社.

杜占元. 2018-05-10. 在纪念《汉语拼音方案》颁布 60 周年座谈会上的讲话. http://www.moe.gov.cn/s78/A19/s227/s6152/201806/t20180604_338258.html.

李维. 1995. 试论英国工业革命和初等教育普及的关系. 世界历史，(1)：14-21，127.

彭菲. 1996. 英语的规范化标准化历程. 语文建设，（12）：42-45.

苏·赖特. 2012. 语言政策与语言规划——从民族主义到全球化. 陈新仁译. 北京：商务印书馆.

小森阳一. 2011. 日本近代国语批判. 陈多友译. 长春：吉林人民出版社.

杨寿勋. 2003. 官方语言、移民语言与土著语言问题：美国语言政策研究.//中国社会科学院民族研究所等. 国家、民族与语言——语言政策国别研究. 北京：语文出版社.

杨豫. 1994. 英国工业革命与民众文化水平. 南京大学学报 （哲学·人文·社会科学），（4）：90-98.

姚小平. 2011. 西方语言学史. 北京：外语教学与研究出版社.

张湘洛. 2003. 19 世纪英国教育普及综述. 洛阳师范学院学报，（4）：106-110.

赵世举. 2015. 语言与国家. 北京：商务印书馆，党建读物出版社.

中新网. 2018-08-22. 探访“中国声谷”：自然语言理解是人工智能皇冠上的明珠. http://www.chinanews.com/cj/2018/08-22/8607284.shtml.

庄玉惜. 2010. 印刷的故事——中华商务的历史与传承. 北京：中华书局，商务印书馆.

现代俄罗斯政府的教育战略

布罗夫（V. G. Burov）
俄罗斯科学院哲学研究所教授

苏联的社会经济体系尽管存在缺点，但它拥有连贯的教育制度体系，使得学生不仅可以获得关于世界和各种学科的现代知识，还在各个学科领域取得成就，并学习了家庭、社会和国家某些道德原则的框架。许多独立专家称，苏联的教育体系是世界上最好的教育体系之一。它培养了数十万名科学技术领域的高素质专家。苏联在宇航学、核物理学和其他科学技术领域取得的成就就足以证明这一点。

苏联解体后，俄罗斯选择简单地复制西方的现代化模式，中国则选择向市场经济逐步转变，并考虑了社会经济和文化历史条件。事实上，在国家不进行管控的条件下向市场经济过渡是混乱的，此时，教育机构无法获得必要的资金，学校和大学的教师工资急剧下降。20 世纪 90 年代初，一些大学讲师会连续几个月没有薪水。在没有做好适当准备的情况下，高等教育机构的专家学位制度被学士和硕士学位制度所取代。俄罗斯普遍危机的情况包括犯罪增加、民族分裂主义的出现、产量下降等加剧了这种情况。在俄罗斯现代史中，20 世纪 90 年代通常被称为“野蛮的 90 年代”，这是俄罗斯失败的时期。没有实现现代化，取而代之的是去现代化。在这种情况下，俄罗斯专家大量移民到美国和欧洲国家。不少硅谷员工来自俄罗斯。我认识一些人，他们或他们的子女由于一些重要原因从俄罗斯移民至美国。

21 世纪，在俄罗斯新一届领导人上台后，开始推行积极的变革：增加教育机构的资金，拨款数量和规模都有所增加，许多顶尖大学成为联邦或国家级的研究大学；莫斯科国立大学的校董会由俄罗斯总统领导，由一流的科学家、政治家和商人组成。该大学已经具备俄罗斯新的大学结构被称为“科学谷”，其成员机构的工作人员专注于基础科学的研究。将来这种做法将应用到其他顶尖大学。

21 世纪初，俄罗斯高等职业教育无法满足国家和社会的需求，国家高等教育标准太久没有修订，振兴高等教育公私联合筹资制度以及改善高等职业教育体系的结构等都是迫在眉睫的问题。首先，解决这些问题的目的是提高教育质量，为社会提供具有竞争力和机动性的高素质专家。

当时的高等教育体系无法有效地确保对国家知识潜能的保护和发展，或者重新使教育和科学活动的形式和方法发生质变。很明显，必须改变在现代知识教育技术基础上发展高等教育和科学的根本原则。在开发新的高端教育技术时必须克服投资和创新活动匮乏的困难，掌握大学提供的科技发展商业化技能。

俄罗斯联邦关于“高等教育和研究生专业教育”的联邦法特别规定了以下内容：

（1）国家确保高等教育的优先发展。

（2）由联邦预算用于支付联邦政府高等职业教育机构的教育费用，每 10 000 名俄罗斯联邦居民中至少有 170 名学生接受高等专业教育。

（3）高等教育机构的自主权是指其在人员选拔和用人方面具有独立性，可依照法律及其章程实施教育、科学、金融、经济和其他活动。

（4）高等教育机构对自己对个人、社会和国家的行为负责；由机构创始人和相关联邦行政机构在其职权范围内管控该机构的行为是否符合其章程规定的目标。

（5）国家教育标准旨在确保教育质量及俄罗斯联邦教育空间的统一，从而作为客观评估教育机构活动的依据，并有助于承认和确定外国签发的高等教育和研究生教育凭证的同等性。

（6）根据俄罗斯联邦的立法，在高等教育和研究生专业教育制度下设立研究设计机构、设计局和其他进行教育相关活动并符合其宗旨的组织和机构。

（7）高等教育机构有权参加国际和国外的经济活动。

俄罗斯教育体系的现代化正在顺利进行。2006 年，在俄罗斯成立了第一批联邦大学。这些联邦大学是合并几所地方大学成立的，同时加强了其与联邦地区经济和社会领域的联系（其中有七所俄罗斯的大学）。联邦大学的使命是在国家利益范围内培养治理、经济、教育、科学、文化和技术领域的现代专家，不仅为联邦地区培养具有竞争力的专家，还为该地区提供科学、技术和技术解决方案，并将其落实于实践中。取得联邦地位的大学可获得联邦资助。此外，企业和地方当局也积极参与其中。在重要科学领域开展基础和应用研究是其中一个主要发展方向，这需要与俄罗斯科学院进行有效的互动。

联邦大学的任务还包括与欧洲、亚洲和美洲的大学开展积极的国际合作，并参与国际教育和科学计划，另外还需要使自己的计划得到国际认同。

根据教育任务、科技成分及国家经济各行业的需求，每所联邦大学都有自己的特色。与此同时，这些大学会学习并在一定程度上利用外国的经验，例如西方高等教育机构实施的教育和科学项目就是最佳范例。

联邦大学将各种高等教育机构与自己的传统相结合，目标是形成一种普遍、共通的企业文化。经常会需要为较弱、较小的部门解决问题。在院系内打造了以解决问题为己任的实验室。大多数真正感知到这些变化的活跃的研究人员被提升至领导职位。成熟干部和年轻干部的结合保证了大学教职员工的未来。

联邦大学会举办创新教育计划竞赛，并选出在科学界最活跃、最具竞争力的教师、学生和研究生，旨在促进科学研究及其实际的运用。目前，俄罗斯有 10 所联邦大学。

喀山伏尔加联邦大学是一所成功的联邦大学，正在成为一所拥有高水平研究和人力资源的一流大学。该大学计划开辟新的方向——基础医学；考虑到这一地区的多民族性质，预计会将区域研究提高到更高水平。这所联邦大学的一个重要特征是积极参与该国地缘政治利益的实现，特别是其对东方——俄罗斯东部地区、中亚和东南亚国家、阿拉伯国家及中国的研究。早在 19 世纪，喀山已经开办了一所重要的东方研究学校，进行汉语言文学、历史和哲学领域的研究。但在 20 世纪，这些传统被中断，直到最近才得到恢复。现在，大学里有年轻的学者，他们成功地探索了中国的社会和政治思想，特别是康有为的思想遗产。

打造国家研究型大学网络也蓄势待发。这些大学是竞争的结果。目前在俄罗斯有 29 所这类大学。本文将讲述其中两个——高等经济学院和莫斯科物理技术学院，从而清楚地说明国家研究型大学的本质。

高等经济学院成立于 1992 年 11 月 27 日；1996 年，被授予大学资格；2008 年，被转交俄罗斯联邦政府管辖；2009 年，通过竞争被授予国家研究型大学。高等经济学院拥有 128 个研究所和研究中心，36 所研究、培训和实施应用项目的实验室，

32 所国外知名学者领导的国际实验室，64 个教育计划。2018 年，高等经济学院学生超过 4 万名。截至 2016 年 9 月 1 日，共有 2652 名讲师和 840 名研究助理。该大学实施了在西方大学完成博士论文（博士）的俄罗斯研究人员的回国计划。自 1993 年以来，高等经济学院一直遵循博洛尼亚双层教育体系——四年完成学士学位，两年完成硕士学位。

学习计划期间通常有 2—4 次期中考试，打分并构成代表学生学业进展的最终成绩。大多数期中和期末考试都是书面考试，降低了主观性的风险。评估结果为 10 分制，而不采用俄罗斯常见的 5 分制。优秀学生可以获得两项奖学金——社会奖学金和学术奖学金，这两项奖学金的金额加起来可满足莫斯科的最低生活要求。

长期以来，经济和社会科学在该大学占据着中心地位，该大学在 2008 年成立了数学学院，2012 年设立了工程研究所和教育计划，2014 年成立了计算机科学学院，2016 年成立了物理学院，再次扩大了高等经济学院的学术范围。今天，高等经济学院已经成为一所多学科的大学。每个学生不仅要用俄语学习课程，还要用英语学习课程，而有些院系只用英语授课。一个学年分为 4 个模块，每个模块持续 2—3 个月。在每个模块结束时，学生要参加考试。因此，高等经济学院每年有 4 次考试。

高等经济学院与 298 所外国大学保持了合作伙伴关系。在外国大学有 41 个双学位计划。最初，该大学的研究活动主要涉及经济理论、经济研究史、制度经济理论、宏观经济学、经济学的数学和工具方法、社会学、法律、心理学、政府、教育、信息科学和政治研究等领域。随着高等经济学院转变为一流大学，研究范围逐渐扩大。目前，该大学有 14 个学院，其中包括 50 个系和专业。此外，高等经济学院还有国际经济与金融学院和高等经济学院中学。2008 年，俄罗斯政府将高等经济学院纳入直接管辖范围，正式委托高等经济学院为政府活动提供专家和分析支持。

莫斯科物理技术学院（国家研究型大学）是俄罗斯的顶尖大学之一，旨在培养理论和应用物理学、数学、计算机科学、生物学、化学和相关学科领域的专家。莫斯科物理技术学院教育过程的一个显著特点是所谓的“Phystech 体系”，旨在培养从事最新科学领域的科学家和工程师。大多数学生都参与应用数学和物理学领域的学习。其他计划包括应用数学和计算机科学、系统分析和管理、计算机科学和计算机工程、计算机安全、技术物理学和生物技术。该大学类似于中国的清华大学或美国的麻省理工学院。

莫斯科物理技术学院的创始人包括学者和诺贝尔奖获得者 Pyotr Kapitsa、Nikolay Semenov 和 Lev Landau。他们的目标是实施一个培养研究人员的新体系。

第二次世界大战结束后，创建新教育机构这一想法越来越受到众多科学家的支持。Kapitsa 院士在 1946 年 2 月 1 日给约瑟夫斯大林的信中阐明了他们的想法。首先提出了"Phystech 体系"的原则：

（1）充分挑选有才华的年轻人。

（2）在教育计划框架内与一流的研究人员在创新的环境中保持密切联系。

（3）提供适合不同学生的方法，以发展他们的创造潜力。

（4）从一开始，教育就是在技术研究和建设性创造的氛围中，使用该国最好的实验室开展的。

自成立以来，莫斯科物理技术学院一直重视与潜在的学生合作。创建了一个吸引天才学童并帮助其后来的选择的体系，包括以下活动：

（1）适合高中生的校外物理技术学院（可以为任何满足相关教育要求的俄罗斯学童提供免费教育）。

（2）物理技术夜校，为莫斯科和莫斯科地区的一些学校提供物理学和数学专业课程。

（3）物理学与数学年度奥林匹克竞赛"Phystech"和"学生编程奥林匹克公开赛"。根据莫斯科物理技术学院的入学规则，这些比赛的所有获奖者都可免试进入该学院。

（4）组织各种学术活动（从新闻报道到口头演讲），推广莫斯科物理技术学院，展现其历史和成就。

此外，学习课程的学生选拔是相当严格的。莫斯科物理技术学院校长回忆说，在参加第一年学习的 17 人中，只有 4 人获得文凭。为了加强军事研究，该学院几年前成立了"军训部"，技术大学的毕业生被招募为军训部的准军事人员。

索契市的天狼星教育中心在寻找和培养有才华的年轻人方面发挥了重要作用。该中心是由人才与成功基金会在俄罗斯联邦总统弗拉基米尔·普京的倡议下，在奥林匹克基础设施的基础上创建的。成功基金会成立于 2014 年 12 月 24 日，由著名的俄罗斯科学家、体育和艺术人士组成。2014 年初，冬奥会在索契举行。索契在准备奥运会期间修建了大量的基础设施，不仅包括体育设施，还包括酒店和教育建筑。现在，其中一些建筑物已转至天狼星教育中心。

天狼星教育中心在俄罗斯联邦高等教育和科学部、俄罗斯联邦体育部和俄罗斯联邦文化部的支持和协调下开展活动。该中心的工作是提前发现、发展在自然科学、艺术、体育或技术创新方面展现卓越能力的天才儿童，并提供进一步的专业支持。

该中心全年开放。儿童中心的行程和学习是免费的。每个月都有来自俄罗斯各地的约 800 名 10—17 岁的学生来到天狼星教育中心。他们在 100 多名教师和培训师的陪伴下，在该中心提高技能，并开展一系列娱乐程序以及在学年期间的普及教育。

天狼星教育中心的主要任务包括：

（1）大量的俄罗斯天才学童及其教师参与其中，有助于提高该中心在俄罗斯联邦所有地区的关于重要领域的专业培训水平。

（2）为挖掘儿童的知识潜能和个人潜能、专业自主和专业形成创造条件，不论其居住在何处，处于怎样的社会地位，以及家庭财政状况如何。

（3）利用索契奥林匹克基础设施和该中心合作伙伴的优势，开发新的形式，吸引知识、教育、艺术、体育和社会有益活动领域的天才学童。

（4）为有才华的年轻俄罗斯人建立社会提升体系，将职业指导、教育、体育、创新、研究和其他资源结合起来，帮助儿童的发展和年轻人的专业发展。

（5）与各利益相关方的合作以及新参与者、教师、专家、合作伙伴的加入制定激励措施。

天狼星教育中心的战略原则包括以下内容：

（1）精益求精。辅导体系由最强的俄罗斯教师、培训师以及艺术、科学和体育领域的重要人物构成，为天才学童提供支持。该中心将毕业生团结在一起，关注他们的成功和成就以及之后在俄罗斯领先的研究中心、高科技公司、艺术团体、文化中心和国家体育俱乐部就业。

（2）领导力。大多数休闲活动旨在通过与其他儿童和导师的互动提高个人效率。该中心特别关注领导技能的形成、自我项目管理能力和专业成长、数学和创造性思维的发展、文化表达以及保持健康的能力。

（3）持续性。该中心致力于保持知识的积累和国内发展，从而在其基础上创建基于最新研究的以及现代经济所追求的新的有效教学实践。

（4）借鉴经验。该中心的原则之一是结合俄罗斯最好的学校的经验，创建一个国家方法和教育中心，开发可复制的专业计划。将来，俄罗斯联邦各地区在该中心进修的教师将使用这些计划。

（5）人格的和谐发展。该计划不仅侧重于专业培训，而且包含许多方面，比如国家历史、文学和对俄罗斯文化遗产的了解。

（6）德智体全面发展。三个方向的结合有助于人格的创造性发展，是培养未来任何领域领导者的必要条件。

（7）将孩子们集中在一起。将在艺术、科学和体育等各领域展现卓越能力的儿童集中在一个团队中，最大限度地发展他们的交际、创造性能力并形成和谐的人格。

（8）拓宽视野。学生参加专业和普通教育计划，并在一流的科学家和实践专家的指导下，参与大师班以及创意和科学实验室的工作。

（9）开放性。透明的选拔标准和信息开放性使每个在国家重要领域展现出真正实力的孩子都有机会加入天狼星教育中心。

（10）科技创新。在个人和团队项目工作的框架内，学生将了解先进的本国技术，这些技术可以为各个经济领域带来巨大的飞跃。在他们的地区实施社会项目；培养他们在专家——中心合作伙伴的代表面前公开演讲并介绍他们的解决方案的技巧。

对于在精密科学、计算机科学和自然科学方面取得成功的学生，该中心组织了数学、物理学、生物、化学、计算机科学和项目设计方面的教育计划。每个计划为期 24 天，由来自国家顶尖大学、物理、数学、化学和生物学校的教师以及科技创业代表授课。该计划的负责人由著名的俄罗斯科学家、各学科国家和地区团队的培训师以及最优秀、最有经验的教师担任。每个专业计划都有可培养批判性思维、社交、创造和沟通技巧的课程作为有机的补充。在参与这些专业计划同时，学生还通过参加相关领域的讲座、天才年轻音乐家音乐会、滑冰等拓宽视野。任何俄罗斯学生都可以申请参加该计划的选拔。这些计划适合于成功通过远程学习的学生以及顺利完成计划主管所提出任务的比赛获奖者。

对于在本地区从事人才发展工作的教师，天狼星教育中心组织了高级培训和专业再培训课程。专业计划的教授包括俄罗斯杰出的科学人物，来自最好的大学、物理、数学、化学和生物学院的一流讲师，国家和地区数学、计算机科学、物理、化学和生物学团队的培训师进行讲座并与同事分享经验。

通过人才培养与成功基金会支持，天狼星大学成立，为学生提供了各种教育计划。这些计划具有跨学科性质，符合天狼星科学园在一流科学家的指导下，在高科技公司的支持下开设的研究中心和实验室的专业性，包括人工智能和信息技术、遗传学和生命科学、认知和跨学科研究。

在这些中心，学生不仅能够掌握实用的知识和技能，还能够参与研究工作、实践和实习，通过参与基金会合作伙伴公司提出的应用研究和工程项目，编写最终合格论文和硕士论文。将在 2019 年成立的天狼星创新科技中心的基础上，在索契成立这些公司的研发中心。

普京总统强调，成立天狼星教育中心是为了防止天才儿童外流，让他们从很小就在国内发展，不进入外国学校，不需要外国拨款的资助。人才危机是显而易见的，因为有很多外国大使正在全国寻找年轻人才。应该补充的是，外国大学和科学组织的资助吸引了俄罗斯顶尖大学的毕业生，特别是莫斯科国立大学和莫斯科物理技术学院的毕业生，不少流入美国和其他西方国家。据估计，他们中的许多人在实习后不会回到俄罗斯。

总之，应该强调的是，在现代俄罗斯，要使教育体系恢复世界领先地位，还有很长的路要走。然而，没有教育，就不可能实现人类发展，因此也不可能在国家现代化方面取得进一步进展。

现代化与人类发展

于维栋
中国科学院中国现代化研究中心理事

人类的历史有200多万年；有文字以后进入农业社会，至今大约有几千年；18世纪发生了产业革命，人类进入了工业时代，至今也就是300多年，人们进入了现代化时代。这个时代和人类漫长的历史相比，只不过是瞬间，但却使人类产生了巨大的变化，取得了显著的成就和进步。

一、生产力

18世纪以来，人类不断进行生产力要素的革命：能源革命，用煤、石油、电力代替了人类和畜力；材料革命，用钢铁、塑料等有机合成材料代替木材和石头；信息技术革命，能够实现远距离操纵和自动化；等等。它使人类的生产开发领域从地球表面扩大到地下，到海洋深处和空间，从陆地到整个海洋，从一国扩展到全球，从而大大提高了劳动生产率。在石器时代，人类的生产率每万年大约提高1%；在农业时代，大约每百年提高1%；产业革命之后的19世纪，几乎每年提高1%；进入20世纪，劳动生产率又有新的提高，国家之间竞相力争提高GDP，个别国家在短时间内甚至达到两位数。

千年以来世界及各大洲的经济增长（人均GDP）见表1。

表1 世界及各大洲的人均GDP

（元年—1998年） 单位：1990年国际元

区域	元年	1000年	1820年	1998年
世界	444	435	667	5 709
西欧	450	400	1 232	17 921
拉丁美洲	400	400	665	5 795

续表

区域	元年	1000 年	1820 年	1998 年
非洲	425	416	418	1 368
亚洲	450	450	575	2 936

资料来源：根据麦迪森（2003）整理而成。

表 1 中数据描述了 18 世纪工业革命以来世界生产力变化的大致变化。第一，就世界而言，农业社会漫长的 1800 年中，生产力基本处于停滞状态，而到 20 世纪末，生产力是 1000 年的 13 倍多。第二，就各大洲看，西欧最早发生工业革命，较快推进了现代化运动，20 世纪末生产力是农业社会的近 40 倍，每年生产力增长达到 1.5%。第三，其他各洲开展工业化晚一些，和西欧拉开了差距，其顺序是拉丁美洲、亚洲和非洲。其中，亚洲（日本除外）和非洲每年生产力增长不到 1%（表 2）。

表 2　世界及各大洲的 GDP 年复合增长率（元年—1998 年）　单位：%

区域	元年—1000 年	1001—1820 年	1821—1998 年
世界	−0.00	0.05	1.21
西欧	−0.01	0.14	1.51
拉丁美洲	0.00	0.06	1.22
非洲	−0.00	0.00	0.67
亚洲	0.00	0.03	0.92*

*日本除外。
资料来源：根据麦迪森（2003）整理而成。

二、人类自身的发展

现代化对人类自身发展的影响表现在人口数量的快速增长和人口健康水平的进步（预期寿命的增加）（表 3—表 4）。

表 3　世界及各大洲人口的增加（元年—1998 年）　单位：千万人

区域	元年	1000 年	1820 年	1998 年
世界	23.08	26.83	104.11	590.8
西欧	2.47	2.54	13.29	38.8
拉丁美洲	0.56	1.14	2.12	50.8
非洲	1.65	3.30	7.42	76.0
亚洲	17.42	18.29	71.04	352.6

资料来源：根据麦迪森（2003）整理而成。

表 4　世界及各大洲人口增长率（平均复合）（元年—1998 年）　单位：%

区域	元年—1000 年	1000—1820 年	1820—1998 年
世界	0.02	0.17	0.98
西欧	0.00	0.20	0.60
拉丁美洲	0.07	0.08	1.80
非洲	0.07	0.10	1.32
亚洲	0.00	0.17	0.91*

*不包括日本。
资料来源：根据麦迪森（2003）整理而成。

从以上表中可以看出，公元元年地球上人口约 2.3 亿，1000 年以后仅增加 3000 多万，19 世纪初达到 10 亿，20 世纪末则接近 60 亿，约 60%的人口分布在亚洲。工业化以后人口增长和工业化水平并不同步，其中人口增长最快的是拉丁美洲，其次是非洲，第三是亚洲，增长最慢的是西欧。

现代化的发展提高了人们的生活水平和社会医疗水平，提高了人口素质。出生时的平均预期寿命也大大提高，在农业社会时代的平均寿命约为 20 多岁，到 20 世纪末已达到 60 多岁（表 5）。

表 5　世界及各大洲的平均预期寿命（1000—1999 年）　单位：岁

区域	1000 年	1820 年	1900 年	1950 年	1999 年
世界	24	26	31	49	66
西欧	—	36	46	68	78
拉丁美洲	—	27	35	51	69
非洲	—	23	24	38	52
亚洲	—	23	24	40	66

资料来源：中国现代化报告，2015.

表 5 中数据说明：一是在 200 年内，和工业化初期比较，人类预期寿命大幅度提高；二是提高幅度大体上和经济发展同步，即西欧提高居首位，其后次序为拉丁美洲、亚洲和非洲。

三、社会的发展

工业化要求生产要素的集中，必然使得人口向城市集中，即城市化。农业社会也有城市，但城市人口比例大体不变。进入工业化阶段，城市人口便急剧增加，因此，城市化率（城市人口占总人口比例）的变化也大体上反映一国或地区的工业化、现代化进程。。

表 6 是 1700 年以来世界及早期工业化国家的城市化进程有关数据，并列出中国的城市化以资比较。

表 6　世界城市化进程（1700—2015 年）　　单位：%

区域	1700 年	1800 年	1900 年	1950 年	2000 年	2015 年
世界	10	9	16	29	47	54
早期工业国	11	11	30	55	74	81
中低收入国家	10	8	9	18	40	41
中国	4.0	3.8	4.4	11	36	56

资料来源：中国现代化报告，2015，2018.

2017 年世界城市化率首次超过 50%，4 年之后，中国城市人口也超过 50%，这表明全世界已经进入一个以城市为主体的发展新时代。2010 年世界城市总量超过 12 万个。其中，超级大城市（人口超千万）有 23 个，特大城市（人口 500 万—1000 万）38 个，大城市（人口 100 万—500 万）388 个，中等城市（人口 50 万—100 万）513 个，其余为 50 万人口以下的小城市。中等以上城市共 962 个，却占城市人口 49%。而工业化和城市化的发展对人的文化素质提出更高的要求，从而教育也得到更快的发展。大体上，19 世纪发展了初等教育，建立了现代教育的基础；19 世纪末到 20 世纪初，为适应电气化的要求，普及了义务教育，大力发展高等教育和专业技术教育；20 世纪末到 21 世纪，普及高等教育和建立终生教育体系。2015 年大学普及率和成人识字率的情况见表 7。

表 7　2015 年的大学普及率和成人识字率　　单位：%

比较项	世界	高收入国家	中等收入国家	低收入国家	中国
大学普及率	36	74	33	8	43
成人识字率	86	100	80	60	95

资料来源：中国现代化报告，2018.

教育发展的情况，大体上和现代化的发展呈正相关关系。

四、现代化给人类带来的，不只是福音，还有灾难

首先是战争变得更残酷。战争是自古就有的，但进入了工业化时代，战争的次数更多，规模更大，战争由冷兵器进入热兵器时代。11—20 世纪国际战争的次数和死亡人数见表 8。

表 8　千年国际战争次数和死亡人数　　单位：万人

比较项	11 世纪	12 世纪	13 世纪	14 世纪	15 世纪	16 世纪	17 世纪	18 世纪	19 世纪	20 世纪
战争次数	47	39	57	62	92	123	113	115	164	122
死亡人数	5.7	12.9	41.0	50.1	87.8	161.3	610.8	700.1	1 942.3	11 110

资料来源：中国现代化报告，2008.

数据表明，11—15 世纪，每 100 年发生国际战争不过几十次，死亡几万人到几十万人。16 世纪后战争上了一个台阶，每 100 年发生在百次以上，死亡人数从一百多万人到几百万人，19 世纪超过千万人。19 世纪末诺贝尔发明了烈性炸药，烈性炸药用于战争，大大提高了杀伤力。20 世纪发生了两次世界大战，每次世界大战都涉及几十亿人，伤亡几千万人。第二次世界大战后期，美国在日本的广岛和长崎各投下一颗原子弹，使这两个城市变成废墟，死伤和失踪、致病和致残的达几十万人。而由于武器射程越来越长，平民在战争中死亡越来越多。在冷兵器时代，战争中死亡的主要是士兵。第一次世界大战中有了飞机大炮，军人和平民死亡人数比是 6∶1；第二次世界大战平民死亡人数是军人的一倍，变成 1∶2，1990 年的战争中，90%死亡的是老百姓。2000 年发生了“9·11”事件，这是一种新的战争形式，这就是针对老百姓的战争了。21 世纪对人类发展最大的威胁是核战争。虽然第二次世界大战后到现在 70 多年发生过多起大大小小的战争，但都没有使用过核武器。大国仍竞相生产和储存核武器。继美国之后，苏联拥有了核武器；20 世纪 50 年代英国和法国拥有了核武器；20 世纪 60 年代，中国拥有了核武器。这样，联合国 5 个常任理事国都拥有了核武器。后来印度、巴基斯坦和以色列都试验和生产了核武器。伊朗和朝鲜都想拥有核武器，但没有完成就引起了许多国际纠纷。到 20 世纪 90 年代，美俄两大国各自储存的核武器都在万颗以上，近年来虽然有所减少，也有几千颗以上，英、法、中三国储存量约在几百颗。现在世界中等以上城市（人口 50 万以上）不足 1000 个，如果把这些核武器“分配”给这 1000 个城市，每个城市可以得到 10 颗以上。而问题不在于这些城市，而在于全球。据科学家估计，如果发生全球核大战，其产生的蘑菇云足以覆盖地球形成“核冬天”，使地球回到冰河时代。这才是全人类的大难临头。

五、环境变化和温室效应

工业革命以来，人类生产力大幅度提高，其中的重要因素是开发了新的能源：煤和石油，煤和石油在燃烧之后会放出 CO_2，从而破坏了大气中的 CO_2 平衡。原来在农业社会，CO_2 的平衡是靠动物和植物排放的互补来维持的，动物吸收 O_2，排放 CO_2；植物吸收 CO_2，通过光合作用排放 O_2。在工业革命之前，大气中的 CO_2 水平为 280ppm（1/100），一直维持着动态平衡。工业革命之后，化石燃料的大量燃烧和原始森林的砍伐推动了大气中 CO_2 水平的升高，到 20 世纪 90 年代，已经上升到 400ppm 以上。据英国气象局预测，2019 年 CO_2 水平将达到 411ppm。CO_2 水平的升高将造成温室效应，使气候变得反常，灾害增多，南北两极的冰层快速融化，使海平面升高，导致许多岛国陆地面积大大减少或从地图上抹掉。温室效应的元凶原来是煤和石油的燃烧，这是产业革命以后200多年——直到20世纪90年代人们才意识到的。新材料的开发利用，例如有机材料（如塑料）和化学合成材料（如农药）的使用，固然提高了产量，但是也造成了土地污染、水质污染、海洋污染和环境变化，导致许多物种消失。

六、两极分化，国家之间的发展差距不断扩大

在农业社会时代，国家之间的发展差距并不大，进入工业化时代，发展差距不断扩大，形成了两极分化，穷的越穷，富的越富，在一个国家中也形成了两极分化。国家之间经济发展差距见表9。

表9　国家之间人均GDP差距

（1000—2001年）　　单位：1990年国际元

比较项	1000年	1500年	1700年	1900年	1950年	2001年
最富国	450	1 100	2 110	4 593	9 651	27 009
最穷国	400	400	400	462	377	371
倍数	1.1	2.8	5.3	9.9	25.1	73.0

资料来源：中国现代化报告，2005.

表9的数据说明，在公元1000年，还无所谓最穷国和最富国；18世纪初，最富国的人均GDP已经是最穷国的5倍多，19世纪初扩大到近10倍，21世纪初扩大近73倍。这还是按购买力评价计算的。如果按美元当年价算，这种差距会更大。另外，发展差距还表现在平均预期寿命和文化教育水平的差距(表10—表12)。

表10　平均预期寿命的国际差距（1750—2000年）　　单位：岁

比较项	1750年	1820年	1900年	1950年	2000年
最大值	38	41	66	72	81
最小值	24	21	24	32	37
倍数	1.5	2.0	2.8	2.3	2.2

资料来源：中国现代化报告，2006.

表11　义务教育普及率（中学入学率）的国际差距

（1950—2000年）　　单位：%

比较项	1950年	1960年	1970年	1980年	1990年	2000年
最高值	70	86	102	127	120	154
最低值	1	1	1	3	5	6

资料来源：中国现代化报告，2006.

表 12　大学入学率的国际差距（1970—2000 年）　　单位：%

比较项	1970 年	1980 年	1990 年	2000 年
最高值	53	57	93	85
最低值	0	0	0	1

资料来源：中国现代化报告，2006.

社会发展的两极分化带来了许多国际性社会问题，如难民问题，这会使富裕国家得不到安宁，而恐怖主义更是直接与此有关。目前，这种两极差距已经达到 70 多倍，这种差距不能再扩大下去，扩大到一定程度必然达到一个拐点，再朝着差距缩小的方向发展。进入 21 世纪，这种两极分化扩大的轨迹已经走了 300 多年，应是出现拐点和缩小差距的时候。

七、现代化使人类向何处去

300 多年的现代化运动使人类发展取得了巨大成就，同时也面临严重的危机。进入 21 世纪，人类发展已经走到了一个十字路口：或按照原来的模式走下去，其结果是人类的进步事业发生断裂，回到石器时代，甚至导致地球的毁灭；或人类找到一种新的现代化模式，继续推动人类的进步事业，开辟一个人类普遍繁荣安宁和进步的新时代。

过去 300 多年现代化的模式有以下特征：第一，在人和人、国家和国家、民族和民族之间的关系上，通行弱肉强食的法则。先行工业化国家的发展建立在掠夺殖民地资源的基础上，这些国家的富有建立在落后国家贫穷的基础上。第二，人类生产力的快速增长建立在大量消耗地球的不可再造资源和破坏人和自然的平衡的基础上。第三，人类的发展压缩了其他物种的生存空间造成土地、水和空气的污染，破坏了人类生存的家园。总而言之，过去的发展是“三个对立”的模式，即人和人的对立、人和自然的对立、人和地球的对立。换句话说，过去的 300 多年，少数人（少数国家）的富有是以多数人（多数国家）的贫穷为代价的，人类生产力的快速发展是以掠夺地球为代价的，人类生活质量和数量的增长是以破坏人和自然的平衡和自毁家园为代价的。这种模式如果不改变，大灾难甚至毁灭就会到来。

那么出路何在呢？有没有避免这种前途的方法呢？理论上讲，出路还是有的。那就是改变现代化的模式，变“三个对立”为“三个统一”，即人和人（国家之间、民族之间）的统一、人和自然的统一、人和地球的统一。中国古代思想家曾经提出“天人合一”“和为贵”的思想，这种哲学思想用到 21 世纪的现代化，那就是要改变旧的现代化路线，建立“天人合一”“地人合一”“人人合一”的新路线，或者说是人和人（国家、民族之间）、人和自然、人和地球和谐发展的路线，即“三和”新路线。

但是，“三和”新路线的实行谈何容易。“世界大同”“世界和平”是多少先人的理想，但现实却是世界越来越不同，有些地区越来越不安宁。问题是，穷国和穷人最想实行这个“三和”新路线，但他们没有条件。有条件实行的是富国和富人，他们正是旧路线的受益者。他们会带头实行“三和”新路线吗？在这样的世界中，谁来带头实行和推动这种新路线呢？这种“三和”现代化模式看来并不具有操作性，困难一定是很大的。

不过，我们不必太悲观。我们应该看到，旧模式的形成经历了至少 300 年，如果从文艺复兴时算起，则有六七百年了。看来新模式的形成和发挥作用也要几百年，我们现在只能逐步推进，避免地球和人类的毁灭。在当前，在几十年之内，我们这一代人，还是可以做一些工作的。

首先，我们可以推动一次新的思想解放运动。历史上从 13 世纪到 17 世纪初长达 300 多年的文艺复兴运动奠定了 17 世纪以后世界现代化的思想基础，文艺复兴运动批判了神权和封建主义思想，提倡人文主义。人文主义指出主宰宇宙的不是神（上帝），而是人，人乃万物之本，是世界的中心。人文主义主张科学文化，反对封建迷信，主张享乐主义，反对宗教的禁欲主义。这在当时是有进步意义的，但有它的历史局限性。人文主义的核心是以人为中心，肯定人的价值。我们已经看到，它过去曾经是推动现代化运动的思想基础，今天已经成了阻碍现代化运动的障碍了。为了推动世界现代化运动发展，一次新的思想解放运动是必须的，我们的先人也曾经提出过这种“新思想”，这就是“天人合一”“世界大同”“天下为公”，只不过今天需要充实和发展。

其次，在操作层面，我们可以逐步把现有的国际组织，特别是掌握主要资源的国际组织，如西方七国首脑会议（G7）、20 国集团（G20）、北约、欧盟等，逐步改革和改造成为实行“三和”新路线的组织，这当然要由掌握这些组织来做。如果这些组织做这些事，就会使现代化的发展出现转机。比如战争，这些组织掌握了大量战争资源，如果参加这些组织的国家不去挑动战争，而都去制止战争，发动战争的概率就会降低很多。核战争是大家都惧怕的，要避免核战争首先要无核化，要无核化首先要有核国家去核化，要有核超级大国带头去核化（销毁现有核武器，不再生产核武器，承诺不对无核国家使用核武器）。如果核大国，特别是核超级大国起了带头作用，防止核战争就有了希望。温室效应和防止两极分化也是这样，如果富国俱乐部组织（如 G7）首先讨论的不是自己的发展和对策，而是如何帮助最穷国家的发展，例如美国这个自称世界最富有、最民主的国家，如果考虑的是如何帮助世界上最穷的 3 亿人口的国家（和美国 3 亿人口相对应）发展，摆脱贫困，缩小与自己的差距，其他的富国纷纷效仿，两极分化的发展轨迹就会有了转机。

另一个可以操作的事情就是联合国的改革和改进，使之逐步增加政府职能，最后成为世界政府，在体制和机制上最终解决朝着“三和”方向发展的问题。原子弹出现之后，一些科学家曾经提出成立世界政府的建议，当时并没有人理会。现在看来，这仍然是解决世界危机、实行世界持久和平和共同繁荣的最好出路。把联合国变成世界政府，可能要走过漫长的路，例如两三个世纪，但是从现实出发，使其逐步具备某些功能，还是可以操作的。例如，扶贫和减少碳排放，当然这里首先要常任理事国、富国和大国起带头作用。例如，可以提出减少差距的目标和指标，把任务分解到世界最富的前20位，实行精准扶贫，落实到帮扶世界最穷的后40位。在制止战争特别是建立无核（武器）方面，也确定一个目标和路线图，由联合国常任理事国和有核国家带头实行，等等。

当然，要做这样的事情谈何容易。从今天的现实来看，这简直就是白日做梦。不过做梦总比没有梦好。美国不是有美国梦吗？中国不是也有中国梦吗？我们为人类美好前途着想，不妨也做一个世界梦。有梦就有希望。鲁迅先生说过，世界上本来没有路，走的人多了，也便成了路。可见路是人走出来的，路就在脚下。梦大概也是这样。世界和平、世界大同、天下为公的梦早就有了，可是做这样的世界梦的人太少了，而且总是被人讥笑，所以梦还是梦。做世界梦的人多了，也总有一天会出现转机的。

参考文献

麦迪森. 2003. 世界经济千年史. 伍晓鹰，许宪春，叶燕斐等译. 北京：北京大学出版社.

中国现代化战略研究课题组等. 2001—2018. 中国现代化报告 2001—中国现代化报告 2018. 北京：北京大学出版社.

现代化研究中的“创新”与“超越”

董正华

北京大学世界现代化进程研究中心教授

本文以“创新”为重点，就新形势下如何对现代化进行更深入的研究简单讨论了两点。欢迎批评指正。

一、现代化研究的特点和新形势

社会学家首先提出了第二次世界大战后现代化研究的基本理论和概念框架。现代化研究一直是跨学科的研究。现代化的历史研究特别关注于对现代化“进程”的研究和对过去经验教训的总结。现代化的历史研究属于人文学科。这种以“真”为基础追求“善”和“美”的研究，有其自身的基本价值体系和伦理标准，在科学的标准上可能是非经验的和形而上学的。然而，这种特征可能是这项研究的优势，它弥补了现代化的经济和政治研究的局限性。

历史研究总是有自己的“原则”，如“单一证据不能作为最终判断依据”。现代化的历史研究当然也不例外。虽然它不能是“无知无畏”或假装学术，有许多不清楚的概念和术语，但它需要一种知识探险精神，如履薄冰的谨慎，以及高度内省的思维。人们常说我们应该有实事求是的科学思维。进一步说，科学既不是判断学习和知识的最高标准，也不是唯一标准。爱因斯坦反复强调：在发现客观知识之前，人类有充分的理由把他们高尚的道德和价值观放在首位；关于目标和价值观的独立和基本的定义仍然是科学力所不及的（爱因斯坦，2005）。实证主义，特别是逻辑实证主义，最强调知识学。“历史的过程原则上与自然科学没有区别。在每一种情况下，结论都是根据普遍真理得出的。”（沃尔什，2001）然而，似乎没有人要求我们都回到孔德或维特根斯坦的理论，也没有人提出历史只能解决普遍性而不能解决个体特殊性。此外，科学不仅仅是冷酷和僵化的，它的定律或定理不会永远是对的，也不会永远保持不变。科学史上已经明确指出，“科学”和“非科学”并非完全不可转换。

1980 年，中国现代化研究的再次兴起，与国家实施以经济建设为中心的社会改革开放政策和全面现代化战略密切相关。在更广的范围内，还有新技术革命和工业化的全球浪潮、东亚四小龙和东盟国家的崛起。在同一时期，西方工业化国家以及亚洲、非洲和拉丁美洲的许多发展中国家都呈现出生产力的快速增长。从 20 世纪 80 年代中期到 90 年代末，中国历史研究者完成了两项重要任务。首先，历史研究从混乱中恢复了秩序。研究者将阶级斗争的历程作为历史研究的重要原则，拓宽了视野；他们系统地总结了过去全球现代化进程的成功经验和失败教训，扩大了历史研究的范围。理论上，它将重点放在审视生产力、生产关系及两者之间的关系，强调生产力的提高对历史进步的巨大影响。其次，它审视了国内外各种现代化理论和趋势。以罗荣渠为代表的现代化研究者摒弃了单线发展概念，形成了自己的研究方法和理论框架。评论家所说的“基于一元多线理论的现代化范式”，尽管在最初遇到了很大的压力，但今天已经被广泛接受。

然而，我们不能忽视 21 世纪以来东亚以及整个世界的巨大变化。标志性的事件包括但不限于日本长达十年的经济停滞、1997 年东亚金融危机的突然爆发和 2001 年“9・11”恐怖袭击事件。这些事件对东亚和世界其他地区的现代化进程产生了巨大影响。金融危机不仅仅是一个经济问题，也不是一个区域性和地方性的问题。“9・11”恐怖袭击及其后续事件凸显了当前国际社会的结构性危机，揭示了现代化和全球化的阴暗面，而人们一直以为现代化和全球化为人类带来的都是光明的前景。源于西方地方性知识的现代性概念受到了越来越多的质疑，如新自由主义世界经济秩序、长期盛行的发展主义、华盛顿共识下的结构调整、实证主义、工具合理性、普遍主义等。要求公平、正义、和谐、独立以及人文、人性、文化和生活方式多样性的呼声越来越高。在这种新形势下，如果我们讨论的重点仍然是生产力、经济增长、工业化和其他硬性指数，那么我们的现代化研究显然是不够的。面对人文科学、社会科学等相关学科的快速发展和变化，笼统地探索现代社会发展的原则，总结现代化的现有经验和事实及其发展情况将是单调乏味的，会失去曾经的前沿地位，甚至会逐渐边缘化。

当老一辈历史学家提出研究现代化问题时，其核心，简言之，仅八个字——解放思想，实事求是。然而在当时，要达到这一要求并不容易。今天具备了很多条件，我们可以进一步探索新的研究领域，进行深入细致的研究，实事求是，而不是把“现代化”当作一种时尚或者简单地用它作为“宏大叙事”的标签。历史学家现代化研究的彻底性，甚至历史本身对现代化研究的魅力，都将主要体现在丰富的背景下，对不同地方、不同领域、不同层次的历史进程的深入细致的研究上，这也是为了证明伊格尔斯（Iggers）在《二十世纪的历史学》中关于微观历史的合理性的论点。

二、现代化研究中的超越

多年来，历史研究中出现了不同的范式。一个范式代表了一个具有不同观点的思想流派。这些观点对于历史的繁荣至关重要。例如，从革命历史的角度来看，很难理解传统与现代性的关系，工业化、城市化与农村发展的不同模式，人与环境关系的变化，以及近代归国华侨村镇的变化。历史当然不能也不会有一个单一的现代化范式或现代化研究。因此，尽管有人以维护历史唯物主义的名义批评所谓的“提倡历史范式多元化的更大呼声”，尽管有人从科学史中复制范式只是为了总结不同的历史研究方向，而这种总结并不准确，但作者仍然认为历史范式多元化是历史研究从“危机”走向成功的标志。事实上，基于一元多线理论的现代化范式中的一元论是指历史唯物主义。

另外，我们应该超越这种界限。历史上，范式最多是一个中层甚至微观层面的概念。杨念群（2001）认为，现代化模式一般采用中层理论的策略。这些中层理论不一定完全取代革命性模式而实现范式转换。在革命和现代化之间，可能根本没有范式转换，而是一种复杂的重叠关系，它们都有自己的研究对象和范围。作者坚持认为现代化研究不是排他的，其不排除革命史。已经发生了无数次广泛的全球浪潮和危机。然而，迄今为止，现代化进程一直是在每个民族国家内部独立进行的。现代化研究不能与每个国家的“建国”或“国家重建”问题分开，也不能与革命和革命战争的研究分开。我认为，在当前新的形势和新的条件下，我们应该有一个更好的视野和更开阔的思维来继续深入我们的现代化研究。如果人们普遍认为现代化是现代和当代世界历史的一条基本路线，那么无论使用什么方法和什么理论框架，例如政治历史、社会历史或新社会历史、文化历史或心理历史，都需要进行各种诚实和可靠的研究。相反，如果一篇文章或一本书是为了哗众取宠而不是为了实事求是，即便现代化、革命或主义贯穿始终，也毫无用处。

因此，在现代化的研究中，作者认为应该更多地研究经验“问题”，少谈论“主义”。这是引用胡适的观点。例如，关于新威权主义、最近盛行的保守主义、保护主义和后现代主义，许多人盲目地赞扬或批评它们，而没有首先透彻理解这些概念。正如贝克（2004）所说：“一切都是后现代的。”随着后现代主义的出现，事情开始变得模糊，概念变得不清晰，“甚至连猫都不愿冒险”。少说话并不意味着不说话。然而，我们不能回避问题，只是漫不经心地谈论概念。列宁（1982）曾经说过：“今天我们只能根据经验来谈论社会主义。”他还认为：“我们必须承认，我们对社会主义的整个理解最终发生了变化。”（列宁，1972）要找到马克思和斯密提倡的纯粹的主义确实相当困难。和谐社会和全面建成小康社会是我们追求的目标。今天，我们都同意这样的观点，即社会主义也可以允许市场经济，资本主义也可以有计划经济。虽然两种制度的道路选择和最终目标不同，但在促进现代科学技术和大规模工业生产力的发展以及促进从农业社会向工业社会的转变方面，它们是相同的。学习不同国家现代化的经验教训，比较不同类型和模式的现代化，其现实意义在于从历史中学习，以便在我们正在进行的现代化中少犯错误，少付出代价。

事实上，在我们的研究中，我们需要处理的大多是具有不同背景、不同性质的问题。例如，在现代世界体系中，自由贸易和关税保护之间的决策变化基本上不是关于“主义”的争议，而是不同国家或集团之间的利益博弈。简单地用主义来总结会使我们不能及时发现和解决新问题。实际上，我们需要回答许多问题。例如，中国这样的发展中国家应该实现现代化吗？如果是，应该实施什么类型的现代化？所有这些当然都是我们这些现代化研究人员首先必须面对的主要问题。此外，还有其他问题，如弗兰克等的新世界体系理论和全球史，加州学派对中英现当代历史的比较，孟西斯对郑和航海及郑和发现美洲的新发现，社会经济发展如何与包括荷兰和美国在内的国家建国或独立时中央政府权力的强弱联系在一起（从分权到集权，反之亦然），早期由德国、意大利和日本等后来的现代化国家以及西班牙、葡萄牙和荷兰与英法等领先的工业化和现代化国家进行的外国入侵和扩张的异同，现代化与战争的关系，同一地区有两个大国同时崛起是否必然导致战争，等等。所有这些都与现代化研究必须解决的一系列重要问题有关，包括但不限于比较历史研究的类型化标准和研究方法、现代世界体系的形成和演变、现代化给国际关系带来的新变化以及和平与战争之间的转变（入江昭，2005）。

20 世纪发生了两次人类历史上的世界大战。军事冲突是 20 世纪现代性阴暗面的一个基本部分。吉登斯（2002）认为，极权主义的可能性包含在现代性的制度界线中，而不是被排除在外。极权主义不同于传统的专制，但结果却更加可怕。鲍曼（2002）在《现代性与大屠杀》中更明确地指出，纳粹对犹太人的大屠杀与现代化有着密切的联系。在该书的导言中，第一个小标题就是“作为现代性之验证的大屠杀”。这些学者提出的所有问题都非常重要，需要通过我们进一步的深入研究加以解释。

“超越”或称为“自省”源自已故学者罗荣渠先生书中的两段话。其中一段描述了现代化的内部冲突和现代化发展的各种不可避免的负面影响。他指出：“这些负面影响并没有随着现代化的全球扩张而减弱。相反，它们日益增强。这已成为任何类型的现代化中有待解决的新问题。”因此，“现代化绝对不是人类的最高阶段，而是一个跨越式发展的时期，最终将被超越”。另一段包括他对现代性的批评。他提到，现代性是对现代工业化社会特征的理想主义假设。本质上，现代性是西方理性主义或韦伯认为的“理想形式”。“对现代性的新思考将导致对人类进步单线理论的重新审视，以及对所有已被抛弃但仍有价值的前现代文明遗产的重新评估。”（罗荣渠，2004）由于原段落很长，在这里仅总结了其中的主要思想，而没有完整引用。

总有人认为现代化是历史的最后阶段，他们错误地认为现代化的实现意味着人类理想社会的到来。除了每个群体所主张的各种理想的社会形式外，这种说法存在于那些主张或反对资本主义作为历史终结的人当中。现代化中，征服和获得的基本内在属性包括用现代科学技术征服自然和以牺牲其他地方和国家为代价从一些地方和国家的繁荣中获得，这决定了它只能是一个充满内部冲突的历史时期。如果这个时期不被超越，为全人类建立一个理想的社会将变得无望。关于这一点，社会学家和历史学家进行了很多讨论。国内外关于科学与人文、知识与智慧、传统与现代性以及“文明新轴心”与现代性多元化的学术思想，以及关于“了解中西”文明对话和“儒学改革”的学术思想，也为我们的研究提供了可以学习或借鉴的资源。简言之，作者认为对现代化的研究不仅要总结现代化发展中的失败和挫折，还要批判和反思现代化本身，甚至要审视和研究反现代化思想。当然，为了批判和反思现代化，我们必须研究现代化。相反，只有“超越”现代化，才能真正了解现代化。在现代化研究中，建议使用价值无涉的方法。

参考文献

爱因斯坦. 2005. 走近爱因斯坦. 许良英、王瑞智译. 沈阳：辽宁教育出版社.

鲍曼. 2002. 现代性与大屠杀. 杨渝东等译. 南京：南京译林出版社.

贝克. 2004. 风险社会：新的现代性之路. 何博闻译. 南京：南京译林出版社.

吉登斯. 2002. 现代性的后果. 田禾译. 南京：南京译林出版社.

列宁.1972. 列宁选集（第四卷）. 中共中央马克思恩格斯列宁斯大林著作编译局译. 北京：人民出版社.

列宁. 1982. 列宁全集（第三十四卷）. 中共中央马克思恩格斯列宁斯大林著作编译局译. 北京：人民出版社.

罗荣渠. 2004. 现代化新论. 北京：商务印书馆.

入江昭. 2005. 20 世纪的战争与和平. 李静阁，颜子龙，周永生译. 北京：世界知识出版社.

温铁军. 2005. 我们还需要乡村建设. 开放时代，(6)：4-10.

沃尔什. 2001. 历史学导论. 何兆武，张文杰译. 桂林：广西师范大学出版社.

杨念群. 2001. 中层理论. 南昌：江西教育出版社.

孔子思想与全面建成小康社会

颜 英[①]

复旦大学马克思主义学院

建设小康社会是改革开放以来以邓小平为代表的中央领导集体确定的现代化发展战略。2002 年，中共十六大确定要在 2000—2020 年全面建设小康社会。2012 年，中共十八大提出，到 2020 年要全面建成小康社会。建设小康社会，是“中国式现代化”的发展路径，是中国特色社会主义道路的一个重要发展阶段，具有深厚的中国文化渊源，是中国传统小康文化的创造性转化与创新性发展，

---

① 颜英，复旦大学马克思主义学院马克思主义理论博士后，历史学博士。

是中国小康理想的现代实践，是中国小康治国的当代创新。小康文化经孔子倡导、儒家阐发、百家响应，自先秦以来便深入人心，成为中国文化的核心价值，成为中国古代治国理政的主导方向，也成为当代中国治国理政的源头活水。当代中国小康建设是对传统小康文化的创新发展。习近平在治国理政上、在全面建成小康社会方面，借鉴了孔子的小康思想，并予以创造性转化与创新性发展。

一、“患不均不安”：全面建成小康社会的根本目标

全面建成小康社会必须以人民利益为中心导向，全面落实以人民为中心的发展理念，走共同富裕、共享发展、均衡发展、公正发展之路。发展的根本目标是为了让人民过上幸福美满的生活。以人民为中心的发展理念，有着深厚的中国文化根源，“民为邦本”“民为贵”“仁民”“仁者爱人”“仁者莫大乎爱人”“爱人为大”“以百姓心为心”是中国文化的核心价值观，孔子的仁爱观就是以“爱人”“爱民”为中心构建起来的。

小康建设的中心任务就是让老百姓摆脱贫穷，脱贫致富。孔子的小康思想也是如此，认为治国理政应该把老百姓的富足摆在第一位。《礼记・礼运》具体而生动地描绘了“小康”社会和“大同”社会的状态。马克思主义描绘的共产主义社会也是一个共同富裕的全面发展的社会。富裕与公平道义必须结合。孔子反对不符合公平道义的富裕之路。富裕与教化必须结合。富人并不天生具有仁慈之心，“为富不仁”者比比皆是。因此，孔子主张对富人进行教化，让富人遵纪守法、遵守道义、谦虚谨慎。教育富人关心穷人，关怀社会，多做慈善事业，履行社会责任，也是全面建成小康社会，实现现代化，构建现代中华文明所必需的。

二、“德盛而法修”：全面建成小康社会的制度与道德保障

法治与德治结合，是一个国家良性运行的制度保障。依法治国，建设法治国家、法治社会、法治政府，是全面建成小康社会的制度保障，也是实现现代化的制度保障。道德是一种隐性制度，法治是一种显性制度。法治是一种保障社会秩序底线的制度，道德是一种提升社会秩序理想的制度。法治最大的特点是公正无私，社会主义市场经济必须是法治的市场经济，社会主义道德也必须建立在法治的基础上，法治是最低的社会规范，道德则是高于法治的一种社会规范。全面小康社会是一种道德与法治秩序均良好的社会，全面建成小康社会既需要强化道德建设，也需要加强法治建设。孔子不仅高度重视道德建设，也没有忽视法治建设。法治的公正无私正是孔子的治国目标。

德治的推行要立足于法治，法治是德治的坚强后盾，因此治国要先德治后法治，孔子主张德治优先，法治保底，二者并用，是治国理政的根本方法。治国理政，德治与法治不可偏废。孔子认为现实的治国理政不是单靠德治或法治能够成功的，必须做到德治与法治、礼治与法治结合。孔子对德治与法治的关系认识得极为深刻，至今仍然有重大的启发意义。

三、核心价值观：全面建成小康社会的精神力量

全面小康建设不仅包括文化小康建设与精神文明小康建设，也包括小康发展的精神认同与精神动力建设。全面建成小康社会离不开核心价值观的引导。中华文明的核心价值观是中华民族顽强生存和不断发展的根本动力。中华文明的核心价值观奠基于诸子百家争鸣时代，老子、孔子、墨子、孟子、庄子等是主要的奠基者。

中华文明有其共通的核心价值观，中华文明内部各文明、各民族、各流派也有其独特的价值观。爱与和，是中华文明共通的价值观，但诸子百家又有自己独特的价值观。儒家的核心价值观是仁爱之道与“中和”之道，孔子认为“里仁为美”，“苟志于仁矣，无恶也”。孟子主张“亲亲，仁民，爱物”，以仁政与王道为自己的政治理想。孔子把“中庸之道”视为最高的美德。《礼记·中庸》谓：“致中和，天地位焉，万物育焉。”中华文明的核心价值观深深影响了中华民族的思维方式与行为方式，是社会主义核心价值观的源头、基础与滋养。社会主义核心价值观是对中华文明的核心价值观的继承、弘扬、发展与创新，也是中华文明核心价值观的重要组成部分，是中华文明核心价值观的当代表现。

四、“顺天地之义”：全面建成小康社会的生态保障

生态文明小康是全面建设小康社会的五位一体的主要内涵之一，也是全面建成小康社会的明显短板。全面建成小康社会，必须大力加强生态文明建设。“走向生态文明新时代，建设美丽中国，是实现中华民族伟大复兴的中国梦的重要内容。”（习近平，2018：211）生态小康、生态文明建设需要生态文明观念的引领。中华文明有着历史悠久的生态智慧。“我们中华文明传承五千多年，积淀了丰富的生态智慧。‘天人合一’、‘道法自然’的哲理思想，‘劝君莫打三春鸟，儿在巢中望母归’的经典诗句，‘一粥一饭，当思来之不易；半丝半缕，恒念物力维艰’的治家格言，这些质朴睿智的自然观，至今仍给人以深刻警示和启迪。”（习近平，2017：

6）生态文明建设要顺应自然规律。孔子认为治国理政要顺应天地之道，顺应天地之纲纪，明白阴阳变化的法则，尊重万物演化的规律，人类的教化必须向天地的教化学习。尊重自然、顺应自然、亲近自然、融入自然、保护自然，是我们构建新的生态文明应该具有的基本态度。

人类属于自然，人类乃自然之子，生态文明建设要顺应自然的属性。孔子在被鲁定公任命为司空期间，进行了大规模的国土资源调查，通过调查认识到，各地土地属性的差异性与作物种植的适宜性，从而为合理地指导农业生产提供了重要参考依据。孔子强调农业生产必须顺应土地的属性，人类的生活方式也必须顺应天地万物变化的规律。征服自然、改造自然、掠夺自然、破坏自然、毁灭自然，都是不尊重自然属性的态度，是人类中心主义的突出表现。

自然规律是不可抗拒的，可以认识，可以利用，但不可无视，不可玩弄。生态文明建设要顺应自然变化的时节规律。孔子反复强调治国理政者要根据自然节律来合理安排老百姓的农业生产与生活。孔子要求统治者制定最严格的生态环境保护制度。孔子认识到不遵从自然规律，农业生产则无法可持续进行。我们的先人们早就认识到了生态环境的重要性。《论语》载：“子钓而不纲，弋不射宿。”意思是不用大网打鱼，不射夜宿之鸟。地球是所有生命的共同载体，人类的命运与所有生物的命运息息相关。生态环境没有替代品，用之不觉，失之难存。保护环境就是保护生产力，改善环境就是发展生产力。

结论

孔子思想是中国文化的重要组成部分，是当代中国治国理政的重要滋养。当代中国小康建设从孔子思想中吸收了不少营养，或可谓深受孔子思想的启迪。孔子的“患不均不安”的共同富裕思想、“德盛而法修”的法治与德治融合的思想、“仁”与“和”的核心价值观、“顺天地之义”的生态智慧，对于当代中国全面建成小康社会、实现社会主义现代化是一种重要的借鉴参考。

参考文献

习近平. 2017. 习近平关于社会主义生态文明建设论述摘编. 北京：中央文献出版社.

习近平. 2018. 习近平谈治国理政（第 1 卷）. 2 版. 北京：外文出版社.

人的现代性与社会现代化

杨　郑[①]
国家行政学院

一、社会现代化的历史进程

（一）现代化与技术革命

1. 现代化的定义与起源

“现代化”这个词在当下出现在各个行业、各个领域。比如，在客观现实上，有工业现代化、技术现代化、农业现代化、国防现代化等；在人的主观感受上，有价值观现代化、意识形态现代化、思维方式现代化、精神态度现代化等。简单来说，现代化的含义是使某个领域具有现代的先进科学技术水平。

1951 年 6 月，由美国社会科学研究理事会经济增长委员会主办的学术期刊《文化变革》编辑部举办的研讨会最早使用了“现代化”一词。与会学者讨论了贫困和经济发展问题。“现代化”一词首次被用来描述从农业社会向工业社会的转变。

2. “现代性”的定义和起源

“现代”这个词有着独特的魅力。如果没有特定的历史背景，“现代”所代表的年代往往就是当下的年代。根据《古代与现代争论的审美标准与历史反思》的权威研究，“现代”一词最早出现于公元 10 世纪后期，意为古罗马帝国向基督教世界的过渡时期，旨在区别古代和现代。

今天普遍公认的“现代”是指 18 世纪工业革命开始后的历史时期。工业革命是人类历史上的一次巨大革命。每次工业革命不仅是技术改革，也是深刻的社会变革。

3. 技术革命

1760 年左右，第一次工业革命开始，这是蒸汽技术革命，人类开始进入蒸汽时代。其特点是蒸汽机作为动力发动机的广泛使用。这场技术革命和相关的社会关系被称为第一次工业革命或工业革命。第一次工业革命用工厂系统取代了手工工厂，用机器取代了手工劳动。在社会关系方面，工业革命使依附于落后生产方

---

① 杨郑，中央党校（国家行政学院）硕士研究生，中国未来研究会一带一路专业委员会会员，北京市海淀区统计局科员。

式的自我修养阶级消失，工业资产阶级和工业无产阶级形成和扩大起来。

1870 年左右，第二次工业革命开始，这是电力技术革命，人类进入电气时代。1866 年，德国西门子制成了发电机；到 19 世纪 70 年代，实际可用的发电机问世。电器开始用于代替机器，成为补充和取代以蒸汽机为动力的新能源。由第二次工业革命产生的各种新技术、新发明层出不穷，并被应用于各种工业生产领域，促进经济的进一步发展。

1940 年左右，第三次工业革命开始，这是计算机及信息技术革命，人类开始进入信息时代。它是一场以原子能、电子计算机、空间技术和生物工程的发明和应用为主要标志，涉及信息技术、新能源技术、新材料技术、生物技术、空间技术和海洋技术等诸多领域的一场信息控制技术革命。第三次工业革命促进了社会经济结构和社会生活结构的重大变化。

目前，第三次工业革命仍处于上升趋势。第四次革命已经悄然到来。人类即将进入智慧时代，即利用信息技术促进产业变革的时代。德国政府提出了“工业 4.0”战略，并于 2013 年 4 月在汉诺威工业博览会正式启动。这也标志着全球经济进入了新时代。“现代化”的定义也随着技术革命的变迁而被赋予与时俱进的含义，不可否认的是，每一次现代化都极大地改变了整个社会的面貌。

（二）社会现代化

1. 社会现代化的历史过程

历史是变动的，历史的每一个时代都要把自己显著的特征留在史册。当下，现代化已发生在各个领域，社会现代化也成为无数人关心和努力学习的时代主题。

文艺复兴时期首先在意大利各个城市崛起，后来扩展到西欧国家。它在 16 世纪达到顶峰，带来了一段科学和艺术革命，揭开了现代欧洲历史的序幕。早在文艺复兴时期，西方学者就社会现代化问题开始了初步讨论。

2. 社会现代化的社会学视角

在社会学中，社会现代化是指人们利用近现代科学技术全面改变其存在的物质和精神状态的过程。在社会学中，社会变革是指所有社会现象及其后果的动态过程。

从社会变革的角度来看，社会现代化是一个涉及社会生活各个方面的社会变革。社会变革的内容涉及社会生产和生活的所有领域。它可以分为自然环境变化、人口变化、经济变化、社会制度和结构变化、社会价值观变化、生活方式变化、文化变迁、技术变革等。就像人类社会本身是一个有机整体，社会现代化也是一个有机整体，涉及社会生活的各个方面。它不仅改变了社会物质生产的面貌，而且改变了整个社会结构，改变了人们的社会关系、生活方式和思维方式。

3. 社会现代化的意义

不同时期和不同的人对社会现代化有不同的看法。早期的英国社会学家斯宾塞评论了社会现代化的内容（当时没有这样的术语）。斯宾塞认为社会进化实质上就是由简单的地基社会进化到复杂的高级社会，这个过程是由分化（differentiation）实现的。美国社会学家帕森斯提出了五种变量理论模型。他认为，与传统社会相比，现代社会具有非情感、普遍、自足、个人取向和特异性五种模式变体。美国社会学家勒纳认为，现代社会结构有五个特征：持续的经济增长、增加的政治参与率、文化民俗以及取代神话和宗教的合理性、社会流动的增加，心理上强调理性和效率的新的现代化人格的出现。

（三）社会现代化的现实实践

随着世界发展的趋势，社会现代化反映在不同国家和地区的发展中。社会现代化作为一种增长和创新的发展过程，是通过社会在许多方面的变化体现的。具体而言，这一社会发展过程是通过社会分化与整合、现代科学技术发展、工业化、城市化和合理化的过程来实现的。

社会现代化是一个长期连续的历史进程。社会进入现代化需要长期的准备和积累，即使进入现代化过程并达到一定程度的现代化水平，也仍然需要继续推进现代化。西方国家最早开始现代化进程并取得了相对丰厚的成果，已经达到较高的现代化水平。但社会现代化并不意味着发展中国家必须遵循西方国家或发达国家的现代化模式。不同社会在前现代时期具有不同的社会结构、现代化过程起点以及内外部环境，根据某种“固定模式”实际上不可能促进不同社会的现代化。

任何国家的现代化都必须将普遍的现代化特征与国家的历史条件和现实结合起来，必须根据国家的历史、现实的内外条件进行现代化建设。当然，发展中国家应该也必须学习发达国家在现代化过程中的经验，但这种学习不应当是单纯的模仿。

二、个人在社会现代化中的作用

（一）个人在社会现代化中的积极作用

1. 人的需求-人类进步的萌芽

人类需求分为两类：个人需求和社会需求。个人需要分为物质需求、精神需求及社会需求。科学技术是第一生产力。科学是认识世界，回答“什么是”和“为什么”的问题。与科学不同，技术是关于改变世界以回答“做什么”和“如何做”的问题。人们对生活的需求会刺激技术的研究与诞生。因此，技术的发明往往源于人类的需求和愿望。

从经济角度来看，在需求方面，供给不容忽视。供需分析是现代西方经济学一般理论分析的逻辑起点。将供求理论应用于社会现代化可以发现，往往是因为人类有了需求（当然也可以说市场有了需求），如果市场有相应的产品，则根据供求曲线达到均衡价格，这是没有问题的；当个人的需求在整个人类社会还没有出现的时候，人们便会努力地去创新、创造。从经济角度，为满足个人需求，社会会去创造供给，从而不断推动社会发展。

2. 人的创造-实践创造创新

实践、创造、创新是人类发展的不竭动力。中国共产党第十九次全国代表大会报告指出：创新是引领发展的第一动力，是建设现代化经济体系的战略支撑。创新通常需要违反规则，突破现状，敢为人先，这就需要个人的创造力去产生新思想，去发现和创造新事物。

从哲学角度，人类具有能动性。在康德的“哥白尼革命”中，中心论点是在某种意义上人只能够认识他所建构的某物。费希特的能动性概念对理论与实践、主体性与客体性提出了抽象的解决方案，费希特超越了康德，正确地指出主客体在能动性中的统一。马克思认可费希特对人类个体观念的主线，即人类个体被看作一个受周围社会环境制约的自然存在，并能够在改造周围社会环境中认识自己与他人的关系。正是因为人类从本质上来说是能动的，人们的主观能动性可以自然地了解世界，改变世界。

（二）人类本性对社会现代化的阻碍作用

1. 零和博弈

零和博弈指的是参与博弈的各方在严格竞争下，一方的收益必然意味着另一方的损失，博弈各方的收益和损失相加总和永远为零。零和博弈的概念在社会上广受关注，因为人们能够发现社会的方方面面存在与零和博弈类似的局面，胜利者的光荣背后往往隐藏着失败者的辛酸和苦涩。从个人到国家，从政治到经济，似乎都验证了世界是一个巨大的零和博弈场。这种理论认为，世界是一个封闭的系统，财富、资源、机遇都是有限的，个别人、个别地区和国家财富的增加必然意味着对其他人、其他地区和国家的掠夺，这是一个邪恶进化论式的弱肉强食的世界。

而从人类本性的角度，人不会完完全全是大公无私的。人总是利己的，在有限资源的条件下，人类本性很难做到正和（positive sum）博弈或者双赢，往往使得一些人在获取自身利益的同时损害了他人的利益。

2. 犯罪对社会资本的冲击

犯罪这种社会现象屡禁不止。当一个人的心理品质向着极端利己、精神压抑、骄横跋扈、奢侈等不良方向发展时，其行为也将不自觉地开始转向不良行为或者有害的行为习惯。然而一个人的不良心理、不良行为有可能转化为犯罪行为。犯罪的基本特征就是行为具有社会危害性。一般来说，社会秩序受到犯罪的影响会出现一定程度或者一定范围的紊乱，导致社会失序。

社会失序也将对所在地域的社会资本造成影响，并影响人与人之间的信任。社会资本是指个人或群体、社会网络、互惠规范和由此产生的信任之间的联系，是人们在社会结构中所处的地位为其带来的资源。社会资本可以降低不确定性和交易成本，提高交易效率，促进经济的发展，从而推动社会的进步。犯罪对社会资本产生冲击，便会导致人与人之间缺少信任、个人原子化、“独自打保龄”等。

三、通过个人现代性推动社会现代化

1. 个人现代性的定义

个人现代性，也有学者把它称为心理现代化（psychological medernization）。它注重的是个人层次上的现代化，强调个体心理和行为倾向的现代化。英格尔斯认为，个人现代性是指在高度城市化、工业化和受过教育的现代社会中有效个体所表现或要求的一系列态度、信仰和行为。高夫更具体地将其定义为关于改革、世俗、乐观、未来导向和自我效能感的态度和信念的综合体。台湾学者杨国树认为，一个人只要具有有利于现代社会态度、价值观和行为模式的心理和行为特征，就可以被称为现代人，或者说这个人具有现代性。

2. 人类本性

不管是传统的个人还是现代的个人，都有人类的本性——利己性，不管是为了实现物质利益还是价值追求。在流行语言中，自利的位置通常被称为“自私”，尽管两者的含义并不相同。虽然大多数人认为利他主义是“无私的”，但利他主义并不意味着自我牺牲。将人简单地划分为利己主义和利他主义并不合理，事实上大多数人有时是利己主义的，有时是利他主义的，有些是长远的，有些是短浅的。

人身为个体，难以避免利己主义，而人又是社会的，无法没有利他主义。因此，人既是利己主义，也是利他主义。也正是人类的本性，利己利他相结合，造就了如今的现代化社会。

3. 个人现代性的品质

现代化的教育、职业、传媒、都市生活经验等都影响着个人现代性，促成了个人现代化。而个人现代性也拥有现代的品质：①积极。标准的现代人对生活充满了积极乐观的态度，拥有着积极的心态。②梦想。个人不会认为一切是僵硬不变、顽固不化的，每个人都有自己的梦想。③学习。现代化的条件让知识不再局限于固定的书本，人们可以根据自己的兴趣爱好去学习知识、技能。④信息灵通。人们可以随心所欲地利用传媒工具，读报纸、听广播、看电视、上互联网。⑤创造。在信息爆炸的新时代，人们能接触到崭新的知识、新兴的事物，与传统时代的人相比，现代人没有太多的思想局限和思维桎梏，有着非凡的创造力。

4. 个人现代性对历史的贡献

在历史的进程中，个人现代化得到了持续进化。不可阻挡的社会现代化带来了新的娱乐和消费时代，造就了崭新的职业分工和社会分化，推动了城市化进程的发展，创造了多姿多彩的信息化世界，社会资源极大丰富。现代性带来了社会的种种巨变，个人现代性有着与众不同的意义和贡献。人民群众是历史的创造者。个人的发展和进步是历史的进步和发展的根本动力。个人的现代性终将推动社会现代化，推动历史的进程，正所谓“长江后浪推前浪”。

参考文献

安娜. 2019. 技术创新、要素配置与消费需求的互动机制分析. 商业经济研究，(1)：40-43.

郭艳娟. 2001. 传统·个人·现代性——重新评价艾略特的《传统与个人才能》. 当代外国文学，(4)：168-172.

洪瑜，林少真. 2009. 个人现代性理论研究述评. 集美大学学报（哲学社会科学版），12（1）：115-120.

简涛. 1986. 民俗传承与人的现代化. 民俗研究，(2)：1-5.

李智水. 2014. 人的现代化与社会现代化的辩证关系. 沈阳工程学院学报（社会科学），10（4）：476-479.

柳昌清. 2013. 文明类型不同对中、西社会现代化的影响. https://kns.cnki.net/kcms/detail/detail.aspx?dbcode=IPFD&dbname=IPFD9914&filename=XHYJ201308001055&v=WWa6Z9qgCMaJx7HG3vq%25mmd2BmT2oOu8%25mmd2BMKxowV49xrtZUZbRKGpYnQZvrcaR8W9olXi2D5EGqVBIaFQ%3d.

卢绍君. 2012. 民族心理、社会现代化与俄罗斯的政治转型——兼论俄罗斯政治发展的未来方向. 俄罗斯中亚东欧研究，(3)：1-9，95.

宋萑，徐淼. 2018. 第四次工业革命背景下未来教育与教师专业化再构. 教师发展研究，2（4）：43-50.

汤姆·洛克莫尔，张梅. 2010. 马克思是一个费希特主义者吗？. 马克思主义与现实，(4)：169-174.

王小桃. 2014. 个人传统性与个人现代性——文化心理学视角. 宜春学院学报，36（1）：70-76.

吴慧林. 2018. 基于 Agent 技术的企业供应链需求预测模型构建研究. 黑河学院学报，9（5）：213-214.

阎云翔. 2016. 私人生活的变革. 上海：上海人民出版社.

佚名. 2018. 海尔牵头完成全球首项 AI 标准白皮书:将于 10 月正式发布. 中国标准化，(13)：45.

郑杭生，魏智慧，杨敏. 2010. 社会学的“个人”:意涵、问题及前景. 河北学刊，30（3）：147-153.

Fukuyama F. 2015. The Great Disruption：Human Nature And the Reconstitution of Social Order. Guilin: Guangxi Normal University Press，5.

Scott J C. 1988. Seeing Like A State: How Certain Schemes to Improve the Human Conditions Have Failed. New Haven, Conn: Yale University Press, 132-139.

Wilson J Q, Kelling G. 1982. Broken windows: The police and neighborhood safety. Atlantic Monthly, 249: 29-38.

第三部分　现代科技与人的现代化

沟通作为现代化起因和指标的发展

迈德里（Lorand Madly）
罗马尼亚科学院历史研究所教授

沟通是人类生活各个层面最重要的组成部分之一，在社会中发挥着重要职能，在几个世纪内从简单的形式演变成了复杂的形式。从古代或中世纪的生活在有限的空间，通常不会走出城镇或县城，只具备生活所需的技能和知识的淳朴农民，到后现代生活在全球的个人和社会，沟通经历了逐步发展，也有了质的飞跃。实现这一演变的最重要因素之一是识字人数的递增。书写最初是一种功能和可能性，只有少数学者或神父才能接触到，而且扮演着神圣的角色。而在欧洲，识字率从19世纪中期开始持续增长（东欧和西欧之间、城市和农村之间仍然存在差异），同时，主要由国家推动的卫生政策、学校建设、道路和铁路建设也在晚些时候出现了增长（根据经合组织的数据，仅在1970—2000年，全球识字率从63%上升到79%）。无论过去还是现在，读写能力都是信息交流和教育的基本要求，今天，随着信息技术的发展，读写能力已经延伸到更广泛的功能性读写能力，这也意味着在不断发展的硬件和应用领域，人们需要长期学习。

在了解沟通方式直到今天的发展之路后，大家肯定认为这是一条漫长的路程。从古代的信使或第一次用马来运送邮件到现在的电子邮件，最重要的突破是由技术带来的，在19世纪中期，电报使几乎实时的交流成为可能，它以电子方式传送摩尔斯电码信息，拉近了国家之间、公司之间和个人之间的距离，促进了更全面的商业活动，简化了政府间的交流（例如维也纳和哈布斯堡君主国各省之间的交流），报纸也因此得到发展——它们通过电报从世界各地接收信息，速度变得更快，也更安全。这项发明本身与萨缪尔·摩尔斯（Samuel Morse）本人及其从事的活动有关，他在1844年进行了第一次信息传输，电力第一次有效应用于通信，并很快在世界各地普及。哈布斯堡君主国曾认真计划建设电报线路，作为其复杂铁路建设项目的一部分；在最东部的特兰西瓦尼亚省，电报线路和车站的建设于1853—1854年完成。在蒸汽驱动的工业化时代，电力的第一次应用也是通向新知识时代的桥梁，电机和后来的计算机使得今天的信息交流比电报时代高出百万倍。

发展历程中最重要的飞跃包括信件和随后邮政系统的发展，以及道路建设、印刷机、与更广阔空间的联系（如罗马帝国），全面的改革计划也对现代化和统一化做出了贡献，引进了铁路和电报，并最终引进了计算机技术。

一路走来，作为所有交流方式中的主要信息载体，语言始终是一个难题。在所有形式的人类发展中，口头语言的使用是固定的。只有随着书写及其通过不断发展的读写能力进行传播，交流才摆脱了地方性的局限：在时间上，书本仍然是历史学家了解某些社会和历史进程的来源；在空间上，书面信息可以传播到更远的地方。

但是应以哪种语言为准呢？这是一个基本问题，特别是在拥有通用或强制性语言的大帝国统治的欧洲，许多民族运动兴起，其提出自己的语言，并要求在学校和政府管理中使用这些语言的权利，将它们提升为使用更广的交际语言。在历史上以及以罗马帝国为代表的传统中，拉丁语在很长一段时间内是占主导地位的交际语言，在法律体系上留下了深刻的印记，今天的法律体系大多仍在使用拉丁语的制度、概念和公式。几个世纪以来，拉丁语是读写能力的基础，也是欧洲最出类拔萃的通用语言：学生在学校学习拉丁语，每所大学也用拉丁语进行学习，大多数书籍、皇室特权、国家公约与和平条约和其他官方文件是用这种语言编写的。作为地区和国家之间联系和交流的通用语言，拉丁语保持了中立的态度。罗马帝国灭亡后，拉丁语几乎不再是欧洲的母语，但它却成为罗马语系发展的基础。

后来欧洲的通用语言传统起源于拉丁语传统、新帝国传统和民族运动。德语变得非常重要，成为德国和哈布斯堡君主国的官方语言，而法语成为外交语言，也是国际铁路联合会的语言。第一次世界大战后，英语成为和平谈判的必要条件，因此我们可以得出结论，欧洲帝国的灭亡使英语成为交际语言，尽管这只是一个象征性的开始。新民族国家的建立加强了各自语言的发展，减少了跨国交流，在全球化之前，这种交流实际上以各种形式存在。

一、中心和周边的一体化方式——哈布斯堡/奥地利军队

我们的案例研究提出了哈布斯堡君主国发展的综合性方面，它超越了世界上每一个军队保护国家、国家安全和国界的角色，被赋予教育新兵、向他们展示国家领土并教授他们字母、纪律的全面规划任务，尤其是让他们学习语言，特别是德语。

大多数新兵来自周边和农村地区，其中一些人几乎不会写字，只会说一种语言，通常是当地方言，而且对教育、职业或流动性方面的认识有限，服兵役的经历对他们的个人发展非常重要。虽然在东部周边省份，有些人不愿意服兵役甚至逃避征兵（尽管出于军事目的招募了一个特殊的群体，但根据既定的配额，其中只有一定数量的人有效地服务于军队），但后来大家对服兵役的人是很赞赏的，即使是在君主国的一些偏远地区发生战争的年代。在服兵役期间，士兵们能够到他们通常没有机会去的地方，与来自其他省份和有其他背景的人进行交流，他们最

常使用的语言是德语，他们也会学习新的技能。通过这种方式，军队成为社会统一化的一种非常有效的手段，也是教育的一种手段，并建立了跨地域和跨社会的联系。退役的士兵（大部分返回了他们的家乡，但有少数人在另一个省重新就业）成为教育的载体，他们带回了新的习惯和沟通技巧，并成为当地受人尊敬的人，这在 18 世纪和 19 世纪非常重要。

除了学习通用语言之外，服兵役也是一种提高对国家及君主父辈形象忠诚度的方式。在哈布斯堡君主国历史上，“好皇帝”的神话是建立国家忠诚度的基础之一，并通过学校、兵役和公开表现得以延续，成为一个制约君主国所有民族和省份的因素。

军队这种综合性角色的附加值之一是“军事边界”，必须在当时的限制下加以分析和解释。军事边界是将整个地区从中世纪农奴制和贫困的残余中解放出来并保护外部边界（主要是东部边界）的一种具体手段，使得这些地区的村庄及其居民获得了个人自由，同时组成了包括教学和教育在内的军事结构。随着时间的推移，这些地区获得了优越的地位，修建了新的道路和学校，几乎所有的男性居民都必须服兵役，因此提高了教育效果。最终，这些地区更加快速地现代化，经济和社会发展水平得以提高，识字率也得到提高。奥地利军事边界的这一体系一直持续到 19 世纪下半叶，其主体从这一时期的头几年开始解散，但在很长一段时间内，基础设施、教育和社会行为都存在着差异。这种新的一体化制度的创建对于旨在实现社会某些方面或领域现代化的一系列目标的国家政策而言，是教科书式的范例。

二、福利和工作流动性——过去、现在和未来

人员流动始终是社会发展的一个基本方面，被视为出于各种原因改变生活和工作场所的权利，是实现经济进步的政策的一部分（正如我们在工业化进程中所观察到的那样），国家和社会出现大规模移民（无论出于何种原因）时，也是一种挑战。

每个移民过程中都有一系列决定因素，其中最重要的是拉动因素、推动因素及某些“移民空间”可以提供的条件。拉动因素和推动因素可以起作用，但不一定同时起作用。饥荒和战争会导致大规模移民，正如我们在历史上多次看到的那样。移民空间受到边界和法律的限制：在欧洲民族国家分离的时代，紧张的边界局势成为移民的障碍。欧盟目前的自由和迁徙框架允许在广阔的空间进行某种移民。

纵观历史，早在更好的农业技术引发劳动力过剩或开始建设第一批工业用地

之前，就一直存在着从农村向城市的移民，在那个时期，城市需要大量工人。城市人口增加使城市成为社会和文化的熔炉。后来，具体的移民条件使之成为可能，随后，由于经济的差距，人们从很远的地方移民过来，保持了农村向城市移民的主要模式。在这一过程中，最重要的因素是移民的实际可能性、技能和语言知识。与今天一样，对于低技能的工作，目标地区的语言知识不是先决条件，因此在许多情况下只有移民工人的第二代才学习语言。在这个限制下，每个较大的城市都有具有一定地理或语言背景的工人居住的聚集地或社区。

高技能工人也向四面八方流动。学生和教师在欧洲大学的开放及使用通用语言（拉丁语）的鼓励下，建立了学术移民的传统，这对文化和知识交流非常有帮助。随后，技术和治理的每一次进步都促进了中心和周边之间的交流。有了印刷技术后，在较发达的城市地区获得知识和经验的熟练印刷工人及其学徒迁移到偏远的省份，其中一些人成为单纯的印刷厂工人，另一些人则成为这个行业的富裕企业家，这一趋势甚至持续到 19 世纪下半叶。后来，蒸汽机的出现引发了一个类似的趋势：技术工人迁移到了更偏远的省份，之后这些地方也引进了这些技术，对人员的需求也更高。电力或铁路等其他新技术的情况也是类似的，历史文献中都有记载。

关于治理领域非常类似的发展或新成就，我们可以提到土地登记制度的引入。国家需要地形学和地理领域的合格人员，他们大多来自“中心”地区，其中许多人也是公务员。一般来说，公务员所服务的单位具有与服兵役相似的特征，国家在各省份都设有机构，他们在这里学习了许多省的语言，并获得了非常多样化的经验——这是哈布斯堡君主国公务员需要具备的特征，在许多情况下也是担任更高级任务的条件。

从历史分析中我们可以推断出其中的一些特征，欧盟在劳动力流动方面具有类似的模式。如今，移民的主要路线也是从农村到城市、从贫困地区到较发达地区，在向个人移民开放的空间条件下，他们可以获得更高的工资和更好的福利条件。今天，福利因素比一个世纪前或一个半世纪前更加复杂和有益，也发挥着更重要的作用。目前我们还可以看到其他历史因素，如城市空间过度拥挤以及更多周边地区失去了熟练劳动力（今天称为人才外流）。例如，据欧盟统计局 2015 年移民统计，2015 年，整个欧盟 3.8%的劳动力在另一个成员国工作，且呈上升趋势。如果管理得当，劳动力移民是工业发展的一个重要方面，不管是过去、现在或将来，都是现代化的重要动力之一。

正如我们在上面提到的，交流是每个层面发展的重要组成部分，其涉及更多的方面和领域。从本地和全球的角度来看，欧洲，特别是中欧地区，沟通（包括所有方面）的逐步发展和飞跃揭示了许多有趣或令人惊奇的方面，在全球化的未来，也面临着诸多挑战。

医学人工智能的需求与挑战

陈柯羽　于伟泓　张　华
中国医学科学院北京协和医学院

一、眼科人工智能现状及发展

随着计算机科技的飞速发展，人工智能（artificial intelligence，AI）已逐渐成为当今各个科学领域研发结合的主流科技（张远望，2015）。2017 年，中山大学中山眼科中心公布了眼科人工智能诊断和治疗系统的消息，建立了先天性白内障人工智能平台，开启了眼科界人工智能的新纪元（赵家良，2018）。这表明人工智能不久后将给医疗技术带来重大革命。

人工智能的发展是一场新的技术革命：人工智能极有可能从根本上改变眼科工作的面貌，全方位影响现代眼科学的发展；尽最大可能利用人工智能技术，促进眼科学的新发展；与人工智能工程师合作，使人工智能技术应用于眼科学尽快成为现实（赵家良，2018）。

二、糖尿病视网膜病变人工智能系统

糖尿病视网膜病变（以下简称“糖网”）是糖尿病的主要眼部并发症，是不可逆的致盲眼病。我国有 3000 多万糖网患者，其中，约 400 万人为低视力或盲，社会和经济负担沉重（张华，詹启敏，2015a，2015b）。因此，糖网的早期筛查与治疗是目前急需解决的问题。

糖网的筛查主要通过眼底照相和医生阅片的方式进行，但我国存在严重的眼科医生短缺的问题。近年来，糖网的 AI 识别技术兴起，可以大大提高筛查效率（Yang et al.，2010）。国内多个团队研发糖网 AI 系统，但由于缺乏一个具有临床代表性的标准数据集以验证各种不同糖网 AI 筛查系统的准确性，国家监管部门对于 AI 的审评推广仍较为慎重。

如北京协和医院眼科 AI 团队，拥有经过 20 多人组成的眼底阅片小组，前期与中国人民大学人工智能与媒体计算实验室合作已经对回顾性的 7 万张眼底彩照进行糖网分级和 100 万个病灶人工标注，成功开发了基于病灶识别的糖网 AI 深度学习模型。经测试验证表明，对于需要转诊的糖网的判断敏感性达到了 86.6%，达到了与团队相近的准确性。

该团队在前期工作基础上，拟建立高质量有代表性的基于中国人的糖网眼底图像的 AI 标准测试集。在全国不同地域选取多家医院（包括体检中心、乡镇医院、县市级医院和省级医院）眼科同时进行基于真实世界的前瞻性的糖网筛查眼底彩照的数据收集，并做 AI 自动识别，基于这些糖网 AI 筛查数据，建立针对不同应用场景和医院环境的糖网临床标准数据库。预期数据集包含各种糖网眼底图片 2 万张，涵盖不同图片质量、相机型号、视野、分辨率的眼底彩照，以及不同严重程度及分布比例的糖网数据集。

这个项目预期建立迄今我国乃至世界最大的公开糖网眼底图像 AI 标准测试库，初步构建中国糖网 AI 诊断评估的公开平台，并经国内同行专家会议评议论证，以推动和规范糖网 AI 系统的标准化测试过程，推动不同 AI 产品的性能及评估的标准化展示，为国家 AI 监管部门提供高质量的糖网 AI 检测平台。近几年，随着我国 AI 糖网筛查系统的不断研发，如何评价这些系统的准确性以进一步应用于临床是最重要的问题。不同的 AI 系统公布各种不同的测试结果，但这些测试结果均是基于各家自己的测试集得到的结果，相互之间缺乏头对头的比较，因此并没有充分的可信性和说服力，因此国家在监管方面对 AI 筛查系统在临床的推广和应用也受限。

近几年，基于眼底照相的糖网 AI 诊断技术是众多眼科疾病 AI 研发的首选目标，目前多个 AI 筛查系统已经研发并各自公布了不错的准确性。在国外，谷歌团队研发了糖网 AI 诊断系统，其研究成果主要是基于国际上的公开数据集如 Kaggle、MESSIDOR 2 由研究者自己构筑的测试集，并没有公开。这些测试集本身的设计对临床适用性考虑得不多，数据质量也参差不齐，缺乏规范的标准，像 Kaggle 和 MESSIDOR 2 数据集中的分级标注结果均存在诸多问题，没有经过专业的阅片团队进行标注，因此结果并不准确（Bach et al.，2015）。

中国药品生物制品检定所（简称中检院）曾建立了一部分数据库，但是并不是基于临床场景进行真实世界数据集的收集，而是由多家公司提供的数据集合，这作为标准数据集进行公开测试显然存在偏差。因此，建立高质量的糖网标准测试集并推动共享，是我国眼科人工智能技术良好、健康的发展的必要措施和必经之路。

这个项目的总体目标是在前期研究基础上，建立一个约 20 000 张数据量的高质量的糖网标准测试集，并推动网络平台数据共享，为我国 AI 监管部门提供有效的数据库，从而推动 AI 系统的推广和应用。考核指标包括：收集基于真实世界糖网眼底图像共约 20 000 张，涵盖多种医院场景、多种机型、各种糖网分期等要素；构建一个基于标准数据库的可用于中国糖网 AI 辅助诊断评估的公开网络平台，并经国内眼底同行专家评议的方式评估数据库的质量；在网络平台完成至少 5 个 AI 系统的展示和评估；研究和建立糖尿病视网膜病变眼底图像标准数据库。本研究将与中国人民大学人工智能与媒体计算实验室和北京致远慧图公司继续合作，基于真实世界糖网 AI 筛查系统的不同场景，如体检中心、乡镇社区医院全科、二级医院、三级医院眼底专科，以及内分泌科等收集糖尿病视网膜病变患者和体检人群包括健康人的基本信息、诊断及眼底彩照，必要时结合光学相干断层扫描技术（optical coherence tomography，OCT）及眼底血管造影等临床数据，分别设立基于糖网转诊/非转诊判断、糖尿病黄斑病变识别、病灶识别的不同的子数据集，每个子数据库要涵盖到拍照设备型号、拍照视野大小、拍照质量、图像分辨率等各种的因素，并有一定比例（10%）的图像动态更新。

这个项目将构建糖网 AI 辅助诊断的公开网络测试平台及验证，基于如上采集的标准数据集，完成一个适合我国国情的糖网辅助诊断的公开网络测试平台的搭建，其中包括基本网络建议，对图片的上传、处理，AI 识别结果分析和统计等功能；邀请国内权威眼底病专家，对于数据库的构成、图片数量和质量进行审议评估；完成多种 AI 系统在公开网络测试平台的准确性测试。本研究将基于如上 AI 公开网络测试平台，进行至少 5 家 AI 糖网筛查系统的测试，并对结果进行统计分析。糖网眼底图像标准数据库的研究和建立，回顾和前瞻性收集于全国 15 家医院眼科就诊的糖尿病患者，也包括一部分体检健康和其他病变眼底图片共 20 000 张，并进行数据的阅片、归类，建立不同的子数据库。截至 2020 年 7 月，北京协和医院眼科 AI 团队已建立包含 15 000 张高质量标注的检测数据库。

三、眼科智能机器人

《自然生物医学工程》报道，牛津大学罗伯特教授成功完成了首次机器人辅助视网膜手术试验，眼科机器人完成眼科手术临床试验的目的是验证机器人辅助手术的安全性和精确性，其结果是超越人类能力的精度、准确性和稳定性。

这个试验在约翰·拉德克里夫医院进行，共招募了 12 位患者。入组的 12 位患者中，一半被随机分配到机器人辅助手术组，另一半则被分配到标准的传统手术组。手术操作的第一阶段是从眼球后部移除一层膜。外科医生能够对比使用机器人是否比传统手术方法更高效地完成手术。在试验第二阶段，研究人员借助机器人在视网膜下插入一根细针，对 3 位年龄相关性视网膜黄斑变性患者的视网膜出血进行溶解吸收。手术涉及黄斑前膜联合内界膜的剥离，视网膜黄斑区是视力最敏感区，因此需要极为精细的操作。其中有视网膜出血的 3 位患者，经视网膜下注射一种治疗药（重组组织型纤维蛋白酶原激活剂）进行治疗。

机器人辅助手术组的患者治疗后视力得到了显著改善，这种方法（使用机器人辅助手术）对于高精确度和高技术难度眼科来说是一个巨大飞跃。时间会证明，这种方法将显著提高此类手术的质量和安全性。试验还证明，机器人在扩展人类能力所能达到的极限方面具有很大潜力。该研究团队下一步计划是借助机器人外科装置，将一种基因疗法精准、微创地传递到视网膜上，这将是医学界又一创举。目前的临床试验验证了这款智能机器人使用的安全性和精确性，它超越人类能力的精度、准确性和稳定性。这也是突破现有微创外科的界限以及手术操作规程的标准条件。

四、人工智能展望

需要说明的是，AI 确实产生不久，还处于发展阶段，所以在一段时间内，AI 不但可以用于其他行业，也可以非常好地用于医疗健康事业。但是需要说明的是，第一，AI 自身需要发展。第二，AI 使用是有边界的，不能超出它的使用范围。IBM 公司 AI 系统的失败就是一个教训。

目前，中国健康事业发展正处于很好的历史机遇期，人民健康处在国家优先发展的战略地位。习近平总书记强调“人民健康是民族昌盛和国家富强的重要标志”（人民网，2017）。我国重大疾病防治仍面临重大挑战。根据国家癌症中心的数据，每年我国有 430 万新发肿瘤病例，每年有 280 万人死于肿瘤。其中，我国的肺癌、胃癌、食管癌和肝癌的死亡率都在全世界第一位。我国心脑血管疾病年死亡 385 万人，高血压患者高达 2.7 亿人。糖尿病目前患者超过 1 个亿，还有 1.5 亿人处于糖尿病前期。中国重大慢性非传染性疾病死亡率高于世界平均水平。这些重大疾病是造成我国人力资源丧失和经济损失主要原因，已成为我国社会和经济发展过程中不可回避的严重障碍，是建成小康社会迫切需要解决的问题（张华，詹启敏，2015a，2015b）。

要高度重视数据的标准、收集、储存、分析、利用、共享、安全。健康医疗大数据将是这个地球上最丰富、最重要、最庞大的数据，是国家重要的基础性战略资源。基于健康医疗大数据的 AI 技术最终惠民并提供保障，如基于移动医疗的慢病管理；运用医学影像、分子影像等手段进行智能医学和精准诊疗；药物创新和应用。AI 在健康领域的应用的主要模式包括 AI+辅助医疗、AI+医学影像、AI+药物挖掘、AI+健康管理。其具体应用有洞察与风险管理、医学研究、精神健康、医学影像诊断、可穿戴设备、生活方式管理监督、药物挖掘、虚拟助理，以及护理、急救室、医院管理。

展望未来，我们有理由相信，AI 的发展将推动中国的大健康、大医学、大卫生进入新天地，将全方位、全周期地关注人民的健康。

参考文献

人民网. 2017-10-28. 习近平在中国共产党第十九次全国代表大会上的报告. http://cpc.people.com.cn/n1/2017/1028/c64094-29613660-10.html.

张华，詹启敏. 2015a. 施医学创新驱动、促进转化医学发展. 中国研究型医院，2（2）：9-15.

张华，詹启敏. 2015b. 精准医学的需求与挑战. 中国研究型医院，2（5）：17-25.

张远望. 2015. 人工智能与应用. 中国科技纵横，（20）：22.

赵家良. 2018. 关注人工智能时代的眼科学发展. 中华眼科杂志，54（9）：645-648.

Abramoff M D, Folk J C, Han D P, et al. 2013. Automated analysis of retinal images for detection of referable diabetic retinopathy. JAMA Ophthalmol, 131: 351-357.

Abramoff M D, Lou Y, Erginay A, et al. 2016. Improved automated detection of diabetic retinopathy on a publicly available dataset through integration of deep learning. Invest Ophthalmology & Visual Science, 57: 5200-5206.

Bach S, Binder A, Montavon G, et al. 2015. On pixel-wise explanations for non-linear classifier decisions by layer-wise relevance propagation. PLoS One, 10: e0130140.

Chakrabarti R, Harper C A, Keeffe J E. 2012. Diabetic retinopathy management guidelines. Expert Review of Ophthalmology, 7(5): 417-439.

Fleming A D, Goatman K A, Philip S, et al. 2010. The role of haemorrhage and exudate detection in automated grading of diabetic retinopathy. British Journal of Ophthalmdogy, 94: 706-711.

Gargeya R, Leng T. 2017.Automated identification of diabetic retinopathy using deep learning. Ophthalmology, 124: 962-969.

Gulshan V, Peng L, Coram M, et al. 2016. Development and validation of a deep learning algorithm for detection of diabetic retinopathy in retinal fundus photographs. JAMA, 316: 2402-2410.

Kaggle Diabcometic Retinopathy Detection competition [article online]. https://www.kaggle.com/c/diabetic-retinopathy-detection. 2018-02-08.

Li H K, Horton M, Bursell S E, et al. 2011. Telehealth practice recommendations for diabetic retinopathy, second edition. Telemedicine Journal and E-Health: The Official of the Amenican Telemedicine Association, 17(10): 814-837.

Montavon G, Lapuschkin S, Binder A, et al. 2017. Explaining nonlinear classification decisions with deep Taylor decomposition. Pattern Recognition, 65: 211-222.

Niemeijer M, Abramoff M D, van Ginneken B. 2009. Information fusion for diabetic retinopathy CAD in digital color fundus photographs. IEEE Transactions on Medical Imaging, 28(5): 775-785.

Orlando J I, Prokofyeva E, Del Fresno M, et al. 2018. An ensemble deep learning based approach for red lesion detection in fundus images. Computer Methods and Programs Biomedicine, 19(153): 115-127.

Pires R, Carvalho T, Spurling G, et al. 2015. Automated multi-lesion detection for referable diabetic retinopathy in indigenous health care. PLoS One,10: e0127664.

Redmon J, Divvala S, Girshick R, et al. 2016. You only look once: Unified, real-time object detection. In Proceedings 2016 IEEE Conference on Computer Vision and Pattern Recognition (CVPR), 779-788.

Takahashi H, Tampo H, Arai Y, et al. 2017. Applying artificial intelligence to disease staging: Deep learning for improved staging of diabetic retinopathy. PLoS One, 12: e0179790.

Ting D S W, Cheung C Y, Lim G, et al. 2017. Development and validation of a deep learning system for diabetic retinopathy and related eye diseases using retinal images from multiethnic populations With Diabetes. JAMA, 318: 2211-2223.

Wang N, Xu X, Zou H, et al. 2008. The status of diabetic retinopathy and diabetic macular edema in patients with type 2 diabetes: A survey from Beixinjing District of Shanghai city in China. Ophthalmologica, 222: 32-36.

Wilkinson C P, Ferris F L, 3rd, Klein R E, et al. 2003. Proposed international clinical diabetic retinopathy and diabetic macular edema disease severity scales. Ophthalmology, 110: 1677-1682.

Xie XW, Xu L, Jonas J B, et al. 2009. Prevalence of diabetic retinopathy among subjects with known diabetes in China: The Beijing Eye Study. European Journal of Ophthalmology, 19: 91-99.

Xu J, Wei W B, Yuan M X, et al. 2012. Prevalence and risk factors for diabetic retinopathy: The Beijing Communities Diabetes Study 6. Retina, 32: 322-329.

Yang W, Lu J, Weng J, et al. 2010. China National D, Metabolic Disorders Study G: Prevalence of diabetes among men and women in China. The New England Journal of Medicine, 2010, 362(12): 1090-1101.

中国原始创新型人力资本制度建设初探

方竹兰

中国人民大学经济学院教授

中国经济发展模式的转型依赖中国原始创新能力的形成。对于如何形成原始创新能力，很多人认为只要增加货币资本的投入，中国的原始创新能力就会自然形成。其实这是一个错觉。我们需要认识到，中国原始创新能力形成的关键要素是人而不是资金，国家的原始创新能力与人力资本的创新能力直接相关。在信息化、全球化、知识化的产业结构主导的现代世界，能够从事原始创新型的人力资本质量与数量，决定了一个国家的原始创新程度，从而决定国家创新能力的强弱。中国原始创新能力形成的关键在于拥有越来越多的原始创新型人力资本。

原始创新的初始阶段是直觉式创新，要经过解释式创新、逻辑推理式创新、扩散式创新各阶段，才能形成创新型人力资本。能够从事直觉式创新阶段的人力资本群体特点是想象能力、预见能力、开拓能力、无中生有的能力相比较其他创新人力资本更强，能够引领其他类型人力资本的后续创新。从发起原始创新到最后产生原始创新成果的整个原始创新过程中，这部分人的思想理念、行为习惯、运作模式天然构成原始创新的主导线。如果没有原始创新型人力资本的主导，创新只能停留在引进模仿层面而很难提升，原始创新型人力资本对其他类型的人力资本起主导作用。创新阶段与人力资本的关系如图 1 所示。

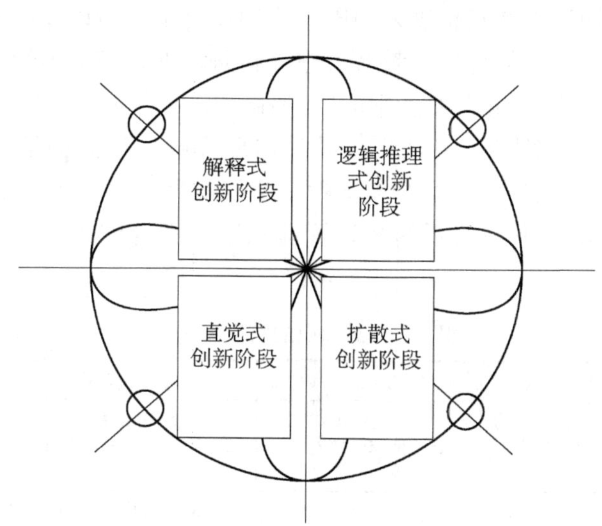

图 1　创新阶段与人力资本的关系

一、原始创新型人力资本的产权制度建设

原始创新型人力资本之所以能够在原始创新中起如此关键的作用，是因为具有独特的知识类型——超常型知识。激励原始创新型人力资本发挥决定作用的关键是建立保护原始创新型人力资本超常型知识的知识产权制度。什么样的知识是原始创新最需要的知识？许多中国的精英和大众实际上并没有清楚地认识到，这

是中国的知识产权制度不完善、执行不到位的深层原因。中国人习以为常的知识内容主要是常规型知识，原本最重要的超常型知识往往被忽视。比如，就知识内涵而言：人们往往注重能够用语言和文字表达的知识。为什么？因为没有文字和语言表达的知识被认为没有评判标准，靠不住。就知识外延而言，对既定的规制的尊重往往超过对新生事物的认可。为什么？因为既定的规制往往已经被大家遵守，成为常规型知识，而新生事物是未被大众认可的新知识。就知识主体而言，相信老年人超过相信年轻人。为什么？因为老年人的知识一般是可以用语言和文字系统表达的明示知识，而年轻人的知识往往还不能系统地用语言和文字表达的默示知识。就知识的载体而言，集体的知识往往凌驾于个体的知识之上。为什么？因为集体的知识是集体内每个成员共享的常规型明示知识，个体知识往往是个人独有的默示知识，集体很难分享。就知识的生产方式而言，引经据典往往比超前探索更顺利。为什么？因为可以引经据典的知识一般是已经被今人广泛学习的常规型知识，超前探索的知识往往是今人还没有创造的潜在的超常型知识。中国千百年来潜移默化的知识认知模式已经使我们在一定程度上忽视了超常型知识的存在。由于超常型知识没有真正进入中国人的知识框架，所以我们的资源管理、经济管理、政治管理、文化管理、教育管理、科研管理、劳动力管理、干部管理、知识分子管理等凡是涉及人力资本的管理相对缺乏对年轻人探索、对质疑批判意见、对新创意、新理论、新思路的快速判断和吸纳能力的培养，而习惯于对常规型知识的灌输和遵循。所以，发挥原始创新型人力资本的决定作用，需要建立以超常型知识为主导的新的知识管理制度。各类知识的定义和举例如表 1 所示。

表 1　各类知识的定义和举例

知识类型	超常型默示知识	常规型默示知识	超常型明示知识	常规型明示知识
定义	与天赋和灵感相关的不能用语言和文字系统表达的知识	不能用语言和文字系统表达特殊的技能、手艺和经验	在大多数人还普遍处在未知状态下首次提出的知识	在前人提出的知识的基础上进一步概述的知识
举例	发明家	修自行车	爱因斯坦的相对论和纳什的博弈论	一般自然科学和社会科学的教科书

原始创新能力的形成当然需要常规型知识，尤其是在逻辑推理式创新和扩散式创新阶段，但是在直觉式创新和解释式创新阶段，尤其需要超常型知识，既需要超常型默示知识也需要超常型明示知识。原始创新型人力资本是用超常型默示知识进行想象、探索、实验、开发，用超常型明示知识启迪、引导和总结推广的群体。超常型明示知识与超常型默示知识的紧密结合是原始型创新的主导知识链条：超常型明示知识的诱导—超常型默示知识的试错—超常型明示知识的解释—

超常型默示知识的探索—超常型明示知识的总结—超常型默示知识的扩散……这两种超常型知识的结合主导原始型创新，当逐渐成为常规型知识后，新一轮的超常型知识结合又在竞争中开始，无限循环。为原始型创新服务的知识产权制度在激励保护各种知识的同时，尤其需要重视保护超常型知识：对超常型默示知识的产权保护制度内容核心是对年轻人天赋、灵感、兴趣、爱好、激情、探索、想象、创意的产权保护。我们现在对于年轻人这些方面的保护是从管理方法层面进行的，而这恰恰是目前知识产权制度的缺陷，应该把方法层面的管理上升到权利层面的保护。对于年轻人超常型默示知识的保护很大程度上就是对于年轻人人格特征的保护，即是对年轻人的天赋权、灵感权、兴趣权、爱好权、激情权、探索权、想象权、创意权的权利的正当性、合法性、主导性、可操作性的保护。以我之见，正当产业结构转型、经济发展模式转型之际，这种保护比招商引资重要得多。

对于超常型明示知识，主要是对科学家、教育家、学者、企业家专利、著作权、品牌产权的保护。不仅是从国家层面一般性地用专利、著作权、品牌等成果型产权制度来保护，更是对原始创新型人力资本价值的认可，并系统地贯穿到整个原始型创新过程的制度建设中。比如在教育科研项目的实施中，在科技成果的转化中，在科研经费的会计制度和审计制度执行中，在国有资产的界定中，都首先确认和兑现原始创新型人力资本的产权。现在的管理制度往往偏重物质资本和货币资本的价值认定，不仅没有原始创新型人力资本的价值认定，就是一般的人力资本的价值认定都很弱，导致原始型创新人才得不到公正保护的逆淘汰现象，严重损害了中国原始创新型人力资本的创新积极性。除宏观层面（国家层面）的产权保护之外，还有微观层面的保护。比如在企业层面，当超常型默示知识拥有者将企业创建成功后，企业内部需要在企业股权比例上，在期权份额中，在年薪设计上，在决策权实施中，在企业收益分配上，有利于原始创新型人力资本的价值实现。要让人力资本的价值计算比货币资本优先贯穿在企业的产权设计、控制权设计、参与权设计、长期收益权设计、短期收益权设计等财务会计的设计程序中。企业的人力资本投资者应该拥有企业的所有权，这是一个历史趋势。

二、原始创新型人力资本的组织制度建设

原始创新型人力资本在原始创新中发挥关键作用，是以市场主体自治与社会主体自治为特征的组织系统为载体的。尤其是在直觉式创新和解释式创新阶段，原始创新型人力资本开始原始创新的启动、试错、冒险、解释、主导的作用，尤

其需要市场自治和社会自治进行。自上而下的政府行政组织的职责是为原始创新型人力资本的市场自治和社会自治提供宽松的制度环境，同时依法引导和规范自治组织活动。政府在原始创新中的重要职能是培育市场和社会主体自治，让具有超常型知识的各类人才尽可能快地实现合作——培育直觉式创新者的自治组织，尤其是学者自治和年轻创新者自治之间的自治组织系统。

首先是学术共同体的社会自治。各个学科、行业、领域内的专家学者的专业知识和专业技能，表明专家学者在充分掌握常规型明示知识的基础上具有本专业的超常型明示知识。专家学者的超常型明示知识对于处在萌芽期的超常型默示知识有鉴别、发现、培育、引导、扶持、保障的巨大功能，旨在让专家学者成为年轻人超常型默示知识的发现者、培养者、资源配置者。这不是政府运用行政力量事无巨细地去操作，也不是政府设计一个工程去分配资源，而是充分发挥专家学者具有的超常型明示知识对年轻人的指导和识别功能，让专家学者充当培育年轻人的主角。根据原始型创新需要的学术共同体有利于超常型明示知识的运用。

其次是进行创新的年轻人的社会自治。超常型默示知识的主体是年轻人，年轻人身上的超常型默示知识具有个体性、潜在性、易逝性和发散性特点，具有超常型默示知识的知识主体结合的依据是他们之间的互相欣赏和吸引。他们之间的结合一定是在互相欣赏和吸引基础上的自主型合作，如自组织的小企业，自组织的小银行，自组织的天使投资，自组织的风险投资，自组织的科研团队，自组织的教学团队，自组织的中介服务，自组织的评估机构，自组织的社区管理，自组织的学校管理，自组织的实验室管理，自组织的诚信管理，自组织的协会、商会、公共交流平台等。在超常型明示知识和超常型默示知识的自组织系统周围，有大量按照原始创新要求产生的猎头、法律、会计等市场和社会的自组织服务机构为原始创新服务，构成错落有致且张弛有度的横向合作组织系统。政府培育市场主体和社会主体的自治组织，不是减少了政府的权威，而是增加了政府的权威，因为它不直接介入原始创新型自组织系统的建立，而是在尊重和保护横向合作组织架构的基础上，行使法治规范、执法引导、服务协调、财政补贴等职能，保护横向自治组织的活力。

三、原始创新型人力资本信用制度建设

原始创新型人力资本从事原始创新，需要尽可能快地获得创新需要的货币资本。传统的金融组织和金融机制很难适应于此，新型的金融组织便应运而生，新型金融组织服务于原始型创新，那就是种子基金、天使投资、风险投资等新兴金融组织。这些新兴金融组织对于原始创新型人力资本的货币需求，采取不同于传

统金融的信用担保机制，将传统的货币资本信用担保改变为人力资本信用担保，以便于原始创新顺利进行。

人力资本信用担保从积极、全面的角度分析投资风险，弥补了传统货币资本担保忽视人力资本主导性的机制缺陷。货币资本担保看到风险存在的客观性，却未看到社会上有许多能将高风险转化为高收益的创新型人力资本所有者。人力资本信用担保则看到高风险背后的高收益潜能，用人的能力事先防范风险的发生，并利用高风险创造高效益，找到能充分承担高风险，创造高收益的人力资本所有者；避免了传统货币资本担保产生的货币资本本身的不确定性。当时提供的货币担保的可靠性会随着时间的变迁而变化，因为货币资产的价值随着时间的推移也许增值也许减值，甚至流失，极易产生虚假担保和盲目担保。用股票期权的方式将担保抵押在未来的投入产出预期，而不是已有的非人力资本抵押品上，用股票参与的方式解决了人力资本的能力转化为努力的、担保的确定性；人力资本信用担保也促使人力资本所有者的诚信建设，促进了人力资本信用制度的完善，便于全社会的创新创业。每一个人力资本所有者都置于信用评估的环境中。要想得到风险投资，就需要有信用，将其社会活动过程中有关系到诚信与否的行为，通过具体的指标进行跟踪记录，这样一来使每一个人力资本所有者不敢有丝毫懈怠，一生具有保持良好信用记录的内在动力。传统的货币资本信用担保与人力资本信用担保的对比如表 2 所示。

表 2 两种担保模式的对比

担保模式	对待风险的态度	担保效果	对人力资本的影响
传统的货币资本信用担保	消极对待风险；被动地寻找人力资本	风险防范效果不确定	加大人力资本所有者的创业难度
人力资本信用担保	用人的能力事先防范风险的发生；人力资本主导	着眼于创新的未来价值；股票期权的方式将担保抵押在未来的投入产出预期	促进了人力资本信用制度的完善

四、原始创新型人力资本的培育制度建设

中国经济发展模式转型和产业结构升级只能依靠原始创新，原始创新的能力取决于原始创新型人力资本的数量与质量，所以，原始创新型人力资本的培育制度是原始创新型人力资本制度系统的基础。原始创新型人力资本不能只靠通过海外人才引进解决，从根本上说需要中国自己的教育系统培养，所以教育体制改革迫在眉睫。通过教育改革，能够培育千千万万能够从事原始创新的人力资本群体。全社会尤其是政府需要认识到中国产业结构升级的关键不是招商引资，不是货币资本的投入，而是发展具有培养原始创新型人力资本功能的中国教育。在全球竞

争中，教育已经成为最主要的竞争领域。原始创新需要的人力资本不是一般的初级劳动力加工型的劳动力，也不是刻意从事引进模仿的一般人力资本，而是有想象力、超越力、批判力、突破力的新型人力资本。原始创新对教育提出了更高的要求。过去我们主要靠引进国外的学者，靠引进国外教育培养的海归进行创新，这说明中国当时的教育还缺乏培养原始创新型人力资本的能力。如果中国教育没有原始创新型人力资本的培育能力，就没有原始创新能力。中国教育体制需要以新的知识认知模式进行改革，把培育青少年的超常型知识作为教育改革的首要任务。中国的教育改革已经多年，但是我们还在摸索灌输常规型知识与培育超常型知识相辅相成的教学方法。我们应积极探索超常型知识培育和应用的规律，围绕青少年创新的知识和能力的培养目标进行教育体制改革；在学习书本知识的基础上，持续培养学生的观察思考能力、分析批判能力、想象开拓能力、创意试错能力、实验操作能力、排困解难能力、协同合作能力、组织规划能力；大大压缩对常规型知识的教学和考核，探索对天赋、特长、兴趣、爱好、灵感、激情、梦想、创意培育的教学和考核方法，围绕新的教学内容、教学目的、教学方法、教学评估展开全面改革，使中国教育适应原始创新型国家能力建设的需要。

五、原始创新型人力资本文化制度建设

显性制度背后的文化层面上的产权保护是原始创新型人力资本制度建设中的软制度建设，按照宪法赋予的权利，给予原始创新型人力资本想象的自由、创意的自由、批评的自由、创业的自由、组合的自由、交易的自由；创建允许超常型知识拥有者个性表达、平等竞争、协商讨论、试错实验、创造表达宽松、意见宽容、人事宽厚的文化环境。它不是简单地用明确的契约文字保护，而是用氛围、用文化、用社会精神保护，形成全社会对创新创业的尊敬感和荣誉感。国家层面的保护不仅是在专利、著作、品牌形成后的制度规范上，更是在专利、著作、品牌形成之前的超常型知识的隐形的文化层面的激励与保护上，比如对年轻人的兴趣、爱好、灵感、激情、梦想、创意权利的隐形的软保护，这种保护可能比显性保护和硬保护更重要。

我国经济正在进入新常态，明显存在巨大的提升原始创新能力的制度潜力和改革红利。只要我们及早重视原始创新型人力资本的制度建设，培育越来越多的原始创新型人力资本，用越来越完善的制度激励原始创新型人力资本从事原始创新，就可以极大地缩短我国科学技术与世界先进水平的差距，实现中国产业结构的升级和经济发展模式的转型。因为与我国主要行业技术水平和世界先进水平相差 20—30 年相伴随的是这样一种历史启示：“在科学与技术发展中，存在着知识

水平与体制水平之间的互动关系。先进的体制水平可以缩小在知识水平上存在的差距。体制水平拉了知识水平的后腿。”（白春礼，1999）因此，提高体制水平至关重要。

在信息化、全球化发展的今天，只要制度体制改革到位，就能极大地缩短中国科学技术与世界先进水平的差距，极大地缩小产业发展与世界先进水平的差距，中国科学技术发展和产业发展的历史已经证明了这一点，中国科学技术和产业的进一步发展更能证明这一点，进行原始创新型人力资本的制度建设，是关键的一步。

参考文献

白春礼. 1999. 时代呼唤中国青年肩负科技创新的重任. 中国科技月报，（6）：5-7.

方竹兰. 2002. 人力资本与中国创新之路. 北京：中国经济科学出版社.

孔宪香. 2009. 创新型人力资本分类研究. 科技管理研究，（7）：328-330.

刘智勇，张玮. 2010. 创新型人力资本与技术进步：理论与实证. 科技进步与对策，27（1）：138-142.

迈克尔·波兰尼. 2000. 个人知识：迈向后批判哲学. 许泽民译. 贵阳：贵州人民出版社.

Cholle F P. 2012. The Intuitive Compass. San Fransisco: Jossey-Bass.

Nelson R, Phelps E. 1966. Investment in humans, technological diffusion and economic growth. American Economic Review, (56): 69-75.

Poter M E. 1990. The Competitive Advantage of Nations. New York: The Free Press.

发展社会企业 培育社会治理现代化创新主体

程　萍①

国家行政学院教授

社会企业的发展在全球范围受到越来越多国家的重视，也是中国全面建成小康社会、向现代化迈进的重要组织基础之一，在扩大社会就业，减少贫困，改善公共服务，建设和谐社会等方面发挥了积极作用。目前，中国正处在由社会管理向社会治理转变的关键时期，在治理背景下，传统的社会组织理念、功能、作用、

① 程萍，中共中央党校（国家行政学院）教授、博士生导师，中国未来研究会一带一路专业委员会会长。

组织形式、运行机制等都随之发生改变，社会企业逐步走上社会治理的舞台。

一、中国社会企业产生和发展的背景与动力

在“治理”成为全球共识和趋势的背景下，中国的社会组织快速发展，正在成为公众有序和有效参与治理的重要主体，成为公众学习和实践自治的组织形式。在这一背景下，社会企业也开始步入社会治理的舞台。

“社会企业”一词首次出现于1998年，由法国经济学家蒂埃里·让泰最早提出。“社会企业”是指那些融合了社会目标和商业手段的组织，其经营目标是为了社会，而不是个人利益最大化（王世强，2012）。现代意义的社会企业应该包含三个要素：目标设定、运营模式和利润分享方式。目标设定指企业的主要目标和使命是什么；运营模式指企业采取何种经营手段实现其设定的目标；利润分享方式指企业利润如何分配，流向哪里。

中国社会企业的实践先于概念的使用。现代意义上的社会企业萌芽和发展，港台地区早于内地。内地的社会企业兴起于21世纪之初，发展历史短暂（黄承伟，覃志敏，2013）。相关概念于2004年由北京大学教授刘继同翻译的《社会企业》一文引入，至今没有权威定义。有学者认为，社会企业包括合作组织、基金组织、慈善组织、社区发展公司、志愿组织、社会公司、发展信用联盟等，内容广泛，模式多样（丁元竹，2005）。

中国社会企业的兴起与发展是改革开放不断深化条件下，社会主义市场经济和社会服务与福利需求发展的必然结果，从政府、市场、社会、国际交流四个维度考察其兴起和发展不难发现，外推动力、内生动力、价值动力、国际动力是我国社会企业兴起和发展的四大动力。

第一，政府职能转变和服务型政府建设是我国社会企业兴起的外推动力。党的十七大以来，我国政府改革进程加快，服务型政府建设逐步成为各级政府的中心工作。在此过程中，各级政府努力探索将原有的部分职能转移给相应的社会主体，尝试构建公共服务的多元化治理格局。这种尝试先后出现在城市社区建设、扶贫开发、市场监管和行业治理的实践中，逐渐成为服务型政府建设中具有趋势性的实践探索，许多非营利组织开始成为政府转移相关职能或购买服务的对象，一些企业也积极参与其中。在上海、天津、杭州、深圳等沿海发达城市，社会企业应运而生，成为推动政府与非营利组织、企业合作互动的良好形式。

第二，社会服务需求个性化、多样化和市场化是我国社会企业兴起的内生动力。近年来，随着公众对社会服务和社会福利产品以及提供方式和提供水平需求的不断提升，政府基于基本公共服务和福利提供的产品与模式已经不能满足公众

的需求，特别是某些个性化的高端服务需求，难以以非营利模式提供，引入企业竞争机制和运营模式成为必然选择。

第三，公民参与和志愿精神的成长是我国社会企业兴起的价值动力。随着市场经济体制的逐步确立，我国社会管理体制和运行机制发生重大变化，作为社会主体的公民冲破了原有单位制的束缚，开始作为参与主体走向社会治理舞台，积极参与公共事务和社会服务。公民意识的觉醒和不断提升促进了社会组织的蓬勃发展，弘扬和培养了公民的志愿精神。在此基础上，唤醒了企业家的社会责任意识，越来越多的企业家开始关注并履行社会责任，将更多的社会责任纳入股东利益评价体系，由盈利目标转向以承担社会责任为己任的社会公益目标，社会企业模式恰好适应了企业和公民希望实现更高理想和社会价值的需求。

第四，国际交流与援助是我国社会企业兴起的国际动力。现代社会企业兴起于英国，在发达国家发展迅速，国际交流与借鉴成为我国社会企业发展的重要动力。2008 年开始，英国大使馆文化教育处开始在我国开展社会企业家培训项目，至 2012 年底，接受该项目培训的人数超过 1000 人，有 60 多家机构通过项目下设的“优秀社会企业计划评选”活动，获得了中方合作伙伴提供的 900 万元人民币现金资助，以及非现金类的扶持资助。2013 年，该项目组织 4 期培训班，培训学员 200 名（搜狐公益，2013）。2010 年，Schoenfeld 基金会推出易社奖学金，组成中国学生代表团前往美国参与商业强化培训，美国总统克林顿为易社颁发奖项，表彰其对中国社会企业的支持及贡献。2011 年，易社在中国香港和内地开展了更全面的社会企业领导者培训。

二、中国社会企业发展存在的问题

目前，社会企业在中国内地尚处于探索阶段，法律体系框架内尚没有对“社会企业”的明确界定，发达国家标准下的社会企业实体很少。有学者认为，从社会企业的本质特性看，中国存在大量的“准社会企业”或者“类社会企业”的组织（赵莉，严中华，2012）。最为典型的有三类：民办非企业单位、福利企业和社区服务中心，它们在一定意义上承担了社会服务的功能，可理解为社会企业发展过程中的初级组织。在我国社会治理创新背景下，社会企业日益引起关注，发展潜力巨大，社会企业目前尚处于初级发展阶段，还面临较多的问题和困境。

第一，法律体系建设滞后于发展实践。一是社会企业没有明确的法律地位，所采取的法人组织形式多种多样，主要包括商业企业、社会福利企业、民办教育机构和民办非企业单位等，在所有权、税收减免、利润分配、治理模式等方面受到制约，限制了发展；二是尽管一些地方政府表现出对社会企业积极支持的态度，但成文的政策法规尚未出现，制度建设还没有展开；三是既有的政策法规中，许多不利于社会企业发展的规定也还在发挥作用；四是由于无法可依，难以依法建立相应的政策法规制度体系、社会效益评估体系，难以实现规范化认证和监管，难以取得公众信任，使社会企业发展处于尴尬境地。

第二，战略发展规划和政府支持政策欠缺。要真正发挥社会企业对我国经济社会文化发展的积极作用，需要进行大胆尝试，在实践中探索前行，更需要政府进行正确引导和规划，通过战略规划和扶持政策，推动社会组织健康有序良性发展。与国际经验相比，一是我国还没有社会企业发展战略规划，也没有将其发展列入国家和地方五年计划，没有列入相关部门发展规划，尚处于自发、无序发展状态；二是政府对于社会企业的政策支持力度不足，没有专门针对社会企业的支持政策，86%的社会创业者认为社会企业存在困难，47%的社会创业者认为缺乏政策是对社会企业运作的重大挑战。（FYSE，2012）

第三，自身市场运作能力和公益创新能力不足。一是社会企业的历史还很短，规模和经济影响力有限，71%的社会企业年收入不到 50 万元（FYSE，2012）。大多数在激烈的市场竞争中尚未形成可持续发展的机制与核心竞争力，没有明确的营利规划与公益计划，缺乏可持续的商业模式，产品和服务过于低端，难以摆脱对政府和基金会的资金依赖。二是社会企业的公益创新能力还是一个没有解决的难题。社会企业如何跳出既有的公益范式，在资助方式、受益对象与受益程度、激励机制、学习能力改进等方面有所突破？如何将市场收益用市场手段用于公益事业，改进并提高公益事业的效率？如何在市场经济的背景下建立公开透明的问责机制，并复兴公益事业的社会公信力？这些问题都亟待社会企业和社会各界回答。

第四，发展资金投入规模和形式有限。与发达国家相比，社会企业发展资金短缺，特别是创始资金困难，相当一部分社会企业募资能力较弱。一是社会企业融资的金融环境不佳，公益性投资回报率较低，企业和金融机构不够积极；二是目前国内基金会用于支持社会企业发展的社会投资，主要是以培训、评奖、创业大赛等形式进行的小规模资助，没有连续性，很难开发和培养公益服务品牌和优质产品；三是公益创投、债权、股权等投资方式虽有尝试，但处于探索阶段，没有相应的政策支持和法律法规制度保障，隐患较多。

第五，社会企业家和懂市场尚公益的人才缺乏。社会企业的可持续发展离不开一支稳定、高素质的人才队伍，目前我国社会企业普遍人才匮乏，人力资源紧缺。首先是既具有崇高价值追求和社会责任感，又有市场运作能力，懂经营善管理的高层次社会企业家人才奇缺；其次是社会企业创始人虽具有非营利组织工作的经历，却不熟悉市场规律，导致社会企业发展规模和速度受限；三是由于社会认同度和工资福利待遇较低等，没有建立起专业化、职业化的社会企业职工队伍；四是没有相应的考核、评价、奖惩和培训等制度，难以形成比较稳定的人力资源来源；五是由于没有形成广泛的公益文化氛围，志愿者人数较少，专业的志愿者更少，志愿者队伍不稳定。

第六，社会认知度和认同度不够高。一是我国社会对社会企业和社会企业家精神的认知程度仍然比较低，社会企业的影响范围有限，2/3 的社会企业总部位于北京和上海（FYSE，2012）。二是目前我国公益领域对社会企业概念的热捧呈泛滥之势，概念不清，鱼龙混杂，如何平衡利润分配和公益目标，成为公众质疑的关键。有些公益组织的不良社会影响，也使社会企业的社会认同度和公信力受到影响。三是除了北京、上海等一线城市，大多数城市难以提供志愿者资源，甚至不理解志愿服务和志愿者。四是社会企业兴起于西方，引入中国后显得“水土不服”，在我国社会治理语境中，通常以“有一定造血功能的公益性组织”替代“社会企业”，本土化还需时间。2008 年，《中国社会企业调查报告》对社会企业的认识程度如表 1 所示。

表 1 对社会企业的认识程度 单位：%

比较项	非常可能	可能	不可能	绝对不可能
大众的认识	44	28	24	4
政府的认识	48	32	12	8
捐助者的认识	56	32	4	8
NPO 的认识	36	36	20	8

资料来源：社会企业研究与发展中心. 2008. 中国社会企业调查报告. https://ishare.iask.sina.com.cn/f/34079340.html.

第七，可能陷入过度市场化误区。社会企业提供的是准公共产品，具有经济和社会双重属性，从国际社会企业发展历程看，未来我国社会企业的发展，很大程度上取决于社会责任投资市场的培育和成长，取决于社会企业家精神和企业社会责任意识的培育和成长。鉴于准国内公共产品的双重属性，如果过于强调市场需求和市场手段，过于强调市场对公益服务的补充和提升作用，很可能使经济价值冲淡了社会价值，背离社会企业发展的根本宗旨和社会目标。

三、大力培育和发展社会企业

作为社会治理创新的重要内容和形式，公益创业与社会企业发展已经成为时代大潮，甚至有学者认为“社会企业是我国非营利组织和国有企业、民营企业的主要改革方向”（丁敏，2010），应为其发展创造宽松、良好的政策环境。

第一，逐步推进国家立法。一是引导社会企业依据现行企业和社会组织的法律法规运作，避免直接冲突，逐步确立社会企业遵法守法的良好形象；二是梳理现有的法规制度，对不利于社会企业发展的进行必要的调整和修改，努力营造有利于社会企业发展的法律和政策环境；三是鼓励各地根据本地社会企业发展实践，在现行法律许可范围内，突破现有地方政策界限，实现政策和机制创新，为立法提供现实经验；四是立足我国社会企业发展实践，研究和颁布符合我国国情的社会企业管理法规，实现社会企业资格认证，为立法进行理论和实践准备；五是借鉴国际经验，研究和制定符合我国社会企业发展实际的社会企业法，保障社会企业发展的法律地位。

第二，制定专项发展规划。一是组建国家层面的社会企业专管部门，或在民政部增加相关职能，制定发展社会企业的国家战略和五年规划。二是有条件的地方政府，可组织力量研究制定本地区发展社会企业的战略规划（或发展纲要），探讨有关社会企业规范发展的制度框架，如行业标准、产品标准、服务标准等。三是针对不同类型的社会企业制定不同的扶持发展策略——对“市场实践型”社会企业，采用“基于市场实体，树立公益目标”的发展策略；对“公益创新型”社会企业，采用“基于公益实体，运用市场机制”的发展策略。四是通过规划积极倡导社会企业组建协会（行会、联合会）等协作、管理、交流型组织，鼓励其探索自我管理和发展的新机制与新模式。

第三，明确扶持发展政策。一是将社会企业纳入政府购买公共服务范围，为社会企业单设一类服务项目，由社会企业自行申报，对认定的社会企业给予扶持，优先购买其产品或服务；二是在政府购买服务项目绩效评估基础上，对执行优秀的社会企业和项目，依据其纳税额设定奖励金额，实现税收返还；三是社会企业享受小微企业在财税优惠和行政收费减免等方面的扶持政策；四是制定并开展“社区投资税收减免”等计划，推动社会企业致力于发展社区服务项目；五是鼓励商业企业、基金会等投资社会企业，通过政策引导，打通合作通道，为社会企业成长提供有力高效支持。

第四，提供优质孵化服务。一是推广社会企业孵化理念和经验，通过规划建立不同层级的社会企业孵化园等方式，为社会企业创业提供一站式服务，降低社会企业初创成本；二是通过孵化器，形成社会企业发展聚集区，吸引为社会企业提供公益风险投资、企业咨询、人员培训等方面服务的机构进驻孵化园，为社会企业创造良好成长环境；三是出台优惠政策鼓励公益创投，多渠道多形式给初创社会企业注入资本和管理孵化方式，突出社会企业的专业性；四是在总结经验的基础上，推广托管社会企业孵化基地的官民合作新模式；五是依托地方政府，努力探索以兴建产业园区的方式打造“黄河善谷”[①] 的社会企业发展模式。

第五，实施人才培养计划。为吸引更多优秀人才进入社会企业，一是要建立社会企业从业者最低工资标准，保障员工最低工资合乎市场水平，推动政府出台相关优惠政策和扶持资金，要求社会企业必须为员工提供社会保险，提高福利待遇；二是要积极推进社会企业工作人员专职化、职业化，设立社会企业从业者职称系列，为他们设计职业发展前景；三是要适当增加财政补贴，在政府购买公共服务项目中允许列支工作人员劳务费；四是要多渠道多形式为社会企业发展提供必要的业务和技能培训，着力打造一支职业经理人队伍；五是要积极发现公益人才，建立通畅的发掘渠道，对具有社会企业家潜质的人才特别是青年人才进行跟踪培养；六是要搭建社会企业家网络平台，推动多种形式的互动交流；七是要通过多种形式特别是有影响的媒体，大力表彰和奖励有影响有作为有贡献的社会企业家，形成社会认同。

第六，实行优惠财税政策。一是积极采用间接补贴形式。政府财政补贴分直接补贴和间接补贴，直接补贴可能会造成社会企业丧失独立性，发达国家大部分采取间接补贴形式。特别是对为弱势群体就业建立的、有助于政府实现社会福利政策目标的社会企业，实行员工工资补贴。二是对于向社会企业的投资给予税收优惠，鼓励民间资本投向社会企业，如对社会企业投资于社会目的资金给予税收优惠，对雇佣一定比例残疾人等弱势群体的社会企业给予税收优惠等。三是完善慈善捐赠制度，在慈善基金管理公开透明、谋求基金升值和管理费用最低化等原则基础上，给予更多的税费减免优惠。

第七，形成良好社会认知。一是充分运用媒体，特别是以互联网为依托的新媒体，大力宣传社会企业概念、理念和社会企业家精神，逐步培养和树立全社会积极参与公益和创办社会企业的风尚。二是与领导干部和公务员培训结合起来，在政府部门和党群组织中广泛开展关于社会企业认知培训，让更多的政府工作人员了解社会企业在社会管理创新中的重要作用。三是与社会组织培育工作结合起来，面向社会组织负责人开展社会企业理论与实务培训，让更多的社会组织了解社会企业理念，引导社会组织拓宽发展思路。四是依托高校和研究机构召开社会企业研讨会，鼓励高校科研单位设立与社会企业相关的研究基地、课程培训和专业方向。引导社科课题管理机构大力资助社会企业课题研究，资助有关研究成果的出版，加强社会企业理论研究。五是进一步加强国际交流与合作，制定相应规划与鼓励政策，在积极借鉴国际先进理念、经验和做法的同时，着力培养知名社

① 黄河善谷：宁夏回族自治区在沿黄河城市以及南部山区建设的新型慈善工业园区集群，是集聚产业慈善资源、探索扶贫助残的一种新模式。

会企业品牌和著名社会企业家，积极扩大我国社会企业和社会企业家的国际知名度。

参考文献

丁敏. 2010. 社会企业商业模式创新研究. 科学经济社会，（1）：96-99，103.

丁元竹. 2005. 社会发展规划需要处理好十大关系. 中国经贸导刊，（16）：23-25.

黄承伟，覃志敏. 2013. 我国社会企业发展研究述评. 学习与实践，（5）：105-112.

搜狐公益. 2013-05-02. 2013 年度社会企业家技能培训招募通知. http://gongyi.sohu.com/20130502/n374631461.shtml.

王世强. 2012. 社会企业的官方定义及其认定标准. 中国社会组织，（6）：38-41.

赵莉，严中华. 2012. 我国社会企业发展面临的法律困境及其对策. 社团管理研究，（4）：28-30.

FYSE. 2012-10-20. China Social Enterprise Report. http://118.26.57.18//Q2W3E4R5T6Y7U8I9O0P1Z2X3C4V5B/ www.bsr.org/reports/FYSE_China_Social_Enterprise_Report_2012.PDF.

思想现代化是人的现代化的重要步骤与核心内容

杨鹏飞

西北师范大学历史文化学院教授

社会现代化是社会全面变革旧有传统、向现代转型的历史过程，它不仅包括物的现代化，更包括人的现代化。实现人的现代化就是推进人从传统向现代的转型即推进包括人的思想观念、素质能力、行为方式、社会关系等方面的现代转型。人是社会活动的主体，人的现代化极大地影响着社会现代化，是社会整体现代化的核心内容。在从传统向现代性转变过程中，西欧之所以能够成功地进行社会革命和变革，这除了“第三等级”的兴起和发挥作用之外，关键的一点是在变革以前有一个深入人心的文艺复兴和启蒙运动。文艺复兴和启蒙运动是使西欧乃至世界更大范围实现人的现代化的重要思想启蒙运动。

一、文艺复兴

文艺复兴是 14—16 世纪的一场反映新兴资产阶级要求的欧洲思想文化运动，它极大地解放了人们的思想，开启了人们意识形态现代化的历程。文艺复兴是新兴资产阶级在意识形态领域中反封建、反神学的新文化运动，是欧洲从封建社会向资本主义社会转变时期所形成的资产阶级思潮，是划时代的思想革命，对欧洲人从传统向现代转变起到了巨大的推动作用。

文艺复兴运动还推动了自然科学的发展和新的哲学体系的产生，冲击了中世纪的神权和王权，为人类文化艺术的进一步繁荣和社会生产力的发展起了巨大的推动作用。随着封建制度的瓦解和资本主义的产生，自然科学脱离了神学，天文学、地理学、物理学、力学和数学都取得了巨大成就。在以实验科学为基础的条件下，现代哲学、文学、艺术和雕塑都出现了空前的繁荣局面。哥白尼、布鲁诺、伽利略天文学的成就，达·芬奇、米开兰基罗的艺术绘画，托马斯·莫尔、康帕内拉的早期空想社会主义等，在人类文化史上占有极光辉的一页。这些巨大的成就不仅丰富了人类精神文化的宝库，而且推动了生产力的发展，加速了西欧各国封建制度的崩溃和资本主义发展的进程。

新的哲学体系的产生推翻了中世纪的经院哲学，为后来资产阶级近代哲学的发展奠定了理论基础。5—15 世纪，在经院哲学的绝对控制下，哲学始终没有形成唯物主义的思想。文艺复兴时期的那些巨人吸收了古典唯物主义的成分，创立了现实主义的新哲学即在实验科学的基础上建立起新的唯物主义哲学。

弗兰西斯·培根强调自然界不仅可以认识，而且自然界有其固有规律。笛卡儿的唯物主义阐明了世界物质的统一性，相信人类理性的力量是万能的，是知识的源泉。斯宾诺莎认为宗教是无知和恐惧的反映，现实存的自然界有其本身的运动规律，世界不是神创造的，而是由实体的发展而形成的。

16 世纪的欧洲文艺复兴运动和 18 世纪的法国启蒙运动都是思想革新运动，但二者的任务有所不同。文艺复兴运动是新兴资产阶级为摆脱封建束缚、争取生存和发展而进行的斗争；启蒙运动是壮大、成熟的资产阶级为摧毁封建制度、确立自己的统治地位而进行的斗争。（李凤鸣，姚介厚，1982）

反封建是两个运动前后相续的共同目标。启蒙运动所涉及的许多问题是 16 世纪人文主义者曾经探讨的，启蒙运动继承了文艺复兴的优秀文化遗产。两个运动有一脉相承的东西，如抨击封建制度，批判宗教神学，号召人的解放，倡导发展科学和继承古代唯物主义哲学传统等。实际上，文艺复兴时期的那种明快的自由思想为 18 世纪的启蒙运动做了准备。

文艺复兴后期法国哲学家蒙台涅的怀疑论，对法国启蒙运动有重大影响。蒙台涅的怀疑论不否认自然界的可知性，而是号召人们用怀疑的眼光重新审视一切，走从事实出发的科学认识之路，努力探索，遵循自然规律。

17 世纪法国的唯物主义，特别是笛卡儿和培尔的哲学，也是启蒙思想的一个重要渊源。笛卡儿是法国卓越的唯理论哲学家、数学家、物理学家和生理学家，是近代资产阶级哲学奠基人之一。他的哲学是法国启蒙思想的重要来源之一。对法国启蒙思想影响最大的是他的崇尚理性权威的思想和唯物主义的物理学。蒙台涅的怀疑精神在他那里发展成为“普遍怀疑”的方法论原则，成为研究科学的出发点。笛卡儿认为，理性是人人天然地均等的，是正确地判断和辨别真假的能力，是衡量一切的标准。必须用理性的尺度大胆地审查以往的一切知识，凡属违反理性的迷信和偏见都要抛弃。

法国的怀疑论哲学家培尔是法国启蒙运动的直接先驱（李凤鸣，姚介厚，1982），他的怀疑论比笛卡儿又前进一步。他宣称真理是客观存在的，怀疑是认识客观世界、通达真理的必由之路。他认为人的社会生活不应由福音书支配，而应由法律支配，只有改进国家的立法，才能使社会进步。

在政治理论上，英国哲学家洛克对法国启蒙运动的影响最为显著。他的社会政治学说（契约论）关于自由、平等和君主立宪政治体制的论述，为法国启蒙思想家继承和发展，从而形成了比较系统的、完整的资产阶级社会政治理论。

总地来说，法国的先进思想家以怀疑论为武器，同封建宗教神学和形而上学作战，着眼于“破旧”，为法国启蒙运动大规模扫荡封建意识充当了开路先驱；英国的先进思想，启发法国启蒙思想家去创新，为他们建立新的资产阶级意识形态提供了新的理论工具。

我们认为，法国启蒙思想渊源于英法两国已有的先进思想，不是简单的搬用，而是根据法国当时的社会实际和科学条件，加以综合、改造和发展，提升到新的高度。把蒙台涅、笛卡儿和培尔的怀疑论推进到对封建制度、宗教神学和 17 世纪形而上学的全面批判，把洛克的君主立宪理论推进到激进的民主革命理论（李凤鸣，姚介厚，1982）。这样，才开出 18 世纪的时代精神之花。

思想现代化是一个过程，政治观念上的初步转型为后来人的素质能力、行为方式、社会关系、文化价值观等方面的现代转型提供了条件。

二、启蒙运动

启蒙运动是发生在 17—18 世纪的一场反封建、反教会的思想文化运动，是继文艺复兴后的又一次反封建的思想解放运动，其核心思想是理性崇拜。这次运动在较高程度上批判了封建专制主义、宗教愚昧和特权主义，宣传了自由、民主和平等的思想，加速了人的意识形态现代化进程，为人的素质能力、行为方式、社会关系、文化价值观等方面的现代转型提供了更加现实的基础。

就启蒙运动来说，法国启蒙运动最典型、影响最大。法国启蒙运动是一场波澜壮阔的思想解放运动，这场思想革命，几乎延续了一个世纪，涌现出一大批启蒙思想家。在这场运动中，启蒙思想家对封建专制制度进行了严厉批判，论证了摧毁这种制度的必要性和合理性。他们主张社会革新，消灭专制主义、封建特权和不平等现象，实现民主政治、权利平等和个人自由，提出以理性原则来代替权威和传统原则。他们不承认任何外界的权威，不管这种权威是什么样的。宗教、社会、自然界、国家制度，一切都受到了最无情的批判。多年来，我们只称启蒙运动是法国革命的舆论准备。其实，这个提法是片面的。在世界历史上，启蒙运动不仅仅为法国革命做了舆论准备，它在整个人类文化史上都占有崇高的地位。（杨鹏飞，2017）

启蒙运动中的一批思想家远远超越了文艺复兴时的人文主义者。运动的领袖和导师伏尔泰吸收了洛克的唯物主义哲学、牛顿的万有引力理论等其他自然科学理论，提出了自己的学说，主张信仰自由、言论自由、出版自由，强调法律面前人人平等。伏尔泰政治思想的基本内容是批判封建专制制度，反对宗教神学，追求自由、平等和拥护君主立宪制，其政治思想，在法国乃至整个欧洲都产生了广泛而深刻的影响，对扫除封建意识、促进人们思想的解放和法国革命的爆发都起了不可估量的作用。

孟德斯鸠是法国启蒙思想家的杰出代表，是法国革命的思想先驱之一。其政治思想在资产阶级政治学说史上占有极为重要的地位，特别是其分权理论即立法、行政和司法三权分立的理论，对人类社会的发展影响重大，成为美、英、法等国的立国之本，也是今天西方主要国家的政治准则。

孟德斯鸠认为，立法、行政和司法三权必须分开行使，如果两种或三种权力集中在一个人或一个机构手中，那么自由就不复存在了，因为，如果所有的权力都掌握在同一主体之手，那么这一主体就无法制约了。在此情况下，权力的滥用即不可避免，而权力的滥用必将侵犯公民的自由。（孟德斯鸠，1961）

卢梭的人民主权学说，更是为北美革命和法国革命提供了理论纲领。卢梭是18世纪法国著名的政治思想家，法国启蒙思想运动的核心人物。在卢梭所构建的理想国中，赋予了人民至高无上的权利，以及自由、平等、革命等基本权利，将人民看作国家真正的主人，认为主权属于人民，不得转让，不可被代表，不可被分割，具有永远正确的属性（卢梭，2003）。卢梭认为，人们之所以订立契约、建立国家，其目的是维护公共利益。人民是订立契约的主体，就应有废除不利的契约、重新签订契约的权利。一切权力属于人民，一切权力的表现和运用必须体现民意。

卢梭的可贵之处在于从社会契约论中引申出了“人民主权”说，即人民是最高权力的来源。人民的意志、公共意志应表现为最高权力。每个人生来都是平等的、自由的，平等和自由是合乎人的天性的，是自然赋予每个人的权利。

卢梭立于前人的肩膀之上，赋予人民至高无上的主权，鞭挞了君主专制的封建思想，推动了法国革命的爆发与发展，美国的《独立宣言》和法国的《人权宣言》及两国的宪法，在很大程度上直接继承和体现了卢梭的理论和政治理想。

从意识形态来看，卢梭的人民主权思想是一种代表资产阶级利益的政治思想，并不能真正地赋予人民主权。但不容置疑，其思想对人类历史的发展产生了不可忽视的影响，不仅催生了法国人民的民主意识，同时也对近代西方政治思想、社会发展、政治制度建设乃至近代中国的维新运动、辛亥革命、新文化运动产生了重大影响。

启蒙运动把天赋人权、人民主权的思想把关于人权的理论推到了高峰，明确指出了人人都有天赋的、不可转让的谋求生存权、追求幸福权和自由平等的权利。这种人的自然权利学说的提出是对中世纪的神权、君权和特权的最大否定。人的权利被提到如此重要地位，在理论上得到如此系统而全面的论述，这在人类历史上还是第一次。

同时，法国的启蒙运动还直接影响和推动着欧洲各国的启蒙运动逐步走向思想变革的高潮。在德国，有莱辛、歌德和席勒领导的文学革命，有康德开启的哲学革命；在俄国，有普希金、拉吉舍夫反对封建农奴制的斗争，有十二月党人的活动；在意大利，建立了众多启蒙团体，团体的主要领导者都自称是法国启蒙思想家的学生。

在人类思想史上，还没有任何一场运动像启蒙运动那样有力地冲破了束缚人们思想的种种局限，解放了人的无限的创造潜力，增强了人认识世界、改造世界的信心和勇气，使人们真正地认识了人类自身。如果说，劳动使人体直立了起来，这是人的解放，那么启蒙运动则使思想站立了起来，这是人类的解放。人的本质是社会关系之和，社会的进步、社会关系的发展总是通过人表现出来、通过人的解放程度、人的现代化程度表现出来的，人的现代化程度标志着社会进步的性质和水平（李秀林，1982）。我们认为，当人们广泛地接受一种新的价值观和新思想的时候，他们的思想就向着现代化迈进了一步，就要做出变革社会的有力行动。通过启蒙，人的自尊、自强、自爱和改造社会的欲望从封建思想的枷锁中解放了出来，政治学、法学、伦理学、社会学、经济学、历史学、文学、教育学等特别是哲学，脱颖而出，引导人们走向一个全新的境界。

明治维新是日本历史上划时代的事件，是一次成功的资产阶级革命。明治维新之所以能够成功，有诸多因素，但最为重要、最为关键的是日本人的世界观和现代化意识相对成熟。

同西欧社会发展的状况相近，在明治维新以前，日本经历了一场旷日持久、深入人心的思想启蒙运动。这场运动虽然与西欧特别是法国革命前的思想启蒙运动不能相比，但它的确是日本成功地进行社会变革和步入现代化的关键因素（张旅平，1993）。

具有近代意义的日本的思想启蒙运动源远流长，它开始于16世纪与西方文明的最初接触，到19世纪下半期进入高峰。与西方人的直接交往、翻译事业的发展、兰学的出现、辞典的出版、洋学研究机构的建立和洋校的设立等都为日本人的西化或现代化提供了良好条件。这一点在当时东亚其他任何一个国家都无法与日本相比。上述情况使日本人在思想上日益开化，逐渐获得启蒙和觉醒。通过启蒙，日本人的地理观、世界观、文化价值观都发生了转变，都被赋予了现代性。日本人的世界观和现代意识相对成熟，是维新成功的基石。没有这个成熟，就不会有维新的成功。

综上所述，社会现代化是社会全面变革旧有传统、向现代转型的历史过程，它不仅包括物的现代化，更包括人的现代化，人的现代化是社会整体现代化的核心内容，是社会现代化的本质要求和特征，而思想现代化又是人的现代化的重要步骤与核心内容。文艺复兴和启蒙运动极大地解放了人们的思想，开启并加速了人的意识形态现代化历程，为人的全面现代化提供了更加现实的条件和可能。

参考文献

李凤鸣，姚介厚. 1982. 十八世纪法国启蒙运动. 北京：北京出版社.

李秀林. 1982. 辩证唯物主义和历史唯物主义原理. 北京：中国人民大学出版社.

卢梭. 2003. 社会契约论.3版（修订本）. 何兆武译. 北京：商务印书馆.

孟德斯鸠. 1961. 论法的精神（上册）. 张雁深译. 北京：商务印书馆.

杨鹏飞. 2017. 从传统社会到现代文明——十六至十九世纪世界政治经济秩序的重建与社会变迁. 兰州：兰州大学出版社.

张旅平. 1993. 文明的冲突与融合——日本现代化研究. 北京：文津出版社.

人的现代化：中国小康之路的历史反思

何爱国[①] 颜 英[②]
①复旦大学中外现代化进程研究中心 ②复旦大学马克思主义学院

自改革开放以来，我国确立了“中国式的现代化”发展战略，人民的物质生活水平获得了大幅度的提高，生活质量现代化取得了实实在在的进展，人的现代化有了真正良好的基础，获得了充满活力的发展。

经典现代化理论认为，人的现代化是从传统人向现代人的转变，包括人格现代化、心理现代化、个人行为现代化和价值观念现代化等。广义现代化理论认为，人的现代化是人的自我解放与全面发展，包括从传统人向现代化、现代人向后现代人的两次转变、公民素质和能力的提高、公民权利和义务的发展、个人生活方式、行为模式和价值观念的变化等。第一次人的现代化是从传统人向现代人、农业人向工业人的转型，包括从伦理人向契约人、家族人向社会人、等级人向平等人、君臣关系向国家公民、农村人向城市人的转变等，其结果是第一次人的现代性的形成。第二次人的现代化是从现代人向后现代人、从工业人向知识人的转型，包括从经济人向生态人、物质人向文化人、组织人向自主人、民族人向世界人转变等，其结果是第二次人的现代性的形成，包括知识性、网络性、生态性、自主性、多样性、兴趣化、国际性、幸福感、终生学习、自我实现和人的全面发展等，副作用包括知识和技能老化加快、工作风险和家庭风险扩大等。（何传启，2010）

改革开放以来，中国的小康社会建设进程也是人的现代化的重要进程。改革开放以来，随着市场化的不断推进，计划经济体制与城乡二元体制逐渐被破除，国有企业与民营企业均获得了突飞猛进的发展，产业化、工业化与城市化不断加速，从农业人向工业人、从乡村人向城市人成为有持续性的、大规模的人的现代化浪潮。随着义务教育的普及、高等教育的繁荣、科学技术作为第一生产力的倡导，从工业人向知识人的转变也开始启动并不断加速。两次人的现代化均在中国小康社会建设进程中渐次展开。由于建立在越来越丰裕的物质生活基础上，人的现代化有了坚实的物质基础，故获得了比以往任何时期更快、更好的发展。

一、人的科学化、知识化、创新化

自马克斯·韦伯以来，理性化被认为是现代化的核心观念，现代化在某种意义上说，就是人的理性化过程。而理性化、科学化带来了知识的快速累积与更新，知识经济时代日益显现，创新化成为知识不断发展的动力与结果，人的创新化被认为是推动经济社会发展的根本动力。

改革开放以来，随着党和国家的工作重心的转移，现代化成为最大的政治，“中国式的现代化”成为我们的发展目标与路径取向，发展成为硬道理，经济建设成为一切工作的中心，经济理性获得了前所未有的复苏，工具理性获得了空前的重视，科学技术、知识、人力资源均成为越来越重要的生产要素。我国开始确立“科学技术是第一生产力”的发展思想，“科教兴国”“人才强国”“知识创新”被确立为我们新的发展战略。因此，人的科学化、知识化、创新化获得了空前的发展。国家的科技投入大幅度增加，企业的研发经费大幅度上升，高等教育发展突飞猛进，创新创业成为新的大众化浪潮。

二、人的个性化、自由化、全面发展

人的现代化过程主要是人的独立与自由全面发展的过程。人的独立，关键是人的经济独立，缺乏经济独立，人的独立难以持久。有了经济的独立，人的生存权利就有了基本保障，人的政治独立、社会独立、思想独立就有了长期持续发展的基础。人的独立是人的个性化发展的前提，没有人的独立，个性化发展就无从谈起。人的独立与个性化发展又是人的自由而全面发展的起点，人的个性化发展也是人的自由而全面发展的结果。

改革开放以来，随着市场经济的起步、发展和走向成熟，国有经济、集体经济、乡镇企业、外资企业、个体经济、民营经济、混合经济的多元发展，人的经济独立自主的空间不断扩大，人的经济自由度与独立性越来越强。随着温饱问题的逐渐解决与全面建设小康社会的日益推进，人的生存权利有了根本保障。随着社会保障体制的渐次建设、义务教育与高等教育的发展、社会主义市场经济体制的不断推进，人的发展权利也有了更多的保障。随着物质生活的日益丰富，人的精神生活也日益多元化，人的需求层次不断提高，人的个性化发展得以不断凸显，每个人的自由而全面发展有了真正展开的基础。

三、人的参与性、平等性、民主化

现代人是政治人，政治理性是人的理性化的一种形式，政治化是人的现代化的重要内容，政治参与、政治平等、政治民主是人的政治化的核心。改革开放以来，有效保障人民的基本权利、不断扩大人民民主、充分发挥人民的政治参与的积极性、实现真正的政治平等，成为我国政治体制改革的核心目标。政治体制改革的主要内容则是不断发展与完善具有广泛政治参与性的人民民主制度，在充分发扬民主、不断扩大民主的政治体制改革理念下，各项政治制度均获得了合理性的继承与创新性的发展，国家治理体系与治理能力现代化不断增强。新兴的网络议政更使得人们的政治参与意识空前增强。

四、人的经济化、生活多样化、生活质量现代化

人的经济化是人的现代化的物质基础，也是人的现代化的一个极为重要的面向。没有人的经济化，人的现代化无从谈起。市场经济是经济现代化的核心特征之一，人的市场化、经济化是人的现代化的重要特征之一。人的市场化指现代市场经济体制使得每个人都被迫卷入经济市场化的浪潮。人的经济化指在市场经济为平台、经济建设为中心的时代里人们对经济利益的热烈追求，对财富创造的渴望，对创业的冲动。人的经济化同时带来了人的物质生活的普遍富裕化、人的生产方式的多元化、人的生活方式的多样化、人的生活质量的现代化。

改革开放以来，随着商品经济和市场经济的大力推进，个体经济发展潮、乡镇企业发展潮、民营经济发展潮、国有经济改制潮、下海潮、打工潮、进城潮、开放潮、开发潮等经济大潮一浪高过一浪，形成了一个经济主义高扬的时代，一个 GDP 为发展中心的时代。空前的创业创新热情得以激发，生产方式急剧地多元化，物质财富得以空前地涌流，贫困问题得到了最大程度的缓解并趋向消失。按照现行农村贫困标准测算，1978—2016 年，全国农村贫困人口减少了 7.3 亿，贫困发生率从 1978 年的 97.5%下降至 2016 年的 4.5%。按照每人每天 1.9 美元的国际极端贫困标准，根据世界银行发布的最新数据，1981—2013 年中国贫困人口减少了 8.1 亿，占全球减贫总规模的 69.3%（陆汉文，黄承伟，2017）。随着生产方式的多元化与升级化，人们的物质生活日益丰裕，生活方式也日益个性化、差异化、多样化，生活质量现代化成为我国解决温饱问题、达到总体小康之后全面建设小康社会的新的追求。

五、人的价值化、自我实现、幸福追求

人们在物质生活得到满足的基础上，更需要追求人生的价值与意义所在。人们除了物质生活的低层次需求，更有价值意义的高层次需求。自我实现（理想追求）、幸福追求就是一种价值追求。人的价值化是人的现代化的高级形式，道德价值、信仰价值、人文价值、社会价值是人的自我实现和幸福追求的根本目标。

改革开放以来，随着温饱问题的逐步解决，小康社会建设的渐次开展，人的价值追求得以有了更高的经济生活起点，一波接一波的价值热也持续兴起，从 20 世纪 80 年代的“新启蒙”热（借鉴西方发展经验的西方文化热）、文化热（“文化

沙漠”基础上的文化热）、武侠文学热，到20世纪90年代的人文热（应对人文主义危机），国学复兴浪潮（传统文化热，应对市场经济与财富创造浪潮冲击下的道德人文危机、应对社会主义低潮与东欧剧变冲击下的意识形态危机、应对苏联东欧大批国家解体与西化浪潮冲击下的民族认同危机），宗教复兴浪潮（应对信仰危机），再到21世纪以来的社会主义核心价值体系建设、哲学社会科学话语体系建设、文化自信的重新树立等，无疑表征着中国人民对精神生活的热烈追求。

六、人的法治化、社会化、网络化、和谐化

法治化、契约化是现代社会的核心追求，建设法治政府、法治社会、法治国家是国家治理体系与治理能力现代化的主要内容与根本目标。人的社会化不仅是人的国家化和人的单位化，更是人的社会组织化、社会自治化。人的网络化是信息化时代人的社会化更为高级的形式，不仅熟人社会在网络中得以虚拟存在并有效保持联系，而且陌生人也得以凭借网络建立广泛的联系。传统的伦理型社会是某种程度的和谐型社会，周期性的阶级斗争与种族斗争导致这种旧的和谐社会不断被重新改组。新的和谐型社会应该是一种可持续的、相对稳定的和谐型社会，财富创造的动力得以保留，但社会分化与阶级分化得到有效控制，社会保障得以实现，人人都有公平的、自由的、全面的发展机会。

改革开放以来，依法治国、建设法治政府、法治社会、法治国家成为政治体制改革的根本目标，大量的立法工作得以进行，普法工作也持续不懈，法治观念开始进入人心，社会秩序日益好转。伴随市场经济制度的推进，守信用、守契约、守规矩、守法律日益成为全社会的共识，从伦理人向契约人、法治人的重要转变得到持续推进。与此同时，市场经济基础上形成了一个较有经济自主性、社会自治性的社会空间，基于市场经济基础与国家社会相对分离体制的社会组织开始大量出现，社会人则从市场经济组织与社会组织中发育起来，社会人得以与家族人、单位人一起并存发展。改革开放以来，中共中央果断停止了以阶级斗争为纲的政治路线，工作重心转到了经济建设上来。进入21世纪以来，我国进一步提倡和谐社会建设，渐次实现人的现代化由斗争人向和谐人的重要转变。20世纪90年代以来，信息化、网络化开始推进，21世纪以来，网络化被深度推进。我们已经处于网络化时代，互联网手机与电脑已经成为日常生活再也离不开的必备用品，我们已经成为以网络为媒介和载体来吸取知识信息、从事交易、获得娱乐、建立联系的网络人。

七、人的生态化、自然化

生态化、自然化，不是简单地回归丛林社会与农业社会。人的新生态化、新

自然化，就是人类在市场化、工业化、城市化、知识化、信息化、网络化的过程中不再以枯竭资源、破坏资源、破坏环境、污染环境为代价，而是与自然环境协调发展，人类的发展与资源环境的维持相得益彰。

改革开放以来，大规模的市场化、产业化、工业化、城市化、农业现代化确实给生态环境带来了威胁。20 世纪 80—90 年代，由于大兴乡镇企业、民营企业与小城镇化，我国的自然环境受到破坏，环境污染一度极为严重。但由于我们在 20 世纪 80 年代已开始以环境保护为国策，20 世纪 90 年代开始实施可持续发展战略，进入 21 世纪，我国开始实施生态文明战略、美丽中国战略，从工业文明向新生态文明的转变已是人心所向，大势所趋。从工业人向新生态人、新自然人的转变提上人的现代化的重要议程。未来 30 年，我国将致力于生态文明与美丽中国建设。

八、人的流动性、城市化、国际化

在现代社会中，人的流动性得以空前强化。人的身份流动、职业流动、地域流动、国际流动交织在一起，构成现代社会人的流动性的主要方式。城市化、国际化正是人的现代化、人的流动性的重要体现。如果说从乡村社会向城市社会转型和从地域社会向全球社会转型是社会现代化的重要形式，那么从乡村人向城市人、从地域人向全球人的转型则是人的现代化的重要形式。

改革开放以来，打破了城乡分割的二元体制，城乡一体制得以逐步建立，人的地域流动障碍被破解；打破了指令性计划高度控制的计划经济体制，社会主义市场经济体制得以逐步建立并不断完善，人的职业流动障碍被破解；打破了国家包办社会的单位社会体制，国家、单位、社会分工合作体制得以逐步建立，人的身份流动障碍被破解；打破了国家封闭体制，国家开放体制得以逐步建立并不断完善，人的国际流动障碍被破解；打破了阶级区隔体制与领导干部终身体制，公务员制度与干部退休制度得以建立，人的等级流动障碍被破解。这些新的制度建设使得人的流动性得到空前强化。改革开放以来，伴随着市场经济体制以及“辅助性作用”“基础性作用”“决定性作用”的发挥，产业化、工业化、服务业化带动了城市化突飞猛进的发展，“下海潮”与“打工潮”成为互相激发的两股大潮，“农民工”“新市民”成为城市化的主力军。伴随对外开放战略的不断推进，特区开放、沿海开放、沿江开发、沿边开放、内地开放最终走向了全国范围的全方位开放。商品交流、资本交流、劳务交流、科技交流、文化交流得到不断扩展。“引进来、走出去”战略的实施和全球市场经济平台的搭建，使得中国越来越深度地融入这个日益全球化的世界。人的国际化已经成为势不可挡的历史潮流。当然，由于各种制度的路径依赖及实施条件的限制，新制度建设需要一个形成、发展、调适与成熟的过程，在很长时间，人的流动性仍然会受到各种限制。

结论

1979 年中国提出了“小康”发展目标，此后 40 年，我国大力推进小康建设，到 2020 年全面建成小康社会。在中国小康之路的探索过程中，随着社会主义市场经济建设的推进和物质文明取得空前的进步，人的现代化有了新的基础，人的解放与自由发展有了新的提升。人的现代化有了真正的突破，主要表现在以下 8 个方面：人的理性化、科学化、知识化、创新化，人的独立性、个性化、自由化、全面发展，人的政治化、参与性、平等性、民主化，人的经济化、生产多元化、生活多样化、生活质量现代化，人的价值化、自我实现、幸福追求，人的契约化、法治化、社会化、网络化、和谐化，人的生态化、自然化，人的流动性、城市化、国际化。当然，在 40 多年的改革进程中，人的现代化的突破仍然有其限制，那就是我国还处于人的独立化、经济化、城市化、理性化为中心的阶段，人的知识化、科学化、创新化、政治化、法制化、社会化、价值化、国际化还处于发展阶段，人的网络化、和谐化、生态化、自然化、自由全面发展则还处于起步阶段。

参考文献

何传启. 2010. 现代化科学：国家发达的科学原理. 北京：科学出版社.

陆汉文，黄承伟. 2017. 中国精准扶贫发展报告 2017. 北京：社会科学文献出版社.

作为企业活动人性化资源的非正式网络

德里尤金等

（Pavel Deriugin[①②]、Stanislav Panov[②]、Liubov Lebedintseva[①]、Alyona Smelova[①]）

①圣彼得堡国立大学社会学系第 1、3、4 研究院

②圣彼得堡国立电子工程技术大学（彼得格勒电工学院）第 1、2 研究院

企业活动的人性化越来越侧重管理中的价值法，其表现为全球管理科学的可持续发展趋势。尤其体现在公司非正式网络诊断社交技术的开发中，更接近于公

司员工人际互动的价值观，促使人性化管理具有科研潜力。实施这种控制的基础是诊断性的科学方法，旨在研究人类社会活动的人性化意识。与他人互动的人性化原则涉及伦理、道德、尊重和关心他人的价值观的同化。这就是在文明社会的务实取向下产生重大困难的原因。

各种社会结构中的人性诊断是社会学的重要组成部分。在现代条件下，这种诊断变得越来越重要。认为人们已足以了解世界如何“运作”并且不需要再了解自己最近所处的社会环境的想法是非常天真的。没有自我认识的公共机构和民间团体组织成为各种危机和文明风险的无助受害者。

实践证实，技术进步有时无法应对新出现的社会弊端，且往往会加剧这些弊端。若公司的改革不依赖于对历史的了解，不进行社会学、经济学和管理学分析，则可能破坏公司的道德氛围。近几十年来发生过很多这样的案例，很多公司已经消失。简而言之，俄罗斯联邦境内成立的大约 70%的公司在公司成立后的 2—4 年“消亡”。

组织和诊断的专业水平在很大程度上取决于公司是否能够声明并捍卫其价值观、使命和制度。这也决定了公司适应不断变化的环境和迎接新挑战的能力。在理论研究中，从公司现代员工的实际问题来看，对非正式网络的分析和诊断需求被视为确保管理原则以及工作者权益的主要途径。同时，根据调查，管理者在实际活动中没有适当的方法来诊断和反映公司条件下人性问题的价值观。根据 2017 年我们对俄罗斯公司进行的研究，接受调查管理者中的 73%（*N*=513）认为，他们在实际活动中没有能够快速诊断公司员工关系的科学方法，管理者的管理工作主要基于日常经验。

本文旨在讨论在线企业价值网络诊断方法的成果。这种技术为管理活动提供了信息，通过这些信息，在与企业员工合作时采取人文价值的方法。这可能影响非正式的关系网络。

笔者团队于 2014—2019 年在各种所有制的俄罗斯和中国公司进行了 12 项研究，对此方法进行了测试，并通过专家访谈的方式进行了验证，包括观察和问卷调查。本文介绍了 3 家公司的方法论测试结果，其中包括两家俄罗斯（国有和私营）公司和一家中国私营公司。

此方法的基础是根据 M. Granovetter 的网络方法原理形成的。网络方法有许多优点，特别是关于公司内人性化管理活动问题的跨学科研究，可以简化为以下几个基本方面。

（1）普遍性，即在大多数管理方法人性化方面使用网络方法的可能性，包括价值观问题。

（2）小型公司（小型企业）研究和各种社会背景下的组织研究（如跨国公司）

的重要机会。

（3）网络方法的独特地位（中观层面），其可在解释性架构中将个人的人道主义价值观与其目标联系起来，与个人所在的小群体（微小群体）的价值观联系起来，与更广泛的制度环境和普遍价值观联系起来。在这种情况下，我们可以讨论人道主义价值观微观和宏观层面相关的可能性，这使得网络方法成为应用社会学研究中价值观研究和诊断的重要分析工具。

（4）网络方法重要而系统的“广泛性”，这意味着对解释性类别没有任何特殊要求。公司人道主义价值观的研究可以同时应用不同科学所使用的概念——社会学、心理学、教育学、管理学（Baruzdin et al.，2017）、经济学（Deryugin & Samarina，2014）等。

（5）总体而言，基于这些网络方法的优点，可将其用于本研究中一种相同公司内不同社会群体价值观的经验建模方法，并根据管理学、社会学、社会心理学、经济学和其他科学原则进行数据的比较分析。

我们的研究对象为 3 组公司员工：俄罗斯私营公司（*N*=213）、俄罗斯国有公司（*N*=247）和中国私营公司（*N*=233）。研究的主题是他人社会认知的特殊性，即积极和消极的标准或榜样以及自尊心。本研究于 2018—2019 年进行，研究方法在之前的论文中进行了说明（Baruzdin et al.，2017）。

本研究的理论和方法框架根据 Tard（2011）的概念提出，其中，社会被作为模仿规则以及社会学（Borch，2005；Serikov，2010）、教育学（Hilova，1999）、文化研究（Kenesbaev，2017）和哲学（Tatyanin，2018）思想发展的结果。

结论

（1）人道主义秩序的最大价值潜力（对模仿至关重要的特征）具有中国被研究对象价值观非正式网络中的行为模式。中国私营公司的员工在道德环境中成为正面榜样的潜力是俄罗斯国有公司员工的 1.3 倍，是俄罗斯私营公司员工的 2.3 倍。

中国私营公司的员工在负面行为标准中还具有较高的价值潜力，对这些行为标准的理解限制了某些负面意识的行为——异常偏差。总地来说，这一事实表明，在中国私营公司的员工的非正式环境中，用于模仿/禁止的正面和负面人道主义榜样更为清晰。这一组被试的自我评估是最适当的，介于正面标准和负面标准之间。

（2）俄罗斯私营公司被试非正式网络中的榜样情况是相反的。作为正面榜样的人员并不总是涉及重要业务、人员和其他品质。相反，被试评估为负面行为标准的人员的品质却具有很高的价值潜力。很明显，在这种情况下，人类（人道主义）潜力的发展主要是自发的。

俄罗斯国有公司员工之间的非正式价值观网络中，人力资本的价值及其人道主义的含量更高，正面榜样的数据证实了这一点。其为私营公司的2.2倍。对该问题的进一步研究表明，这是由基于人道主义原则的管理活动的特殊性以及与公司员工合作的具体情况决定的。具体为，通过招聘时的相关初始数据（价值观）进行人员选拔，激励组织中的员工积极地进行自我发展，刺激他们持续专业发展。

（3）一般而言，非正式网络的人道主义组分，即俄罗斯人之间榜样的价值潜力很低。这证实了近几十年来俄罗斯社会失去行为指导原则和榜样的各种结论。

俄罗斯国有公司和私营公司与中国私营公司对非正式网络的诊断揭示了这些公司在理解、评估和人力资本创造方法上存在显著差异。中国公司的特点是更加关注员工的人性。同时，有必要强调中国公司活动中的人道主义问题在员工日常生活中的自然“包容”。

在俄罗斯公司中，人道主义问题的解决取决于公司的发展水平。例如，在俄罗斯国有公司中，员工价值观主要是根据发展监管计划形成的。俄罗斯国有公司的企业价值观网络的主要区别在于员工实现公司的“价值观-目标”的方向，员工随着时间的推移会越来越坚定地将这样的价值观作为使命，专注于实现最终的结果、团队合作的重要性和交际能力的发展。国有公司员工的工作是根据监管框架安排的。在私营公司中，价值观网络指标化解了社会和人道主义秩序的深层次矛盾。绝大多数俄罗斯公司（80%）是私营公司。

研究结果或可证实，利用企业非正式网络诊断学可以在人道主义和人类发展的原则下实现企业治理的现代化。

将网络建模应用于企业活动的人道主义研究，可在实践中实现跨学科方法，并在统一的经验方法中利用不同理论概念的优势。

参考文献

Baruzdin I, Deryugin P, Rasskazov S. 2017. Modeling of corporate culture on the basis of network approach. The Materials of Afanasiev Readings,1 (18): 80-85.

Borch C. 2005. Urban imitations: Tard's sociology revisited. Theory, Culture and Society, 3, 81-100.

Deryugin P, Samarina E. 2014. Ethnic Entrepreneurship of Latin Americans as a strategy of adaptation in the transforming Russian society. Contemporary Research of Social Problems, 8, 87-105.

Dudina V, Deryugin P, Dubrovskaya S, et al. 2008. Applied Sociology: Social Modeling and Programming: Textbook. St. Petersburg: Saint Petersburg State University Publishing House.

Hilova T. 1999. The role of imitation in the moral ideas formation. Integration of Education, 4, 33-38.

Kenesbaev J. 2017. Culture as an element of European expansion. Vestnik of Kemerovo State

University of Culture and Arts, 38, 110-123.
Tard G. 2011. Laws of Imitation. Moscow: Academic Project.
Tatyanin O. 2018. The reception of G. Tard's views in the modern social and philosophical discourse. Izvestia of Saratov University, Series: Philosophy, Psychology, Pedagogy, 3, 55-68.

数字游民对现代化与不平等性的影响

岳　石（Parth Joshi）　卡兰斯（R. V. Karanth）
印度艾哈迈达巴德基础设施技术研究与管理学院土木工程系

数字游民是指利用数字手段在全球范围内工作并在线获得报酬的人。他们利用技术现代化的优势，可以在任何地方谋生，而不必担心国籍、获得签证及长途通勤的不便。与此同时，数字游民无须办公室等固定工作地点，他们辗转于全球各地，因此面临着签证和居留的问题。由于数字游民所接受的薪酬支付是采用分散式加密货币的形式，政府和银行无法控制或追踪货币交易情况。甚至政府都在改变自己的签证政策，增加外籍人士在境内的停留时间，确保加密货币合法化，以此吸引数字游民。整体上可以概括为，数字游民就是希望在全球各地边旅行边工作的游客。

成为数字游民的四个主要吸引点包括数字化工作、零工式工作、移动式工作、探险和环球旅行。这为我们的研究工作奠定了基础，即未来工作趋势、新的工作者群体（数字原住民）和新兴数字平台之间的动态和变化关系。大体上，数字游民有三种类型：低价劳动力、高效劳动力及易受情绪影响的人（容易受到挑拨而产生激动情绪）。第一类和第二类就像是雇佣兵，不隶属于任何类型的组织，只为赚钱而工作；第一种赚钱是为了生计，第二种则是由于个人具备很高效率和专业素质，而第三种则显然需要严密监控。

数字游民通常短时间之内收效良好，但是他们的这种生活方式无法持续很长时间。因为长久以来，人们一直努力追求工作稳定性和最低工资，但在数字游民身上，这些特点完全不存在。

人们为何希望成为数字游民？数字游民的优势在于，他们可以徙居到世界的任何地点，而不会在过程中中断收入。要成为一名数字游民，需要具备热切的追求和持续学习的能力。全球探险旅行与工作齐头并进，相辅相成。其具有一定程度的积极性，在很长的时间内能承受一定压力，适应新地点的同时还要赚取生活费。一般的游客只会寻找旅行地点去探索发现，数字游民选择的地点则要具备良好的数字基础设施和联合办公空间，可以找到一份临时性的工作且适合居住。所以他们还会考虑该地点是否有各种探险活动，是否有趣等。

通过制定数字游民激励措施，如提供工作许可证、签证、有利的纳税政策和生活设施，某些国家的经济呈现繁荣景象。典型的例子是，爱沙尼亚将推出新的签证政策，确保数字游民可以在该国停留和工作一段时间。目前，数字游民基本上使用数字签证。旅行的同时赚取收入至关重要，这也是吸引数字游民的主要原因。数字游民从事数字工作，在全球各地旅行的同时保持游民的生活方式，并使用数字基础设施工具创造数字产品。数字工作非常重要，正是在这一基础之上，数字游民才能徙居到不同国家，同时不中断自己的工作，可以在不同的工作地点工作，工作自由度较高。

借助电源线和互联网接入，数字游民可以在全世界任何地点交换数字产品与服务。对于任何国家而言，要跟上这一潮流，并吸引新一代劳动力，数字基础设施和设备都是非常重要的因素。苹果、微软、谷歌和其他众多大型电子公司都在生产适合旅途使用的产品，在减轻数字游民负载重量的同时，还要便于携带，方便他们高效地开展工作。数字游民群体中的大部分成员是开发人员、内容创作者、设计师和程序员。社群范围内的工种还包括数字营销、原创播客、财务及商业顾问、文档转换、博文撰写、图形设计和 You Tube 视频制作。

数字游民无法进行自己的生产活动，也无法在需要机器和基础设施的行业从事工作。游民生活无法兼容创造实物产品和提供制造服务的相关工作。这些人都是自由职业者，他们会持续提高自己的能力，以工作表现为基础开展工作，可以自由旅居到世界各地。

数字游民生活方式的最显著特点是持续的移动性，不仅包括国家到国家之间的迁移，也涉及工作场所到工作场所之间的转移。“零工经济”规模巨大，可以容纳来自发达国家和发展中国家的不同人群。西方人对于数字游民的生活非常熟悉，它能让生活变得充实。而来自发展中国家的人们则需要参与到零工经济之中才能享受到较高工资的有利条件。这就是我们所说的数字移民。

数字游民一般在第三方外包网站上找工作，将自己的信息保存在设备上或云端，接受一份特定的零工工作，工作完成后，他们会通过电子方式将工作成果发送给外包公司或雇主。除此之外，数字游民还使用云端服务来分享信息，或与客户或同行就一份文件协调合作。通过这些服务，数字游民组建起一种可移动的办公室，方便他们从任何地点获取专业材料。

数字游民社群一般倾向在社群内部分享作品，共同成长。相关的数字平台和应用程序分为两个类别：以专业为中心和通用分享平台。专业工种的特定工具可以为数字工作特定子类别的工作实践提供支持。例如，程序员会使用 GitHub 编写和分享代码，设计师和创作者通常会使用 Adobe Creative Cloud 来设计网络布局。常见的通用分享平台包括 Pinterest。

零工的工作时间非常灵活，而且雇主和受雇人员之间往往也无须签订协议。数字游民可以缩短工作时间，而且只要特定的技术领域有工作需求，就可以在世界任何地点开展工作。Fiverr、Upwork、Shutter Stock 等网站都有数百万人注册数字游民或自由职业者。有两件事非常重要：工作效率以及他们收取的报酬。一般来说，考虑到不同货币的价格差异，来自发展中国家的人员占据一定优势。美国或加拿大的最低工资是 13—15 美元/小时，而在发展中国家，最低工资仅为 2—3 美元/小时。

大公司和企业现在都愿意将工作外包给此类数字游民，因为他们无须支付健康保险及其他解雇补偿和福利，而这些都是他们通常要支付给公司员工的报酬。同时，这些公司和企业通常也会为员工提供一定的资源，而这些是数字游民无法享受到的，因此其工作成果质量会变得不太稳定。数字游民通常保持良好的网络连接，因为这是与客户保持联络和建立相互信任的渠道。所以一些人也会借助 Remoteok 和 Upwork 等网站的帮助，寻找不受地点约束的零工工作。

市面上有很多的数字技术和基础设施可用于查找和完成零工工作，以及为企业的其他重要任务提供帮助。Groove 等软件服务提供商可以代表数字游民提供客户服务。数字游民一般以在线途径通过 PayPal、Paytm、支付宝、Transwise 及其他电子支付服务提供商以加密货币的方式获得报酬，这也让他们不必有固定的邮寄地址而可保存交易记录。借助数字基础设施和服务，数字游民可以专注于需要专业知识的工作。

数字游民虽与游牧上班族不同，但两者有两个共同点：旅行和工作。企业领域中的游牧上班族因工作需要到处旅行，争取在企业中取得晋升。除此之外，游牧上班族一般是为工作目的而旅行，数字游民则是边旅游边赚钱。数字游民有充分自由，可以选择自己希望的旅行和工作地点，而游牧上班族通常不具备这种选择性，他们一般要前往预期存在客户的地点。数字游民的优势在于随时随地都可以找到客户。为数字工作者提供工作机会的平台对于数据的掌控性越来越强。提供工作的国家可以 24 小时对数字游民进行严密监控，数字游民所从事的工作、在工作中谈论的内容、数字游民的工作时间（包括打了多少字）、电话时间以及电话内容等细节都会被记录下来。企业希望数字游民能够佩戴 Humanyze 公司出品的“社会计量徽章”。该公司于 2010 年由马萨诸塞州波士顿的麻省理工学院创立。社会计量徽章内植入了 GPS 和其他现代化的人工智能应用程序，可以随时监测数字游民的活动。此外，数字游民本人还要受到情绪传感器的监督，蓝牙和麦克风以及肢体语言等生物统计详细信息也会受到监管。因此，该系统涉及隐私和工作福利问题。

一方面，在同一个地方与来自不同领域的不同人生活和工作有其自身的优势。所营造的放松、快乐的工作环境既提高了生产率，也缓解了交通压力。另一方面，短期的自由职业在最初收入较高，但从长远来看，由于缺乏社交网络，数字游民可能感到孤独和不稳定。尽管如此，数字服务业仍日益兴旺，提供新的机会并降低了资金压力。这一切都取决于人们的心态。相反，游牧上班族可在不同环境中工作，发现令人兴奋的未知领域，与陌生人互动，并体验异域文化和美食。

这种零工经济不提供固定工作，不期望忠诚度，数字游民在生病时也没有收入，缺少相应的福利。打工者没有权利与雇主商谈工资，也没有能力与客户谈判。在这种工作中没有保护或保障，但工作有灵活性。最终这将增加不平等现象以及智力相关问题。另外，还引发了其他方面的问题，如国际银行业务、安全和网络。数字游民概念中最重要的优势在于能在合同期间提供无风险的工作。

第四部分　健康现代化与人类发展

老龄化社会与福利政策

斋　藤（Yasuhiko Saito）
日本大学经济学部教授、日本大学人口研究所研究员

世界各地及不同发展水平的国家都出现了人口老龄化现象。发展中国家的人口老龄化速度最快，包括年轻人口众多的国家[United Nations Population Fund（UNFPA）and Help Age International，2012]。老龄化象征着发展的巨大成功，寿命的增加是人类最大的成就之一。随着营养、环境卫生、公共卫生、医疗保健、教育和经济福利的改善以及医疗技术的进步等，人们的寿命变长。同时，老龄化在社会、经济和文化方面给个人、家庭、社会以及全球带来了挑战。这就是我们研究人口老龄化现象的原因。本文将以日本为例，介绍其应对人口老龄化政策之一的老年福利政策。

老龄化社会中的老年福利政策涵盖了很多方面，包括老年人的医疗保健、社会参与度和积极老龄化、住房和交通政策、老年人就业和再就业、退休金等（详见 Yong et al，2015）。本文将简要介绍日本老年福利政策的主要内容。

一、日本老年人的医疗保健

日本在 1961 年实现了医疗保险全民覆盖。这些医疗保险计划是日本普通民众医疗保健的基础，并非针对老年人而设立。虽然这些计划属于保险制度，但其资金基础包括了公共财政、被保险人的保费和共同支付部分。2008 年，为应对高龄老人数量日益增多的情况，日本为 75 岁及以上的老年人设立了单独的医疗保险计划。

医疗支出是老年人普遍关心的问题之一。照顾年迈父母的子女数量不断减少，患有慢性病的老年人寿命不断延长，对长期护理的需求则成为老龄化人口关心的另一个问题。1989 年，日本政府出台了高龄者保健福祉推进十年战略，即广为人知的“黄金计划”，设置了希望帮扶人、日托服务中心和短居服务设施等服务数量指标，以满足未来 10 年老年人日益增长的长期护理需求。日本政府意识到“黄金计划”的初始指标不足以满足需求，因而在 1995 年对其进行修订，称为“新黄金计划”。根据这些规定，日本在 2000 年实施了长期护理保险（long-term care insurance，LTCI）制度。在此之前，长期护理服务属于福利服务的一部分，但长期护理保险制度是作为一项保险制度建立的。长期护理保险制度的资金由公共财

政、保费和被保险人共同承担，与日本的健康保险制度非常相似。2000 年，日本开始实施“21 世纪黄金计划”，重点之一是满足老年人的长期护理需求。2006 年，政府修订长期护理保险制度时，将长期护理预防计划纳入其中。

二、社会参与度和积极老龄化

社会参与度是反映老年人身心健康状况的重要因素（Berkman et al. 2000；House et al.，1988；Seeman，1996）。日本有很多提高老年人社会参与度的项目，其中之一为“老人俱乐部”（Robin Club）。在这个项目中，当地政府为社区组织的老年活动提供一定的财政支持。这一项目对男性尤为重要，这是由于一定程度上他们会因为退休而丢失自己的社会角色。不同于女性，男性在工作时不倾向与社区中的其他人建立关系。虽然老人俱乐部不是为了应对人口老龄化而设立的，但这一项目已延续多年。终身学习是老年人与社会保持联系的另一种方式。一般而言，通过参加终身学习，老年人可与他人和社会保持联系。日本国际协力机构（Japan International Cooperation Agency，JICA）实施的“老年志愿者计划”，是日本政府于 1990 年启动的开发援助的一部分。这是日本老年版的“和平队计划”，有专业技能的退休人士可以参加，为有需要的发展中国家提供援助。其他旨在促进日本老年人社会参与度的项目还包括教育支持系统（Educational Supporter System）、日本第二人生服务协会（Japan Association of Second-life Services）、无龄感工作以及老年人群奖项（Age-Less Life Practitioners and Groups Award）。

三、住房和交通政策

日本政府提倡在地老化，即老年人继续生活在熟悉的社区环境中。众所周知，搬迁会给老年人造成严重的负面影响，甚至短暂的住院也会让老年人感到困扰。过去的几十年里，日本政府为老年人制定实施了各种住房和交通政策。其中，住房政策包括：①本地老年人住房计划。该政策要求所有地方政府为老年人制定住房计划。②低利率住房贷款。③银龄住宅计划。为丧偶老人和老年夫妇建造老人住宅提供补贴。④老龄化社会住宅设计指南。日本还出台了《无障碍交通法》，确保老年人和残疾人尽可能过上自食其力的生活。该法要求公共交通系统中的火车站、有轨电车站、公共汽车站、客运码头和机场航站楼宇实现无障碍化。

四、老年人的就业和再就业

预期寿命的延长基本表明日本人口的平均寿命不断增加，这对社会保障制度而言是一种挑战。对个人来说，长寿当然是一件好事。但是，老龄化人口的增加给退休金制度和其他社会保障制度带来了挑战。例如，领取退休金的人数量不断增长，平均领取周期不断增加，但是低生育率导致劳动力越来越少。上述情况反过来影响退休金的筹措。为了应对老龄化社会的到来，领取退休金的年限在逐年增加。目前，日本政府正在调整退休金的领取年限和法定退休年龄。在日本，随着寿命的延长，人们对健康的预期也在增加。这意味着人们的工作年限可以更长。众所周知，工作会给个人带来积极影响。通常，日本公务员的法定退休年龄是60岁，但不同的私营企业员工的退休年龄则在60—65岁。很少有公司不设退休年龄，或将退休年龄定为65岁以上。2012年，雇主可以依法通过以下三种方式之一，为愿意工作到65岁的员工提供工作机会：①取消法定退休年龄；②将退休年龄提高到65岁；③在员工60岁退休后推行再就业计划。可以预见，日本社会将成为超高龄社会，而政府所采取的这些措施，可能仍不足以解决此种情况下社会保障制度中的资金问题。政府正在寻求将退休年龄提高到67岁甚至70岁的可能性。如果有工作机会，人们可能会有更长的工作年限，这也有利于老年人的健康。

此外，日本政府还实施了一项计划，通过银龄人才中心（Silver Human Resource Centers，SHRCs）为老年人提供就业机会，主要面向那些已经退休但仍希望从事要求不高且轻松的工作以及临时或短期社区工作的人。银龄人才中心会为老年人找到合适的雇主。60岁及以上的老年人可以注册成为银龄人才中心的会员。

结束语

上述案例研究是以日本应对老龄化社会的相关福利政策为例进行的探讨。最后，本文将以几个问题作为结束语：如何定义人口老龄化？怎样定义老年人？2017年，日本老年学会提议修改日本老年人的定义，建议将65—74岁的人称为准老年人。这一年龄段的人，其身心健康的平均状况有很大改善，健康程度远超30年前的同龄人。通过改变对老年人的定义，2015年的日本老年人比例变为12.5%，约为同年以65岁定义老年人比例的一半。到2065年，这一比例会小于25%。这似乎向我们展现了更加美好的未来。

参考文献

Berkman L F, Glass T, Brissette I, et al. 2000 . From social integration to health: Durkheim in the new millennium. Social Science & Medicine, 51, 843-857.

House J S, Landis K R, Umberson D. 1988. Social relationships and health. Science, 241, 540-545.

Seeman T E. 1996. Social ties and health: The benefits of social integration. Annals of Epidemiology, 6, 442-451.

United Nations Population Fund (UNFPA) and HelpAge International. 2012. Ageing in the Twenty-First Century: A Celebration and Challenge. United Nationals Population Fund (UNFPA), New York and HelpAge International, London.

Yong V, Minagawa Y, Saito Y. 2015. Policy and Program Measures for Successful Aging in Japan. In Shen-Tak Cheng (Ed.). Successful Aging - Asian Perspective, pp. 81-97. New York:Springer.

肿瘤智能精准放疗对健康现代化的作用与影响

康世功[①] 宁学斯[②]

北京全域医疗技术集团有限公司

一、现代化肿瘤治疗模式应用现状

现代化的肿瘤治疗模式是基于互联网及人工智能协同发展的新时代肿瘤治疗方法，即智能肿瘤精准放疗模式。

（一）当前应用肿瘤智能精准放疗模式情况

1. 三甲医院及核心医院应用情况

目前，国内三甲医院放疗科及肿瘤专科医院由于患者众多，为提高治疗效率大多已配备智能肿瘤治疗系统，可以说核心医院基本普及使用该系统，尤其是各省（自治区、直辖市）的肿瘤三甲医院均已推广使用智能肿瘤精准放疗软件及平台。

2. 地方医院及基层医院应用情况

地级市医院发展较好的地区已配备较为完整或相对完整的智能肿瘤智能系统，但是基层医院由于经费不足、患者较少等客观原因，暂时未配备对应的智能治疗系统，或者未配备完整的平台软件，只配备了其中的一部分。

---

① 康世功，北京全域医疗技术集团有限公司联合创始人、副总裁，苏州大学医学部放射医学与防护学院客座教授。

② 宁学斯，北京全域医疗技术集团有限公司科研部研究员。

（二）肿瘤智能精准放疗模式对本行业的影响

肿瘤智能精准放疗模式利用人工智能手段治疗肿瘤可提高治疗准确度，为医生节省时间；同时又带动地方基层医院，为基层医院医护人员赋能，利用三甲医院的资源远程为基层患者治疗，造福基层医生及病患。基层医院也可收集更多病例再对人工智能治疗系统进行深度学习，以获得持续的技术进步，无论对本行业、医院、患者等都产生了巨大影响。

1. 对放疗行业的影响

该模式创新了肿瘤放疗现代化治疗手段，结合人工智能及大数据推动了放疗行业发展，精准云放疗的应用造就了放疗的发展趋势，推动了放射医疗市场的发展。同时，它为肿瘤治疗提供了新的可能：一方面与传统的放疗模式相比，智能精准放疗可缩短画靶时间，提高画靶效率；另一方面，形成了肿瘤治疗从预约、检查、诊断、治疗、随访、康复的全面数据闭环，实现了医院内部肿瘤治疗信息化的高效管理。

2. 对医院发展的影响

该模式利用互联网平台加强医院间的紧密联系，打破信息壁垒，确保基层医院医生能够持续学习，并在远程会诊过程中学习三甲医院医生的技能知识，积累治疗经验，三甲医院亦可在治疗基层患者过程中收集病例。在单体医院放疗数据打通后，将各院的数据加以整合，通过协作平台实现不同医院之间的数据化流通。

（1）对患者的影响。通过完善“互联网-远程医疗-大病不出县”模式，实现“大病不出县”，为边远贫困地区人民群众提供高标准、高水平、高效果、低费用的就近肿瘤诊治平台，使就医便利化、灵活化，缓解大病“看病难”的问题，提高了人民群众的健康水平。

（2）对医疗体制的影响。该模式促进了肿瘤智能放疗平台资源、技术、标准等尽快应用推广，规范化诊疗不断促进产业结构合理化，加速了各级医院管理信息系统接入和信息共享所带来的远程医疗信息共享政策和规则的制定。

二、从肿瘤智能精准放疗模式的推广看放疗现代化发展

（一）肿瘤智能精准放疗模式的推广

1. 医联体模式探索

远程会诊将基层医院与三甲医院紧密地结合起来，互惠互利的思路促使了医

联体的创建及发展，大力发展向基层、边远和欠发达地区的远程医疗协作网，公立医院向基层医疗卫生机构提供远程医疗、远程教学、远程培训等服务，利用信息化手段促进资源向各方向流动，提供优质医疗资源可及性和医疗服务整体现率。通过医联体集结多方医院，一家医院使用智能系统，便可惠及多家联体医院，使得肿瘤智能精准放疗软件横向推广应用。

2. 下沉至基层医院

基层医院由于自身条件的限制很难满足患者的需求，而三甲医院由于本身的发展较为迅速，且具有先进技术设备和高水平的医疗人才等方面的优势，欲通过多种形式的合作来改善基层医疗机构的设备和技术，有利于三甲医院优质资源下沉到县级及以下的医疗机构。在下沉过程中，肿瘤精准放疗通过此模式得以纵向推广。

3. 国家政策辅助式引导

国家下达相关指标，或设立激励措施及直接补贴，可以推动医院使用智能肿瘤模式，将人工智能及互联网普遍应用至医疗行业。

肿瘤智能精准放疗模式推广之快之广，以该模式为特点的利用互联网、大数据、人工智能手段介入放射治疗成为放疗产业现代化的发展方向及应用标准。

（二）放疗行业现代化特点

1. 放疗现代化技术软件高效且精确

现代放疗是多种技术融合的产物，放疗行业的现代化一定要符合现代化互联网及大数据应用趋势，集现代化高科技设备和智能化高新技术于一体，具有高度整合、高度自动化、高度智能化等的高效优势，且市场大，未来增量可观。通过技术创新，精准放疗平台借助人工智能和互联网技术不仅能使治疗过程更精确，还衍射出智能治疗计划软件、智能医学图像处理软件等相关工具，使互联网、大数据、人工智能和放疗产业深度融合。

2. 放疗现代化模式是联系的、发展的

现代化发展绝不是自说自话和独立发展的，放疗行业也是一样。只有将医疗资源整合，集成一个全方位多维度的医疗共同体，横向交流，纵向传授，才能将现代化产物贯穿于放疗现代化发展之中。无论在体制还是技术上一定要与时俱进，将最新的技术用于放疗行业，随着技术的进步而不断推进放疗进步。

3. 放疗现代化流程适用化、标准化

采用统一标准，在技术、配适设备、质控标准等方面进行标准制定，使得大型医疗设备的购置与实际软件的应用相匹配。放疗标准和规培制度的加强在放疗行业中尤为重要，因为只有采用一致的标准，才能够在生产、流通、使用等各个环节中达到效率最大化。另外，只有不断加强规培制度，才能使人才的专业程度紧跟设备的更新换代，这也是放疗现代化的必然要求。

三、放疗现代化在健康现代化与推进中国现代化中的作用

（一）放疗现代化在健康现代化中的作用

放疗作为肿瘤治疗的重要组成部分，相对于手术治疗，具有副作用更小、治疗效果更好、综合成本更低等一系列优势，与手术等其他治疗方式配合可以取得更好的疗效。放疗为肿瘤的治疗做出了不可磨灭的成绩，并且放疗适应证十分广泛，可针对多种肿瘤及其他疾病，使更多肿瘤患者得到最佳治疗，放疗的智能配套系统则可以极大地帮助放疗发展。放疗现代化对肿瘤治疗有着重大意义，肿瘤治疗又是患者重获健康的有效途径，放疗现代化则在健康现代化进程中扮演着至关重要的角色，集中体现如下。

1. 为人类健康领域做出重大贡献

（1）优化了肿瘤治疗方法。利用现代化的 IT 技术、医学影像技术、放射物理技术和临床肿瘤治疗技术，对肿瘤进行精准诊断、精准定位、精准计划和精准治疗，在准确增加肿瘤致死剂量的同时，减少对正常组织的损伤。肿瘤治疗从常规放疗发展到精准放疗，由早期医师人工画靶到现在人工智能软件画靶，促使放疗高效化。大数据及人工智能的应用为肿瘤的治疗搭建平台，实现了医院内部肿瘤治疗信息化的高效管理；创新运用远程平台，交流医患信息，为肿瘤治疗方案的制定提供更多元化的方式。

（2）提高了癌症治愈率。放疗的治疗方法大幅度提升了肿瘤的治愈率，而其中的精准放疗是放疗的一种新技术，不但可以增大肿瘤的照射剂量，更有效地杀灭肿瘤细胞，而且可以达到更有效地保护正常组织和器官、提高疗效、改善生存质量的目的，并且扩大了放疗适应证范围。比如鼻咽癌首选就是放疗，采用放疗新技术以后，治愈率明显提高，五年治愈率从之前的 50%提高到 80%—90%，治愈率提高的同时各种放疗副作用也在减轻，一般患者可耐受，同时大大提高了患者治疗的生存率。

（3）解决了传统诊疗模式的痛点。我国放疗治疗质量存在各地差距较大、肿瘤患者多、医技人员不足、放疗设备不够、放疗质控标准不健全等痛点。放疗现代化模式利用远程思路将三甲与基层医院紧密地结合在一起，用智能化平台机器

取代人工思维，可以逐步解决传统诊疗的弊端。互联网和大数据的应用打破了常规传统诊疗的模式下面对面交流问诊的形式，可以跨国家、跨地区地进行诊疗；运用相关软件可进行治疗计划的智能制定，患者可得到一站式服务。

2. 为健康现代化发展提供了新思路

（1）利用人工智能产品发展健康产业。在放疗中使用基于互联网的人工智能工具取得的良好效果，亦可在其他领域推进健康产业的发展，逐渐进入医疗领域，互联网及大数据的开发应用将大数据收集、存储、分析和应用渗透到就医流程中的各环节；通过大数据的存储与分析功能实现对医疗数据的归类与加工；通过大数据的显化与应用功能将医疗信息重新应用到医疗领域。在辅助诊疗方面，通过人工智能技术可以有效提高医护人员工作效率，在疾病预测方面，人工智能借助大数据技术可以进行疫情监测，在医疗影像辅助诊断方面，人工智能可改进影像判读系统等。在治愈其他疾病时，也可以利用相应技术手段问诊、拿药、叫号等多方服务。

（2）利用区域联动效应逐步提高基层医院的治疗水平。无论在放疗领域还是其他健康领域，都可以将分散的个人整体化，形成强大的关系网络，在合作中互惠互利，带动基层医院进步，在医疗的各个领域中通过医联体模式破除地区之间利益藩篱和政策壁垒，搭建县级医院与三甲医院上下联动平台，以人才共享、技术支持、检查互认、处方流动、服务衔接等为纽带形成辐射带动效应。

（二）放疗现代化在中国现代化进程中的作用

1. 在民生问题上做出了突出的贡献

这方面的突出贡献包括恶性肿瘤疾病等疾病在内的“大病”通常是指医治花费巨大且在较长一段时间内严重影响患者及其家庭的正常工作和生活的疾病。当前我国各类恶性肿瘤疾病高发，成为家庭贫困的重要原因，给患者及其家庭带来巨大的痛苦和经济压力，日益成为影响民生的重要问题。肿瘤患者日益增长的对肿瘤精准诊疗的需求和肿瘤精准放疗发展不平衡不充分之间的矛盾，成为落实“大病不出县”民生医疗目标的主要矛盾之一。以“互联网+”为技术杠杆撬动医疗行业的创新发展，促进医疗卫生行业的大变革，实现医保和医改对放疗的政策支持，社会将建立独特的创新发展协调机制，从根本上保障民生问题得以解决。

2. 扩大了人工智能等技术的应用范围，提高了整体发展水平

通过人工智能及大数据，针对肿瘤治疗周期长、医患互动频繁的特点，将设备层、科室层、医院层以及互联网层面的数据全面打通，进一步提升了患者体验

感及满意度。由此可见，人工智能可以用于多个领域、多个行业，用于放射治疗可以为其他行业的发展提供崭新的思路，在扩大人工智能应用范围的同时，健康领域智能化水平的提升也推进了中国现代化的整体进程。

参考文献

Chang J Y, Senan S, Paul M A, et al. 2015. Stereotactic ablative radiotherapy versus lobectomy for operable stage I non-small-cell lung cancer: a pooled analysis of two randomised trials. The Lancet Oncology, 16(6): 630-637.

Chen W, Zheng R, Baade P D, et al. 2016. Cancer statistics in China 2015. CA: A Cancer Journal for Clinicians, 66(2): 115.

Jinyi L. 2011. Thoughts on modern "precise radiotherapy".Western Medicine,23(9):1621-1622,1625.

Jinyi L. 2014. Current status and prospects of clinical treatment of high-grade glioma. Chinese Journal of Cancer Prevention, 6(4): 323-326.

Weidong W, Jinyi L. 2018. Accurate radiation therapy based on life/image grouping and artificial intelligence: Reflections and prospects. Chinese Tumor Clinic, 45(12): 604-608.

Yan T, Pei F, Jinyi L, et al. 2018. Design and development of radiotherapy target area delineation system. Chinese Medical Equipment, 33(10): 132-133, 147.

Yecai H, Jian L, Tao L, et al. 2015. Minutes of the 12th National Conference on Radiation Oncology and the Sino-US Radiation Oncology Collaborative Group "Application of Nuclear Magnetic Resonance Imaging in Tumor Radiology". Tumor Prevention and Treatment, 28(6): 376-378.

G20 国家的健康现代化评价（2000—2016 年）

叶　青

中国科学院中国现代化研究中心

健康现代化是 18 世纪工业革命以来人类健康发展的世界前沿，以及达到和保持健康发展的世界前沿的行为和过程。它包括健康生活、健康服务、健康质量、健康制度和健康观念的现代化等。健康现代化的水平评价包括定性评价和定量评价等。反映健康现代化水平的指标和影响因素很多，国别差异和时代差异非常大。本文选取 G20 中除了欧盟之外的 19 个成员国作为样本国家进行评价。

一、评价模型

本研究选择健康生活、健康服务和健康质量三个方面，12 个维度的指标（图 1），构建健康现代化指数的评价模型，用以衡量 G20 国家健康现代化的相对水平。

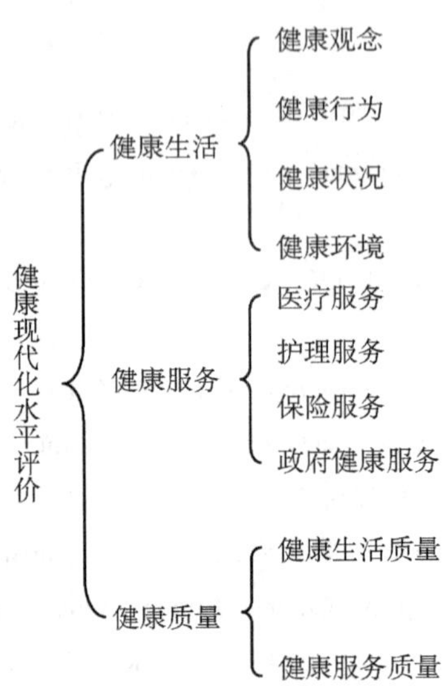

图 1　健康现代化水平评价内容

健康现代化的数学模型为

$$\begin{cases} HMI = (I_L \times I_S \times I_Q)^{1/3} \\ I_L = (\sum L_i) / N_L (i = 1,2,\cdots,N_L) \\ I_S = (\sum S_j) / N_S (j = 1,2,\cdots,N_S) \\ I_Q = (\sum Q_K) / N_Q (k = 1,2,\cdots,N_Q) \\ L_i = 100 \times i_{实际值} / i_{标准值}（正指标，L_i \leqslant 100） \\ L_i = 100 \times i_{标准值} / i_{实际值}（逆指标，L_i \leqslant 100） \\ S_j = 100 \times j_{实际值} / j_{标准值}（正指标，S_j \leqslant 100） \\ S_j = 100 \times j_{标准值} / j_{实际值}（逆指标，S_j \leqslant 100） \\ Q_k = 100 \times k_{实际值} / k_{标准值}（正指标，Q_k \leqslant 100） \\ Q_k = 100 \times k_{标准值} / k_{实际值}（逆指标，Q_k \leqslant 100） \end{cases}$$

其中，HMI 为健康现代化指数；I_L 为健康生活指数，I_S 为健康服务指数，I_Q 为健康质量指数；L_i 为健康生活第 i 项指标的指数，i 为健康生活评价指标的编号；S_j 为健康服务第 j 项指标的指数，j 为健康服务评价指标的编号；Q_k 为健康质量第 k 项指标的指数，k 为健康质量评价指标的编号。

根据以上评价模型，选择代表性的指标数据进行评价（表 1）。

表 1　健康现代化指数的评价指标

项目	评价维度	评价指标	编号	指标解释和测度	指标性质	资料来源
健康生活	健康观念	合理饮食	X_1	人均蛋白质供应量（克）	正指标	FDO
	健康行为*	安全性行为	X_2	育龄妇女避孕率（%）	正指标	WDI
	健康状况	婴儿死亡率	X_3	婴儿死亡率（‰）	逆指标	WDI
	健康环境	空气质量	X_4	PM2.5 平均浓度（微克/立方米）	逆指标	WDI
健康服务	医疗服务	医生比例	X_5	医生比例（‰）	正指标	WDI
	护理服务	护士比例	X_6	护士和助产士比例（‰）	正指标	WDI
	保险服务	健康保险覆盖率	X_7	健康保险的人口覆盖率（%）	正指标	OECD
	政府服务	人均公共健康支出	X_8	人均公共健康支出（美元）	正指标	WDI
健康质量	生活质量	预期健康寿命	X_9	出生时预期健康寿命（岁）	正指标	WHO
		成人健康良好率	X_{10}	成人自我感觉健康良好的比例（%）	正指标	OECD
	服务质量	传染病发病率	X_{11}	结核病患病率（每 10 万人）	正指标	WDI
		慢性疾病死亡率	X_{12}	慢性呼吸道疾病死亡率（每 10 万人）	逆指标	WHO

*反映健康行为的指标很多，但有些指标存在国别差异，如吸烟、酗酒等；有些指标不敏感，如儿童免疫等；有些指标数据获取性不好，如艾滋病等急性传染病的指标等。

评估前对 12 个指标作了无量纲化处理，以提高指标之间的“平等性”。各项指数的评估结果值最后均标准化到[0，100]，以便对各国作综合评估。各个指标实际值为它的实际值，基准值为当年高收入国家该项指标的平均值（表 2）。评估方法的选择主要依据指标数据之间的相关性，若单个评估指标之间存在显著相关性，则选择主成分分析法，以降低指标重叠的影响；若单个健康评估指标之间没有显著相关性，则评估过程的基本思想是指标之间的等重要性和单个指标的边际重要性递减。指标之间的等重要性是指指标之间的权重是相等的，因此，评估中没有考虑权重的影响；单个指标的边际重要性递减是指评估对象在某个指标上的等量差值在均值附近的重要性要大于远离均值的重要性。由于难以对 12 个指标赋予大众普遍接受的权重，因此，综合评估只是对 12 个评估结果进行等权重处理。

表 2　健康现代化水平指标的基准值

项目	指标和单位	编号	2000 年	2010 年	2016 年	获取方式
健康生活	人均蛋白质供应（克/天）	X_1	105	104	104	计算得加权平均值
	育龄妇女避孕率（%）	X_2	70	67	67	WDI 数据
	婴儿死亡率（‰）	X_3	7.2	5.5	4.7	WDI 数据
	$PM_{2.5}$ 平均浓度（微克/立方米）	X_4	16	16.8	20	WDI 数据

续表

项目	指标和单位	编号	2000 年	2010 年	2016 年	获取方式
健康服务	医生比例（‰）	X_5	2.6	3.0	3.0	WDI 数据
	护士比例（‰）	X_6	8.2	9.9	10.5	WDI 数据
	健康保险覆盖率（%）	X_7	100	100	100	计算得加权平均值
	人均公共健康支出（美元）	X_8	1405	2928	3083	WDI 数据
健康质量	预期健康寿命（岁）	X_9	69	72	72	计算得加权平均值
	成人健康良好率（%）	X_{10}	71	72	72	计算得加权平均值
	结核病患病率（每 10 万人）	X_{11}	18	15	12	WDI 数据
	慢性呼吸道疾病死亡率（每 10 万人）	X_{12}	25	20	20	计算得加权平均值

注：受 WHO 数据获取性影响，慢性呼吸道疾病死亡率这个指标最新年的数据是 2012 年，故只能用 2012 年的数据代替 2016 年值。

不同国家的数据质量不同，且面板数据得到的结果与真实的健康状况之间可能存在一定的差异，故本评价结果仅供参考。

二、资料来源

本研究采集的数据范围是 2000—2016 年的时间序列数据。

本研究的统计数据主要来自：

（1）世界银行（World Bank）。https://data.worldbank.org/。

（2）经济合作与发展组织（Organization for Economic Co-operation and Development，OECD）。https://stats.oecd.org/Index.aspx。

（3）世界卫生组织（World Health Organization，WHO）。http://apps.who.int/gho/data/?theme=main。

（4）世界粮农组织（Food and Agriculture Organization）。http://www.fao.org/faostat/en/#data。

（5）中国统计年鉴、中国卫生统计年鉴、中国卫生与计划生育统计年鉴、中国环境统计年鉴等。

三、评价结果

1. 2016 年 G20 国家健康现代化指数

根据健康现代化指数分组，2016 年，G20 中，法国、澳大利亚等 8 个国家属于健康发达国家，韩国、俄罗斯等 7 个国家属于健康中等发达国家，中国属于健康初等发达国家，南非、印度尼西亚和印度属于健康欠发达国家（表 3）。

表 3 2016 年 G20 国家健康现代化指数

排名	G20 国家	*HMI*-2016	I_L	I_S	I_Q
1	法国	99	100	100	98
2	澳大利亚	99	100	100	97
3	德国	98	100	97	98
4	加拿大	97	100	94	97
5	英国	94	100	93	89
6	意大利	91	99	77	100
7	日本	86	87	94	78
8	美国	84	96	74	85
9	韩国	68	92	66	52
10	俄罗斯	64	90	54	55
11	阿根廷	63	86	45	65
12	沙特阿拉伯	59	47	49	91
13	土耳其	57	74	36	69
14	巴西	53	77	36	52
15	墨西哥	52	79	26	68
16	中国	46	71	32	42
17	南非	27	54	22	17
18	印度尼西亚	19	63	5	21
19	印度	17	43	6	18

注：根据健康现代化指数分组：健康发达国家，*HMI*≥80；中等发达国家，50≤*HMI*<80；初等发达国家，30≤*HMI*<50；欠发达国家，*HMI*<30。

如表 3 所示，2016 年综合排名前 3 位的国家是法国、澳大利亚和德国。在健康生活方面，法国、加拿大、澳大利亚、英国和德国优势明显；在健康服务方面，澳大利亚、法国和德国得分居高；在健康质量方面，意大利、法国和德国最佳。健康发达国家的指标数据如表 4 所示。综合排名后 3 位的国家是印度、印度尼西亚和南非。

表 4 健康现代化的国际前沿

项目	指标和单位	法国	澳大利亚	德国	加拿大	英国	日本	美国
健康生活	人均蛋白质供应（克/天）	111	106	102	105	103	88	110
	育龄妇女避孕率（%）	78	67	69	85	84	40	73
	婴儿死亡率（‰）	3.5	3.1	3.2	4.6	3.7	1.9	5.7
	PM2.5 平均浓度（微克/立方米）	11.9	6.1	13.5	7.5	11.5	13.2	9.2

续表

项目	指标和单位	法国	澳大利亚	德国	加拿大	英国	日本	美国
健康服务	医生比例（‰）	3.2	3.5	4.2	2.5	2.8	2.4	2.6
	护士比例（‰）	10.6	12.6	13.8	9.8	8.4	11.2	9.9
	健康保险覆盖率（%）	100	100	89	100	100	100	36
	人均公共健康支出(美元)	3178	3797	3879	3315	3500	3448	4802
健康质量	预期健康寿命（岁）	73	72	71	72	71	75	69
	成人健康良好率（%）	66	85	65	88	69	36	88
	结核病患病率（每 10 万人）	7.7	6.1	8.1	5.2	9.9	16	3.1
	慢性呼吸道疾病死亡率（每 10 万人）	12	22	19	23	31	16	37

2016 年，由健康现代化指数反映出的 G20 国家健康现代化水平最多相差 4.8 倍。具体来说，健康生活指数的差距是 1.3 倍；健康服务的差距最大，约为 20 倍；健康质量的差距为 5 倍（表 5）。

表 5　2016 年世界健康现代化水平的国家差距

项目	*HMI*-2016	I_L	I_S	I_Q
最大值	99	100	100	100
最小值	17	43	5	17
平均值	67	82	58	68
极差（最大值–最小值）	82	57	95	83
标准差	27	19	33	28
相对差（最大值÷最小值）	5.8	2.3	21	6.0
变异系数（标准差÷平均值）	0.41	0.23	0.56	0.42

2016 年与 2000 年相比，阿根廷等 14 个国家健康现代化指数上升；美国等 4 个国家健康现代化指数下降；日本健康现代化指数没有显著变化。阿根廷等 6 个国家健康现代化排名上升；加拿大等 5 个国家健康现代化排名下降；中国等 8 个国家健康现代化排名没有变化。

2. 2000—2016 年世界健康现代化进程

2000—2016 年 G20 国家健康现代化的发展水平评价结果如表 6 所示。

表 6　2000—2016 年 G20 国家健康现代化指数、排名及分组

国家	*HMI*			排名			分组		
	2000 年	2010 年	2016 年	2000 年	2010 年	2016 年	2000 年	2010 年	2016 年
法国	98	97	99	2	4	1	1	1	1
澳大利亚	97	100	99	3	1	2	1	1	1

续表

国家	HMI			排名			分组		
	2000 年	2010 年	2016 年	2000 年	2010 年	2016 年	2000 年	2010 年	2016 年
德国	97	98	98	4	3	3	1	1	1
加拿大	98	98	97	1	2	4	1	1	1
英国	94	95	94	5	5	5	1	1	1
意大利	92	95	91	6	6	6	1	1	1
日本	86	84	86	8	8	7	1	1	1
美国	87	88	84	7	7	8	1	1	1
韩国	59	55	68	9	11	9	2	2	2
俄罗斯	56	59	64	10	9	10	2	2	2
阿根廷	44	50	63	14	13	11	3	2	2
沙特阿拉伯	43	49	59	15	14	12	3	3	2
土耳其	51	56	57	11	10	13	2	2	2
巴西	45	53	53	13	12	14	3	2	2
墨西哥	48	47	52	12	15	15	3	3	2
中国	30	44	46	16	16	16	3	3	3
南非	25	29	27	17	17	17	4	4	4
印度尼西亚	16	19	19	18	18	18	4	4	4
印度	15	19	17	19	19	19	4	4	4

注：国家分组是根据 *HMI* 分组。1 代表健康发达国家，2 代表中等发达国家，3 代表初等发达国家，4 代表欠发达国家。

2000—2016 年，健康现代化指数的国际差距在波动中略有缩小（表 7）。

表 7　2000—2016 年世界健康现代化指数的国际差距

项目	2000 年	2010 年	2016 年
最大值	98	100	99
最小值	15	19	17
平均值	62	65	67
极差	84	81	82
标准差	30	28	27
相对差	7	5	6
变异系数	0.49	0.43	0.41

2000—2016 年，阿根廷、巴西、墨西哥、沙特阿拉伯 4 个国家从健康初等发达国家升级为中等发达国家。

2016 年，中国属于健康初等发达国家，中国健康现代化指数为 46，排 G20 国家的第 16 位，距离世界先进水平的差距还比较大。

2000—2016 年，中国健康现代化指数从 30 上升到 46，提高了 16 位；中国健康现代化的排名在 G20 国家中的排名则一直维持在第 16 位没有变化，分组也一直处于健康初等发达国家（表 6）。

2000—2016 年，中国健康现代化与 G20 国家先进水平的绝对差距和相对差距都在缩小；中国健康现代化与 G20 国家平均水平的绝对差距和相对差距也都在缩小（表 8）。从这些数据可以看出：自 2000 年，中国健康现代化的绝对水平在持续提高，相对水平也在提高。我国健康现代化建设取得了很大进步。

表 8　2000—2016 年中国健康现代化进程

项目	2000 年	2010 年	2016 年
中国健康现代化指数	30	44	46
G20 国家 *HMI* 最大值	99	100	98
G20 国家 *HMI* 最小值	17	19	15
G20 国家 *HMI* 平均值	67	65	62
中国与最大值的绝对差距	69	56	52
中国与最大值的相对差距	3.3	2.3	2.1
中国与平均值的绝对差距	37	21	16
中国与平均值的相对差距	2.2	1.5	1.4
中国排名	16	16	16

四、结论

从以上评价结果可以看出：G20 国家各国健康现代化水平的不平衡非常显著。以 2016 年为例，国家健康现代化水平的相对差距大。有 8 个国家健康现代化指数超过 80 分，它们依次是法国、澳大利亚、德国、加拿大、英国、意大利、日本和美国，属于健康发达国家；南非、印度尼西亚和印度 3 个国家的健康现代化指数低于 30 分，属于健康欠发达国家。

不同国家健康现代化的地位发生变化。典型国家有阿根廷、巴西、墨西哥和沙特阿拉伯 4 个国家从健康初等发达国家升级为中等发达国家等。

与 2000 年相比，2016 年 G20 国家大多数国家的健康现代化指数都是正增长。G20 国家健康现代化指数年均增长率的平均值为 0.7%。其中，增长最快的是中国，为 2.7%；阿根廷、沙特阿拉伯的年均增长率分别为 2.3%和 2.1%。美国出现负增长，健康现代化指数略有下降。

2016 年与 2000 年相比，阿根廷、沙特阿拉伯等 6 个国家健康现代化指数的

G20 国家排名上升，加拿大、墨西哥、土耳其等 5 个国家 G20 国家排名下降，英国、中国等 8 个国家的排名没有变化。

2000 年以来，G20 国家的健康现代化建设都取得了很大的进步，但不同国家的健康现代化水平差距也很明显，G20 国家健康现代化进程具有很大的不平衡性。中国健康现代化水平有较大提高，但我们与 G20 国家健康先进水平的差距也是客观存在的。2016 年中国排在 G20 国家第 16 位，属于健康初等发达国家，经验量化估计其水平大致相当于健康现代化国家 45%的水平。

参考文献

崔霞. 2011. 中国公共卫生服务体系绩效评价. 中国公共卫生，27（12）：1612-1613.

何传启. 2017. 中国现代化报告 2017：健康现代化研究. 北京：北京大学出版社：210-224.

薛澜，翁凌飞. 2017. 中国实现联合国 2030 年可持续发展目标的政策机遇和挑战. 中国软科学（1）：1-12.

杨启佑，胡淑礼，罗珍淮. 1996. 卫生综合效益评价方法的研究. 中国卫生经济，15（5）：29-31.

Abeney A,Yu Kam. 2015. Measuring the efficiency of the Canadian health care system. Canadian Public Policy-Analyse De Politiques, 41(4): 320-331.

Cetin V R, Bahce S. 2016. Measuring the efficiency of health systems of OECD countries by data envelopment analysis. Applied Economics 48(37): 3497-3507.

FAO. 2018. The Food and Agriculture Organization. http://www.fao.org/faostat/en/#data.

Handler AS. 2001. A conceptual framework to measure performance of the public health system. American Journal of Public Health, 91(8): 1235-1239.

Hurst J, Jee-Hughes M. 2001. Performance Measurement and Performance Management in OECD Health Systems.Labour Market and Social Policy-Occasional papers No.47.

ISO. 2017. ISO21667: 2010. https://www.iso.org/obp/ui/#iso:std:iso:21667:ed-1:v1:en.

Murray C J L, Frenk J, Tandon A, et al. 2000. Overall health system achievement for 191 countries. Geneva, WorldHealth Organization (GPE Discussion Paper No. 28).

OECD. 2015. Health at a Glance 2015: OECD Indicators. Paris : OECD Publishing.

WHO. 2000. The World Health Report 2000: Health systems: Improving performance. Switzerland: World Health Organization.

WHO. 2010. World Health Statistics 2010. Geneva：World Health Organization.

WHO. 2015. The World Health Report 2013: Research for Universal Health Coverage. Geneva：World Health Organization.

中国健康服务管理研究热点及进展分析

刘　雷[①]

中国科学院中国现代化研究中心、中国科学院大学公共政策与管理学院

健康是人类发展的重要基石，追求健康是人类活动的基本价值取向。健康对于个体而言是幸福生活和美好人生的必要条件，对于社会而言是社会和谐与可持续发展的重要前提，对于国家而言是国家综合国力和核心竞争力的重要组成部分（刘雷，2017）。新中国成立以来，特别是改革开放后，中国卫生健康事业取得了巨大成就。当前，国民健康已上升为国家战略，成为国家未来发展的重要组成部分。与此同时，随着人口老龄化程度的加深和居民消费结构的升级，健康服务需求大幅上升，并呈现出了多元化和个性化的发展趋势。在国家政策和社会需求的双重驱动下，近年来学术界对于健康服务管理的研究不断发展和深入，相关研究成果众多，文献数量庞大，但目前尚缺乏针对该领域研究变化的热点与进展分析的报道。此外，健康服务、健康产业、健康服务业、健康管理作为这一研究领域的高频词汇，在文献表述中也时常发生概念的混淆。因此，本文将通过梳理近二十年来国内关于健康服务管理的相关研究成果，理清健康服务管理的发展脉络和研究趋势，系统阐述健康服务管理的概念内涵，厘清健康服务管理与健康产业、健康服务业、健康管理等相关概念的关系。在此基础上，以2000—2019年中国知网（CNKI）中文核心期刊数据库中的健康服务管理文献为样本，运用CiteSpace工具进行图谱量化分析，探究中国健康服务管理领域研究变化的轨迹，以期为后续理论研究与实践探索提供科学参考。

一、概念厘清

健康服务管理是卫生政策与管理领域中的重要组成部分，它涉及管理学、医学、社会学、经济学等诸多学科，是一个学科高度交叉融合的研究领域。健康服务管理研究可以采用管理学的一般研究方法，从健康治理视角、健康服务供给视角和健康服务需求视角三个基本角度进行分析。

1. 健康服务管理

健康服务管理涉及健康、健康服务、管理和健康服务管理。

---

① 刘雷，男，理学博士，中国科学院中国现代化研究中心副研究员，中国科学院大学公共政策与管理学院副教授，主要研究方向为产业政策、卫生管理与政策、创新发展等。E-mail：liul@mail.las.ac.cn.

（1）健康服务

关于健康，不同的学科有不同的理解，其确切含义及其实质究竟是什么也众说纷纭。生物医学家、经济学家、社会学家等从不同立场、不同角度和不同层面均对健康的内涵进行过思考和阐述，呈现出明显的多样性和差异性。根据世界卫生组织（World Health Organization，WHO）的定义，健康不仅是没有疾病和虚弱，而且是身体的、精神的、道德的和社会适应的良好状态。需要说明的是，随着时代的发展，健康的内涵在不断演化，而人类疾病谱和死亡谱的不断变化需要我们持续应对新的健康问题，由此引发健康概念的不断演进。

根据国际标准化组织（International Organization for Standardization，ISO）和国际电工委员会（International Electrotechnical Commission，IEC）联合发布的《ISO/IEC 76 号指南》，服务是为满足顾客的需要，供方和顾客之间接触的活动以及供方内部活动所产生的结果。笔者认为，服务是一种非实物性的交互活动。它既包括有偿的交易，也包括无偿的服务，还包括非交互性的自我服务。在以上概念的基础上，笔者认为，狭义的健康服务是一种以恢复、维护和促进顾客健康为目的的非实物性交易活动。而广义的健康服务是一种以健康的恢复、维护和促进为目的的活动；它既包括有偿的医疗卫生服务、健康体检服务等，也包括无偿的基本卫生防疫服务、居家养老服务等，还包括自我按摩等非交互性的自我服务活动。狭义的健康服务就是指经济性的活动这一部分；广义的健康服务包括经济性的活动（如健康体检）和非经济性的活动（如自我按摩）两种类型。

需要说明的是，英文“health service”一词在中文文献，特别是早期的文献里指“卫生事业”，它是国家和社会在防治疾病、保护和促进居民健康方面所采取的政策措施和相关服务的总和。它涉及各种提供卫生服务的机构以及直接参与卫生服务的生产、交换、分配和消费的机构，包括卫生行政、医疗、预防、保健、康复、计划生育等系统，广义上还包括环境保护组织以及为卫生事业提供人力、物资、技术、信息等支持的医学教育、医学科研、医疗器械、药品生产等组织机构（李鲁，郭岩，2006）。卫生事业在《中共中央 国务院关于卫生改革与发展的决定》中被界定为“我国政府实行一定福利政策的社会公益事业”。显而易见，中文文献中的卫生事业等同于国际社会普遍采用的公共健康服务的说法，是健康服务的重要组成部分。卫生事业管理是政府为履行公共卫生管理职能，合理分配卫生资源，为居民提供卫生服务，保障卫生事业发展的活动。相应地，卫生事业管理学（Health Service Administration）是管理学门类公共管理学科的一个重要分支。

（2）管理

“科学管理之父”泰勒（2013）认为，“管理就是确切地知道你要别人干什么，并使他用最好的方法去干”；简言之，管理就是指挥他人能用最好的办法去工作。

“现代管理学之父”德鲁克（2012）认为，“管理是一种工作，它有自己的技巧、工具和方法；管理是一种器官，是赋予组织以生命的、能动的、动态的器官；管理是一门科学，一种系统化的并到处适用的知识；同时管理也是一种文化”。维基辞典对其解释为，管理是对一个组织的管理，无论它是企业、非营利组织还是政府机构。管理包括制定一个组织的战略和协调其员工（或志愿者）的努力，通过应用可用的资源，如财务、自然、技术和人力资源来实现其目标的活动。

（3）健康服务管理

健康服务管理（health service management）指综合运用管理学理论和方法，计划、组织、领导、控制和协调健康资源的开发、分配和利用，对健康服务过程进行科学管理，优质高效地实现健康服务既定目标与责任的活动。简言之，健康服务管理就是用管理的手段来促进健康服务。健康服务的供给方包括政府、社会、企业、家庭和个人等。健康服务的内容既包括宏观层面的政府健康管理服务（例如国家卫生和健康委员会、国家食品药品监督管理总局、国家中医药管理局等，及其各级政府部门的行政管理服务），也包括中观层面的社会组织健康服务（例如医疗卫生、保险、医学研究、保健、计划生育、医疗交流等专业性卫生团体或企业的服务，体育团体以及非竞技体育运动项目的体育协会的服务），还包括微观层面的家庭或个人的健康服务（例如居家养老服务、儿童看护服务等）。

2. 健康产业

产业是一个经济学概念，一般指具有某种相近属性的经济活动的集合，通常指国民经济的某个部门。健康产业是为恢复、维护和促进人群健康的一类经济活动。作为一种新兴产业，健康产业目前尚无独立的产业分类及相关核算体系，国际上仅针对狭义的医疗卫生服务建立了卫生费用核算体系。实际上，广义的健康产业在农业、工业和服务业传统的三大产业均有分布。例如，在农业方面的中草药种植和采集；在工业方面的药品和器械的生产；在服务业方面的医疗服务。以下我们仅从《全部经济活动国际标准行业分类》（简称《国际标准行业分类》）、美国以及中国的行业分类体系中部门一级涉及的健康产业情况进行简要分析。从表 1 可以看到，在《国际标准行业分类》（ISIC Rev 4.0）的 21 个门类（表 1）中，有 17 个门类包含健康产业，从产业的覆盖面来看，健康产业占据国民经济的份额高达 81%。

表 1　典型行业分类中健康产业分布情况

序号	《国际标准行业分类》ISIC Rev 4.0	美国	中国	包含健康产业
1	A. 农业、林业、渔业	农业、林业、渔业、狩猎	农、林、牧、渔业	*
2	B. 采矿和采掘业	矿产业	采矿业	

续表

序号	《国际标准行业分类》ISIC Rev 4.0	美国	中国	包含健康产业
3	C. 制造业	制造业	制造业	*
4	D. 电、气、蒸汽和空调供应	公共事业	电力、热力、燃气及水生产和供应业	
5	E. 水供应及污水处理			*
6	F. 建筑业	建筑业	建筑业	*
7	G. 批发和零售业；汽车和摩托车的修理	批发	批发和零售业	*
8	H. 运输和储存	零售	交通运输、仓储和邮政业	
9	I. 食宿服务活动	运输和仓储	住宿和餐饮业	*
10	J. 信息和通信	信息	信息传输、软件和信息技术服务业	*
11	K. 金融和保险活动	金融和保险	金融业	*
12	L. 房地产活动	房地产和租赁	房地产业	
13	M. 专业、科学和技术活动	专业和科技服务	租赁和商务服务业	*
14	N. 行政和辅助活动	企业管理	科学研究和技术服务业	*
15	O. 公共管理与国防；强制性社会保障	行政和废物管理	水利、环境和公共设施管理业	*
16	P. 教育	教育服务	居民服务、修理和其他产业结构	*
17	Q. 人体健康和社会工作活动	卫生和社会帮助	教育	*
18	R. 艺术、娱乐和文娱活动	艺术、娱乐、旅游	卫生和社会工作	*
19	S. 其他服务活动	住宿和餐饮服务	文化、体育和娱乐业	*
20	T. 家庭作为雇主的活动；家庭自用、未加区分的物品生产和服务活动	其他非政府服务	公共管理、社会保障和社会组织	*
21	U. 国际组织和机构的活动	政府服务	国际组织	*

*表示包含。

3. 健康服务业

对于健康服务业的概念与内涵的理解，学术界没有统一的认识。结合服务业的内涵及特点，我们认为健康服务业是提供健康服务的各种行业的总称，它是相对于有形的健康产品的生产而言的。健康产品生产和健康服务业共同构成了健康产业。健康产品生产与健康服务业关系密切，相互支撑，但从产业结构上看，健康产品生产在产业结构上属于三次产业中的农业和工业，健康服务业属于三次产业中的服务业范畴（陈亚光，2015）。在国家层面，《国务院关于促进健康服务业发展的若干意见》将健康服务的概念界定为“以维护和促进人民群众身心健康为目标，主要包括医疗服务、健康管理与促进、健康保险以及相关服务，涉及药品、医疗器械、保健用品、保健食品、健身产品等支撑产业，覆盖面广，产业链长”。

为深入贯彻落实《国务院关于促进健康服务业发展的若干意见》精神，满足国家制定健康服务业相关政策以及加强对健康服务业宏观管理，科学界定健康服务业统计范围，建立健康服务业统计调查体系的需要，2014 年，国家统计局颁布了《健康服务业分类（试行）》，其中的分类见表 2。

表 2　中国的健康服务业分类（试行）

一级分类	二级分类
医疗卫生服务	医院服务
	基层医疗卫生服务
	专业公共卫生服务
健康管理与促进服务	政府与社会组织健康服务
	健康科学与技术研究服务
	健康教育服务
	健康出版服务
	社会健康服务
	体育健身服务
	健康咨询服务
健康保险和保障服务	健康保险服务
	健康保障服务
其他与健康相关的服务	健康相关产品批发
	健康相关产品零售
	健康设备和用品租赁服务

4. 健康管理

健康管理的思想由来已久，中西方对此各有建树。现代的健康管理起源于 20 世纪 70 年代的美国，其产生和发展与美国的商业保险密切相关。健康管理虽然在美国已经经历了 40 多年的实践应用和研究历史，但至今尚未形成全面系统的理论体系。截至目前，国内外学者对健康管理的定义尚未完全达成一致（刘树琪，2015）。但是系统梳理可以发现国内外学者对于健康管理的理解大致分为四种类型：①把健康管理等同于公共健康服务，围绕旨在改善健康而制定、实施政策以及组织服务而展开的活动，强调运用有目的、有计划、有组织的管理手段达到维护、巩固、促进群体和个体健康的目的；②从维护健康的理念着手，强调生活方式转变、主动预防对维护、促进健康的重要作用，要将科学的健康生活方式提供给健康需求者，变被动的护理健康为主动；③从预防医学的角度，把健康管理当作一个维护健康的技术手段。对个体或群体的健康进行全面监测、分析、评估，提供健康咨询和指导、对健康危险因素进行干预的全过程；④把健康管理作为特定的医疗卫生体制下的制度安排，是医保机构、医疗机构、患者和其他利益相关方之间形成的一系列用于控制医疗费用、提高医疗服务质量的契约安排和管理手段（刘艳飞，2016）。2014 年，中华医学会健康管理学分会在广泛征求意见的基础上，提出了一个较为权威的定义，即健康管理是以现代健康概念（生理、心理和社会适应能力）、新的医学模式（生理-心理-社会）及中医治未病为指导，通过采用现代医学和现代管理学的理论、技术、方法和手段，对个体或群体整体健康状况及其影响健康的危险因素进行全面检测、评估、有效干预与连续跟踪服务的医学行为及过程。其目的是以最小投入获取最大的健康效益。

5. 健康服务管理相关概念的区别与联系

基于以上相关概念的分析，笔者认为健康管理隶属于健康服务的范畴，广义的健康管理包括经济性的活动（如健康体检）和非经济性的活动（如自我健康管理）两种类型，狭义的健康管理就是指经济性的活动这一部分，我们称之为健康管理服务业（图 1）。

如前所述，广义的健康服务包括经济性的活动（如健康体检）和非经济性的活动（例如自我按摩）两种类型；狭义的健康服务就是指经济性的活动这一部分，我们称之为健康服务业，它是提供健康服务的各种行业的总称。而健康服务业与健康产品生产共同构成健康产业。本文聚焦狭义的健康服务管理，主要讨论带有经济属性的健康服务业的相关管理问题。

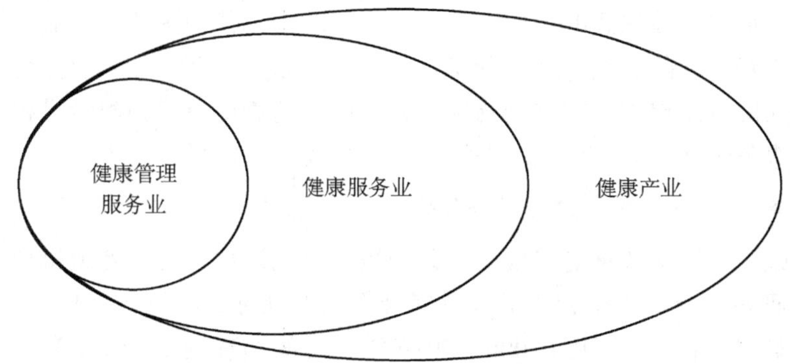

图 1 健康服务管理相关概念与范畴的关系示意图

二、数据取样与研究方法

基于上述文献分析，综合考虑实际的研究能力和研究价值，我们以中国知网

（CNKI）数据库为数据遴选平台，选择核心期刊作为期刊来源，检索条件以“主题=‘健康服务’或者‘健康服务业’或者‘健康产业’或者‘健康管理’”进行高级检索，文献检索时间为2000—2019年，数据采集时间为2019年9月1日，检索获得文献3191篇，剔除不相关文献后共获得文献2735篇。

本文采用知识图谱作为基本工具，对中国健康服务管理研究领域的相关文献进行图谱量化分析。知识图谱（mapping knowledge domain）是指用可视化技术来发现、描述、分析以及最终展示数据或文本之间的相互关系，通过有效地组织、存储、管理和更新大规模的知识，进行高效的推理计算和问题求解，常用的工具包括Pajek、Citespace、UCINET、Bibexcel、Gephi、Netwrok、VOSviewer、VantagePoint等（曹倩，赵一鸣，2015；肖明等，2013）。本文借助Citespace绘制中国健康服务管理研究趋势的知识图谱，对其研究现状和热点问题等进行分析，以期为后期开展相关研究和实践提供借鉴。

三、结果与分析

1. 文献计量分析

从时间序列上看，2013年是中国健康服务管理研究的重要时间节点。2000—2013年，该研究领域发表的核心期刊论文呈现波动式缓慢上升的趋势，从2000年的12篇上升到2013年的178篇。2013年以来年发文量大幅攀升，仅2018年单年发文量就接近400篇；与此同时，研究人数不断增多，研究范围不断拓广。

笔者认为2013年以来形成的中国健康服务管理研究热潮源于一系列政策文件的出台，形成了波浪式的层层滚动性政策驱动力，使中国的健康服务管理成为学术以及实践方面的热点。2017年党的十九大会议进一步指出，要完善国民健康政策，为人民群众提供全方位全周期健康服务。随着健康中国建设进程的不断推进，健康服务管理将会受到更多关注，发文量还将不断增长。

2. 发文作者、机构及合作网络分析

作者或机构发文数量能够反映在此领域的研究地位，而作者或机构共现能够反映某一研究领域核心作者或机构及其合作强度（孙玉阳等，2019）。本文采用Citespace软件，时间区间为2000—2019年，时间切片为1，节点类型分别选择Author（作者）和Institute（机构），Top N分别设置为20和25，对健康服务管理研究的高产作者和机构进行分析。从发文作者的角度分析：2000—2019年，黄希庭、薛付忠和李灿东三人发文量最高各16篇。按照普莱斯定律进行统计计算结果为3篇，那么在此期间发文量在3篇以上的核心作者合计90位，共发表论文458篇，占所有论文的17%，由此可见健康服务管理领域中高产作者未形成较强的带

头作用（阈值 50%），国内学术团体还未形成稳定的高产作者群。

在团队合作方面，2000—2019 年，以薛付忠、巢健茜、卢建华、黄希庭等学者为核心，形成为数不多的小型合作网络，而且该类合作一般是在研究机构内部进行的，跨机构的合作鲜见。同时，李灿东、张开宁、李强等高产作者处于相对独立的研究状态。

从发文机构分析，2000 年以来国内健康服务管理相关研究论文累计发表最多的是北京大学，其次是华中科技大学，复旦大学位列第三。从研究机构的性质上来看，发表论文主要集中在高校。发文排名前十位的既有北京大学、复旦大学、中国人民大学等综合型大学，也有重庆医科大学、首都医科大学、安徽医科大学等医学类专科院校。

3. 学科分布与研究层次分析

从学科的分别来看，国内对于健康服务管理主要集中在医学、社会科学和经济学这三大门类。其中，医学领域包括公共卫生与预防医学、临床医学、护理学、基础医学、中医与中西医结合等学科；社会科学主要包括社会学、教育学、体育等学科；经济学主要集中在保险方面。从研究层次来看，相关研究主要集中在基础与应用基础研究（自然科学和社会科学）、工程技术、行业技术指导、政策研究（自然科学和社会科学）、职业指导、高等教育、基础教育与中等职业教育、大众文化等十个方面。

4. 基金来源与热点期刊分析

从研究资助情况分析，国内健康服务管理研究主要受国家层面的支持，国家自然科学基金、国家社会科学基金以及国家科技支撑计划三项占经费总来源的 81.4%。地方性的研究资助主要来自山东省、江苏省和广东省。境外研究资助主要是美国中华医学基金，占经费总来源的 2.9%。

对于国内健康服务管理研究的热点期刊，我们主要从发文总量进行分析。2000—2019 年，《中国全科医学》《中国卫生事业管理》《现代预防医学》累计发文位列前三。排名前十的全部为医学类期刊，涉及公共卫生与预防医学、卫生经济学、医学教育等。

5. 研究热点分析

对于某一研究领域的热点问题以及未来发展趋势的判断，图书情报学一般利用文献的关键词进行共词分析。本文通过 Citespace 软件，设定时间区间为 2000—2019 年，时间切片为 1，节点类型为 keyword（关键词），Top *N* 为 10。从表 3 中可以看出，研究文献中出现频次最高的关键词是“健康管理”，其次为“社区卫生服务”，“生殖健康”位列第三。除此之外，健康状况、健康中国、老年人、健康产业、影响因素、家庭医生、基本公共卫生等出现的频次也较高。与此同时，中国、美国和北美洲等地域名称显现的频次也相对较高，说明在中国的健康服务管理研究中这三个是重点研究案例。

表 3　2000—2019 年排名前 10 位的高频关键词

排名	频次	中心度	关键词
1	563	0.55	健康管理
2	204	0.44	社区卫生服务
3	131	0.36	生殖健康
4	83	0.08	健康状况
5	82	0.07	老年人
6	64	0.31	社区
7	63	0.01	影响因素
8	49	0.07	家庭医生
9	47	0.00	健康产业
10	45	0.01	健康中国

通过 Citespace 的聚类分析可以看到，2000—2019 年，中国健康服务管理领域研究文献显示 8 个高频聚类词，包括健康管理（#0）、健康状况（#1）、生殖健康（#2）、中华人民共和国（#3）、社区健康卫生服务（#4）、中国卫生经济（#5）、健康（#6）、北美洲（#7）。根据经济社会的发展阶段、医疗模式的转变程度以及高频共现关键词的演化脉络，我们将中国健康服务管理研究的演化进程大致划分为两个阶段：2000—2012 年以医疗性健康服务管理研究为主的发展阶段；2013—2019 年是医疗性与非医疗性并重的健康服务管理研究阶段。

四、结论

通过文献的梳理发现：对于健康服务管理概念的理解，因研究者视角及其对健康和健康服务的不同理解而存在明显的差异性和多样性。笔者认为健康服务管理就是用管理的手段来促进健康服务。广义的健康服务包括经济性的活动和非经济性的活动两种类型；狭义的健康服务就是指经济性的活动这一部分，我们称之为健康服务业，它是提供健康服务的各种行业的总称；健康服务业与健康产品生产共同构成健康产业。学界对于健康服务管理的研究大多都是聚焦狭义的健康服务管理，即健康服务业的管理。文献的图谱量化研究表明：2000 年以来，中国的健康服务管理研究热度持续上升，特别是 2013 年以来中国健康服务管理研究受国家层面的政策驱动，发文量大幅攀升。研究学科主要集中在医学、社会科学和经济学三大门类；研究者主要来自综合型大学和医学类专科院校，但是该领域中高产作者未形成较强的带头，国内学术团体还未形成稳定的高产作者群；国内该领域研究的经费来源80%以上是国家层面的研究基金；近二十年来，中国健康服务管理的研究热点主要集中在健康管理、社区卫生服务、生殖健康、健康状况、老年人健康与护理、健康影响因素、家庭医生、健康产业等几个方面，笔者认为随着健康中国建设进程的不断推进，健康服务管理仍将是中国卫生政策与管理领域中的热门议题，关注度会持续上升。

参考文献

曹倩，赵一鸣. 2015. 知识图谱的技术实现流程及相关应用. 情报理论与实践，38（12）：127-132.

陈亚光. 2015. 我国健康服务业经营模式创新研究. 北京：经济管理出版社.

德鲁克. 2012. 管理：任务、责任、实践. 刘勃译. 北京：华夏出版社.

李鲁，郭岩. 2006. 卫生事业管理. 北京：中国人民大学出版社.

刘雷. 2017. 健康中国2030：发展目标和指标体系研究. 科学与现代化，（2）：22-55.

刘树琪. 2015. 健康服务与管理. 北京：人民卫生出版社.

刘艳飞. 2016. 健康管理服务业发展模式研究. 上海社会科学院博士论文.

孙玉阳，宋有涛，李皓芯等. 2019. 中国环境规制领域研究热点及进展分析. 干旱区资源与环境，33（11）：135-142.

泰勒. 2013. 科学管理原理. 朱碧云译. 北京：北京大学出版社.

肖明，邱小花，黄界等. 2013. 知识图谱工具比较研究. 图书馆杂志，（3）：61-69.

美国国民健康现代化案例研究

李　扬[①]　汤　青[②]

①中国科学院中国现代化研究中心　②中国科学院前沿科学与教育局

一、美国国民健康体系

作为世界上最发达国家之一的美国同时拥有世界上复杂且昂贵的健康医疗体系，其国民健康体系是以市场为主导的模式。美国政府在整个国民健康体系中直接承担的责任有限，仅承担制定法律法规、监管和健康基本保障职责，而国民健康体系的正常运行主要通过商业机构按照市场规则自由竞争。美国国民健康体系的支付方由联邦政府、雇主和个人共同构成，以商业保险为主，联邦政府和州政府资助的公立医疗保险为辅，医疗服务的提供方也以市场为主，非营利性和私立医院达到医疗机构总数半数以上，市场化程度非常高。这种以高度市场化为主要特征的美国国民健康体系，运作效率较高，但也存在弊端：自由市场化运作的同时，政府的公共管理职能发挥不到位，医疗服务欠缺公平性和可及性，且导致美国的健康医疗费用、人均医疗费用和健康支出占 GDP 的比例均为全世界最高。

联合国开发计划署（United Nations Development Programme，UNDP）发布的《人类发展指数和指标：2018 年统计更新》中指出，2016 年，美国的出生时预期寿命为 68.5；新生儿死亡率为 5.6 ‰；2007—2014 年，美国每万人医师数平均为 25.7；2015 年，美国健康总支出占 GDP 百分比为 16.8%。

二、美国国民健康生活

美国在 20 世纪 70 年代末提出预防时代的到来——在 1979 年，美国卫生与人类服务部在《人人健康：疾病预防与健康促进》（Healthy People：The Surgeon General's Report on Health Promotion and Disease Prevention）中指出应该更加关注日常生活中那些习以为常的行为和社区生活条件，它导致 50%以上的过早死亡，还应关注那些支持或影响这些行为或生活条件的政策，其中最要紧的是药物滥用及药瘾（包括烟草和酒精）、饮食不当、久坐的工作以及与情绪有关的行为。随后，《促进健康/预防疾病：国家目标》（Promoting Healthy/Preventing Disease：Objectives for the Nation）于 1980 年发布，向全体国民提出，改变国家的卫生面貌，实现人人健康的目标，不是靠更好、更高级的新医疗设备和技术，而是依靠预防保健工作。通过健康的生活方式预防疾病和伤残，提高人民的生活质量、延长寿命，缩小各人群之间的健康差异。并向公众推荐了 6 种有益于健康的生活方式：不吸烟、少饮酒、平衡膳食、适量运动、定期健康检查和遵守交通规则。后来，随着人民认识水平的不断深入，健康生活方式的内容和范围不断扩大，又增加了保持心情愉快、规律的作息制度和避免被动吸烟等内容。

（一）美国健康状况

根据美国疾病预防控制中心的资料（National Center for Health Statistics，2017），1989 年美国的人均寿命已经达到 75.1 岁，2000 年是 76.8，到 2016 年美国的人均寿命是 78.6 岁。美国公民的寿命情况在全球的 221 个国家看排名第 50 位左右，在世界经济合作组织的 34 个发达的工业国家中排名 20 多位，比 1990 年有所下降。在2013年世界卫生组织发布的对世界上17个高收入国家的医疗报告中，美国在肥胖、车祸、心肺疾病、性传染病、青少年怀孕、外伤和凶杀的发生率方面都是最高或者是接近最高的。与其他的发达的国家相比，美国的男性的寿命要少将近4岁，但是如果他们能活过75岁，那么他们的寿命相比其他的国家而言就会要更长。

（二）美国健康支出

《美国健康报告2017》指出，2009年美国在健康方面的支出接近2.5万亿美元，人均8147美元，占GDP的17.3%；而在2014年，美国健康相关开支更是达到了3万亿美元的规模，人均9523美元。根据美国劳工部的统计，2006年，美国医疗卫生行业约有1370多万雇员，占全国所有工作岗位的10%左右，已经超过了美国制造业雇佣人数的总和。到2016年底，美国医疗卫生行业预计将雇佣将近1900万员工，达到美国所有工作职位的11.4%，也就是说美国每9个工作职位中，就有一个是在医疗服务领域（National Center for Health Statistics，2017）。这显示了医疗卫生行业在美国国民经济中举足轻重的地位。

三、美国健康医护管理

（一）美国医院管理

1. 美国医院的分类

根据美国医院协会[①]的定义，医院最少应有6张病床并获得营业执照，其主要功能是由有组织的医生为患者提供诊断及治疗服务，并由注册护士提供连续性的护理服务。可以按照所有权、提供服务的类型、病床数量及平均住院日等的不同对医院进行不同的分类。按照所有权不同，可分为联邦政府（federal）医院和非联邦政府（nonfederal）医院两大类，联邦政府医院（约占2013年全美医院总数的3.8%）（National Center for Health Statistics，2016）是指由联邦政府运营的医院，包括军队医院、退伍医院、印第安人医院及监狱医院等。联邦政府医院的经费全部来自联邦政府，医护人员全部是政府雇佣的，不需要外界任何的人力财物支撑。非联邦政府医院包括社区（community）医院、长期（long-term）综合医院及专科医院、精神病院和肺结核疗养院等。社区医院指所有非联邦政府的短期（short-stay）医院，但不包括智力发育障碍专科医院和酒精及化学药品依赖性医院。

① 美国医院协会网址为http://www.aha.org.

长期综合医院、精神病院和肺结核疗养院通常为福利性的公立机构。

2. 美国医院的组织架构

美国医院多为公司制的组织机构，实行集团（公司）管理，集团（公司）下属数家甚至数十家医院（医疗中心），分布在某一地区或全国各地。营利性医院可以是集团公司下属的一个公司，也可以是以医院名义的一个独立公司。非营利性医院可以是一个非营利性的基金会或其他组织的一个经营实体，也可以是单独的经营实体，医院经营均按现代企业制度运作。

营利性和非营利性医院都建有决策层（董事会或理事会等）、经营管理层（总经理或院长、财务主管、市场拓展主管、门诊服务主管等）。非营利性医院董事会成员由基金会、社区等提名指定，通常由基金会成员、医院行政官员、医师和社区领导者等代表组成，不享有利润分红。非营利性医院的董事会和行政官员负责满足社区的地方性需求。营利性医院董事会成员由投资者组成，享有税后利润分配。医院的首席执行官由投资者进行选举，医院必须定期就财务状况向投资者作出交代。因此，营利性医院的经营管理者面临更大的压力。

3. 美国医院的收费模式

对大多数患者和医生来说，大部分诊费并不是患者直接付给医生的，而是政府医疗保障机构或商业医疗保险公司在治疗完成后付给医生的。医生看完患者之后，有专人或部门根据患者的诊断和医生提供的一切医疗服务生成账单，提交给政府指定机构或保险公司，然后这些付费方统一进行偿付。但是这些机构偿付的费用并不是医生账单上的数额，而是政府核定的费率或者是保险公司和医生协议的费率。

美国的医生和医院以及其他的医疗机构在给病患者提供医疗服务后，是通过给医疗保险公司经电脑送账单的方式来进行的。这个账单并不是一般意义上的账单，而是一个一个的医学编码号码。每一个特定的编码号码代表某一项特定的医疗服务，然后由医疗系统（医生诊所或医院）里专门的医疗服务编码会计把医疗服务提供者（比如医生）给患者提供的医疗服务根据以上或者服务者的要求变成一个一个的医学编码号码，再向医疗保险公司提交材料，报告所提供的医疗服务，从而最终从患者的医疗保险公司获得劳务费的支付/报销。在这一“追款”过程中，不论是私人保险公司还是政府赞助的医保方案，医生使用和报告的诊断和治疗医疗编码（medical coding）都是全美统一的，各种服务的价格也是标准化的，当然付费的多少和那个地区的经济水平还是有一些关联的。

（二）美国医护人员管理

美国的医师（physicians）可分为两大类：一类是美国本土医学教育培养出的医学博士（MDs 和 DOs）；另一类是获得美国医师执照的国际医学毕业生（MBBS 和 MDs）。美国医学学会（American Medical Association）和美国骨科协会（American Osteopathic Association）目前都用“physician”来描述其成员。2013 年，美国每万人有 29.4 个活跃医师，照顾患者的医师每万人有 27.6 个。（U.S. Department of Health and Human Services et al.，2016）

1. 美国医护人员的教育培养

在美国，一名成功的专科医生往往需经历以下 5 个过程：普通的本科教育—医学院医学生教育—住院医师培训—专科医师培养—晋升专科主治医生—成为某一医院的正式雇员，前后约需 15 年时间。美国医生的教育培训过程是全世界最严格的。美国的医学教育属研究生教育（graduate education），必须在获得大学本科学士学位，并通过美国医学院入学考试（Medical College Admission Test，MCAT）后，才有资格申请就读医学院，医学院毕业后可获得医学博士学位。但在美国行医，必须通过美国执业医师执照考试（United States Medical Licensing Examination，USMLE），还必须经过住院医生培训 3—7 年，专科医生训练再加 1—5 年，并通过相应的考核。美国联邦政府不颁发医师执照，由各州政府颁发，因此也由各州政府对医师进行监督管理。获取医师执照后并不意味着终身具有执业能力，执业医师每隔 1—3 年需向州医学委员会提供行医情况报告，医师在报告中要详细说明自身的健康状况、医学继续教育学习情况、医疗事故的判断和处理、刑事犯罪记录等。每隔 10 年，美国医师还要通过又一轮的资格考试，才能继续获取医师执照。这些都要求医师必须不断地更新和提高自己的医学知识和技能，以获得持续的行医资格。美国执业医师的继续教育制度和监督管理更为严格、完善、全面。美国提倡医师终身继续教育，执业医师每年必须取得相应的继续医学教育学分。在美国，综合大学、部分专业协会、研究所、个体诊所均可提供继续医学教育机会，由医学职业协会进行培训场所和培训项目的认定。

2. 美国医护人员的任职聘用

在美国，护士是医院的主要雇员，并承担各级管理职务。而绝大多数医生传统上是自由职业者，主要工作在私人诊所（private practice），仅与医院建立合同关系，只是利用医院的床位、仪器、设施和人员对患者进行诊断和治疗，诊疗费独立向患者或保险公司或政府收取，和医院无关。一个医生可以与几家医院同时拟定合同。直到今天，大部分的美国医生（大约 60%）还是或多或少地持续这样的行医方式。虽然近年来，越来越多的医生开始成为医院的雇佣医生。医生喜欢这样的行医方式的主要原因是行医的自由度和职业的自主性。当然这样的行医方式也会使医生的工作负担过重，工作时间过长。很多时候，同一地区同一专科的医生为了节省费用互相分担工作强度，也会结成合作人制的集体行医方式（group practice），或组织成多专科的集体行医（mult-specialty group practice）模式。

3. 美国医护人员的薪酬待遇

美国医生属于高收入阶层，一个普通医生每年薪水可达十几万美元，好一些的医生一年收入有二三十万美元，高风险的手术医生可以挣到四五十万美元。在美国一般家庭平均收入不到 4 万美元。但医生是很辛苦的，他们每周工作 50—70 小时，夜班必须随叫随到，周末和节假日还要值班。美国的医师薪酬支付体系从另一方面制约着医师的医疗行为。以按服务项目收费为主、其他方式并存的混合式支付是目前美国现行的医师薪酬支付体系。1 名医师可以在多家医院执业行医，也可自行开设私人诊所，医师可以有多个渠道的收入来源，但大部分薪酬仍由第三方支付。因此，医院、政府及保险机构试图通过其他薪酬支付方式激励医师在保证患者健康的前提下减少医疗行为，并通过对患者进行回访、委托评审机构评价医师社会诚信行为等约束医师的医疗行为，从而降低医疗成本、控制医疗费用。所以在美国，医师是个高投入、高风险、高回报的职业。在美国，有时医生还是一个“特权阶层”，假如某个场所、某项活动、某个机构或办公室，一般人不让进，但是如果被告知是某某医生，就可能进去。久而久之，美国形成了较好的医德传统和整个社会对医生极其尊重这样一种文化。

四、美国健康保险体制

美国是发达国家中少有的没有提供“全民医保”的国家之一，商业健康保险在医疗保障体系中发挥主体作用，形成了以商业健康保险为主的多元化医疗保障体系，主要包括政府提供的医疗保障计划和私营的商业健康保险。

2014 年，65 岁以下人口约有 1.7 亿购买了商业健康保险，占总人口的 63.7%。而美国政府提供的医疗保障——医疗照顾计划（Medicare）和医疗救助计划（Medicaid），前者主要针对老年人，后者针对贫困人口，覆盖的人口不足全美的 30%，仍有约 13%的人群无保险覆盖（National Center for Health Statistics，2016）。总体来说，美国健康保险主要由政府健康保险和商业健康保险两个部分组成。

在 2016 年 65 岁以下人口中，商业健康保险覆盖率为 65.7%，政府健康保险覆盖率约为 24%（其中 Medicaid 覆盖率为 21.1%），无保险人口约为 10.3%。而

2016 年，35.1%的个人健康支出由商业健康保险支出，22.1%由 Medicare 支出，17.8%由 Medicaid 支出，患者自付费 12.4%，剩余的支出来自其他类型保险和计划（National Center for Health Statistics，2017）。

（一）美国政府提供的健康保险

美国政府提供的健康保险有多种类型，这里主要介绍其中的两个计划：医疗照顾计划和医疗救助计划。

1. 医疗照顾计划

医疗救助计划是美国联邦政府于 1966 年开始实施的国家健康保险计划，旨在为已经缴纳过工薪税（payroll tax）的年满 65 岁的美国公民，以及被社会保障局认证为残疾人或患有晚期肾病、肌萎缩侧索硬化症的病人（年龄小于 65 岁）提供健康保险。Medicare 的资金来源为医院保险信托基金（Hospital Insurance Trust Fund）和辅助医疗保险信托基金（Supplementary Medical Insurance Trust Fund）。Medicare 包括四部分，分别为住院保险（Part A Hospital Insurance）、补充医疗保险（Part B Medical Insurance）、医保优势计划（Part C Medicare Advantage Plans）及处方药计划（Part D Drug Plans）。其中，住院保险部分是强制性的，所需资金通过政府征收的工薪税来筹集，所有雇主和雇员各交纳工资总额的 1.45%，以支持住院医疗保险的资金需求。Medicare 的首要目标是向老年人提供医疗保险，之所以选择老年人这个特殊群体，是因为在美国个人和家庭一般是通过工作来获得医疗保险的，老年人在退休后不能再获得雇主为其提供的医疗保险，以个人身份购买医疗保险费率比团体要高得多，而且在老年的阶段，收入减少和健康状况变差使得老年人的医疗风险和财政风险大大增加。这些因素都使得老年人很难购买到私人保险公司提供的医疗保险。因此，由政府出面来解决老年人的医疗保险问题。自 20 世纪 70 年代以来，Medicare 的注册人口和费用支出一直在不断增长。

2. 医疗救助计划

Medicaid①是为那些收入和资产不足以支付其健康保险的所有年龄段居民提供的政府保险计划。Medicaid 的经费来源主要是州政府，联邦政府通过医保与医助服务中心（Centers for Medicare & Medicaid Services，CMS）提供配套资金。在联邦政府的指导下，各州政府制定本州的医疗救助计划并负责具体实施，包括贫困线和资产标准的设定以确定申请人资格，保险涵盖的医疗服务范围，医疗费用

---

① Medicaid 网址为 http://www.medicaid.gov.

报销水平等。州政府每年审核参保人的收入和资产状况，以确定是否保留其投保资格。

Medicaid 的保障包括住院和门诊服务、医疗化验检查、母婴保健、预防医疗、家庭护理等各种日常生活需要的健康服务，且各州的医疗保障不尽相同（Roemer，1982）。随着时间的推移，Medicaid 的覆盖人群和支出在不断增长。

（二）美国商业健康保险

美国的商业健康保险主要包括三类：非营利性商业健康保险、营利性商业健康保险和管理式健康保险计划（李超民，2009；张奇林，2005）。

1. 非营利性商业健康保险

蓝十字（Blue Cross）和蓝盾（Blue Shield）医保组织由蓝十字蓝盾医保联合会（双蓝联合会）[①]和 39 家独立经营的蓝盾蓝十字地区医保公司组成，创立于 20 世纪 30 年代，是美国目前最大的非营利商业健康保险公司。蓝盾由医生组织（美国医疗协会）于 1939 年发起，成立了全美蓝盾计划协会，开展医疗保险服务，承保范围主要为医生出诊费用保险和手术费用保险。蓝十字由医院组织（全美医院协会）于 1929 年发起，成立了全国性的蓝十字协会，承保范围主要为住院医疗服务。1982 年，蓝十字与蓝盾协会合并，成立了双蓝联合会。

2. 营利性商业健康保险

营利性商业健康保险主要包括以下三类：一是团体健康保险，根据法律规定，雇主必须为符合参保条件的员工购买团体健康保险。二是补充健康保险，承担主要保险产品所不能保障的一些医疗费用风险，对健康保险的起付金额（或称免赔额，deductible）、最高封顶线以及不予承保的某些疾病提供补充或替代的保障。三是个人健康保险，指个人直接从商业保险公司购买健康保险产品（侯宗忠，谢鹏程，2009）。

3. 管理式健康保险

管理式医疗出现于 20 世纪 60 年代，起初是为了提高医疗服务的质量和效率，并提供预防保健服务，后来发展成为以控制医疗费用为主要目的的一种医疗保险模式（胡爱平，王明叶，2010）。典型代表有健康维护组织（Health Maintenance Organization，HMO）、优先选择提供者组织（preferred provider oganization，PPO）、专有提供者组织（Exclusive Provi der Organizations，EPO）和服务点集合（Point of

① 蓝十字蓝盾医保联合会网站：http：//www.bcbs.com/.

Sale，POS）等。到 2008 年，管理式医疗在美国健康保险市场中的市场份额已超过 60%。

五、美国国家健康战略

20 世纪 70 年代末美国政府逐渐重视在全国范围内制定健康促进政策和战略。1760 年，纽约州通过了一项法律，要求行医者应持有行医执照，这是美国最早的涉及健康的官方文件之一。在美国公共卫生发展历史上，联邦政府对国民健康问题的关注起初是为了应对各种社会危机对国民健康造成的危害。例如，1797 年纽约州、马萨诸塞州卫生委员会的建立以及 1855 年路易斯安那州卫生部的成立都是为了与当时黄热病的爆发作斗争。1850 年，马萨诸塞州卫生委员会发表《沙杜克报告》（Shattuck，1948），是当时美国有关公共卫生法令的第一个文件，也是美国在公共卫生与预防医学领域发展的里程碑。尽管这只是一个州发布的报告，但它却在美国公共卫生领域表现出前所未有的洞察力，并极大地推动了美国政府在公共卫生领域确立全国性健康促进政策的进程。1948 年，美国联邦安全局发表的《国民健康》（The Niaton's Health）就是美国健康促进历史上最为重要的文件之一。它提出并设立了相关健康促进目标：①建立保健系统，制定国民健康保险计划；②强调社区行动及合作，制定残疾人重新就业计划；③提供精神健康服务，等等。它的许多提议成为后来公共卫生与保健服务系统的参照标准。

（一）《健康国民 1990》

1980 年，美国卫生与人类服务部发布了《促进健康/预防疾病：国民健康目标》，即《健康国民 1990》，确立了三大类（预防性的健康服务、健康防护与健康促进）15 个优先领域 226 个可检测的量化子目标，并以此作为全国、各州及地方健康促进政策的依据。

（二）《健康国民 2000》

1991 年，美国卫生与人类服务部正式出版了《健康国民 2000：健康促进与疾病预防国家目标》，简称《健康国民 2000》，包括三个总目标：一是延长美国人的寿命；二是缩小人民健康水平的群体差异；三是使所有美国人都能接受到预防服务。其分为四大类（健康促进、健康防护、预防性服务监督与数据系统）22 个优先领域（priority areas）319 个子目标（specific objectives）。

（三）《健康国民 2010》

2000 年 11 月，美国卫生与人类服务部（Department of Health and Human Services，DHHS）颁布了《健康国民 2010》（第二版）作为一种全国性的干预措施来提高全体美国人的健康状况，并明确提出到 2010 年应达到的国民健康具体目标，确立了两个高层次的总目标：一是延长国民的健康生活年限并提高国民的生活质量；二是消除健康中的不平等现象。并通过四个范畴（健康促进行为、促进健康及安全的社区、增进个人及公众健康的制度、避免及减少疾病或不适），10 个优先主题 28 个优先领域 467 个子项目进行实施与监测。

（四）《健康国民 2020》

2010 年 10 月 2 日，DHHS 颁布了《健康国民 2020》，提出了 4 个总目标：一是避免遭受可预防的疾病、残疾、伤害和早死，获得高质量长寿的生命；二是实现健康公平、消除差异、促进各类人群的健康；三是创造能够改善全体公民良好健康的社会和自然环境；四是提升人生各阶段生活质量、促进健康发展和健康行为。其提供了一套全面综合的美国国民健康促进的 10 年目标指标，分为 42 个优先领域近 600 项具体指标。它在《健康国民 2010》的基础上增加了 13 个优先领域：青少年（10—24 岁）健康；血液病与血制品安全；痴呆症，包括老年痴呆症；早期儿童（0—8 岁）和中期儿童（6—12 岁）健康；基因组学；全球卫生；健康相关生命质量和幸福感；医源性感染；同性恋、两性恋及变性人的健康；老年人健康；公共卫生事件应急机制；睡眠健康；健康的社会决定因素。在 42 个优先领域中，《健康国民 2020》提出了一些对公众健康构成显著威胁的高优先领域健康问题（Leading Health Indicators，HHIs），从所有指标中遴选出了分布在 12 个优先领域中的 26 个主要健康指标。

参考文献

陈校云，许树强，陈钢等. 2014. 美国的医师培养对我国医学教育改革的启示. 中国卫生人才，（9）：78-81.

高芳英. 2010. 美国医疗保健服务体系的形成、发展与改革. 史学集刊，（6）：10-17.

何传启. 2013. 第二次现代化理论：人类发展的世界前沿和科学逻辑. 北京：科学出版社.

何传启. 2017. 中国现代化报告 2017—健康现代化研究. 北京：北京大学出版社.

侯宗忠，谢鹏程. 2009. 美国商业健康保险市场的发展及启示. 保险职业学院学报，23（1）：69-72.

胡爱平，王明叶. 2010. 管理式医疗——美国的医疗服务于医疗保险. 北京：高等教育出版社.

黄海. 2013. 美国医疗机构分类的管理做法及启示——责任和利益的博弈. 医院院长论坛-首都医科大学学报（社会科学版），（4）：57-61.

李超民. 2009. 美国社会保障制度. 上海：上海人民出版社.

穆怀中. 2009. 国际社会保障制度教程. 北京：中国人民大学出版社.

谢士威，米光明. 1998. 美国健康历史沿革. 中国健康教育，14（4）：30-32.

张奇林. 2005. 美国医疗保障制度研究. 北京：人民出版社.

Butler J T. 2001. Principles of health education and health promotion. Wadsworth/Thomson learning, Inc.

Committee on Leading Health Indicators for Healthy People 2020. 2011. Leading Health Indicators for Healthy People 2020: letter report. Washington, D. C.: The National Academies Press, 1-2.

Deapatment of Health and Human Services. 1980. Promoting Health/Preventing Disease: Objectives of the Nation. Washington: Public Health Service.

Department of Health and Human Services. 1991. Healthy People 2000: National Health Promotion and Disease Prevention Objectives[M]. Washington, DC: DHHS, Public Health Service. http://www.cdc.gov/nchs/healthy_people/hp2000.htm.

Department of Health and Human Services. 2010. Healthy People 2010. 2d ed. 2000.With Understanding and Improving Health and Objectives for Improving Health. 2 vols. Washington: U. S. Government Pringting Office.

Department of Health Education and Welfare. 1979. Healthy People: The Surgeon General's Report on Health Promotion and Disease Prevention. Washington: Public Health Service. U.S. Government Printing Office.

Gandhi SO. 2012. Differences between non-profit and for-profit hospices: patient selection and quality. International Journal of Health Care Finance & Economics, 12(2): 107-127.

Irwin R M. 1982. An introduction to the U.S. health care system. Berlin:Springer.

Liu L L, Forgione D A, Younis M Z. 2012. A comparative analysis of the CVP structure of nonprofit teaching and for-profit non-teaching hospitals. Journal of Health Care Finance, 39(1): 12-38.

National Center for Health Statistics. 2016. Health, United States, 2015: With Special Feature on Racial and Ethnic Health Disparities. Maryland：Hyattsville.

National Center for Health Statistics. 2017. Health, United States, 2016: With Chartbook on Long-term Trends in Health. Maryland：Hyattsville.

National Center for Health Statistics. 2018. Health, United States, 2017: With Special Feature on Mortality. Maryland：Hyattsville.

Roemer M I. 1982. An introduction to the U.S. health care system. Berlin: Springer.

Shattuck L. 1948. Report of the Sanitary Conmmition of Massachusetts, 1850. Cambridge: Harvard

University Press.

U.S. Department of Health and Human Services, Centers for Disease Control and Prevention, National Center for Health Statistics. 2016. Health, United States, 2015: With Special Feature on Racial and Ethnic Health Disparities. Hyattsville, Maryland.

U. S. Department of Health and Human Services, Office of Disease Prevention and Health Promotion. 2010. National action plan to improve health literacy. Washington, DC: U. S. Department of Health and Human Services.

中草药提取物现代化的历史机遇与危机

邢国强
川北医学院附属医院

主流西医对慢病缺乏很好的对策，且往往治标不治本，而有几千年实践经验的中医药潜力巨大，亟待开发，比如屠呦呦获诺贝尔医学奖的青蒿素，国内防治心脑血管疾病的一线药物三七、丹参、灯盏花，著名的创伤药云南白药等。但很多中医药产品特别是中草药提取物产品还停留在古人经验上，急需用现代临床研究方法评估安全性和有效性。这是大有可为的领域。虽然政府出台了一系列利好政策，但由于历史原因和积压问题，中国中医药的发展似乎还在摸索之中，很多问题急需解决。

造成这种被动局面的原因很多，包括一些生产企业本身的故步自封、不求进取、吃老本、缺乏临床研究和技术开发力量、缺乏创新动力、只追求短期利润、不关心知识产权核心技术的开发。一些中医药企业宁愿花大价钱去打广告和疏通关系，也不愿意拿出钱来做产品研发和临床效果的安全性和有效性评估及进一步升级等。

我国应及时发现和解决这些问题，充分利用中国社会制度的优越性、中医药资源和全国各级医院包括社区卫生院的临床资源，利用大学生资源，利用专家团队顶层设计开展针对各种慢病的现代中医药配方研究，开展国家督导下的全国各级医院参与的中医药的安全性和有效性的评价。中医药一定会为解决中国和世界的现代化过程中出现的各种健康问题提供切实的解决方案，并做出瞩目的贡献。仅仅依靠模仿西方资本主义的商业模式和医药研发模式，已经不能解决好当下中国现代化进程中随之而来的慢病大爆发大流行的迫切问题。中国需要走自己独立研发的路，认真开发中医药包括中草药提取物，类似高铁这样的国家级的重大攻关项目，可以让每个老百姓受益。

我国应认真设计总体方案，合理组织和实施国家中草药临床评估项目，完全有能力和资源开发出一批临床上安全有效成本低的中草药产品，再次引领世界之先，多、快、好、省地完成中医药现代化的进程，更好地为人民服务。

第五部分　生态现代化与人类发展

生态文明转型研究

玛　丽（Marie Thynell）
瑞典哥德堡大学全球研究学院

有害污染物和污浊的空气阻碍了中国的繁荣发展。因此，2013 年，中国将发展战略转向建立生态文明，以应对早期现代主流发展条件下日益凸显的问题，如快速增长、工业化、城市化、社会分化、不平等、发展不平衡和无弹性制度。其应对措施包括振兴中国，缩小公众可接受的空气污染风险水平与政策目标之间的差距。

本文将减少城市 $PM_{2.5}$ 作为向生态文明过渡的载体，并在波兰尼（Polanyi）提出的“双重运动”和“大转型”的基础上，探讨中国的再嵌入和转型；以《珠三角地区空气质量监测网络的区域合作工作》，应对环境和社会经济障碍，实现生态文明的政策和战略；以《大气污染防治行动计划》（2013 年 9 月国务院发布）、国家发展和改革委员会的相关规定以及《共同建设丝绸之路经济带和 21 世纪海上丝绸之路的愿景和行动》为例介绍科学-政策关系。

2017 年，习近平指出：“良好生态环境是最公平的公共产品，是最普惠的民生福祉。要正确处理好经济发展同生态环境保护的关系，牢固树立保护生态环境就是保护生产力、改善生态环境就是发展生产力的理念，更加自觉地推动绿色发展、循环发展、低碳发展，决不以牺牲环境为代价去换取一时的经济增长。”（人民日报，2017）为了解决与发展有关的问题，目前的国家发展战略，特别是生态文明战略，优先考虑减少污染、有效利用自然资源、粮食安全、减缓和适应气候变化。“生态文明”的概念在中国的传统中占据了有利的位置，并具有很强的话语权，因为它在中国的生态承载力范围内代表了更好的规划和未来发展。

参考文献

人民日报. 2017. 习近平总书记论生态文明建设. 2017-08-04（01）.

中国国家公园发展路径与模式研究

赵西君
中国科学院中国现代化研究中心

国家公园体制建设是为推进生态文明建设做出的一项重要战略部署，是一项重大的系统性工程，不仅需要借鉴国外发达国家的建设经验，也要立足我国国情和地域特点。加强国家公园体制研究对于指导国家公园建设具有重要意义。

一、国家公园概述及历程

1. 国家公园的起源

国家公园建设目的是解决工业化时期人们对野生环境的破坏，希望通过建立一个较大的保护地，形成对原生态自然环境与人文资源的保护。1872 年，美国建立了世界上第一座国家公园——黄石国家公园，之后，各国纷纷效仿，掀起了一股建立国家公园的浪潮，全球 100 多个国家建立了超过 1200 多个国家公园（郭少优，2009）。

2. 国家公园的内涵

美国国家公园管理局（National Park Service）认为，国家公园是指拥有着丰富自然资源的、具有国家级保护价值的、面积较大且成片的自然区域。我国在《建立国家公园体制总体方案》指出，国家公园是指由国家批准设立并主导管理，边界清晰，以保护具有国家代表性的大面积自然生态系统为主要目的，实现自然资源科学保护和合理利用的特定陆地或海洋区域。总的来说，国家公园的内涵应具备三大属性：一是国家公园是一个大面积的完整的自然生态系统，是国家自然生态保护系统的重要组成部分；二是国家公园具有公益属性，不应是以商业营利为目的；三是国家公园一般是以政府为主导、多方参与的特殊管理区域。

3. 国家公园的功能定位

国家公园主要有以下四点功能：第一，保护生态系统完整。一般来说，园区所构成的生态系统应是全国区域范围内的典型代表，尽可能使整个生态演替过程保持自然。第二，提供游憩娱乐场所。国家公园因独特的自然或人文景观对公众产生较大吸引力，应当在保护的前提条件下划出部分区域进行合理开发，为游客提供游憩娱乐机会，但又区别于旅游景区。第三，提供科学研究平台。国家公园具有科学研究的意义巨大，应当为科研工作人员提供科研场所和条件。第四，促进国民教育逐步完善。当国家公园成为一个地区独树一帜的标志性形象时，它将扮演着生态文明教育“活教材”的角色，因此国家公园应该开展生态科普教育，促进全民生态素质的提高（王蕾，苏杨，2015）。

4. 我国国家公园的组成

我国国家公园组成复杂，基本属于世界自然保护联盟（International Union for Conservation of Nature，IUCN）的Ⅱ类保护区。早在1956年我国就在广东省肇庆建立了中国的第一个自然保护区——鼎湖山自然保护区。1982年，国家正式建立风景名胜区制度，认为风景名胜资源属于公共资源，风景名胜区是国家依法设立的自然和文化遗产保护区域，与IUCN的国家公园功能类似。后来，国务院多部门根据自身的业务分工又相继成立了国家森林公园、国家地质公园、国家矿山公园、国家湿地公园、国家沙漠公园、国家水利风景区、国家海洋公园等自然保护地。未来，新设立的国家公园将会覆盖或部分覆盖既有的各类公园或自然保护地，逐步构建起以国家公园为主体的自然保护地体系。比如，浙江钱江源国家公园涵盖了古田山国家级自然保护区、钱江源国家级森林公园、钱江源省级风景名胜区三种类型，福建武夷山国家公园涵盖了武夷山国家级自然保护区、武夷山国家级风景名胜区和九曲溪上游保护地带。

5. 国家公园体制试点分布

截至2019年，我国已经设立了10个国家公园体制试点（表1），覆盖了12个省（市）。其中，东部地区包括浙江钱江源、福建武夷山、北京长城、东北虎豹等4个国家公园；中部地区包括湖北神农架、湖南南山等2个国家公园；西部地区包括云南普达措国家公园、青海三江源国家公园、大熊猫国家公园和祁连山国家公园等4个国家公园。

表1 我国十大国家公园体制试点概况

国家公园名称	主要功能	总面积（平方千米）	所在省（市）
三江源国家公园体制试点	三江源是长江、黄河和澜沧江的源头地区。三江源国家公园以自然修复为主，保护冰川雪山、江源河流、湖泊湿地、高寒草甸等源头地区的生态系统，维护和提升水源涵养功能	12.31万	青海省
大熊猫国家公园体制试点	试点区加强大熊猫栖息地廊道建设，连通相互隔离的栖息地，实现隔离种群之间的基因交流；通过建设空中廊道、地下隧道等方式，为大熊猫及其他动物通行提供方便	2.7万	跨越四川、甘肃、陕西三省
东北虎豹国家公园体制试点	试点区是我国东北虎、东北豹种群数量最多、活动最频繁、最重要的定居和繁育区域，也是重要的野生动植物分布区和北半球温带区生物多样性最丰富的地区之一	1.46万	吉林、黑龙江两省交界

续表

国家公园名称	主要功能	总面积（平方千米）	所在省（市）
湖北神农架国家公园体制试点	拥有被称为“地球之肺”的亚热带森林生态系统、被称为“地球之肾”的泥炭藓湿地生态系统，是世界生物活化石聚集地和古老、珍稀、特有物种避难所，被誉为北纬31°的绿色奇迹	1170	湖北省
浙江钱江源国家公园体制试点	钱塘江的发源地，拥有大片原始森林，是中国特有的世界珍稀濒危物种、国家一级重点保护野生动物白颈长尾雉、黑麂的主要栖息地	252	浙江省
湖南南山国家公园体制试点	整合了原南山国家级风景名胜区、金童山国家级自然保护区、两江峡谷国家森林公园、白云湖国家湿地公园4个国家级保护地	635.94	湖南省
福建武夷山国家公园体制试点	武夷山是全球生物多样性保护的关键地区，保存了地球同纬度最完整、最典型、面积最大的中亚热带原生性森林生态系统，也是珍稀、特有野生动物的基因库	982.59	福建省
北京长城国家公园体制试点	展现八达岭长城世界文化遗产人文景观的国家公园	59.91	北京市
云南普达措国家公园体制试点	普达措拥有丰富的生态资源，拥有湖泊湿地、森林草甸、河谷溪流、珍稀动植物等，原始生态环境保存完好	602.1	云南省
祁连山国家公园体制试点	祁连山是我国西部重要生态安全屏障，是我国生物多样性保护优先区域、世界高寒种质资源库和野生动物迁徙的重要廊道，还是雪豹、白唇鹿等珍稀野生动植物的重要栖息地和分布区	5.2万	甘肃省和青海省交界

资料来源：根据华夏经纬网（http://www.huaxia.com/hxjk/sssh/zyzz/2019/03/6054589.html）和相应国家公园的资料整理。

二、国家公园体制存在的问题

1. 部门管理条块分割

我国国家公园区域范围内涉及原国家林业局、国土资源部、环境保护部、住房和城乡建设部等多个部门划定的各类保护区域，比如国家林业局的国家森林公园、国家湿地公园，国土资源部的国家地质公园、国家矿山公园，水利部的国家水利风景区，等等，由于不同管理部门对各自管辖范围内的保护地功能定位不同，发展的侧重点也有所不同，管理也难免发生一定的分歧。尽管目前我国已成立了国家公园管理局，但各自的保护地仍然存在，原有的管理体制仍在继续运行。条块分割的管理体制，不利于发挥国家公园的功能定位，迫切要求重新构建起以国家公园为主体的自然保护地体系，进行集中统一管理。

2. 土地权属制度复杂

国家公园内的土地所有权，一部分归国家（全民）所有，另一部分归集体所有。全民所有的土地权属清晰；集体所有的土地权属则比较复杂，村集体所有土地大部分分包到户，农民享有这部分土地包括地面附着物的所有经济收益，也可以将这些土地依法进行出租、转让、入股等，是农民赖以生存的主要资本。除此之外，一些土地还存在权属遗留问题，造成国家公园区域内的土地权属性质复杂，很难确权，若政府采用强制性措施征收很容易影响社会稳定。然而，解决土地权属问题是我国建立国家公园的前提（唐小平，2014），土地权的不明确会影响建立归属明晰、权责明确的资源保护管理体制。并且，针对一些土地所有权的纠纷，仅采取行政部门、村集体以及村民面对面的调解和协调，不仅会浪费大量的行政资源，而且也未必起到良好的效果和达到理想要求。因此，需要通过调整土地权属和明晰土地用途，进一步落实自然资源的归属管理和用途管制，最终实现资源的严格保护和永续利用。

3. 地方经济发展与生态严格保护的矛盾

国家公园建设目的主要是通过划定一些特殊保护、管理和利用的自然区域，更加系统完整的保护具有国家代表性的自然生态系统。2017 年，中共中央办公厅、国务院办公厅印发《建立国家公园体制总体方案》，明确指出国家公园“纳入全国生态保护红线区域管控范围，实行最严格的保护”，也就意味着国家公园属于禁止开发区域。然而，国家公园范围内一般是贫困人口比较密集的地区，比如三江源国家公园园区就涉及 12 个乡镇 53 个村的 2.4 万贫困人口（刘同德，2018），祁连山国家公园还处于我国 14 个集中连片特困地区。同时，国家公园所在的地区一般是自然景观、人文景观资源品质良好的区域，具有一定的旅游吸引力，地方政府为帮助当地居民尽快脱贫，往往会过度利用这些资源发展旅游产业，有可能造成试点区生态系统完整性和原真性的破坏。特别是在中央政府财政转移资金不足的前提下，地方经济发展的诉求与生态保护的要求会产生一定的矛盾。

4. 未形成有效的法律保护体系

美国、德国、英国、日本等国家都建立了比较健全的国家公园法。比如美国早在 1916 年就出台了关于建立国家公园管理局及相关目的的法案，即《国家公园局组织法》，后来又出台《荒野法》《国家步道系统法》等，这些法律的出台为美国国家公园的顺利推进奠定了良好的制度规范。英国国家公园建设始于 20 世纪 20 年代末，1949 年，英国正式颁布《国家公园与乡村进入法》，确立了国家公园的法律地位，随后又出台了《地方政府法》和《环境法》。目前，英国国家公园基本上是在这些法律框架范围内有序运营的。因此，我国也亟须出台一批符合国情的法律体系以确保国家公园的法律地位。

三、典型国家公园管理体制分析

1. 美国国家公园管理体制

美国是世界上最早建立国家公园的国家，无论在管理模式还是在经营机制上美国都形成了比较完善的一套管理体制，也为我国建立国家公园管理体制树立了典范。一是建立了中央政府主导的国家公园管理体制，集中管理下辖的400多处国家公园；二是坚持了国家公园的公益属性，以联邦政府拨款为主，但也将特许经营制度作为收入的一项重要补充。近年来美国联邦政府为国家公园体系拨款大约占国家公园总经费的70%左右（宋瑞，2015）。三是国家公园90%以上的土地属性为国有土地，只有极少量的土地仍为自治团体、企业和私人所有。

2. 英国国家公园管理体制

英国国家公园管理体制是综合管理的典型代表，日本和韩国也属于此类管理模式。一是英国国家公园采取的是政府资助、地方投入、公众参加的综合型管理体系，成员包括国家政府任命的官员、地方行政官员、科研人员以及公众代表等组成，共同对国家公园实施管理（蒋高明，1994）。二是旅游活动非常频繁，年均游客量达到163人/平方千米（王应临等，2013），并允许在规划政策的规范引导下实施一定的经营活动，这些规划体系具有明确的法律效力。三是国家公园管理局拥有极少部分的土地所有权，其他大部分土地归属于当地农户、国家信托机构以及居住在内的社区居民。

3. 德国国家公园管理体制

德国是联邦制国家，德国国家公园管理部门基本上归各州政府的环境部门统管，是典型的地方自治型管理体系。一是联邦政府只负责国家公园的政策引导和相关法规，州政府则是国家公园管理的最高行政部门，也是国家公园的直接管理主体；二是国家公园在德国更强调大尺度荒野保护，侧重对自然过程的保护（庄优波，2014），主要是为民众提供体验完全的自然的机会，带有很强的公益性，保护管理费用由州政府承担。三是德国国家公园范围内的土地基本为州政府所有，国家公园内很少有社区居民。

总体来看，上述三个国家基本代表了国外国家公园的管理体制，无论从管理主体、管理模式、土地权属、经营体制等方面，三个国家都各有特色，因此，我国应根据国情、地域条件、土地权属、行政特点等现实情况，建立适合自身发展的国家公园管理制度（表2）。

表 2　美国、英国和德国的国家公园管理体制比较

典型国家	管理主体	管理模式	土地权属	经营体制
美国	中央政府	集中管理模式	绝大部分归中央政府所有	特许经营制度
英国	中央与地方政府共同	综合管理	大部分为私人所有	法律制度约束下的旅游活动频繁
德国	地方政府	地方自治	绝大部分归地方政府所有	公益性为主的适度旅游活动

资料来源：根据公开资料整理所得。

四、中国国家公园管理体制建设路径

1. 探索建立国家公园自上而下的垂直管理模式

为防止条块分割的管理现状，国家公园的所有管理事权应以国家公园管理局为主体，全面整合原国土资源部、住房和城乡建设部、水利部等部门与国家公园相关的管理职能。在此基础上，借鉴美国国家公园管理经验，建立由中央政府自上而下的垂直管理模式。按照国家公园的总体布局，相关省（区、市）再依次设置相应级别的国家公园管理局（处），地方政府不得干预国家公园的管理。这种管理模式的优越性在于能够使国家公园得到系统管理，同时，也能避免国家公园承担过多的经济职能，能够真正意义上实现国家公园“保护为主”的功能定位。

2. 建立以政府投入为主导的多元化经营制度

在我国供给侧结构性改革的政策背景下，国家公园有必要适度发展旅游，更好地实现“绿水青山”向“金山银山”的转换，但这种旅游发展绝不是旅游景区式的市场化运作模式。因此，国家公园经营制度应充分借鉴美国的“特许经营制度”，即以公开招标的形式让经营者参与到与国家公园核心资源无关的餐饮、住宿和旅游纪念品开发等旅游活动中。同时，在国家公园经营主体中应将管理权和经营权分离，管理者应是相应管理机构的行政人员，不能参与国家公园的经营活动，其收入来源主要是政府提供的薪酬。为避免过度进行旅游活动开发，国家公园的主要收入可采取收支两条线，门票等收入直接上缴国库，支出时进行财政预算实施。

3. 建立以国有土地为主体的土地权属制度

为充分保障国家公园的公益属性和更好地实现国家公园的有效保护，应大力借鉴美国、德国等国家公园的土地所有权做法，将零散化的土地产权进行重新统一规范管理。然而，国家公园覆盖范围较广，有的地方甚至覆盖了很多村镇和聚居区，给进行全面的土地国有化带来很多困难，因此，可以针对国家公园的核心

区或具有很高保护价值的地区，采取赎买、置换、长期租用、稳定补偿等形式解决好土地的所有权或使用权，实现土地和自然资源的全民所有。同时，应进一步加强对国家公园范围内的森林、山岭、草原、水流、滩涂等所有自然资源的确权，以实现国家公园的自然资源的归属清晰和高效管理。

4. 建立国家公园周边居民共建共享机制

我国国家公园范围内仍有大量当地居民，比如浙江钱江源国家公园范围内人口密度为38.7人/平方千米（胡绍康，2017），福建武夷山国家公园内人口密度大于30.5人/平方千米（王江江，2017），三江源国家公园内仍有少数民族的原著居民，大规模迁出国家公园难度很大，所以必须建立周边居民参与的国家公园管理制度，探索建立共建共享机制。一方面，应因地制宜地建立周边社区居民的生态补偿机制，鼓励居民积极参与到生态保护中；另一方面，国家公园可通过租赁土地使用权的方式，或者社区以特色旅游资源、旅游服务作为投资，参与到国家公园的投资分红中，使社区居民在国家公园建设中获益。同时，国家应加强国家公园周边社区居民在就业政策、培训政策、税收政策、贷款政策的支持力度，加强教育医疗、养老等方面的制度保障。

5. 建立健全符合中国国情的国家公园法律体系

美国、德国和英国等国家的国家公园建设经验表明，完善的法律体系是维护国家公园良好运行的重要保障。目前，我国国家公园法律法规体系有待进一步完善，应尽快出台国家公园法，对国家公园的目标和宗旨、功能定位、管理机构、建设标准等进行详细规范。各省（区、市）也可根据国家公园管理的实际情况，出台相应的法律法规。通过这些规范引导，尽快达到《建立国家公园体制总体方案》提出的“保护自然生态系统的原真性、完整性”的目的，充分发挥出国家公园的科研、教育、游憩等综合功能。

参考文献

郭少优. 2009. 论我国风景名胜区管理的行政法规. 湘潭大学.

胡绍康. 2017-11-07. 《钱江源国家公园体制试点区总体规划（2016—2025）》正式获批. http://khnews.zjol.com.cn/khnews/system/2017/11/07/030505326.shtml.

蒋高明. 1994. 英国的国家公园. 植物杂志，（3）：45-47.

刘同德. 2018-08-22. 三江源国家公园体制试点及依法建园情况调研报告. http://www.qhrd.gov.cn/html/17/32910.html.

宋瑞. 2015. 2014—2015年中国旅游发展分析与预测. 北京：社会科学文献出版社.

唐小平. 2014. 中国国家公园体制及发展思路探析. 生物多样性，22（4）：427-430.

王江江. 2017-03-27. 武夷山国家公园：生态理念深植碧水丹山. http: //www.wysxww.com/2017-03/27/content_25362.htm.
王蕾，苏杨. 2015. 中国国家公园体制试点政策解读. 风景园林，（11）：78-84.
王应临，杨锐，艾卡特・兰格. 2013. 英国国家公园管理体系评述. 中国园林，（9）：11-19.
庄优波. 2014. 德国国家公园体制若干特点研究. 中国园林，（8）：26-30.

通过创意产业发展实现现代俄罗斯的环境现代化和人力资本潜力

付　丁（Kapustkin Vadim I）　伊兰娜（Kapustkina Elena V.）
圣彼得堡国立大学

一、研究背景

目前，整个俄罗斯正面临新的挑战。为了应对这些挑战，俄罗斯需要实现经济现代化，包括创新发展和能源效率。不应忘记的是，自然和现代化是由其最终目标决定的，尽管经济增长、技术优势和竞争力十分重要，但其最终目标是改善当今每个人的生活，并为子孙后代创造有利的环境。目前的任务是在“绿色经济”原则的基础上实现可持续发展。

经济现代化理念、能源效率和可持续发展的成功实施取决于每个人的积极态度和个人兴趣。这就决定了教育活动、提高公众意识、大众媒体的不懈努力和社交广告的必要性。文化和其他创意产业（包括戏剧、电影、流行艺术、绘画、其他视觉艺术和表演、文学、电脑游戏）以及文化和自然遗产在解决社会可持续发展问题和提高广大公众兴趣方面发挥着关键作用。

创意产业在俄罗斯经济中的作用非常小。尽管苏联的文化发展水平相对较高，但在后苏联时期，大量博物馆、图书馆、剧院等文化产业严重衰退。国民经济增长主要依靠石油、其他燃料和其他商品出口以及政府支出。除此之外，大量高技能劳动力不愿从事工程、科学、技术或文化领域、计算机编程和其他创意产业，他们更愿意出国，移民到美国、欧盟国家、加拿大、以色列和其他发达国家。圣彼得堡的创新水平和创意经济水平比俄罗斯的平均水平高得多，但欧洲、北美和亚洲的许多相同规模的城市在这方面都遥遥领先。

二、现代俄罗斯的环境现代化和人力资本潜力与创意产业

1. 研究方法

本文结合了多种方法，除统计分析外，还采用了定性分析的方法，包括专家评估法等，并使用了调查问卷来调查俄罗斯创意产业发展的主要问题和前景及其对环境现代化和人力资本发展的影响。

2. 研究结果

作为研究结果，笔者试图找出俄罗斯商人和其他人对不同“创造力”问题的理解程度。选择在圣彼得堡市进行问卷调查。圣彼得堡是俄罗斯第二大城市（欧洲第四大城市），总人口超过520万，是极其重要的工业、商业、科学和文化中心。同时圣彼得堡也存在一些经济和社会问题（基础设施不发达，大量的工业企业依赖旧的技术，人口寿命预期低等）。为了确定人们对本地区创意经济、创意产业及其对环境现代化和人力资本发展的影响的态度，笔者进行了问卷调查。

通常，个人教育水平越高，对环境现代化和人力资本发展重要性的认识就越高。与没有上过大学的人相比，大学毕业生通常更关心环境和人力资本发展问题。就取得大学学位的人数而言，俄罗斯是全球领先的国家之一。

表1显示，在大学毕业生总数（排名第五）和最近的STEM[①]大学毕业生人数（排名第四）方面，俄罗斯目前处于领先地位。在人均方面，俄罗斯的大学毕业生总数仅次于日本，实际上与美国的大学毕业生数量相同，但在最近的STEM大学毕业生数量方面，俄罗斯排名第一。这意味着俄罗斯有潜力将其人力资本和环境现代化发展到更大的规模，并生产更多的创新和创意产业产品。

表1　大学毕业生人数和最近的科学、技术、工程、数学（STEM）大学毕业生人数处于领先地位的国家　　单位：百万人

国家	大学毕业生人数	STEM 大学毕业生人数
印度	78.0	2.6
中国	77.7	4.7
美国	67.4	0.57
日本	39.0	0.20
俄罗斯	29.1	0.56
印尼	17.6	0.21
伊朗	无	0.34
其他	313.0	3.4

资料来源：2016年世界经济论.http://reports.weforum.org/human-capital-report-2016/infographics-and-shareables/?doing_wp_cron=1508070350.1694529056549072265625.

---

① STEM是science（科学）、technology（工程）、education（教育）和medicine（医学）的英文首字母缩写。

大多数受访者（98%）了解环境问题，所有知道这些问题的人都认为，人力资本开发和国民经济及公司管理的环境现代化将有助于提高各公司的业绩，促进俄罗斯经济的更快增长，并为更好的国际经济表现提供更多机会。在 97 名受访者中，只有 9%的人从未参观过创意产业的地点和空间，23%的人对创意产业一无所知。主要由受过高等教育的人（80%）、18—35 岁的年轻人（85%）参与了问卷调查。然而，由于在问卷调查中进行引导不会造成实质性和方法上的影响，因此可以进行一些改变。

总的来说，问卷调查不会导致受访者疲劳，他们能快速填完，并没有感到有压力。不过，受访者经常问及一个术语的含义。“创意空间”的概念对其造成了最大的困难，所以需要用一个已知的术语来代替它。在问卷中加入更多的问题来过滤可能会有所帮助。

表 2 显示，俄罗斯对环境问题的认识度很高。更多的受访者认为，与公司层面相比，环境现代化在国家层面更重要。关于人力资本发展的重要性也呈现类似的比例。受访者认为这种发展在公司层面比在国家层面更容易理解。关于创造力，创意产业的研究结果却相反。更多的受访者认为，与国家层面相比，上述问题在公司层面更重要。最后，创意空间的问题已被纳入调查问卷，并只考虑了公司层面。

表 2 受访者了解环境问题、人力资本开发、环境现代化、创意产业、空间以及将互联网作为信息来源的重要性的比例 单位：%

比较项	了解以下内容的受访者比例	将互联网作为信息来源对了解以下内容的重要性
环境问题	98	100
人力资本发展对公司绩效的重要性	86	100
人力资本发展对俄罗斯经济的重要性	89	100
环境现代化对公司绩效的重要性	78	100
环境现代化对俄罗斯经济的重要性	85	100
创造力对公司业绩的帮助	56	78
创造力对俄罗斯经济的帮助	39	96
创意产业是提升公司业绩的选择	77	91
创意产业对俄罗斯经济的帮助	39	100
创意空间对俄罗斯经济的帮助	91	74
参观创意空间	91	74

资料来源：笔者根据调查问卷计算。

通过双赢的解决方案，支持工业现代化走向更加环保的道路至关重要，这与实现经济效益和减少有害排放、可持续利用自然资源、减少废物产生有关。同时还需要支持和传播这类经验。这是现代创新发展的重要任务。为此，除了提高对遵守环境要求的重要性的认识之外，严格的环境要求和经济利益都是必要的。工业似乎有希望转向使用最佳有效技术。为了解决废物问题，需要支持回收行业和法律规范，以及对包装附带价值的执法。

确保环保生产的有效和及时的措施是建立一个广泛的企业社会责任自愿认证制度，包括根据全球和国内市场对环境商品和服务日益增长的需求报告可持续发展情况。

国家发展的基本方向是能源。必须确保传统资源的安全使用和能源效率。实现提高能源效率的巨大机会需要引入应急措施，确保从工业发展到个体家庭的各层面都能关注节能。

现代化应该考虑到国家使用可再生能源的巨大潜力。其涉及促进使用可再生能源进行能源生产并支持必要设备的自主生产。这种发展方式并不违背，而是巩固了国家目前作为油气供应国的地位，为出口开辟了更多的可能性，并确保了国家独立和进一步发展的前景。俄罗斯经济现代化的实现应考虑到该国在提供生态系统服务方面的巨大可能性，包括森林、湿地和其他自然生态系统在全球生态系统的地位。还必须根据进入国际市场的自然资源的评估结果确保各地区的合作，帮助保护和增加自然财富。这将使俄罗斯不仅成为一个能源大国，还将成为一个生态贡献国，包括资本化，从其生态系统中获得国家利益。

2012 年，联合国可持续发展大会（又称“里约+20 峰会”）在里约热内卢召开，为俄罗斯带来新的机会。俄罗斯是其中的一个成员，处于重要的地位。事实上，原因有很多，例如经济增长、丰富的自然资源以及对最佳发展方式的寻求。国家对创新政策、能源效率、经济现代化方面的重视符合现代要求，决定了实现可持续发展的自然进程。俄罗斯和其他金砖国家可以引领可持续发展的过渡。

一切都需要制定和实施新的政策。如今被称为绿色经济原则的环境要求决定了创新发展和现代化的方向，以确保安全、长期的经济增长。绿色经济的重点以及环境要求应纳入总体的发展规划，以解决每个人最关心的社会经济问题。甚至提供适当的环境保护措施（建立保护区、保护生物多样性等）也应纳入明确的市场机制——付费享受生态系统服务。评估形势和确定重点的主要措施是建立可持续发展指标体系。首先是经济增长的自然和能源强度指标，以及空气、水、土壤和其他自然污染的具体指标。

三、结论

迄今为止，在俄罗斯的理论和实践中很少提及“环境现代化”、“人力资本发展”、“创意产业”和“创意经济”。笔者所做的研究从总体上证明了这一点。同时，研究结果表明，俄罗斯人民认为环境现代化、人力资本开发和创造力（创意产业和空间）是国家发展的重要因素。问卷调查对象看到了圣彼得堡市发展的潜在作用。圣彼得堡市政府也表达了类似的见解，认为创意经济对当地经济非常重要。圣彼得堡2030年社会经济发展战略清楚地表明了这一点。战略的实现需要提高创意产业和空间的发展水平。

实现以市场机制为基础的新经济的目标，需要满足社会水平及其文化成熟度决定的两个主要条件。首先，满足市场对自然商品的需求及其相关特征，消费者（包括人民和国家）的需求，这是在以优先提高自然和人的价值的基础上，发挥人为因素的作用。其次，需要给竞争机制一个发挥作用的机会。由国家创造竞争环境，最大限度地减少垄断在经济中的作用，这将鼓励企业进行创新。

需要依据全球公认的行为准则和道德守则确定联合行动的重点。可依据地球宪章制定的，可确保生态完整、社会正义、民主与和平的2000年关于可持续发展原则的愿景制定这些准则。今天，这些准则有了新的含义。

民间团体应该在这方面发挥重要作用，包括大众公共组织、青年运动和促进可持续发展的专业机构。民间团体是联合国可持续发展大会的发起者，代表了人民的利益，并将权力交给国家，以确保国家积极参与国际社会转向可持续发展。这些想法的成功实施需要一个支持可持续发展的广泛运动，这是民间团体的一项重要活动，也是政府和企业提供支持的重点。

参考文献

Amabile T M. 1996. Creativity in Context. Boulder, CO.: Westview Press.

Anderson N, Potocnik K, Zhou J. 2014. Innovation and creativity in organizations: A state-of-the-science review, prospective commentary, and guiding framework. Journal of Management, 40, 1247-1333.

Caves R E. 2002. Creative Industries. Contracts between Art and Commerce. 1st ed. Cambridge: Harvard University Press.

Charles L. 2000. The Creative City: A Toolkit for Urban Innovators. 1st ed. London: Comedia.

Galloway S, Dunlop S A. 2007. Critique of definitions of the cultural and creative industries in public policy. International Journal of Cultural Policy, 2007, 13(1): 17-31.

Hajer M. 1995. The Politics of Environmental Discourse: Ecological Modernization and the Policy Process. Oxford: Clarendon Press.

Hesmondhalgh D. 2007. The Cultural Industries. 2nd ed. London: SAGE.

Jason P, Stuart C. 2008. Four Models of the creative industries. International Journal of Cultural Policy, 120 (1): 163-180.

Karhunen P, Panfilo A, Ruutu K. 2009. Creative Industries in Russia: State of the Art and Development Needs. Aalto University School of Economics, Center for Markets in Transition. http://regconf.hse.ru/uploads/d415570de012b41db596d402f6dfd15c5589cf37.pdf.

Kazuko G. 2017. Defining Creative Industries: Tax Incentives for the Creative Industries. Singapore: Springer, 11-20.

Mau V. 2013. Russia's Human Capital Challenge. http://www.oecd.org/forum/russias-human-capital-challenge.htm.

Mol A P J. 2001. Globalization and Environmental Reform: The Ecological Modernization of the Global Economy. Cambridge: MIT Press.

Mol A P J, Sonnenfeld D A. 2000. Ecological modernization around the world: An introduction. Environmental Politics, 29, 3-16.

Runco M. 2004. Creativity. Annual Review of Psychology, 55, 657-687.

Ruth T. 2011. A Handbook of Cultural Economics. 2nd ed. Cheltenham: Edward Elgar.

Zhou J, Shalley C. 2011. Deepening our Understanding of Creativity in the Workplace: A Review of Different Approaches to Creativity Research. In Zedeck S., APA Handbook of Industrial and Organizational Psychology pp.273-302. Washington, DC: American Psychological Association.

“16+1”创新合作的基础与路径分析

贾瑞霞[①]

中国社会科学院欧洲研究所副研究员

一、中东欧国家的创新能力

作为科技创新的引领者，欧盟在国际上始终保持着先进地位。近年来，加入

① 贾瑞霞（1971—），法学博士，中国社会科学院欧洲研究所科技政策研究室副研究员。研究领域为中东欧转型经济、中东欧科技创新政策等。

欧盟的中东欧国家不断趋同欧盟的平均发展水平，多数中东欧国家的创新能力也有所提高，并且部分国家表现出快速追赶欧盟先进成员国的态势。目前在“16+1”合作框架下，有11个中东欧国家是欧盟成员国；塞尔维亚、马其顿、波黑、黑山、阿尔巴尼亚尚在申请或入盟谈判的道路上。欧盟对塞尔维亚与马其顿的创新能力也做了评估。表1从4大类别10个创新维度列示了13个中东欧国家和欧盟平均的创新能力。

表1　13个中东欧国家创新维度比较（2016年）

区域	框架条件			投资		创新活动			影响	
	人力资源	有吸引力的研究体系	创新友好型环境	金融和支持	企业投资	创新者	联络	智力资产	就业影响	销售影响
欧盟28平均	121	111.8	114.3	83.7	113.6	85.8	95.3	100.4	100.1	102.9
斯洛文尼亚	172.9	101.6	114.3	40.4	141	76.6	105.7	93.6	74.3	75.7
捷克	97.4	82.6	94.2	77.5	114.6	73.7	63.0	60.8	95.4	95.0
爱沙尼亚	122.1	93.6	112.8	124.4	76.3	23.6	57.7	96.9	69.9	64.4
立陶宛	124.0	34.6	138.9	97.2	100.3	79.4	108.6	52.9	66.6	33.5
斯洛伐克	96.5	52.5	70.4	72.4	69.4	28.6	62.4	38.6	111.8	105.6
匈牙利	64.8	55.5	93.4	44.4	88.9	14.4	60.4	46.9	126.7	98.0
拉脱维亚	93.2	37.6	160.1	75.9	44.0	11.9	41.4	49.8	84.5	46.7
波兰	77.4	33.0	83.7	51.2	85.1	2.2	26.8	77.9	88.0	55.2
克罗地亚	77.3	40.2	47.9	50.9	107.6	61.7	50.8	39.7	62.0	24.9
塞尔维亚	76.8	44.1	37.0	43.9	130.2	81.2	42.6	22.7	94.0	65.3
保加利亚	71.8	28.6	66.4	16.1	59.0	11.6	17.7	99.2	97.9	33.5
罗马尼亚	49.8	30.0	89.8	18.1	11.9	0.0	29.4	24.9	37.0	62.2
马其顿	49.3	25.3	61.7	2.8	67.9	66.2	41.2	13.9	8.7	70.6

资料来源：根据 http://ec.europa.eu/growth/industry/innovation/facts-figures/scoreboards/数据整理而成。

（一）强力创新者

根据欧盟统计数字，自2010年以来，斯洛文尼亚是唯一进入强力创新组别的中东欧国家。斯洛文尼亚经济结构以农业、矿业与制造业为主体，就业人口集中于这些领域。斯洛文尼亚的中小企业与小微企业占比较大，大企业较少；外资企业较多。目前经济增速较低；人口亦低速增长。斯洛文尼亚目前具备良好的创新框架条件，如人力资源与创新环境分别高于或同于欧盟平均水平；在创新投资方面，公司投资于创新活动的指标也高出欧盟平均水平；但公共资金支持创新明显欠缺。此外，斯洛文尼亚在“影响”的两个维度上也还需进一步提升。

（二）中等创新者

中等创新者包括捷克、爱沙尼亚、立陶宛、斯洛伐克、匈牙利、拉脱维亚、波兰、克罗地亚与塞尔维亚。

1. 波罗的海三国

爱沙尼亚经济结构以制造业为主，但高级以及中高级技术型制造业所占比重较小。公共部门与建筑业就业人口集中。该国小微企业与中小企业众多，大企业较少；经济增速较快。近年来，爱沙尼亚人口增速低并存在负增长，人口密度也较小。立陶宛与拉脱维亚相似度较高。两国农业与矿业部门吸收大量就业人口，在高技术以及中高技术制造业领域就业人口较少。中小企业为主，大企业较少；外企较多。经济增速较快，人口增速低并存在负增长，人口密度也较小。

波罗的海三国在创新能力上优势近似，如人力资源、创新环境以及公共资金支持创新。在创新能力不足方面，拉脱维亚与立陶宛在研究体系上欠缺吸引力，拉脱维亚在企业投资研发方面远低于爱沙尼亚与立陶宛，爱沙尼亚与拉脱维亚的创新型企业逊于立陶宛。

2. 维谢格拉德四国

捷克制造业发达，农业与矿业就业人口较少。此外，公共部门与建筑业就业人口占比也较大。经济增速较快，但人口增速低且人口密度小。斯洛伐克经济结构类似于捷克，且经济增速较快。不过斯洛伐克公共管理部门也吸收较多就业，外企则吸收较少。斯洛伐克也同样面临人口增速低的困境。匈牙利就业人口集中于制造业与公共管理部门。外企占比较大，研发支出占比大的企业较少；经济增速较高但人口增速低。波兰劳动力集中在农业、矿业与制造业，高技术制造业与服务业就业人口占比小，外企所占比重大。研发支出占比高的企业较少，经济增速低，人口增速低。捷克的创新能力较强，各个维度指标表现较好；但企业创新活动需加强。斯洛伐克、匈牙利与波兰在创新者维度指标上表现欠佳，需大力培育创新型企业；三国在研究体系上也欠缺吸引力。斯洛伐克与匈牙利在知识产权维度上也需要进一步加强。

3. 西巴尔干两国：塞尔维亚与克罗地亚

克罗地亚的农业、矿业部门吸纳大量就业人口；高技术制造业以及中高技术制造业就业占比较小。外企比重较大，经济低速增长，人口也低速增长乃至负增长，人口密度小。克罗地亚创新优势在于企业投资、人力资源与就业影响；智力资产、研究体系与创新者维度处于相对弱势。塞尔维亚创新进展的相对优势在于企业投资、就业影响与创新者维度；相对弱势在智力资产、创新环境与联络等维度。

（三）一般创新者

一般创新者包括保加利亚、罗马尼亚及马其顿。它们在创新能力表现水平上远低于欧盟平均水平。但三国也各有其独特之处。保加利亚以农业、矿业与制造业为主，高技术以及中高技术制造业、知识密集型服务业就业比重较低；小微企业与中小企业占据主体，大企业较少。经济增速较快但人口增速低、人口密度低。罗马尼亚以农业、矿业为主，高技术以及中高技术制造业就业比重低。罗马尼亚知识密集型企业就业占比大，经济增速近年在欧盟居前列，但人口增速低且人口密度小。近年来罗马尼亚服务业发展较快，其中信息通信技术产业表现颇佳。马其顿劳动力集中于工业部门，服务业欠发展，经济增速快，人口增速低且人口密度小。上述三国共同的问题在于研究体系吸引力较弱、公共部门金融支持创新不足。

国家的经济结构影响各国创新能力，同时创新能力建设反过来影响各国经济结构。欧盟没有对阿尔巴尼亚、黑山及波黑创新表现进行评估。这三个国家经济转型进展缓慢，相比其他中东欧国家，其经济发展相对落后，还需要大力创建创新的基础环境。

二、“16+1”创新合作的路径

“16+1”合作自 2012 年开展以来，在多个领域、多个层面进展良好。中国与中东欧国家不断加深相互了解，为中国与中东欧国家开展创新合作提供了良好环境与契机。“16+1”创新合作也为中欧创新伙伴关系的完善与建设提供了新的驱动力。

以波兰为例，2004 年，中波确立友好合作伙伴关系；2011 年，中波建立战略伙伴关系。2012 年，“16+1”合作机制确立。2013 年，中国提出“一带一路”倡议，“16+1”合作机制日益成为“一带一路”倡议的有机组成部分。中波两国科技创新合作也建立了更广阔的平台，两国在农业、矿业安全、化工、机械、电子、通信、医学等传统领域的合作交流不断深化，在绿色移动、生物医药、新材料、清洁能源、空间等新领域的合作交流进一步拓展。2013 年 7 月，中国长城工业集团公司中标承接波兰小卫星搭载发射项目，是中波在空间领域的首个合作项目[①]。在政府间合作机制的基础上，中波双方积极探讨进一步深化双边科技合作的新机制，特别是就共同资助产学研结合的研发项目、促进研究成果产业化达成共识。

---

① 参见 http://pl.chineseembassB.org/chn/kj/zbkjhz/t1191267.htm.

根据《布加勒斯特纲要》，中国科技部在上海成功举办了首届中国-中东欧国家促进创新技术合作和国际技术转移研讨会。波兰国家研发中心和雅盖隆大学分别选派了两位代表参会①。

2015 年 11 月 23—27 日，波兰新任总统杜达对中国进行国事访问并出席“16+1”领导人会晤。加强在高新科技领域的合作是杜达总统访华主题之一。中波签署了共同推进“一带一路”建设的谅解备忘录等多份重要合作文件。2016 年 6 月 20 日，习近平主席同波兰总统杜达举行会谈，双方一致同意建立中波全面战略伙伴关系。华为技术有限公司与华沙大学签署了共建创新科学数据中心的协议。创新科学数据中心将在大数据、云计算、高效运算和数据分析领域开展合作。柳工瑞斯塔机械有限公司与波兰国家研发中心签署了合作备忘录，在波兰建立了欧洲研发中心②。

目前中波两国关系良好，经贸合作领域不断扩大，两国政府及地方合作日益密切。波兰建设创新型经济体的发展战略及促进创新创业的政策与中国的创新驱动发展战略不谋而合，双方科研创新合作潜力巨大。

从前文对中东欧国家创新能力的总体分析以及个别案例研究中，我们可以看到中国与中东欧国家创新合作是具备一定基础的。自 2012 年以来，中国与中东欧国家在“16+1”框架机制下开展了多个领域的合作并且颇有成效，而且“16+1”地方合作也方兴未艾。在“16+1”今后的合作机制中，创新合作应该成为一个新的亮点，为“一带一路”倡议的践行奠定新的基础。“16+1”创新合作可以沿着以下路径探索新机遇。

国际科技合作是推动全球和平与繁荣的重要途径之一，创新是当今潮流，拓展创新空间，提升科技合作水平，是当下包括欧盟、中国在内的主要行为体的焦点所在。随着全球化发展，国家或区域间的科技创新交流合作日趋紧密，发展中国家或转型国家与发达国家的科技创新合作也获得了新机遇。

（一）开启中欧创新伙伴关系的新时代

自 1998 年中国与欧盟签署《中欧科技合作协定》，历经数次续签，双方科技创新合作不断深化。欧盟研发框架计划和中国的主要国家科技计划互相开放，中欧科研人员拥有了更多密切交流、共同提升科技创新发展的平台。

党的十九大报告提出中国要加快建设创新型国家。改革开放 40 多年来，中国的科技创新取得了长足进展，但还需更多优质高效、不断满足经济社会发展新需

---

① 参见 http://pl.chineseembassB.org/chn/kj/zbkjhz/t1263895.htm.

② 参见 http://pl.chineseembassB.org/chn/kj/zbkjhz/t1383931.htm.

要的科技创新。作为科技创新的引领者，欧盟在国际上始终保持着先进地位，有不少值得我们学习和借鉴之处。今后，在双方加深了解的基础上，开启中欧创新伙伴关系的新时代，共同应对挑战，为人类可持续的和平繁荣做出负责任的贡献，应当成为中欧合作的新共识。

总之，欧盟在诸多挑战之下，将更加重视创新对一体化的引领，并将创新与社会经济发展紧密结合，定位一体化的新航路。其次，中东欧国家的创新发展也需进一步深入。中东欧国家在转型期本身就落后于欧盟不少，现在还要努力克服2008年金融危机的后遗症。各国对创新的支持力度还有待继续提高，以加强研究体系吸引力。除加大政府财政资金做好创新“基础设施”建设，还要创造良好环境，吸引更多企业、投资对创新的投入。最关键的一点是，在中国共产党十九大精神指导下，中国将更加关注创新型国家的建设。中国更加开放的态度为“16+1”创新合作提供了新机遇，为中国以及中东欧国家的可持续、绿色发展创造了新的空间；也为中欧创新伙伴关系的完善提供了新的驱动力。

（二）加大“16+1”创新能力“基础设施”建设合作

2018年10月，“16+1”地方领导人会议计划在保加利亚召开，创新议题无疑会成为与会各方的关注所在。中国可以与中东欧国家在中央以及地方层面开展多种合作，夯实各自创新以及合作的坚实基础。

1. 开展“16+1”各层次高等教育合作

加大与16个中东欧国家互派留学生的规模，延长留学期限。鼓励中国与中东欧国家的高校加强交流合作，可以在“16+1”地方合作平台上开展校际学生互换以及科研创新合作。鼓励学生相互学习各自语言、了解对方国情，培养具有语言、专业技能的复合型人才，为“16+1”合作储备人力资源。

2. 搭建“16+1”网络平台，鼓励无缝对接

通过各种在线平台，提供共享知识节点，让中国与中东欧国家的民众在线相互了解并发现新商机、开发电子商务。网络平台的语言翻译需要大量人力资源，可充分利用第1点述及的人才资源。

3. 推动“16+1”各方研究机构联合申请参与各种国际研发合作项目，共同发表前沿创新成果并加以应用

加强中国与16个中东欧国家的科研机构开展基于国际前沿或各方优势的合作，并将成果予以发表、出版，提升科学研究的国际影响力；同时鼓励研究机构与企业合作将研究成果积极转化到实际应用中。在现有的中国与中东欧合作机制下寻

求科研合作机会，鼓励地方或高校积极参与；鼓励各方联合申请欧盟科技研究项目。

4. 提升“16+1”信息通信技术（ICT）合作，夯实电子商务宽带设施

信息通信技术（information and communication technology，ICT）、宽带的普及和应用，是一国创新发展的重要基础之一，也是发展电子商务的重要前提。中国与中东欧国家应在关注欧盟相应法律限制的前提下，开展ICT基础设施合作，提升宽带速率，加强网络安全，为发展“16+1”电子商务、大数据产业合作打好基础。

（三）加强对中东欧以及国际形势的追踪研究，密切关注“16+1”合作的风险研判

我们应该关注中东欧国家领导人、议会与政府的变动及其对中国的立场、态度与政策，以及时作出应对。尤其是一些国家政府总理与总统来自不同政党背景时的互相掣肘可能对“16+1”合作产生的影响。

现在不少中东欧“70后”“80后”甚至“90后”的政治新秀步入政坛或担当重任，他们对中国与中东欧国家的传统友谊没有切身体会。在这些年轻政治家成长的年代，中国在中东欧国家普遍“缺位”；而这种空白又随着熟悉并对中国友好的老一代中东欧人士的日渐逝去而凸显。因此，建议加强中国与中东欧的青年人文交流，加强政党、政府、地方各层级的多种交流，为中国与中东欧国家长久的友好关系夯实基础。

我们还要关注欧盟有关经贸、投资等政策对中国与中东欧国家的影响。应关注近期欧盟内部关于限制外国投资的种种举措或动议，其对推动“16+1”合作会带来不利影响。

在国际恐怖主义弥散欧洲之际，巴尔干地区也存在极端伊斯兰恐怖主义的风险。而地缘安全仍旧是欧洲大陆的核心问题，尤其是欧盟、美国、俄罗斯的关系。这些都是“16+1”创新合作中不能回避的安全因素。

自然的现代化和开发

卡兰斯（R. V. Karanth） 岳 石（Parth Joshi）
印度艾哈迈达巴德基础设施技术研究与管理学院土木工程系

“现代化”的概念是德国社会学家马克斯·韦伯（Max Weber）在18世纪中

期至19世纪中期欧洲和美国的“工业革命”之后，于20世纪初提出的。随后，哈佛社会学家塔尔科特·帕森斯（Talcott Parsons）进一步发展了现代化的概念。随着“现代化”概念的提出，全世界出现了大量发现和发明，如蒸汽动力、电力和各种机械工具，代替了手工劳动。随后，更多的发明和机械化使生活日益进步。人类探索地球和天体的能力也大大提高。因此，由现代教育和研发促成的“工业化”以及城市化是现代化的重要组成部分。工业化要求发展基础设施、土地、各种工程建设、原材料供应、电力和机械，因此需要开发自然资源，以各种方式干扰了自然的平静。急于发展可能会忽视许多方面的问题，如生态、地质和生物方面。必须提前预测不可避免的挫折和灾难，并相应地加以处理。任何失败都会导致进展放缓。设施建设需事先拟定目录，其中需要考虑其地质、结构、地貌、场地稳定性、可接近性、是否易受自然灾害影响以及该地区古地震记录。

在进步的道路上，为了获得农业用地以及勘探和开采矿石和矿物的土地，不可避免地要砍伐森林。地球绿色植被的消失，尤其是赤道雨林的消失，导致地球灾难性的变化。这些活动不仅缩小了“地球之肺”——热带雨林的面积，还导致宝贵的生物多样性受到威胁。砍伐森林导致富含养分的土壤遭到严重侵蚀，由此产生的“现场”和“非现场”问题现在已经是公认的事实。狩猎动物获取奖品、牙、角、皮毛、爪子以及其他情况，使这些动物被列入“濒危物种”名单。尽管最近有几个广为人知的灭绝物种的例子，如渡渡鸟和象鸟，但还是有人继续为之。加拿大阿尔伯塔省北部的森林和湿地区域曾经是600种植物和300种动物的家园，但现在却成为开采沙油的目标。毕竟，加拿大不是一个需要额外资源来实现增长的发展中国家。与其开采更多化石燃料导致大气进一步恶化，还不如大力开展广泛研究，开发更高效的自然可再生能源。

在农业和动物养殖领域，农业技术、高产作物生产和许多优质营养品种的生产确实有了巨大的发展。然而，我们已经成为这些发现和创造的受害者。我们发明了用于蔬菜和水果的危险杀虫剂，这反过来又成为我们饮食的一部分，导致各种类型的疾病。必须认真考虑和讨论消灭害虫（昆虫“灭绝事件”）的后果。世界的昆虫数量正在减少，而且它们可能会继续以更快的速度减少。需要在农业领域的各个方面进行积极的研究，特别是在不进一步砍伐森林和治理害虫的情况下对农业空间的要求。

随着遥控小工具的发明，我们的生活水平和舒适度逐渐提高。遥控机械设备的发明或多或少地消除了繁重的体力劳动。尽管如此，舒适和简单的生活方式却导致一部分人的肥胖问题。

空气、光和水等各种资源的污染已经远远超出了我们能容忍的极限。人们常常认为，火山爆发等自然造成的污染比人类造成的污染还要严重。是的，自然也造成了很大的破坏，比如1883年的卡拉卡托火山爆发，其影响持续了五年之久，但随后便恢复了正常。然后，就人类造成的苦难而言，年复一年，污染的影响只会越来越大。最近，人类活动引起的森林大火越来越多，导致绿色植被遭到破坏，表层土壤遭到侵蚀。大气、土地、山脉和巨大的海洋中到处都有人类产生的污染物，特别是不可销毁的塑料制品和石油泄漏。人类活动造成的酸雨对植被、淡水和土壤产生不利影响，杀死了水生生物和昆虫，岩石和石头结构迅速风化。过去，在辛苦工作了一天后，人们可以仰望天空的繁星，感受夜晚的宁静和黑暗，安静地休息。现在，夜晚到处都灯火通明。为了看星星，体验真正的黑暗，人们往往需要到遥远僻静的地方。事实上，英国天文学会已经与“保护英国乡村运动”（Campaign to Protect Rural England，CPRE）合作，在2019年发起了在没有光污染的夜空中数星星的活动。噪声水平也大大升高。河流和水域遭受污染，特别是来自各种工业的有机和无机污染物以及未经处理的污水直接排入河流、湖泊和海洋。对自然的最大威胁来自人类滥用化学物质和生物污染物造成的污染。地球上将近80亿人口的活动对气候的负面影响比所有其他形式的生命加在一起还要大。

令人震惊的是，由于全球变暖，年年的气温都在破纪录，导致热带和亚热带国家发生微生物疾病，这些疾病又可能蔓延到具有温带气候的高纬度地区。与此同时，根据美国国家航空航天局最近的报告，中国和印度等国尝试重新造林，并成功地恢复了失去的绿色植被，这是令人振奋的消息。然而，最令人担忧的事实是，巴西和印度尼西亚等国密集的赤道森林被砍伐。

不可否认，气候变化是一个严重的威胁，如果继续以现在的速度发展下去，那么孟加拉国这个地球上最拥挤的国家将在21世纪末沉入水底，最终地球可能变成一片汪洋。人类有责任担当起保护自然的使命。不负责任地干预大自然的平衡终将导致一场大灾难。因此，最重要的是建立一个有效、积极的国际论坛来管理反污染政策，取代过时的技术，制定有效的土地使用政策和其他要求。考虑到这些因素，“现代化”的概念必须让位给“新现代化”，即在不干扰自然平静的情况下在自然的平静与发展之间达到平衡，即现代化或实现现代化的要求。走上现代化道路的发达国家需要引导发展中国家适应“新现代化”的概念。

在当今时代，美国主导的西方生活方式被世界其他国家争相效仿。与此同时，人口正在大量增长，人们的需求也在相应地增多；人类的多样性和资源都在增加，因此生产力也在提高。在获得大量资源的前提下，人们所拥有的已经开始超出自身的需求。人们现在生活在“一次性产品充斥的世界”。最终，地球会变成一个被污染的地球，其平衡会受到很大干扰，导致不稳定的气候状况和令人担忧的全球变暖问题。我们必须响应“使用和回收”的政策，而不是“一次性”的趋势，这样就可以避免乱扔垃圾和垃圾堆积，让人们生活的地球变得干净、舒适。是时候让“地球”恢复自然“平衡”的状态了。世界其他地方追随“西方世界”成功的“脚步”的同时，也可以避免奢侈浪费，树立简单生活的榜样。

新闻改革视野下的雾霾报道与媒体现代化研究

朱文瑜
中国科学院中国现代化研究中心

党的十九大以来，“实现现代化”成为国家发展目标，各行各业的现代化成为热门话题。在此背景下，关于我国媒体现代化的研究显得尤为紧要。新闻媒体现代化是一个不断进步的过程，我国的媒体现代化更是如此。从改革开放起，以促进媒体现代化为目的新闻改革，就伴随着中国社会政治、经济、文化的全面转型取得了巨大的成绩，新闻规律重新获得尊重，信息概念开始引进，舆论监督功能得到进一步发挥（李良荣，1995）。20 世纪 90 年代以来，市场经济体制的建设和确立推动中国媒体开始了商业化、大众化的浪潮（刘向峰，2002）。进入 21 世纪以来，报纸和主流媒体也遇到挑战，我国媒体面临现代化发展的需要。

互联网的迅猛发展为媒体提供了技术支持，新的媒体形式不断涌现。与此同时，以某些突发新闻事件为契机，形成有广泛公众参与的热点事件，在不同的新闻领域时有发生。尤其是在非政治新闻领域等相对冷门领域，以边缘突破的方式推动了我国新闻改革和媒体现代化。雾霾报道正是这样一个典型的新闻改革事件。雾霾问题从 2011 年集中爆发以来，从一个边缘话题蹿升为媒体热点话题，在短短数年时间内，以雾霾报道为代表的环境新闻在诸多方面突破了传统新闻体制的束缚。本文通过整理和分析雾霾报道的发展，详细探讨雾霾问题是如何推动我国媒体现代化的发展，以展现我国环境新闻等报道领域新闻改革的新态势。

一、新闻媒体现代化的概念和形式

（一）媒体现代化的内涵和外延

从现代化的角度来论述新闻媒体发展的论文不多，大致分为两个层面来论述：一个是从新闻史的角度，用媒体现代化的视角来梳理新闻媒体的发展历程；另一个是从新闻理论的角度出发，论证现代媒体的概念和特征。

什么是新闻媒体现代化？一般来说，新闻媒体现代化是新闻传播事业不断走向专业化的过程（阴艳，2016）。研究新闻史的学者认为，新闻传播事业专业化一般指媒介形态、组织结构、理念观点的现代化。在新闻传播事业发展史上，新闻媒体在媒介形式的现代化是从报纸、杂志等纸媒，发展到广播、电视等电子媒体，再到互联网、微博、微信等新媒体；媒介组织的现代化是从报纸、报团到大型综合媒介集团，进而发展到媒体垄断集团；新闻传播理念则不断专业化，从单方面强调新闻的反常性、时效性，到强调客观性，与社会思潮不断与时俱进（阴艳，2016）。研究新闻理论的学者认为，现代新闻既指现代新闻事业，又包括现代新闻观念。现代新闻事业的特征包括合法化的传播机构、采写编评的新闻生产方式、全体公众的传播对象、职业化的传播主体和专业化的传播方式。现代新闻观念则包括现代新闻的价值观念、功能观念和操作规范、原则等（王阳，2018）。

综上所述，新闻媒体现代化是新闻传播事业不断专业化的过程，包括媒介形态、组织结构、新闻观念、操作手法和社会功能等多方面的发展进步。在不同的历史时期，新闻媒体要不断适应社会的发展需要，采用新的传播技术、新的运营方式，在新闻观念和操作手法上不断专业化和职业化，以满足大众需求，紧跟社会现代化的步伐，推动民主和进步，从而实现自身的现代化。

（二）媒体现代化的方式和路径

实现现代化是我国发展的目标，改革开放以来，中国通过不断深化改革和对外开放来实现国家现代化。新闻媒体现代化也是如此，它是通过不断的新闻改革来促进媒体现代化的进程。新闻传播学界研究我国新闻改革主要有三种理论路径，分别是观念引导说、政经博弈说和边缘突破说。观念引导说以李良荣为代表，认为中国新闻改革以观念先行来带动，在媒体发展的各个时期依次以尊重新闻规律、引进信息概念、提出舆论监督、重新确立党性原则、强调新闻事业双重属性等观念变革来拉动新闻媒体的改革。政经博弈说以李金铨、赵月枝为代表，主要从国家-市场这对关系出发，描绘中国新闻改革思想解放背后复杂的政府权力和商业利益博弈图景。边缘突破说以潘忠党为代表，关注的是新闻改革主体的创造能力，认为媒体活动的真实状态是媒体不断尝试从边缘处突破，以扩大媒体报道的空间（齐爱军，2011）。三种理论路径中的前两个是宏观叙事，边缘突破说关注的是媒体现实操作，更具有现实指导性，因而持续得到学界的关注和讨论。

边缘突破是指改革的行动往往首先在距离意识形态色彩较淡的地带展开，而改革行动又会创造新的边缘地带。潘忠党（1997）认为，我国新闻改革的方向并不在于创建新的体制，而是使现存体制能容纳相对多元的活动，采取一种既不违背党的意识形态原则又能取得实际利益的方式寻找发展路径。

随着时代的发展，新闻改革中的边缘地带也在不断推进。进入新时代以来，边缘突破又有了新的发展。有学者认为，近些年来媒体改革开辟的新边缘地带主要表现在三个方面：一是组织化新闻生产机构和受众的关系，具体表现为公众越来越直接参与到新闻的生产过程中，成为组织化新闻生产机构之外的重要力量；二是中央媒体和地方媒体的关系，具体表现为中央媒体加强了对地方权力机构的新闻监督；三是传统技术和新技术的关系，具体表现在随着新的媒体技术不断涌现，早期采用新技术的媒体得以以边缘面貌出现，对主流文化和原有空间秩序构成挑战，拓展了言论空间。（刘海龙，段世昌，2019）

2011 年以来的对雾霾报道较全面地体现了新闻改革中边缘突破的新动向，尤其是对环境新闻的边缘突破有重要意义，不仅推动了我国环境新闻的改革，而且促进了我国新闻媒体现代化的进程。

二、雾霾问题的新闻报道研究

雾霾问题引起国人的广泛注意是在 2008 年。2011 年，网友转发美国大使馆雾霾监测“爆表”事件引爆微博，有关雾霾的新闻报道井喷式发展，官方媒体也大量跟进，媒体的关注点转向了雾霾的危害和信息的公开。在几个月的时间内就倒逼原环境保护部通过了新的环境空气质量标准，增加了 $PM_{2.5}$ 浓度和臭氧浓度的指标，有关雾霾的绿色公共领域在中国开始形成（朱文瑜，2015a）。在随后的数年中，雾霾报道从边缘走向中心，对环境新闻改革和媒体现代化产生了很大影响，学界也迅速和持续地对雾霾报道开始了相关研究。

学界对雾霾报道的研究，主要从四个维度展开：第一，从新闻框架角度对雾霾新闻进行内容分析；第二，从议题建构角度研究雾霾报道的媒体操作；第三，从中外对比的角度研究国内外媒体在雾霾报道上的不同操作；第四，以雾霾报道为例，研究新媒体、自媒体的发展。

总地来说，有关雾霾报道的新闻传播学研究在短短数年之中快速增长，多角度、全方位地探讨了雾霾报道的现状、问题、影响和意义，几乎形成了新闻传播学科近年研究的一个新热点，在此简称为“雾霾传播”，即有关雾霾问题的新闻报道和雾霾报道的新闻传播学研究的总称。在这些研究中，很多研究结果从不同的角度展现了雾霾传播对我国环境传播发展和新闻改革起到的推动作用，从而促进了我国媒体现代化的进程。

三、雾霾传播对媒体现代化的促进

上文已经讨论了新闻媒体现代化的概念，认为媒体现代化是包括媒介形态、组织结构、新闻观念、操作手法和社会功能等多方面的发展进步。雾霾传播正是从采用新的传播技术和运营方式，推动新闻观念和新闻操作的专业化、职业化，增进公众参与的媒体社会功能等方面促进了媒体现代化的发展。

（一）雾霾传播在传播技术和运营方式上的革新

1. 微博、微信、新闻客户端等新媒体的采用

雾霾事件有三波舆论热点，第一波舆论热点是从 2011 年 10 月至 2012 年 2 月，第二波舆论热点是从 2013 年 8 月至 2014 年 1 月，第三波舆论热点是从 2015 年 2—3 月。每波热点都与各种新媒体技术产生合力，迅速带来新闻热潮。第一波舆论热点与诞生不久的微博形成合力，借助微博技术和微博大 V 的影响力使雾霾问题迅速引起全民关注；第二波舆论热点是在互联网新媒体上全面爆发，人民网、搜狐网、新华网、中国新闻网等新闻网站是主战场，这些网站凭借与政府的合作，能够得到政策准确信息，并借助互联网平台迅速发布（徐潇萌，2015）。第三波舆论热点是由柴静拍摄的雾霾纪录片《穹顶之下》在各大新媒体平台的快速传播引爆的。《穹顶之下》首播后，在新浪微博@柴静看见上发布，@人民网发布多条微博支持，其他大 V 也纷纷跟进和转载，各大新媒体和网友争相转载该纪录片。紧接着借助新诞生不久的微信平台，各大微信公众号转载，普通民众跟进，朋友圈刷屏，微信传播效果甚至成为所有新媒体产品之最。此外，新出现的腾讯等新闻客户端也发挥自身技术优势，提升视频用户浏览体验，大大扩大了该纪录片的影响力（徐潇萌，2015）。可以说，雾霾传播自始至终都利用了新媒体，抓住了“两微一端”新媒体诞生的契机，以各种新媒体为主战场，掀起了一轮又一轮的传播热潮。

2. 全媒体平台立体运营模式的诞生

雾霾传播的全媒体平台立体运营模式最突出的体现是在该纪录片的运营上。它在央视等主流传统媒体未获得高的关注度，却在全媒体平台的立体运营模式和视频网站、社交媒体得到覆盖式推广。由于该纪录片反映的是社会现实问题，柴静选择了新闻网站和视频网站作为首播平台，同时辅以微博助推（夏得芹，2015）。其后的运营模式中，微博传播发挥大 V 的优势；视频网站发挥视频技术优势保证

播放效果；作为新出现的社交媒体的微信公众号加入，朋友圈转发，使其传播态势迅猛；最后，传统主流媒体的加入使其产生了更大的力量——环保部部长陈吉宁以及中石油高层纷纷对相关问题进行回应。该纪录片可被视为全媒体平台立体运营的新模式。

（二）雾霾传播上新闻专业主义的发展

新闻专业主义包括新闻业自治、专业理念和实践操作规范三个层面。具体来说，是指媒体应该将自己视为社会公器，提供更具公共价值的议题，架构更具包容性和公共理性的公共论坛；秉持专业理念，为公众提供准确公正的事实，促进社会理性化；坚持专业的操作手法，革新传统的内容生产模式，利用新传播技术，以专业、开放的心态和方式去实现有效内容的提供（胡睿，2015）。雾霾传播可以说在多个层面上促进了我国新闻专业主义在环境新闻上的发展，尤其是在新闻观念和新闻操作上的新闻专业主义发展。

1. 新闻观念的多元取向转变

改革开放以来，我国主导的新闻价值观念有一个不断变迁的过程，在坚持“为人民服务”的核心新闻价值前提下，对新闻本身的重视逐渐提升，宣传观念逐渐发展为“一元导向，多元取向”的宣传观念与新闻观念并重的状态；新闻传播规律受到尊重，新闻不再只是意识形态工具（朱立芳，2018）。多元共存的新闻观念主要包括新闻宣传主义观念、新闻商业主义观念和新闻专业主义观念等，其中新闻宣传主义观念居于主导地位，新闻商业主义观念与新闻专业主义观念处于从属位置。但这一格局正面临着以民间新闻为表现载体的民众新闻主义观念的冲击和挑战，在我国未来新闻观念的发展上，新闻专业主义观念与民众新闻主义观念会发挥越来越重要的作用（秦汉，2017）。

在雾霾报道上，市场化媒体紧跟受众阅读需求，对雾霾问题进行了更深入的报道和评论。近几年，《人民日报》这样的官方媒体在雾霾问题上对政府进行问责，其报道更加客观，新闻专业性也不断增强（王庆，余红，2015）。与此同时，自媒体上雾霾传播也出现“泛娱乐化”现象，说明自媒体还有待进一步规范和提高。

2. 新闻操作上专业主义的进步

新闻专业主义在新闻操作有几个具体的评估指标，即时效性、客观性、全面性和规范性（沈苏，2011）。雾霾报道的新闻操作在这些指标上都有所进步，具体体现在雾霾报道的四种变化上。

（1）报道常态化。早期的中国空气污染报道是运动式的，往往是配合宣传教育运动集中报道一段时间，而在平时少有报道。当雾霾传播不断升温后，雾霾报道成了常态化选题，全年都会有关于雾霾的持续性报道（朱文瑜，2015b）。这保证了雾霾传播的时效性和规范性。

（2）调查深入化。随着雾霾报道的常态化后，雾霾报道大量增加，报道内容也不断深入，从报道天气现象到分析雾霾形成原因，从具体防护措施到政府治理手段，甚至不断深入问责。这些不断深入的调查，推动了雾霾传播在客观性和全面性发展。

（3）框架多样化。雾霾报道的框架选择更是多种多样，不同的媒体根据自身性质和风格各自选择不同的报道框架。比如中央级官方媒体和商业化媒体就会选择完全不同的报道框架和叙事模式，《人民日报》的雾霾报道选择“发展中的负责任大国”叙事模式，《南方周末》选择“发展与问题共存的矛盾体”叙事模式（张倩，2014）。各种不同的报道框架和叙事模式使得雾霾报道在“全面性”上得到了提升。

（4）批评开放化。雾霾报道的可批评尺度也在不断扩大。新媒体率先在雾霾报道中使用了问题反思和环保呼吁为主导的框架，客观批评逐渐增多（赵承凤，2016）；传统媒体中的商业性媒体接着在批评性报道上突破，比如凤凰网在雾霾报道中重视突出“冲突争议”，出现许多质疑声音和批评报道（方畅，2016）；到最后主流官方媒体的批评性报道也得到了突破。批评的开放化也使得雾霾传播的客观性和规范性得到了提高。

（三）雾霾传播对公众参与的促进

从雾霾事件在2011年集中爆发开始，公众参与就在其中扮演了很重要的角色，随着雾霾传播的发展，两者更是互相促进、相互影响。随着雾霾传播的发展，公众环境保护的公众参与观念发生转变，不再是简单的举报和“从我做起”，更开始监督政府在环保上的作为，并利用舆论的力量倒逼政府决策的转向，使政府环境决策更加民主化、科学化。在这个过程中，微博、微信等新媒介为公民参与环境报道提供了平台和渠道，许多关注环境问题的自媒体开始蓬勃发展起来。在各种自媒体开始发展的同时，公众也借助新媒体平台与媒体交流沟通，在环境新闻报道领域中扮演了越来越重要的角色（董微，2014）。

公众参与对雾霾传播的影响最重要的体现是在雾霾议题建构上。环境议题建构一般有三个层次，即集成主张、表达主张和竞争主张。在雾霾议题建构的这三个层次上，都有公众积极参与的身影（刘绿凝，2018）。有研究人员绘制了雾霾议题构建过程图（图1），可以看出在$PM_{2.5}$爆发、戏谑雾霾、APEC蓝和《穹顶之下》纪录片这四个代表性雾霾传播事件中，公众通过议题命名、寻求注意、合法性主张和动员支持等方式参与了雾霾议题构建的全过程（王晓璐，2016）。

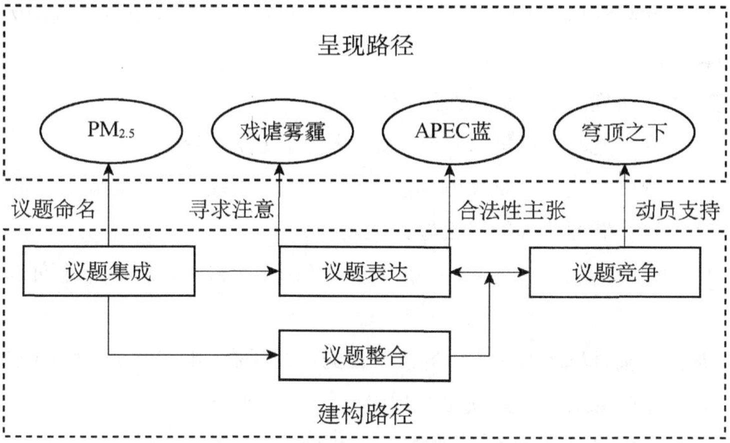

图 1　雾霾议题构建过程图

四、结论

综上所述，雾霾传播对媒体现代化产生了很大的促进作用，短短数年内就推动了以雾霾报道为代表的环境新闻在媒体现代化的媒介形态、组织结构、新闻观念、操作手法和社会功能等各个方面都有了新的突破。在媒介形式上，迅速采用了微博、微信、新闻客户端等新媒体技术，掀起一轮又一轮报道热潮；在经营模式上，催生了中国式全媒体平台立体运营模式的诞生；在新闻观念上，向多元取向转变；在新闻操作上，出现了报道常态化、调查深入化、框架多样化、批评开放化等多种转变，促进了新闻专业主义在中国的发展；在社会功能上，促进了公众参与和自媒体的发展等。

雾霾传播能够对媒体现代化产生巨大影响与雾霾问题本身的特殊性质和雾霾问题爆发的特殊时机都有关系。具体而言，雾霾对每个人的身体健康都能造成负面影响，极大地危害个人健康，而这种负面影响仅靠个人力量很难逆转，且又是一个前所未有的新问题，这就使得雾霾问题有了很大的传播推动力（邓滢，2018）。从媒体传播的角度，雾霾问题的新话题属性使其处在环境传播的边缘地带，而环境传播本身也处在我国新闻传播整体格局中较为边缘的报道领域，这使得雾霾传播具有了边缘突破的可能。雾霾问题爆发之时，又正好是微博、微信和新闻客户端等新媒体技术接踵诞生之际，这些新媒体技术在诞生之初也处在媒介形式的边缘，比传统媒体更容易突破舆论体制内空间的限制。所有这些主观、客观原因使得雾霾传播的发展，不仅促进了我国环境新闻改革，也推动了我国媒体现代化的进程。

参考文献

邓滢. 2018. 网络新媒体时代的舆情风险特征——以雾霾天气的社会涟漪效应为例.中国软科学，（8）：64-65.

董微. 2014. 雾霾报道研究. 吉林大学硕士学位论文.

方畅. 2016. 人民网和凤凰网雾霾报道研究. 湖北大学硕士学位论文.

胡睿. 2015. 社会化媒体时代专业新闻内容生产改革研究. 中国人民大学硕士学位论文.

李良荣. 1995. 十五年来新闻改革的回顾与展望.新闻大学，（春季号）：3-8.

刘海龙，段世昌. 2019. 何处是“边缘”：媒体改革“边缘突破说”再思考.新闻与写作，（1）：38-43.

刘绿凝. 2018. 风险传播视域下都市报对雾霾事件的议题建构. 山东师范大学硕士学位论文.

刘向峰. 2002. 转型期传媒的大众化倾向.声屏世界，（6）：51-53.

潘忠党. 1997. 新闻改革与新闻体制的改造——我国新闻改革实践的传播社会学之探讨. 新闻与传播研究，（3）：62-80.

齐爱军. 2011. 三十年新闻改革的路径描述和动力机制分析. 新闻大学，（2）：21-25.

秦汉. 2017. 中国新闻媒介体制：构成分析与可能演进. 中国人民大学博士学位论文.

沈苏. 2011. 中国新闻专业主义评估指标研究——以 2009 年中国媒体表现为例. 中国人民大学硕士学位论文.

苏敏哲. 2017. 雾霾报道的新闻框架构建分析——以《人民日报》和《南方周末》为例. 视听，（9）：146.

王庆，余红. 2015. 泛娱乐化与自媒体雾霾环境风险传播. 当代传播，（5）：21-23.

王晓璐. 2016. 新媒体语境下雾霾议题的构建过程研究. 安徽大学硕士学位论文.

王阳. 2018. 从多种角度理解现代新闻. 青年记者，（11 月下）：32-33.

夏得芹. 2015. 浅析新媒体在传播新闻事件中的优势——以柴静的《穹顶之下》为例. 今传媒，（10）：99-100.

徐潇萌. 2015. 环境传播视角下新媒体空气污染报道研究——以雾霾事件报道为例. 华中科技大学硕士学位论文.

阴艳. 2016. 中国新闻史教学的核心线索：新闻传播事业现代化的历时考察. 新闻界，（10）：6-10.

张倩. 2014. 雾霾报道的两种叙事模式. 华中师范大学硕士学位论文.

赵承凤. 2016. 传统媒体与新媒体雾霾报道的框架比较研究. 黑龙江大学硕士学位论文.

朱立芳. 2018. 改革开放以来中国主导新闻价值观念变迁研究. 中国人民大学博士学位论文.

朱文瑜. 2015a. $PM_{2.5}$ 事件与中国绿色公共领域的形成. 科普研究，（3）：40-48.

朱文瑜. 2015b. 大气颗粒物 $PM_{2.5}$ 中美报纸环境新闻比较. 科普研究，（2）：12-20.

第六部分　生活质量与现代化

移民及其对福利的影响
——伦巴第（意大利）卫生政策案例研究

帕斯尼（Nicola Pasini）
意大利米兰大学

理论上来讲，福利制度属于一种带有边界的封闭系统，“这些边界的功效在于，对系统成员和非系统成员加以区分”（Freeman，1986）。然而，实际上，许多社会和卫生服务的获取与公民身份基本无关。目前，少数族裔和种族多样性对福利的潜在影响正日益成为热门的讨论话题：一个更加慷慨的福利制度能否与文化和民族异质化社会共存？是否有经验性证据能够证明，福利制度表现和移民的此消彼长存在关联？（Pasini，2011）

一、移民和福利的获取

1. 对医疗保健政策的理论观察

对医疗保健政策的理论观察主要包括：①与政策并存的权利、脆弱的边界、不断发展的社会和制度模式。②（非常规）移民：是否在有领土边界存在的情况下也能获得权利。对出生地主义和血统主义进行对比讨论。③获得医疗保健的权利是否应该具有普遍性。④世界卫生组织于 1978 年在阿拉木图提出的国际卫生保健合作计划[全民保健目标（Targets for Health for All）]的失败。⑤人权、卫生公民权利以及国家主权（次国家和超国家层面上的权力削弱）：哪些福利。⑥文明共存、社会凝聚力和共同福祉方面的文化、政治和社会背景。

2. 差异化的福利、多元文化、医疗保健、公民身份

福利因多元文化、医疗保健和公民身份这些要素的存在而出现差异性：①新的文化背景。一个多民族和多文化社会意味着需要以一种不同的方式对公民身份进行重新定义？②公民身份权利的演变始终处于协商和讨论之中。③对医药、健康和疾病等概念的全新阐释和文化模型。④传统社会公民身份面临的新挑战：非常规移民医疗保健需求与社会成员（单一民族独立国家）医疗保健需求的对比，以及共识与合法性问题。

3. 同化与多元文化的对比

在当代欧洲，民族主义的文化/民族维度中，包含移民人口。欧洲各成员国移民政策的不同之处，在于该政策更倾向同化政策、多元文化政策抑或中间地带。

由于边界危机的存在，许多欧洲单一民族独立国家对国家认同（national identity）标准采取了更为坚定和自信的表达方式。欧洲国家正面临越来越多的非法和非常规移民，这些移民不但没有公民身份，甚至连“外籍居民”身份也不具备。团结原则的提倡，能否令这部分人群也享有包括医疗保健在内的普遍权利？

4. 非法移民获得医疗保健服务的权利

该问题不仅对传统的社会公民身份形成了挑战，还涉及了共识和合法性问题。欧洲国家正面临越来越多的非法和非常规移民，这些移民不但没有公民身份，甚至连“外籍居民”身份也不具备。团结原则的提倡能否令这部分人群也享有包括医疗保健在内的普遍权利？（Romero-Ortuño，2004）

5. 非常规移民获得医疗保健服务的权利——实证分析

获得服务的申请不一定总会得到批准。两组国家提供了有趣证据（图 1）。

西班牙、葡萄牙、法国、意大利、英国提供相对丰富的医疗保健服务获得机会。

瑞典、芬兰和丹麦为非常规移民提供的医疗保健服务获得机会极其有限或者根本不提供这些机会。

第二组国家为公民提供慷慨的福利，这些国家的非常规移民在总外来人口中的占比最低；第一组国家，尤其是英国和葡萄牙，在这方面的占比是继东欧国家之后排名最高的。这是因为第一组国家积极采取基于人权的解决方法，还是说它仅仅是一个融合政策的失败案例？（Rebessi，2011）。

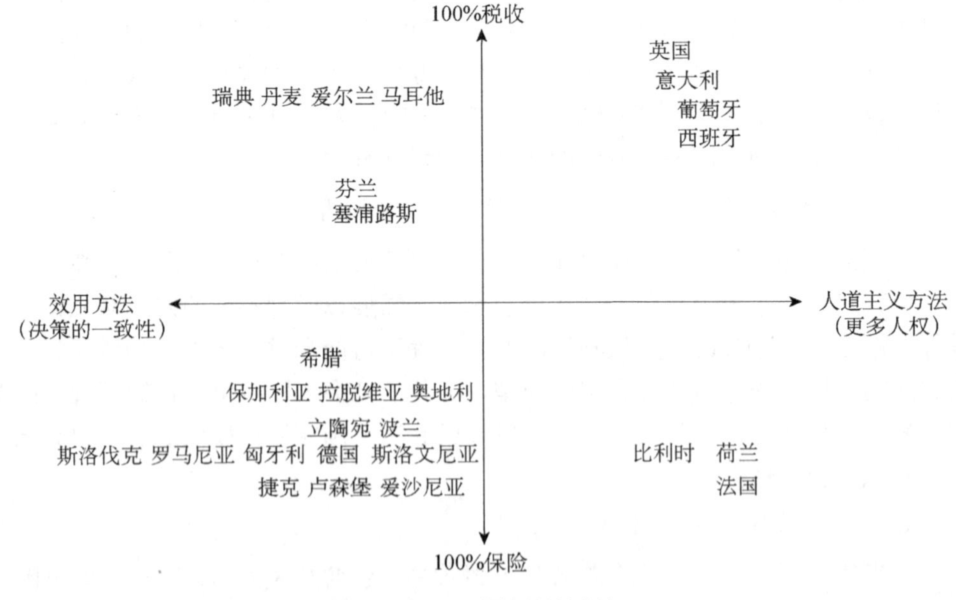

图 1 欧盟 27 国解释性框架

二、移民和卫生政策循环

对移民和卫生政策循环的多层面分析（图2）包括四个步骤：①多层面治理方式：机构和非机构主体。②工作日程：理解融合过程及其不同类型（根据不同特征，例如性别、年龄、教育程度）并对移民的需求加以分析。③实施：监测目标群体的情况变化。④评估：根据实施方面的证据相应调整政策。

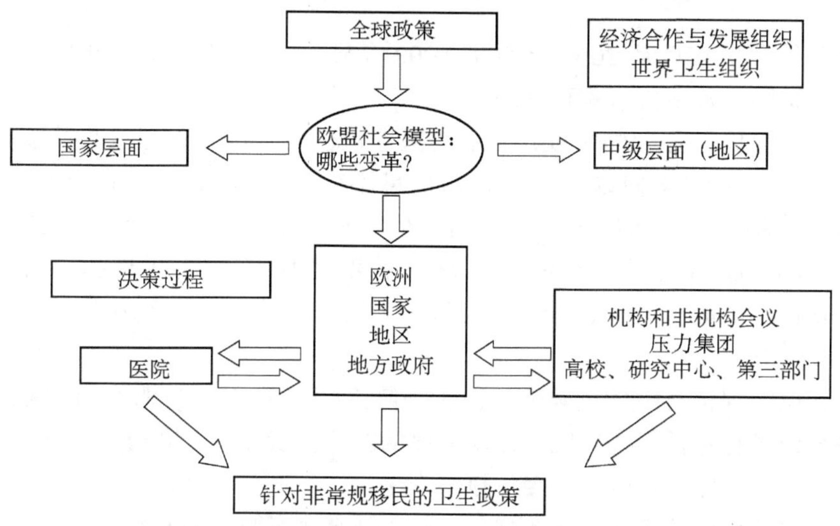

图2　对移民和卫生政策循环的多层面分析

即使是那些刚刚接收移民的国家也要面对移民定居问题。许多融合问题会关系到第二代人和第三代人（例如教育），不过只采用“国民”和“非国民”分类方法的调查是无法发现这些问题的。只将这些移民归为“非欧盟公民”，将掩盖那些来自欧盟新成员国（如罗马尼亚、保加利亚或克罗地亚）的移民所经历的困难。

三、如何从最佳实践当中学习

从一个环境向另一个环境转移创新成果是存在限制的，也很难找到“通用的解决方案”。由于各国的环境以及主体领域的构成存在区别，在不同国家之间进行政策转移是无法取得相同效果的。如何设计一项灵活的融合政策呢？答案是，政策设计必须从国家现实情况和用户需求出发进行定制，构建一个能够反映复杂度、密度和集中度、主体间触发机制的网络。

灵活制度的创新程度主要体现在移民的集中度（以用户为中心的观点），着眼于代表弱势群体的用户（移民）的具体需求。

主体网络以主体及其运行层面之间的联系数量为特点：①终端用户分类（集

中度）；②与其他主体之间的联系（机制）；③利益相关方和目标群体的参与（密度和复杂度）。

四、伦巴第（意大利）的医疗保健政策

（一）人口和现状

伦巴第移民人口从2001年的420 000人显著激增到了2018年的1 323 000人。这些移民主要来自东欧和亚洲地区。

（1）医疗保健行业的短板：当前的医疗保健政策缺乏衡量公民满意度的指标。此外，还有诸多问题存在，包括信息不对称、沟通以及对机构工作方式的理解。当前的医疗保健政策只使用具体类型的服务（对象为18—39岁人群和女性群体），只在固定的地区实施，并且具有使这些地区“隔都化”（ghettoization）的风险。由于社会/经济/文化环境的不同，医疗保健体系的覆盖也有所不同。

（2）医疗保健行业的优势包括：①在政治/行政层面上与地方/地区机构存在紧密联系或进行对话；②伦巴第组织有序的医疗保健系统；③公共和私人服务之间的平衡；④伦巴第非政府协会的核心作用。

（3）医疗保健政策面临的挑战包括：①社会公民身份与社会复杂性之间的对比；②用户定制服务；③支持移民需求（以及保护非常规移民）的第三行业的强势存在。

（二）医疗保健政策

1. 移民协会的作用

（1）移民协会的核心作用：文化交流和市民参与。伦巴第大约有400多家协会，其中米兰就占大约40%。

（2）短板：协会的脆弱性。整体呈碎片化（存在大量小协会）。男性移民参与度低。工作还需更加以实际需求（就业市场、创业活动）为导向。

（3）挑战：必须加强同其他主体的联系（政治/行政层面）；必须加强协会在劳动力市场的影响。

2. 以用户为中心的方案

警告：为了避免出现隔都化问题，用户的集中必须和融合过程相匹配。安排具体的服务提供渠道（例如专门的客户服务部）效果并不理想，但设计由专业管

理人员提供的具体服务似乎是一个有效途径。

第二代人和第三代人是融合过程的关键（受过良好教育、说意大利语、与意大利文化的融合度更高……）。

3. 主体网络：密集且复杂

警告：圆桌会议有时会变得毫无价值，因为主体会开展相互冲突的工作，并且机构主体对其重视程度也很低。

综上所述，将移民纳入其中是政策行之有效的关键（图 3）。

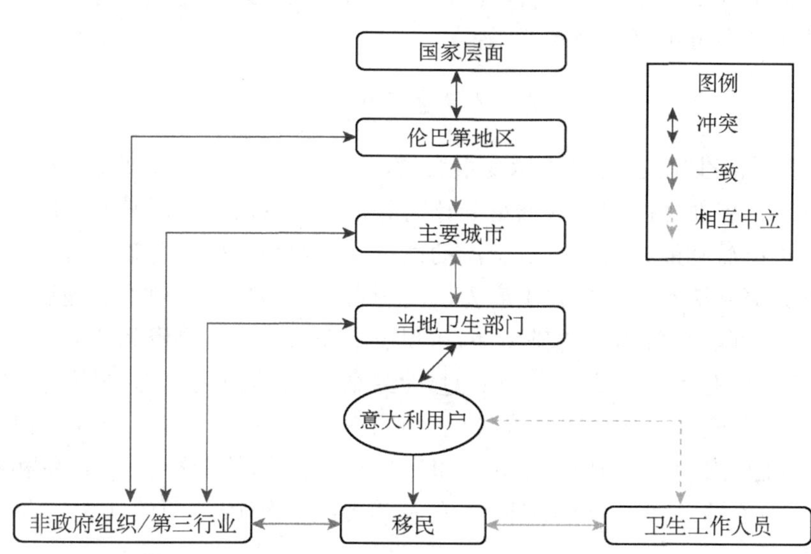

图 3 伦巴第移民医疗保健政策网络

参考文献

Freeman G P. 1986. Migration and the Political economy of the Welfare State. Annals of the American Academy of Political and Social Science, 485.

Pasini N. 2011. Confini irregolari, Cittadinanza sanitaria in prospettiva comparata e multilivello. FAngeli, Milano: 5-335.

Rebessi E. 2011. L'accesso ai Servizi sanitari per gli immigrati irregolari in Europa fra diritti umani, diritti di cittadinanza e politiche di integrazione. Pasini N. FAngeli, Milano.

Romero-Ortuño. 2004. Access to health care for illegal immigrants in the EU: Hould we be concerned? European Journal of Health Law, 11(3): 245-272.

生产力：无处不在，无时不在

叶琳娜（Irina Eliseeva）
圣彼得堡国立经济大学

根据 Heckman 和 Sattinger（2015）的观点，无论是资本主义还是社会主义，生产力对任何经济体系都很重要。生产力取决于所有生产要素。其可用于确定不同经济层面下（工人、企业、省、国家）的总体生产力。为此，可以使用多元方法。总体生产力可用以下公式表示：

$$P=\sum_{j}^{k} z_j w_j$$

式中，z_j 表示标准化变量，j 表示变量数量，$j=1\cdots k$；w_j 表示 j 变量的权重。

计算这一层面生产力的依据是会计财务报表。从财务报表来看，所有变量可以分为四类：盈利能力指标、资金流动性指标、业绩指标和财政支持指标。

这种计算方法不适合总体生产力，因为它不包括物资的效用。最后一个分析方向对俄罗斯联邦来说非常实际。创新和技术提供了新的物资和新的生产组织。

生产中的主要部分必须包括：①资源结构及其使用，即高产出、中期消耗、高国内产值（附加值）之间的基础比率。②资源比例：国内产值和进口的比例，以及国内产值在国内市场和出口产值之间的分配。③商品和服务产值比率。④各种经济活动的结构产值。⑤各经济领域之间的比例：生产、消耗和积累。

金融领域的发展引发了间接金融中介服务的问题，可计算筹集资金所收取的利息减去吸引资金所支付的利息。产量与中期消耗的比率对于衡量生产效率非常重要。包括能源消耗在内的物资消耗可用于比较分析。高能源强度是技术过时的后果，这增加了生产成本，减少了出口机会。减少物资消耗需要在商品和服务生产中发展节约物资的技术。对于新经济（机器人技术、数字经济等），其主要作用将是发挥固定资本的生产力，从而减少物资消耗、产品复杂性，并降低生产成本。资本密集度的提高使得劳动生产力提高，从而引发工人从物资生产领域向服务领域流动。这是向信息工业社会过渡的重要趋势之一。制造业，主要是高新技术产业的发展，为服务业的发展创造了先决条件，并把服务业转变为进一步发展生产的必要要素。

劳动生产力与固定资产生产力一样，在总体生产力中起着很大的作用。俄罗斯联邦统计局通过国内生产总值实物量指数和全日制总劳动投入指数相除，计算出劳动生产力指数。劳动生产力指数和实际工资指数的动态如图 1 所示（与上年的百分比）。

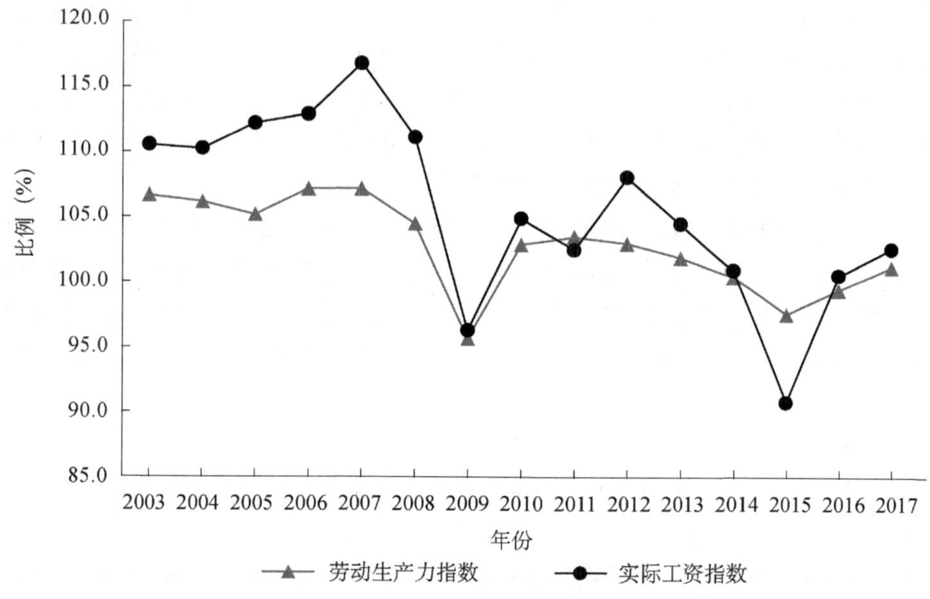

图 1　劳动生产力指数和实际工资指数与上年的百分比

资料来源：根据俄罗斯联邦统计局数据整理而成。

显而易见，实际工资和劳动生产力的发展分为两个时期：2003—2008 年以及 2009—2015 年（Dekina，2018）。第一个时期，实际工资平均增长率为 12.7%，劳动生产力平均增长率为 6.5%。第二个时期，平均增长率显著下降：实际工资平均增长率为 1.3%，劳动生产力平均增长率为 0.9%。这可以解释为 2008 年全球经济危机的后果。从第三个千年的第一次全球经济危机开始，俄罗斯比其他经济体遭受的损失更大：2009 年俄罗斯的国内生产总值比上一年下降了 8%，而欧洲共同体只下降了 5%，美国只下降了 3%。俄罗斯证券交易所指数下跌了 80%，道琼斯指数下跌了 50%，DAX 指数下跌了 40%（Grebennikov，2014：6）。

劳动生产力指数与实际工资指数的比率呈现不稳定的趋势，但总的来说，从 2003 年的 0.965 上升到了 2015 年的 1.075。2011 年和 2014 年，这些指标的变化最小。2012—2015 年，劳动生产力的增长率超过了实际工资的增长率。进步系数呈现了稳定的增长趋势，这是由于实际工资增长率比劳动生产力增长率下降得更快。观察基本的劳动生产力和实际工资的动态（与 2002 年的固定基数相比），我们可以看到，2003—2015 年，工资的增长超过了劳动生产力的增长。与 2002 年相比，2015 的劳动生产力增长了 55.5%，实际工资增长了 123.3%，即工资和劳动力水平的增长比劳动生产力的增长高出 1.5 倍。

2018 年底，俄罗斯经济发展部批准了一种计算企业、工业、俄罗斯联邦各实体劳动生产力指标的新方法，以及一种计算国家项目劳动生产力和就业支持指标的方法。新方法于 2019 年 1 月 1 日生效。新方法中劳动生产力计算的主要变化是向行政管理数据的信息源过渡，首先是向俄罗斯联邦税务局的数据过渡。新方法适用于年收入为 4 亿卢布（约 67 万美元）至 300 亿卢布（5 亿美元）的基本非主要行业的企业，采用一般税制或单一农业税。

目前，并未指定负责生成劳动生产力指标官方统计信息的机构。因此，劳动生产力和实际工资的动态与总体经济形势和危机现象的存在直接相关。国内的储蓄水平和比率、固定资产的扩大再生产比率、新型原材料、传输设备和通信设备的出现都取决于生产力水平。广义上的生产力决定了经济文化水平和经济竞争力。

参考文献

Dekina M P. 2018. Statistical estimation of the level of wages in Russia. Finance and business, (1): 28-53.

Grebennikov P I. 2014. Are the global financial crises dangerous for the Russian economy? Finance and Business, (1): 6-9.

Heckman J, Sattinger M. 2015. Introduction to the distribution of Earnings and of individual output. The Economic Journal, 125(583): 378-402.

简洁现代化与人类生活的质量

孙希有

中国未来研究会“一带一路”专业委员会

要想让现代化的发明创造实施实现，能真正让人类的生活要素丰富多彩、生活质量提高，就需要让现代化具有简洁性，现代化的简洁性涵盖一切。所谓简洁现代化，是指人类的一切行为动向、行为方式、思想意识要以人类的本质性生活存在为依据；人类的生产活动要以不单一为了经济发展、财富壮大为追求；人类的生活方式要以自己的身心健康、生活幸福的可持续存在为标准；人类的社会管理治理要以为民服务、以人为本为取舍；人类的人际交往、为人处事要以不谋私利、追求公利、社会共存共荣为准绳，从而形成人的生活与社会的存在处于简单、干净、利落、自然、顺畅、健康、无瑕的状态，最后达到人人身心健康、幸福的生活状态。

简洁现代化追求的落实点主要有五点。

第一点是人的生活环境、生活要素要简洁。人生活环境的“简”，从社会人文环境来讲，主要体现在行政机构的社会管理、治理，要让民众生活更方便，办事不难，为民众生活服务设计的办事流程要短，环节要少、要顺，要无障碍；人生活环境的“简”，从自然生态环境来讲，不要以生活需要的名义占用更多的土地和自然生态物。人生活环境的“洁”，首先是指空气、水等自然生态环境没有污染，为民众生活提供社会服务的人员不能因办事而捞取个人好处，不能有贪占行为。人生活要素的“简”，在此主要是指不要超量消费，不要为了欲望感觉的需要而不断多量、多品种地饮食，只要生活、身体营养要素够了就好；人生活要素的“洁”，一是说社会对民众生活用品的供给，要供给对人身心无伤害的用品，二是说个人要接受无毒、无害品的饮食。

第二点是人的生活行为要简洁。人生活行为的“简”是指一切生活行动要有选择性；人生活行为的“洁”是指人不要做有害自己身体健康的事情。

第三点是人做人做事的行为要简洁。做人做事的“简”是指人的一切行为不要复杂化，要以行为的根本点为主，与根本点无关的行为不要做；做人做事的“洁”是指人的行为要讲伦理道德的规则，不能做不干净的人和不干净的事。

第四点是人生产活动的简洁。人生产活动的“简”是指工业品的生产主体单位在生产数量、种类、功能设计上，不要仅在自身盈利上下功夫，要在供需平衡上下功夫，不超量生产，不超量使用；人生产活动的“洁”是指不能生产对人体有害的产品，不能生产自然生态环境的污染产品。生产活动要尽可能少地使用自然资源，尽可能地减少污染。

第五点是人际交往的简洁。人际交往的“简”主要是因为现代化发明创造的人与人联系的工具和方法越来越多，越来越强大，越来越方便人们的交往，人们的交往范围和交往面越来越宽广。比如网络上的交往，用手机通话，发微信、发短信等的交往，不仅带来了现代人际交往的方便自如，也带来人际交往的复杂多样和难以控制。因此，在这种情况下，要找思想立场先进一致的人作为交往对象，且交往的人不要太多；人际交往的“洁”是指用现代化的平台和工具进行联系交往当中，不能在现代化联系平台上胡说乱讲，不能随意公布各种有害信息。相互交往要有原则性，要讲公利，交往要干净、正派。

人类生活必须享有的许多现代化事物和事情具有双向性，但只要有简洁的现代化把握，正向性就会占主体。简洁现代化就是舍去可有可无的东西，只保留满足、保障人生命生活存在的基本要素，营造有利于人生活质量的外部生活环境。

简洁现代化理论概念的提出是为了提高人生活质量至优良水平。简洁现代化认为，为了人类永续生活质量，不需要付出过多的人类成本，特别是对发展经济，要降低不科学的增长和资源消耗，否则对人类可持续发展会有负向作用。

简洁现代化倡导的目的并不是否定迄今为止人类社会的各种现代化表现。按照生命科学的理论研究，要想完成各专业性的现代化对人类生活高质量形成的作用，就要对人的生活、生命活动本质进行科学认证，经认证后证实某专业的现代化是有利于人的生活质量达到优良水平的，就要努力地促进此现代化的发展。

总之，人类社会现代化发展的根本目的和终极目标就是要保障和提高人类的生活质量。人的生活质量既要靠外在的社会服务，又靠人自身内部生活的享受、享用标准，但关键还是取决于社会对人生活质量的服务水准。社会对人生活的服务要便捷，便捷需要简洁。服务当中有分工有合作，分工与合作要协调，协调在健康的现代化路上奔跑，以此使得人类命运共同体生活的文明、自由、平等、公正、和谐、健康的现代化社会存在。

人类文明进程中现代性的形成、发展和演化路径

高 远 游 跃

福建江夏学院

纵观人类文明之河奔流的历史轨迹，可以发现它从起源到现在经历了两大发展阶段：从 6000 年前人类文明伊始至 18 世纪上半叶，这时人类社会处于前现代的农业文明阶段。18 世纪中叶，英国工业革命的爆发标志着人类社会进入了现代工业文明的发展阶段。

在前现代的农业社会，由于社会生产力的低下，人们的交往活动，无论是商业贸易、文化交流还是武力征伐，只能局限在一定的地域范围内进行，从而形成地域性的交往关系。因此，在这一基础上形成的农业文明还只是区域性文明。进入现代工业文明发展阶段以来，科学技术的不断进步推动了社会生产力的迅猛发展，为人类实现全球范围的交往活动提供了物质条件。由于具备了这样的物质条件，人类的交往关系从传统农业社会的地域性交往扩展为现代工业社会的全球性交往。在全球性交往关系中，随着工业化、现代化的不断推进，历史上源自不同民族、不同国家的地域性文明逐渐融汇成巨大的人类文明的历史洪流。

在人类现代文明的历史洪流中，全球范围内已经兴起了三次现代化浪潮。第

一次现代化浪潮滥觞于18世纪60年代的英国，跟随而来的是法、德、美诸国，这些国家组成了世界现代化进程的第一方阵。第一次现代化在生产力发展水平方面的基本标志，是实现以机械化为主要内涵的工业化。到19世纪末，第一方阵国家基本实现了这一目标。第二次现代化浪潮兴起于19世纪后期，英、法、德以外的欧洲地区，美国以外的北美地区，日本、俄国（苏联）等国家和大洋洲地区组成了世界现代化进程的第二方阵。第二次现代化的基本标志是实现以电气化为主要内涵的工业化，20世纪上半叶第二方阵国家基本完成了这一任务。第三次现代化浪潮自20世纪50年代以来正在全球更大范围展开，亚洲、拉丁美洲、非洲绝大多数国家卷入了这一浪潮，这些国家组成了世界现代化进程的第三方阵。第三次现代化的基本标志是实现信息化为主要内涵的工业化，预计到21世纪40年代，信息化将在全球大部分地区基本实现。

不同国家卷入现代化浪潮的时间有先有后，有些国家早已实现现代化，更多的国家正处在建设现代化的过程中。但是只要一个国家加入了世界现代化的历史进程，这个国家就会把自身的文明成分汇入世界文明的巨流之中，从而共同推动人类文明向前发展。

一、现代性蕴涵现代文明本质属性

相当一段时间以来，“现代性”已经成为国际学术话语中的一个热词，现代性问题也成为国际学术研究的热点。那么何谓“现代性”？目前国际学术界对这一概念给出的定义五花八门，概括起来主要有三种代表性观点：①现代性意味着现代的观念体系；②现代性表征现代的制度模式；③现代性指的是现代的生存方式。

笔者认为上述观点都有各自的理由，但是都不够确切、完整。要揭示“现代性”的真正含义，首先必须弄清楚“现代性”与“现代化”的关系问题。从人类社会文明发展的视角考察，现代化是人类社会文明演进过程进入现代工业文明发展阶段出现的历史现象，现代化体现了人类文明在这一阶段发展中取得物质的、精神的、制度的各层面的成果及其达到的目标。实际上，这些成果和目标只是人类文明在现代发展阶段的外在表现，体现现代文明的内在本质和基本属性的则是“现代性”。

何谓“现代性”？从语源学方面考察，“现代性”（modernity）一词是由主词“现代”（modern）加后缀“特性”（-ity）组合而成。“现代”一词最早是以拉丁文（modernus）的形式出现于10世纪末的经院神学文献中。从语义学方面分析，“现代”一词属于时态范畴，意指“现在的时代”。由于时间是流动的，因此对“现代”的时间定位取决于言说者自身所处的历史时段；现代性的“性”属于质态范畴，意谓事物所具有的“特质和属性”，即事物的“特性”。基于以上两方面的考察和分析，可以对“现代性”这个概念的含义做出简明的界定：现代性是人类文明发展到现代化阶段形成的内在的本质规定性。

根据以上关于现代性含义的界定，可以看出无论是把“现代性”看作观念体系，还是归结为制度模式，或者表征为生存方式，都不确切，因为这三者都不是现代性内在的本质属性，都只是现代性的外在的表现形式而已。显然，现代社会流行的各种思想观念只是现代性在现代文明的精神生产领域的具体表现；现代社会遵循的各种制度模式只是现代性在现代文明的社会交往领域的具体表现；现代社会形成的各种生存方式只是现代性在现代文明的物质生活领域的具体表现。

二、从传统现代性到新型现代性

探寻现代性的历史渊源，应当追溯到欧洲第一次思想解放运动——文艺复兴运动。从人类文明发展史的角度看，文艺复兴运动是欧洲中古时期和近代的分水岭。文艺复兴运动兴起后的数百年间，欧洲以至世界的思想文化、经济政治和社会生活各个领域相继发生了一系列重大变革。首先，文艺复兴运动引发了 15—16 世纪欧洲的人文主义思潮，接下来是 16 世纪的宗教改革、16—17 世纪的科学革命、17—18 世纪的启蒙运动和资产阶级革命、18 世纪的工业革命、19 世纪资本主义体制的确立、19—20 世纪的工业化运动、20 世纪的世界现代化浪潮、20 世纪后期兴起的信息化和全球化趋势。这样一个历史过程正是现代性逐渐酝酿、生成、发展和演变的过程。

20 世纪中叶以来，人类社会的当代演进出现了两类重大历史现象：一类是发展中国家由传统农业文明社会向工业文明社会变迁；另一类是西方发达国家由工业社会向后工业社会迈进。伴随着这一历史进程，现代性问题在全球范围日益凸显，同时也成为国际学术界近数十年争论不休的热点问题。

围绕这一问题的争论，国际学术界逐渐形成了三种不同倾向的观点：①坚持现代性的观点认为，时至今日即使对西方社会而言，现代性仍是“一项未完成的方案”（哈贝马斯语），因此不应否定现代性的理念和原则。持这一类观点的代表性人物有哈贝马斯、吉登斯、布迪厄等。②解构现代性的观点认为，当今西方发达国家已经进入后工业社会，现代性的历史使命已经完成。在后现代社会继续坚持现代性的理念和原则已经不合时宜，应当对现代性予以彻底解构。持此类观点的代表性人物有福柯、德里达、利奥塔等。③批判现代性的观点则站在同情发展中国家、反对西方霸权的立场上，从反全球化和后殖民时代的视角，对现代性进行反思和批判。持这类观点的代表性人物包括沃勒斯坦、乔姆斯基、萨义德等。

国际学术界在现代性问题上出现上述三种观点之争，反映了学者对当今人类社会现代化发展状况的不同判断和对未来发展方向的不同抉择。三种观点的论者对现代性问题的评判固然有其各自的理由，但是三者都难以全面、准确地阐释当今人类文明进程中现代化发展面临的问题。笔者认为要对现代性问题做出全面、准确的阐释，必须通过人类文明进程的时空坐标来进行考察。

从时间维度看，现代性自从形成以来已经历了农业文明向工业文明过渡时期、工业文明大发展时期，如今进入工业文明向生态文明过渡时期。如果就现代化发展程度而言，人类社会走过了现代化酝酿期、现代化初级阶段，目前正在进入现代化高级阶段。随着人类社会文明形态的演进和现代化程度的提升，现代性呈现初始现代性→传统现代性→新型现代性依次递进的演化。

从空间维度看，欧洲大西洋沿岸的一些国家和地区在16—17世纪陆续进入现代化的酝酿期，农业文明在向工业文明的过渡中逐渐呈现出某些初始的现代性特征。18世纪中期，英国率先进入工业化、现代化发展阶段，到20世纪上半叶欧洲国家、日本、苏联等国家和北美、大洋洲地区普遍实现了现代化。随着工业文明的确立和高速扩张，其中内蕴的现代性逐渐固化为某种传统的东西而阻碍继续发展。今日人类社会已经进入全球化时代，人类文明已开始由工业文明向生态文明的过渡。作为早期工业文明表征的传统现代性已经不能反映当今时代的特征，无法适应全球化时代实现新型现代化的要求。因此，今天以中国为代表的发展中国家所面临的历史任务不是传统的现代化，而是新型的现代化；所需要的现代性不是传统现代性，而是新型现代性。

那么，何为新型现代性？简言之，新型现代性就是新型现代化的本质规定性。新型现代性内涵的主体多元性、本质多重性、叙事多样性、发展多向性、动态平衡性五项原则，突出体现了新型现代化的基本特性。

社会主义现代化的核心是人的现代化

张　智

中国人民大学马克思主义学院

现代化是人类社会发展进步的必由之路。人的现代化是当前中国现代化建设不得不直面和思考的一个问题。所谓人的现代化主要是人的生活方式、思想理念、价值观念和社会关系等由“传统”向“现代”发生的转型，是人的活动方式的历史脉络的现实体现。人的现代化是现代化的核心，是社会现代化进程的出发点和落脚点。

西方现代化研究专家英格尔斯开启了人的现代化研究的先河，奠定了以现代化理论框架研究人的发展问题的基础。但是，他把人的现代化理解为从传统人到现代化人的过程，有些笼统、泛化；把人的现代化仅解读为人的心理、思想和行为方式的转变，又有些简单、窄化。而且英格尔斯的研究忽视人的现代化的制度环境和社会生活，在人的现代化模式上持趋同论（convergence theory）也是不敢苟同的。此外，受英格尔斯人的现代化理论的影响，许多研究都是他的理论模型的简单套用和移植，所探讨的“人”是“抽象的人”，所确立的人的现代性标准是西化的“人”。

事实上，人的现代化是一个蕴涵丰富的大命题、大概念，它既包括人的现代化的理论，也包括人的现代化的实践；既包括人的现代化的过程，也包括人的现代化的结果；既包括作为手段的人的现代化，也包括作为目的的人的现代化；既包括人的全面现代化，也包括人的具体因素的现代化；既包括人的现代化的历史发展，也包括人的现代化的现实考究；既包括人的主观内在现代化，也包括人的客观外在现代化；等等。

我们从马克思主义关于人的发展的理论可见，人的现代化在本质上并不是一种内涵单纯和结构定型的“实体”，而是表征现实的人的传统性不断削弱和现代性不断增强、限制性不断降低和自由性不断提升、片面性不断摒弃和全面性不断张扬的“过程”。所谓人的现代化即是每个人从“依赖性的人”转变为“独立性的人”、从“狭隘地域性的人”转变为“世界历史性的人”、从“消极适应的人”变为“积极改造的人”、从“离群索居的人”转变为“广泛社会交往的人”、从“物的束缚的人”转变为“需要和能力全面发展的人”、从“片面异化的人”转变为“全面自由个性的人”等的过程。当然，这种现实的人在实践活动中的全面发展和进步的过程，不仅是人的世界、类的世界的现代化过程，同时也包含人的关系世界和周围世界现代化的过程。

在历史唯物主义的视域中，世界的现代化不但无法与人的现代化分离，而且它本身就是人的现代化的进程展示，人的现代化不仅是由人的自然存在和人的社会存在决定的，也是由人的生命需求和人的生存环境决定的。因此，从广义上讲，人的现代化是指现实的人及其世界的现代化，它包括：①人的自我世界的现代化，包括观念现代化、需要现代化、素质现代化、能力现代化和行为现代化等；②人的关系世界的现代化，包括人人关系现代化（人与人关系的现代化）、群己关系现代化（人与社会关系的现代化）和天人关系现代化（人与自然关系的现代化）；③人的周围世界的现代化，主要包括经济现代化、政治现代化、社会现代化、文化现代化和生态现代化等；从狭义上说，人的现代化仅指人的自我世界的现代化，即个人的现代化，包括人的观念现代化、需要现代化、素质现代化、能力现代化和行为现代化等。

社会主义是以人民为主体、为人民谋利益的事业，实现人的现代化是社会主义现代化的核心目标和任务。坚持以人民为中心是坚持和发展中国特色社会主义事业的现实要求。改革开放40多年来，中国现代化建设中最深刻的变化在于人，最根本的实惠归于人，最强大的动力源于人。人的利益、人的价值、人的尊严、人的全面发展始终是现代化的主旋律，人民群众的获得感、幸福感、安全感不断增强和提升。中国成功开辟的现代化道路，是一条迥异于西方现代性的，具有社会主义属性、体现中国特色、符合时代潮流、适切中国人生存和发展实际的中国道路。

俄罗斯的社会空间：衡量社会紧张感[①]

贝勒烨娃（Lyudmila Belyayeva）
莫斯科俄罗斯科学院哲学研究所

社会科学家和管理精英仍在努力寻找能够巩固俄罗斯社会的神奇力量。为此，他们提出了各种能够凝聚社会的民族思想，追溯历史，寻找共同的文化背景等。如何研究这样一种脱节的社会状态？国家的现代化在社会巩固过程中发挥了什么作用？从方法论的角度来看，这些问题可以通过社会空间的社会学理论来解决。

社会空间是一种比喻，代表着不同社会层次行为者的动态社会地位及其等级。行为者之间的互动可能建立在相互信任/不信任及团结/敌意的基础上，甚至出现本体论的危险感。正如Anthony Giddens明确指出，“空间不是社会群体赖以构成的空洞维度，而是应当从其参与建立互动系统的角度来看待”[②]。

当寻找俄罗斯社会巩固的实际问题时，需要衡量社会空间的紧张感。这种紧张感并不归结为政治紧张感（后者实际上反映了社会空间的紧张程度），而是存在于社会群体与代表他们的个人之间的相互关系的体系中，并不断地自我复制。当行为者的实际社会地位不符合他们的期望时，或者其地位在各种情况的影响下发生不利变化时，就会出现社会空间的紧张感。社会制度的变化，例如俄罗斯过去

① 本文是在俄罗斯联邦财产基金的资助下撰写的，项目号：17-03-50073。

② 转引自 Гидденс Э. 2006. Устроение общества.Очерк теории структурации，491.

25 年的社会制度的变化，打破了利益平衡，侵蚀了社会发展基准，改变了社会结构。阶层和群体之间的社会距离急剧扩大，而国家面临着分裂为寡头统治阶层和社会其他阶层的局面。社会空间的紧张感已经上升到了极高的程度。目前，急迫地需要统一各群体的社会认同并缩短它们之间的社会距离。

目前，社会空间紧张感问题的研究在理论和经验背景下非常重要。在发展社会空间概念的社会学家和社会哲学家的著作中可以找到许多解决这些问题的想法：团结；社交距离、社交圈子；互动网络；当地社区内部以及与外部世界的联系和接触；社会控制、流动性和边缘化；“同心区和同心圆”；分等级的社会阶层；有组织的社会关系的互动以及个人和集体实践；常规社会实践对社会体系总体组织的影响；作为公共生产结果的由事物和关系代表的社会空间的起源；拥有资本所有权的全部领域（经济、文化、社会、象征），使社会空间多维化。

下面将介绍几个社会空间紧张感的指标，这些指标都是在考虑了理论及其实证检验后制定的。本文将提出以下四类反映社会空间紧张程度的指标：①物质生活水平和人口的物质分化；②人口的社会结构；③中产阶级的形成和发展过程；④社会认同以及与社会机构的关系。

一、物质生活水平和人口的物质分化

实证指标包括收入低于最低生活水平的人口比例、民众对生活水平的自我评估、物质（金融）分化水平（基尼系数）。

相关性和聚类分析表明，俄罗斯实现的区域现代化水平与经济分层水平和贫困人口人群的存在没有明显的关系。显然，各地区推行的社会政策以及联邦和地区当局的预算政策发挥了更重要的作用。2015 年，俄罗斯全国基尼系数估计为 0.410。如果将俄罗斯地区与经历相似第二次现代化阶段的欧洲国家进行比较，如斯洛文尼亚、希腊、爱沙尼亚和捷克共和国，则会发现这些国家的物质分化水平要低得多，其中，斯洛文尼亚为 0.312，希腊为 0.343，爱沙尼亚为 0.360，捷克共和国为 0.251。此外，根据当地人口的自我评估，这些国家的贫困率要低得多。

俄罗斯如此高的分化水平是正在进行现代化的亚洲国家的典型表现，如中国（0.415）、新加坡（0.425）和土耳其（0.412）[①]。然而，我们走向现代化的道路不同于上述各国选择的道路。主要区别在于，1991 年，俄罗斯正在完成第一次现代化，进入第二次现代化阶段，当时的物质分化程度相当低。当年，俄罗斯全国基

① Россия и страны мира. 2010. Стат. сб.Табл. 5.1М.

尼系数估计为 0.260。

物质分化的突然变化激发了俄罗斯及其各地区的社会空间紧张感。目前，以牺牲石油和天然气出口收入为代价来维持生活水平，使这种紧张感得到了缓和，但如果没有经济多样化并加速第二次现代化，则缓和的机会将大大减少。

持续的收入集中和大量的低收入公民直接加剧了社会空间的紧张感。

应该关注人民对生活水平的自我评估。对财政状况的不满和收入分配不公平的感觉导致各地区和整个国家社会空间紧张感。

二、人口的社会结构

实证指标包括：人口的社会职业结构，社会提升的可能性、上层社会的开放性，地区移民流的平衡。

对前两个指标的实证材料的分析表明，工业企业数量的减少对从事经济活动的人的技术阶层、劳动力质量和经济升级前景产生了负面影响。在非熟练劳动力和低技能劳动力占主导地位的社会环境中，发展信息技术和知识型产业显然是一件危险的事。在这种情况下，由于文化和教育水平、生活方式、社会规范和价值观的差异，社会空间变得扭曲，紧张感逐渐累积。全球均呈现出这种趋势，从而减少了现代俄罗斯大量人群发生纵向社会流动的可能性。

第三个指标为具有不同主导文化和行为守则的移民流造成的社会空间紧张感。近年来，俄罗斯每年接收多达 60 万移民，根据不同的估计，总数目前已达到了 700 万—1200 万人，占全国总人口的 5%—8%。俄罗斯人口和移民之间宗教和文化传统的巨大差异阻碍了多元文化社会的形成。移民面临的不友好的社会环境以及在俄罗斯生活的风险导致会说俄语的熟练劳动力流入的减少。因此，移民俄罗斯的人群主要是来自农村地区准备从事低收入、非技术性工作的人。此外，他们经常不得不从事灰色产业或非法行业，过于依赖执法机构内的腐败行为。所有这些因素在俄罗斯地区的社会空间中导致巨大的紧张感。

三、中产阶级的形成和发展过程

实证指标包括中产阶级的规模和动态、专业构成、各行业就业情况。近年来在这些地区进行的监测和研究表明，俄罗斯中产阶级的规模几乎已经停止增长。

中产阶级目前占该地区成年人口的12%—24%，平均为整个俄罗斯的20%。这种停滞表明，就该国过去几年的发展模式而言，增长潜力已消耗殆尽。现代化的进程显然是缓慢的，因为任何成功的升级都伴随着中产阶级比例的增长，中产阶级是现代化的忠实支持者，只要中产阶级有足够的规模，就能够实现社会巩固。中产阶级的职业结构正在发生变化，管理者的参与度提升，而中小型企业的代表数却减少，这根本不是社会现代化进程中的典型。

大规模中产阶级产生于工业社会内部，但在去工业化和二次现代化发展不足的情况下开始迷失。中产阶级力量薄弱、人数减少，不利于消除地区社会空间中危险的紧张感，也不利于消除上层社会阶层和其他人口之间的差异。另外，中产阶级由于自我复制而保持稳定的地位并不断壮大时，就成为现代化道路上社会稳定发展的证据。

四、社会认同以及与社会机构的关系

实证指标包括对不同层次群体的自我认同、信任重要的社会机构（包括执法机构）。

进入21世纪，社会和人类之间的联系逐步减弱，人们的自我认同发生了变化。这种自我认同的范围实际上已经“缩小”到一个人的家庭和最亲密的朋友圈。这是经济体系出现危机和重大变化的必然结果。所有其他近距离交流的群体，例如同事和朋友，通常不属于现代俄罗斯人的亲密圈子。其背后的原因可能在于缺乏业余时间以及工作中的竞争削弱了友好的关系。民意调查数据证明了个人主义的发展以及与社会其他成员的疏远。

在俄罗斯人的自我认同中，令人担忧的是对同胞失去亲切感。2006—2010年，对俄罗斯本国人有亲切感的人数不断减少。在25—35岁的受过高等教育的俄罗斯人、大城市和莫斯科的居民和公民中，这一比例甚至更低。

人与人之间的信任是表示社会紧张程度的实证指标之一。根据欧洲社会调查，俄罗斯的这一指标远远落后于大多数欧洲国家。与此同时，若相互不信任，则不可能实现社会巩固。这是日常生活中持续沟通层面的巩固。在社会心理学背景下，弱化的社会融合可能使不信任指标达到下限，这不一定会转化为大规模的抗议，因为影响个人行为的是一种非常个人的自我情绪。社会焦虑和紧张的另一个标志是执法机构的可信度。警察机构的可信度落后于所有其他执法机构。这是俄罗斯全国趋势。

显然，研究俄罗斯和各地区的社会空间紧张感不仅是为了防止社会事件，也是为了利用现代化带来的机会巩固俄罗斯社会。

国家生活质量研究的维度分析

靳　京　李　扬　李　力
中国科学院中国现代化研究中心

本文以国家尺度生活质量的相关研究为例，选择十余个国际组织、国家、机构以及学者的生活质量研究，对其维度进行分析。这些研究工作主要包括欧盟生活质量“8+1”指标体系、经济合作与发展组织（Organization for Economic Cooperation and Development，OECD）美好生活指数、英国衡量国民福祉计划、加拿大幸福指数、澳大利亚国家发展指数、不丹国民幸福指数、Stiglitz-Sen-Fitoussi生活质量维度等。以期通过共性维度和差异性维度等的比较，为国家生活质量的研究与评价提供参考。

一、国家生活质量的相关研究

（一）国际组织的研究维度

许多国际组织都非常关注生活质量的评价和研究，这里选取欧盟和 OECD 的两项工作。

1. 欧盟生活质量“8+1”指标体系

2010 年，欧盟提出改进生活质量的多维度量，认为生活质量比经济产出和生活水平更广泛，它包括影响人们生活的各种因素，并超越其物质方面（EU，2018），并从 9 个方面衡量福祉和生活质量。这 9 个方面分别为物质生活条件、生产性活动、健康、教育、休闲与社交互动、经济安全与人身安全、治理和基本权利、自然和生活环境、总体生活感受（图 1）。

2. OECD 美好生活指数

2011 年，OECD 推出《生活怎么样》（How’s Life）研究报告，该研究以人类福祉分析框架为基础，系统分析 OECD 及其伙伴国家的生活质量、物质条件和影响未来福祉的资源，以及三个方面的变化（图 2）（OECD，2017b）。同年，OECD

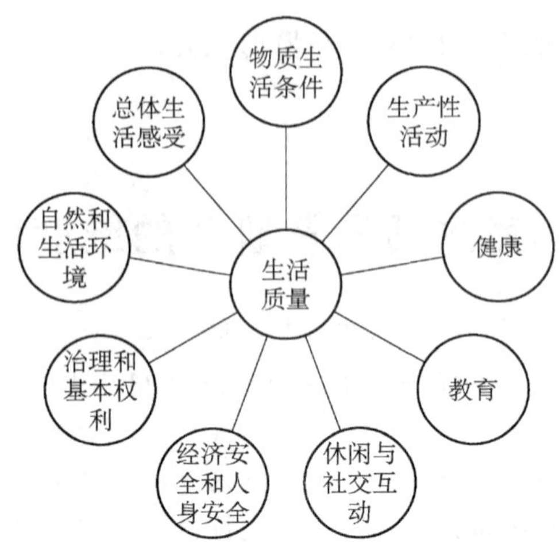

图 1　欧盟生活质量“8+1”指标体系（EU，2018）

提出美好生活指数（better life index），该指数的指标维度与 OECD《生活怎么样》基本保持一致，主要包括收入和财富、工作和生计、住房、工作和生活平衡、健康、教育和技能、社会关系、公民参与和治理、环境质量、个人安全、主观幸福感 11 个维度（OECD，2017a）。

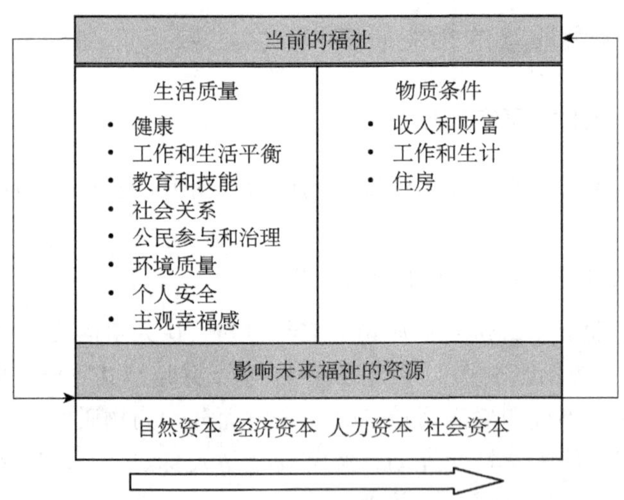

图 2　OECD 人类福祉分析框架（OECD，2017b）

（二）国家关于生活质量的研究维度

生活质量也是许多国家，尤其是发达国家的关注重点，并正逐步成为这些国家制定政策时的重要考量。这里选取英国、加拿大、澳大利亚和不丹 4 个国家的相关工作。

1. 英国衡量国民福祉计划

衡量国民福祉计划（Measures of National Well-being，MNW）是由英国国家统计局开展的，于 2010 年启动，其目的是通过开发一套公认的、值得信赖的国家福祉衡量标准和国家统计数据，帮助人们了解和监测国家福祉。衡量国民福祉计划的指标体系包括 10 个维度，分别为个人幸福、关系、健康、工作、居住、个人财务、经济、教育和技能、政府治理、自然环境（Office for National Statistics，2011）。

2. 加拿大幸福指数

2011 年，加拿大推出了加拿大幸福指数（Canadian Index of Wellbeing，CIW），旨在通过识别、开发和发布关于加拿大福祉的统计数据、报告等，使加拿大人能够分享所处的福利状态。加拿大幸福指数包含 8 个维度，分别为社区活力、民主参与、教育、环境、健康人口、休闲文化、生活水平和时间利用（CIW，2018）。

3. 澳大利亚国家发展指数

澳大利亚国家发展指数（Australian National Development Index，ANDI）于 2010 年启动，该指数是衡量国家进步和福祉的综合指标，反映了澳大利亚人的价值观和优先事项。澳大利亚国家发展指数基于社会、经济、健康和环境等因素，从 12 个维度来刻画全国福祉状况。这 12 个维度包括：儿童和年轻人的福祉，社区和地区生活，文化、休闲和娱乐，治理与民主，经济生活和繁荣，教育、知识和创新；环境与可持续性，正义、公平和人权，健康，原住民福祉，工作、工作和生活平衡，主观幸福和生活满意度（ANDI，2018）。

4. 不丹国民幸福指数

不丹的国民幸福（gross national happiness，GNH）理念已成为这个国家五年计划和其他发展计划的统一愿景。自第十个五年计划（2008—2013 年）以来，不丹已明确使用 GNH 指数作为衡量发展的工具。

国民幸福的理念强调人类社会的真正发展是物质和精神同步发展的，并且相互影响。国民幸福指数概念框架包括 9 个维度，分别为生活水平、教育、健康、文化多样性、社区活力、时间利用、心理幸福感、生态多样性和善治（Centre for Bhutan Studies & GNH Research，2016）。

（三）机构和学者关于生活质量的研究维度

机构和学者关于生活质量的研究工作也非常众多，这里选取了3项工作。

1. Stiglitz-Sen-Fitoussi 生活质量维度

2009年9月经济绩效和社会进步衡量委员会（Commission on the Measurement of Economic Performance and Social Progress）发布报告，提出了8个衡量生活质量的主要维度，它们分别是健康、物质生活标准、包括工作在内的个人活动、社会联系、教育、政府治理、环境、经济和生理等方面的不安全性（Stiglitz et al，2009）。

2. Cummins 主观生活质量的研究维度

关于主观生活质量的研究维度，不同学者有不同的划分。澳大利亚学者Cummins（1996）曾对152篇关于生活满意度的文献进行分析后认为，这些研究可以最终归为以下7个维度：物质生活条件、健康、工作、亲密关系、安全、社区和主观幸福感。

3. 郑宗生等国家生活质量研究维度

2006年，郑宗生、吴述尧、何传启三位学者建立了一种生活质量评价模型，并对120个国家的生活质量进行了实证分析。该生活质量评价模型主要包括5个维度：经济生活、社会生活、文化生活、生活环境、生活满意度（郑宗生等，2006）。

4. 其他学者的研究维度

表1列举了一些其他学者的生活质量研究维度。

表1　其他一些学者的生活质量研究维度

名称	研究维度	资料来源
Calvert-Henderson 生活质量指标	教育、就业、能源、环境、健康、人权、收入、基础设施、国家安全、公共安全、休闲、住房	Hazelhenderson，2018
国家客观生活质量	健康、收入、工作、教育、公平、文化	Lee，2003
欧盟国家生活质量	健康和安全、经济生活质量、工作生活质量、社会联系、教育质量、政府管理、环境质量	Grasso & Canova, 2008
世界各国社会生活质量	健康和环境、生活水平、社区和联系、自由和机会、和平与安全	Maridal，2017

二、不同生活质量研究的维度分析

生活质量的研究是多维的、综合的，涵盖居民生活的方方面面。这里将国际组织、国家、机构以及学者构建的生活质量研究维度进行比较。

由于不同研究工作的维度划分方式存在差异，首先将已有维度分为15类，分别为健康，家庭，住房，收入与物质条件，工作、工作与生活的平衡，社会联系，教育，社会公平，休闲文化，政府治理与政治参与，生态环境，经济环境，公共安全，生活满意度，其他。其次，将不同研究中的维度与这15类进行大致对应（表2）。

通过表2的比较可以看出，不同研究工作的维度既存在共性，也存在差异，主要表现在以下几个方面。

（1）9个领域被多数研究所关注。表2显示，出现10次（含）以上的维度主要分布在健康，收入与物质条件，工作、工作与生活平衡，社会联系、教育和生态环境领域；出现7次（含）至10次的维度主要分布在政府治理与政治参与、公共安全和生活满意度领域。

（2）5个领域的关注度差异明显。家庭、住房、社会公平、休闲文化、经济环境领域在不同研究间存在较明显差异，其中，家庭出现了1次、住房出现了3次、社会公平出现了4次、休闲文化出现了6次、经济环境出现了3次，相关研究对这5个领域的关注度差异较为明显。

（3）一些特色维度体现了生活质量研究的国别差异和区域特色。除了以上领域外，还有研究使用了具有国别差异或特色性的维度，例如在澳大利亚的国家发展指数中，使用了原住民福祉和儿童、年轻人福祉两个维度，对这两个群体进行特别关注。

三、小结

生活质量研究是一门交叉科学，涉及经济学、社会学、医学、心理学、管理学、生态学、发展研究和现代化科学等多门学科，由于研究视角和研究尺度等的不同，生活质量的研究维度也存在差异。本研究以国家尺度上的研究工作为例，选择13个国际组织、国家、机构以及学者的生活质量研究，对其维度进行比较分析，探寻其中的共性和差异。

分析显示，不同研究的维度既存在共性，也存在差异，其中，有9个领域被多数生活质量研究所关注，它们分别是健康，收入与物质条件，工作、工作与生活的平衡，社会联系，教育，生态环境，政府治理与政治参与，公共安全和生活满意度；5个领域的关注度存在明显差异，它们分别是家庭、住房、社会公平、休闲文化和经济环境；此外，还有一些特色维度体现了生活质量研究的国别差异或区域特色。本文可为国家生活质量的研究与评价提供参考。

表 2　不同生活质量研究的维度分析

分类	欧盟生活质量（8+1）	OECD 美好生活	英国国民福祉计划	加拿大幸福指数	澳大利亚国家发展指数	不丹国民幸福指标	Stiglitz-生活质量维度	Cummins 主观生活质量	郑宗生等国家生活质量	Calvert-Henderson	LEE	Grasso et al.	Maridal	出现次数
健康	健康	健康	健康	健康人口	健康	健康	健康	健康		健康	健康	健康	健康	12
家庭								亲密关系						1
住房		住房	居住							住房				3
收入与物质条件	物质生活条件	收入	个人财务	生活水平		生活水平	物质生活标准	物质生活条件	经济生活	收入	收入	经济生活质量	生活水平	12
工作、工作与生活	生产性活动	工作 工作和生活	工作	时间利用	工作、工作与生活的平衡	时间利用	包括工作在内的个人活动	工作		就业	工作	就业生活质量		11
社会联系	休闲与社交互动	社会关系/社区	关系	社区活力	社区和地区生活	社区活力	社会联系	社区	社会生活			社会联系	社区和关系	11
教育	教育	教育与技能	教育和技能	教育	教育、知识和创造力	教育	教育			教育	教育	教育质量		10
社会公平					正义、公平和人权					人权	公平		自由和机会	4
休闲文化				休闲文化	文化、休闲和娱乐	文化多样性和弹性			文化生活	休闲	文化			6
政府治理	治理和基本权利	公民参与和治理	治理	民主参与	治理与民主	善治	政府治理					政府管理		8
生态环境	自然和生活环境	环境质量	自然环境	环境	环境与可持续性	生态多样性	环境		生活环境	环境		环境质量	环境	11
经济环境			经济		经济生活和繁荣					能源基础设施				3

续表

分类	欧盟生活质量（8+1）	OECD 美好生活	英国国民福祉计划	加拿大幸福指数	澳大利亚国家发展指数	不丹国民幸福指标	Stiglitz-生活质量维度	Cummins 主观生活质量	郑宗生等国家生活质量	Calvert-Henderson	LEE	Grasso et al.	Maridal	出现次数
公共安全	经济安全与人身安全	个人安全					经济和生理等的不安全性	安全		国家安全公共安全		安全	和平与安全	7
生活满意度	总体生活感受	主观幸福感	个人幸福		主观幸福和生活满意度	心理幸福感		主观幸福感	生活满意度					7
其他					原住民福祉儿童、年轻人福祉									1

注：由于不同指标体系的分类方式存在差异，这里的维度分类只是大致对应，部分维度存在一定交叉。

资料来源：EU，2018；OECD，2017；Office for National Statistics，2018；CIW，2018，ANDI，2018；Centre for Bhutan Studies &GNH Research，2016；Stiglitz et al，2009；Cummins，1996；郑宗生等，2006；Hazelhenderson，2018；LEE，2003；Grasso et.al，2008；Maridal，2017.

参考文献

郑宗生，吴述尧，何传启. 2006. 世界 120 个国家的生活质量比较. 理论与现代化，（4）：1.

ANDI. 2018. The Only National Framework to Capture the Essence of National, Sustainable Wellbeing. [2018-11-20]. http://www.andi.org.au/the-index-in-a-nutshell.html.

Centre for Bhutan Studies & GNH Research. 2016. A Compass towards a Just and Harmonious Society: 2015 GNH Survey Report[R]. Thimphu: Centre for Bhutan Studies & GNH Research.

CIW. 2018. Canadian Index of Wellbeing：Domains and Indicators. [2018-11-30]. https://uwaterloo.ca/canadian-index-wellbeing/what-we-do/domains-and-indicators.

Cummins R A. 1996. The domains of life satisfaction: An attempt to order chaos. Social Indicators Research, 38: 303-328.

Erofound. 2018. European Quality of Life Survey. [2018-11-20]. https://www.eurofound.europa.eu/data.

EU. 2018. Details on the 8+1 Dimensions.[2018-11-20] . https://ec.europa.eu/eurostat/web/gdp-and-beyond/quality-of-life/data.

Grasso M, Canova L. 2008. An assessment of the quality of life in the European Union based on the social indicators approach. Social Indicators Research, 87: 1-25.

Hazelhenderson. 2018. Calvert-Henderson Quality of life indicator.[2018-10-01]. http://hazelhenderson.com/.

Lee H S. 2003. Objective quality of life in Korea and the OECD countries. Social Indicators Research, 63: 481-508.

Maridal J H. 2017. A worldwide measure of societal quality of life. Social Indicators Research, 134: 1-38.

OECD. 2017a. Better Life Index-Edition 2017. [2018-11-26]. https://stats.oecd.org/index.aspx?DatasetCode= BLI.

OECD. 2017b. How's Life? 2017: Measuring Well-being. Paris: OECD.

Office for National Statistics, UK. 2011. Measuring National Well-being: A discussion paper on domains and measures. (2011-10-30)[2018-11-20]. https://www.museumsassociation.org/download?id=623497.

Office for National Statistics,UK. 2018. The national well-being domains and measures dataset. (2018-9-26)[2018-11-20]. https://www.ons.gov.uk/peoplepopulationandcommunity/wellbeing/datasets/measuringnationalwellbeingdomainsandmeasures.

Stiglitz J E, Sen A, Fitoussi J P. 2009. Report by the Commission on the measurement of economic performance and social progress. [2018-11-20] https://ec.europa.eu/eurostat/documents/118025/118123/Fitoussi+Commission+report.

中国国有企业改制展望

胡　义
中国经济思想史学会

自 1978 年改革开放以来，中国国有企业的改制已经持续了 40 余年。随着中国经济的增长，国有企业取得了巨大的成功。关于国有企业的主流观点是，大多数政策制定者和学者都希望建立一个立足于公有制的社会主义市场体系。该体制不仅通过市场有效地分配资源，还利用宏观调控来保护群众的利益，避免财富过度集中。然而，新制度经济学家 Brousseau 和 Glachat（2008）坚持认为，由于交易成本高，在发展中国家和转型经济体的大多数改革方案中，私有化均被列为最优先事项。本研究方案创建了一个新的历史制度分析框架来分析这一问题。

Marcuzzo（2008）指出，理性重建中最重要的是重塑之前提出的论点，形成现代理论框架。本研究方案是重建旧的制度主义、历史唯物主义、现象学的思想以及一些软系统方法，形成一个新的框架。本框架由以下三部分组成。

（1）还原典型案例中基于“行为主体”的信念和动机被视为制度变革的诱因。根据行为者—制度—动态理论，“行为者指在复杂的结构中处于不同位置的个人和集体机构”，“行为主体”是一个新的多行为者假设（Burns，2006）。Jakson（2003）也说过，“我们目前有六个涉及根本定义的要素。W=‘世界观’让变革富有意义”。

（2）制度变革最终将有利于资源的有效配置。适应性效率的概念在微观和宏观层面得到重建。

（3）典型案例：证明框架合理性和可收缩性的简单依据。

中国经济中存在一个典型的经济因素，即存款额比贷款额多出了 13 万亿元人民币，这是流动资金的来源。根据 Keynes 的分析，谨慎动机和投资动机拉动了存款。这一因素表明我们的社会保障体系不足以满足民众的需求，民众缺乏投资渠道。因此产生了大量的存款。我们必须减持国有股，加大社会保障基金，为私人资本提供更多投资机会。我们认为，不断变化的经济增长模式必须依靠自主创新。有学者认为，（民营）企业家是经济发展的主要组织者，这是一种新的生产和创新组合。（民营）企业家进行创新也是为了获得所有权。为了刺激创新，中国必须将一些国有股让与（民营）企业家。成功改革的理念——双轨制的核心思想是确保新的市场因素逐渐发挥作用，同时维持旧体制的运作，直至新的市场因素最终取代旧的体制。中国成功的价格改革就是一个很好的例子。中国国有企业改革应该类似于价格改革。从私有财产保护写入宪法到支持非公有制企业的发展，中国在逐渐提高非公有制企业的地位。这意味着非公有制企业将取代国有企业。

非公有制企业取代国有企业的时间表取决于是否有利于资源的有效配置。①中国国有企业改制将最大限度地减少资产泡沫的负面影响，国有股减持既有利于社会保障体制，刺激需求，还能吸收房地产市场的资金。②为了保持可持续发展，依靠投资实现经济增长是不可行的，因为投资率已高达 50%。由于欧债危机，过于依赖出口促进经济增长是不合理的，我们必须加快建设社会保障体制，刺激消费增长，促进创新，实现可持续增长。③Grossman 和 Hart 区分了不完全合约的特定和剩余控制权，认为剩余控制权的分配是至关重要的激励措施。根据产权理论和公司理论，Qian（1996）指出，中国国有企业改革的目标应该是降低政治和机构成本，这可以通过去政治化、有效的公司治理和再社会化来实现。④鉴于国有企业资产属于优质资产，有人仍然排斥国有企业改革。我们必须指出，许多国有企业依靠规模效应及其垄断地位来维持自身的主导地位。事实上，在先进生产力主导的竞争行业，民营企业取得了很大的进步并占据了主导地位，如华为和新浪，而国有企业已退出。有分析指出明晰产权对创新有显著的激励作用。

结论

国有企业改制势在必行，但并非当务之急。资源的有效配置是经济体制的最终目标。在理论上，本研究有助于计划经济中的经济体制转型，以及经济体制的演变。

参考文献

Brousseau E, Glachat J M. 2008. New Institutional Economics a Guidebook. Cambridage: Cambridage University Press.

Burns T R. 2006. The sociology of complex systems: An overview of actor-system-dynamics theory.World Future, 62: 411-440.

Capoccia G, Ziblatt D. 2010. The historical turn in democratization studies: A new research agenda for Europe and beyond. Comparative Political Studies , 43, 931.

Checkland P. 1999. Soft System Methodology a 30-year Retrospecfive. New York: John Wiiley & SONS LTD. http://journals.isss.org/index.php/proceedings55th/article/view/1609,ISSN 1999 6918.

Husser E. 1954. Crisis of European Sciences and Transcendental Phenomenology. Evanston: Northwestern University Press.

Jackson M C. 2003. Systems Thinking: Creative Holism for Managers. New York: John Wiley & Son Ltd.

Marcuzzo M C. 2008. Is history of economic thought a “serious” subject? Journal for Philosophy and Economics, 1(1): XX.

Midgley G .1997. Developing the methodology of TSI: From the obligue use of methods to creative design. System Practice ,(10): 3.

Nakamori Y. 2011. A theory of knowledge construction system. Systems Research and Behavioral Science 28, 15-39.

Nayak A, Chia R. 2011. Thinking becoming and emergence:process philosophy and organniazation studies. In Harridimos Tsoukas, Robert Chia. Philosophy and Organizatio Theory 281-309. Bingley: Emerald Group Publishing Limited.

Qian Y. 1996. Enterprise reform in China: Agency problems and political control. Economics of Transition, 4(2): 427-447.

浅析生活质量现代化特征及发展趋势
——以智能家居普及化为例

宁学斯[①]

国家行政学院

“住”与其他生活场景有着巨大的交叉联系，并且也是人类视为较重要的生存指标，在生活质量变化中起着尤为关键的作用。本文试从“住”的角度，分析生活质量现代化特征。

一、从智能家居角度定义生活质量现代化

人们现在对住所的要求已不仅仅是休息的场所，更要求房屋来“适应”人的习惯，于是作为人类生活质量提升的手段，智能家居便发展起来，成为现代家庭的宠儿，并逐渐普及。

智能家居的发展极大程度地带动了生活质量发展，故而通过归纳智能家居特点得出生活质量现代化特点。从现在的发展来看，智能家居覆盖了越来越大的生活圈，便利了人们的生活，似乎人工的成分也越来越少，无论是人因为智能化发展变得慵懒，还是人本身因为慵懒而推动了智能化产业发展，智能化都无疑是生

① 宁学斯，中央党校（国家行政学院）硕士研究生，中国未来研究会一带一路专业委员会会员。

活质量现代化未来发展的趋势。

智能家居以高安全性、高便利性、舒适性、艺术性、环保节能等特点作为生活质量的保障，又由于其交互性、自我感知的功能给用户带来了更好的体验。

当前生活质量现代化以互联网为基础，以便利化、智能化的产物为依托，为缓解当前社会的主要矛盾，以提升人民幸福感为主旨，利用信息化的物联网的搭建而使人们在经济、社会、文化、生态等方面得到满足。

二、智能家居的中外生活质量现代化特点

（一）与国际生活质量现代化的比较

在国际上衡量生活质量现代化标准大致分为5个维度，即经济生活、社会生活、文化生活、生活环境、生活满意度。发达国家的生活质量往往由工作压力大小、生活富足与否、娱乐设施是否充足、教育的覆盖率等多个指标来判定。由于国外发达国家发展早于中国，发展模式与社会环境及国情也不尽相同，判定生活质量现代化标准也有所差别。总体来说，与之前国际生活质量现代化地位完全不同，中国近年的飞速发展已在国际上有了一定的影响力，人民生活质量也随着技术、经济等的提升而逐渐提高。

（二）当前中国生活质量现代化的特点

1. 服务产品注重个性化、标准化

当代服务均以人为服务对象，依据个人偏好，结合其生活节奏和状态，针对其生活需求，综合分析用户的信息以及日常习惯，通过物联网技术将适合用户的解决方案发送给相关设备，通过各种智能终端为用户带来更强的沉浸感，从而提高其生活质量。

生活服务型产品逐渐走向智能化，各种不同功能的设备无法相互连接已经成为阻碍物联网普及的关键因素。当前应更加注重标准化发展，用统一的规则，同一种标准，约束同功能不同品牌产品连接统一器件，并实现不同功能的设备相互连通，打通技术壁垒，为人民提供可选择的、多样的服务产品。

2. 经济发展趋好，人均收入达到一定高度

要享受高品质智能化的生活用品，就要有足够的收入支持。优质服务产品要进行普及推广，则经济发展一定是趋于良好的，只有整体水平的提高才能保障人们的生活质量。同时，经济也是决定生活质量的原因之一。

3. 生活方式便利化、数字化、智能化发展

由于互联网的飞速发展，人们现在可以只携带一个手机出门，数字化的交易、智能化的操作都潜移默化地改变着当前的生活方式，也逐渐成为一个发展趋势，给人们的生活带来了极大的方便，同时携带的出行用品也朝轻便化方向发展。随着技术的成熟，人们的生活方式会愈加富有科技感。

4. 生活效率提升

一些简单的重复类工作机器将逐渐取代人工，人的“重体力活”正逐渐被操作工具取代，为人类“省力”是生活质量现代化的重要改变，节省下来的时间可以让人们从事更有意义的工作或活动，让人们将更多的时间用于“生活”而不是劳累，充分发挥人脑的潜能或许能为未来创造更多的可能性。

5. 生活环境健康化、绿色化发展

现在人们已经不仅仅追求吃饱穿暖，更开始追求健康，这也是生活质量现代化的衡量标准之一。在发展中，应越来越重视节约能源，注重保护和改善自然环境，并建立良好的文化氛围，为人们提供更为良好的生活空间，真正提高人民的生活质量。

三、当前局势下生活质量现代化发展趋势展望

（一）人在生活质量提升中发挥的作用

人的需求往往是影响生活质量发展的关键因素，因需求而出现的种种产物则是由人脑设计的，人脑设计出的设备能代替人工，却代替不了人脑。懒惰也绝不是衡量现代化发展水平的因素。同时，人类凭借自身素质导向、规范、调节着事态发展，在社会活动中不仅使物质发生变化，同时在自然物质变化过程中成就自我。

1. 人在社会环境中的作用

机器、设备、自然资源等物质性要素及物化到产品中的各种软件都是由人主导的，它们始终是人操作的工具，并进行生产加工；人在社会环境中创造价值为整个社会的经济基础提供了保障，在一定时期形成的文化亦给当代生活现代化提供了背景。

2. 人的核心地位

生活质量由人感知，人有了需求后，开始创造相应的产物，最终服务于人。

人作为生产主体，需要本身的道德、技能、责任心等素质来进行产品的更新换代，通过提高人的生活满意度，推动科技进步，进而推动生活现代化发展。

（二）生活质量现代化未来发展方向

生活质量现代化标准是动态的、发展的，随着时代的要求而改变的，每个时代、每个阶段对于生活质量现代化的判定标准亦是不同的。未来的智能家居可能慢慢“感知”人所想，更好地做到智能管家提高人们的幸福感。同样，生活质量现代化的发展方向也与以下要素紧密联系。

1. 以“人”为主导，提升生活质量

（1）人始终是生活的创造者。人作为创造力的先锋，主导着现代化进程，能够推动生活质量的进步和发展，无论是发展思路还是技术导向都是人脑完成设想的，这一点是其他人工智能产品永远没法代替的。

（2）发展方向应是利人的。生活质量的提高是为了服务于人，给人类减负。未来生活质量发展会以重视健康为主，会更加重视私人空间。打造人类生活舒适化走向，让人的生活无论在生存环境还是社会文化都有进一步的提高是未来的发展方向。

2. 科技创新性

随技术发展不断更新换代，科技的创新对生活质量现代化发展有着导向的作用，新技术的出现影响着人们的生活。人类提出很多理念为当前人所期待，但是由于技术尚未被开发或不成熟而不能应用于生活；同时，科技的发展会给人们带来新的想法、新的创意，并进一步提高人们的生活质量。

3. 联动化、整体化、系统化发展

像智能家居的整体化一样，一体化可以促进科技产品的整合，构成超越原有的单个智能设备（系统）的集合，成为智能化程度更高的现代化服务系统。未来生活质量现代化的发展是通过各方联动，统一控制的。未来的发展一定是整体的发展，“共同体”的理念也是现代化发展的思路。

系统化往往基于一个成熟的终端平台，使众多产品系统化，以一个终端平台控制全部智能产品。以智能家居的系统化为例，使它们接受远程控制，甚至由手机终端数据做出最优的反应，那么最终就可构建一个更为完善的家居环境，智能家居产品的系统化将会为使用者提供更加便捷的生活方式。

参考文献

包晓安，徐海，张娜等. 2019. 基于深度学习的语音识别模型及其在智能家居中的应用. 浙江理工大学学报（自然科学版），41（2）：217-223.

姚晓峰，章伟，武利秀. 2019. 物联网在智能家居中的应用. 中小企业管理与科技（下旬刊），（1）：184-185.

尹小曼，马俊，陈博行等. 2019. 基于 zigbee 技术的智能家居环境监测系统设计与实现. 自动化与仪器仪表，（3）：96-99.

曾庆煌，廖清杨，冯景韬等. 2018. 智能家居微信远程控制系统的设计. 信息与电脑（理论版），（7）：125-126，130.

Chung T Y, Mashal I, Alsaryrah O, et al. 2014. Design and implementation of light-weight smart home gateway for Social Web of Things. Ubiquitous and Future Networks (ICUFN), 2014 Sixth International Conference .

Gong X D. 2002. Quality of life: An important new field of quality work in the 21st century(5). World Standardization and Quality Management, (11): 29-31.

Liping H, Baozhong L. 2019. Forge ahead reform road to carry on the past and open a new era-interpret the valuable experience of reform and opening up from the change of China's GDP world ranking.High School Politics Teaching Reference, (4): 4-5.

Mingqian C. 2019. IoT platform building based on artificial intelligence. Science and Technology Communication, 11(4): 116-118.

Mittal S. 2015. A Study of Relationship of Service Quality,Customer Satisfaction and Service Value with Customer Loyalty of Life Insurance Customers in India. Emirates Research Publishing Limited.Proceedings of International Conference on Studies in Humanities and Social Sciences (SHSS-2015, France). Emirates Research Publishing Limited:Emirates Research Publishing Limited: 4.

Noor M, Aizuddin N. 2013. Whole Life Cycle Costing and Quality Satisfaction: Public Housing Floor Material. Information Engineering Research Institute, USA.Proceedings of 2013 2nd International Conference on Key Engineering Materials and Computer Science(KEMCS 2013 Ⅱ). Information Engineering Research Institute, USA:Institute of intelligent information technology applications: 7.

Peng S C, Dai L S, Su T H. 2014. The design of smart electrical outlet for Smart Home base on power line communication. Intelligent Green Building and Smart Grid (IGBSG), 2014 International Conference.

Yihang Y. 2019. IoT driven smart home development status and prospects. Communication world,

26(2): 216-217.

Zhang X, Kato T,Matsuyama T. 2014. Learning a context-aware personal model of appliance usage patterns in smart home. Innovative Smart Grid Technologies - Asia (ISGT Asia), 2014 IEEE.

Zhou Y, Chen Y, Xu G, et al. 2014. Home energy management from demand side in smart grid. Innovative Smart Grid Technologies-Asia (ISGT Asia), 2014 IEEE.

附　　录

世界现代化论坛章程
——致力于推动全球现代化研究

世界现代化论坛秘书处
中国科学院中国现代化研究中心
2019 年 5 月 24 日

序　言

2013 年以来，世界现代化论坛在北京成功举办了三次。论坛学术委员会由 32 位国际著名学者组成，他们来自 12 个国家，包括捷克、芬兰、德国、意大利、韩国、荷兰、中国、波兰、罗马尼亚、俄罗斯、英国和美国。在首届世界现代化论坛上，与会学者围绕会议主题进行了深入讨论，达成了若干共识，发布了《现代化论坛宣言》，其主要内容包含如下四点。

- 现代化是 18 世纪以来人类文明的一种深刻变化；它既包括政治、经济、社会、文化各个领域从传统向现代的巨大转变，也包括人的全面发展和自然环境的合理保护。
- 现代化既是一个过程，又是一种状态。从政策角度看，它既是不同国家现代化的世界先进水平，又是追赶或保持这种先进水平的过程，同时文化具有多元性。目前世界各国都在自觉或不自觉地经历某种现代化过程，如果愿意都可以把实现现代化作为一个国家目标。
- 现代化研究是一门交叉科学，可以促进人们对现代化现象的认识，回答人们关心的问题，例如：什么是现代化？什么是现代性？哪些国家是现代化国家？发达国家如何保持发达水平？发展中国家如何成为发达国家？
- 为促进现代化研究和现代化进程，需要成立世界现代化学会（Institute of World Modernization，IMA）、定期举办世界现代化论坛、建立开放获取的现代化科学期刊（Journals of Modern Science，JMS）。

根据《现代化论坛宣言》，为规范世界现代化论坛的管理，促进论坛的健康发展，我们全球参与或致力于现代化研究的学者决定制定本章程。

第一章　总　　则

1.1　本论坛的中文名称为世界现代化论坛（以下简称论坛），英文名称为

International Modernization Forum，简写为 IMF。

1.2 论坛名称及章程的修订依据本章程第六章的内容及相关程序进行。

1.3 论坛的终止依据本章程第七章的内容及相关程序进行。

1.4 论坛由成员、理事会、学术委员会、秘书处以及论坛总部构成。

1.5 论坛联合主席来自全球不同的大洲，由论坛成员选举产生。

1.6 中国科学院中国现代化研究中心是本论坛的主要发起和主办单位。论坛可以邀请更多单位，作为论坛的合作单位或团体成员。

第二章 宗旨、目标和学术活动

2.1 论坛的宗旨：提供一个开放的、非营利的国际学术平台，以促进全球现代化研究和世界现代化进程。

2.2 论坛的目标包括：

- 通过促进关于现代化的多学科、跨学科、国际比较和合作研究，推动现代化科学的发展。
- 通过组织世界各地的学者，创建开放的国际网络，主办系列会议，交流与现代化研究有关的最新信息，为其成员提供服务。
- 为决策者提供现代化战略和现代化政策的相关咨询。

2.3 论坛的学术活动包括：

- 每三年举办一届世界现代论坛。
- 构建现代化研究的国际学术共同体，创建现代化研究学术网站。
- 组织、联合组织、参与或主办其他现代化研究相关会议与活动。
- 起草、主编或合编现代化研究相关出版物。
- 组织或参与现代化研究相关培训。
- 与本论坛宗旨和目标相一致的团体建立合作关系。
- 与本论坛目标相一致的其他活动。

第三章 成员及其权利和义务

3.1 论坛成员包括个人成员和团体成员；成员应承认和遵守论坛章程。

3.2 个人成员须具备以下条件之一：

- 高等院校、研究机构以及智库机构的学者。
- 博士研究生。
- 政府、国际组织、非政府组织的雇员。
- 曾为现代化研究领域做出贡献的个人。

● 在各级政府中现代化政策的制定者。

3.3　个人或团体如要成为论坛成员，需向论坛秘书处提交申请。

3.4　申请者可经论坛网站下载论坛申请表，邮寄或电子邮件发送至秘书处，提请秘书处审核、批准、备案。

3.5　论坛成员应按期缴纳论坛服务费。论坛服务费的数额由理事会决定和定期公布。2019 年 5 月至 2022 年 5 月，全体成员免缴论坛服务费。

3.6　论坛设立发起成员、普通成员、荣誉成员和名誉主席四类成员：

● 发起成员。首届世界现代化论坛的主要组织者和学术委员会委员自动成为发起成员，他们分别是：周光召院士、何传启研究员、陈争平教授、董正华教授、方竹兰教授、哈全安教授、李文研究员，姜义华教授、钱乘旦教授、许正中教授、杨宜勇研究员、邹力行研究员、周宪教授、Prof. Alberto Martinelli，Prof. Jose Antonio Ocampo，Prof. Liping Bu，Prof. Maurie J. Cohen，Prof. Diego Coletto，Prof. Geoff Hodgson，Prof. Eliseeva Irina，Prof. Martin Janicke，Prof. Müller Karel，Prof. Juha Kotilainen，Prof. Edwin Pak-wah Leung，Prof. Jie-Hyun Lim，Prof. Arthur P. J. Mol，Prof. Munir Morad，Prof. Gert Spaargaren，Prof. Piotr Sztompka，Prof. Edward Tiryakian，Prof. Catalin Turliuc，Prof. Fedotova Valentina，Prof. Hellmut Wollmann。发起成员终身免缴论坛服务费。

● 普通成员。经秘书处批准、定期验证、按期缴纳论坛服务费并承诺为实现论坛目标而努力的个人或团体；以及那些经理事会批准和确认，为实现论坛目标作出重大财务贡献的个人或团体。

● 荣誉成员。经理事会审核、批准，授予曾为论坛做出特殊贡献的成员。荣誉成员终身免缴论坛服务费，享有理事会会议的发言权，但没有投票权。

● 名誉主席。论坛主席任期结束后，将被授予名誉主席的称号。名誉主席有权参加理事会会议并拥有表决权。名誉主席免缴论坛服务费。新名誉主席的人数将不计入第四章规定的理事会成员的人数。

3.7　成员的权利：

● 优先参加世界现代化论坛。

● 优先参加世界现代化论坛合办的其他会议。

● 优先被邀请参加论坛组织的各类活动并享受缴费折扣。

● 在论坛官方网站建立自己的个人主页。

● 通过电子邮件免费获取 Modernization Science Newsletter（《现代科学通讯》）。

● 通过电子邮件获取论坛的各类信息。

3.8　成员资格在下列情况下被视为终止：死亡、论坛解散或活动终止，申请退出，或由理事会决定终止成员资格。

3.9　理事会有权因不支付论坛服务费和/或理事会认为具有不符合论坛利益的行为而终止任何成员的成员资格。下列情况被视为成员资格终止：

- 成员至少提前三个月书面提出退出论坛。
- 秘书处书面通知成员其成员资格终止。

第四章　组织和管理

4.1　论坛理事会负责论坛的管理。

4.2　论坛理事会一般不超过 11 名成员，其中 8 位由成员选举并在成员中产生。理事会包括以下成员：

- 论坛名誉主席：中国科学院前院长周光召院士。
- 三位联合主席：分别来自美洲、亚洲和欧洲。
- 五位成员代表：分别来自五大洲，并在成员中选举产生。
- 一位主办单位代表：中国科学院中国现代化研究中心主任。
- 一位执行秘书：论坛秘书处主任。

4.3　在理事会会议闭会期间，联合主席全面负责论坛事务，他们可推荐一名执行主席处理论坛的日常事务。

4.4　理事会会议每三年举行一次，联合主席根据简单多数作出决定。理事会会议也可以通过电子邮件等方式在互联网上举行。

4.5　理事会成员每届任期三年，每名理事会成员任期最多不超过两个任期。

4.6　首次联合主席的选举将在 2022 年举行。首届联合主席根据其学术贡献经推荐产生：

- Alberto Martinelli 教授，来自欧洲。意大利米兰大学政治学与社会学荣誉教授，联合国教科文组织国际社会科学理事会前主席，国际社会学联合会前主席。
- Jose Antonio Ocampo 教授，来自美洲。美国哥伦比亚大学国际关系学教授，联合国经济社会理事会发展政策委员会主席，联合国前副秘书长。
- 何传启教授，来自亚洲。中国科学院中国现代化研究中心主任，世界现代化论坛创办者，国际欧亚科学院院士。

4.7　其他五名理事会成员（五名成员代表）的选举将于 2019 年由第三届世界现代化论坛的所有参与者举行。

4.8　投票将由成员或论坛出席者举手表决，或通过成员在互联网上进行投票。每名成员有一票表决权。表决将以普通多数票做出。在票数相等的情况下，联合主席拥有决定性的一票。

4.9　中国科学院中国现代化研究中心主任由中国科学院任命。

4.10　秘书处主任由中国科学院中国现代化研究中心推荐、联合主席任命。

4.11　秘书处负责论坛的日常运行。秘书处设在中国科学院中国现代化研究中心。

4.12　论坛总部为论坛秘书处所在地，设在中国北京。

4.13　论坛举办地点设在北京中国科技会堂。

4.14　秘书处主任负责秘书处的日常工作；遵循论坛的目标，促进论坛的发展；对联合主席和理事会负责，每年向理事会报告。

4.15　论坛学术委员会负责学术活动，并向论坛提供咨询意见，如论坛论文的同行评议、论坛文集的编辑等。

4.16　Martinelli 教授和何传启教授继续作为论坛学术委员会的联合主席。

第五章　财务管理

5.1　论坛财政年度为每年的 1 月 1 日到 12 月 31 日。秘书处负责年度财务，并向理事会做年度报告。

5.2　论坛的收入包括：论坛服务费，每年收取，原则上在每个财政年度的第一天支付；论坛获得的私人或公共补贴、捐款或捐赠；来自论坛资产的收入；论坛服务的收益；论坛获得的实物捐赠；符合论坛的目标以及现行法律法规的所有其他收入。

第六章　章程修订

6.1　任何修改本章程的请求及其理由，应通过论坛秘书处以书面形式提交理事会，并由不少于 3 名有表决权的理事会成员或不少于 10 名论坛成员签名。申请书应包括一个建议的生效日期。

6.2　每一项修改请求都需要论坛 2/3 成员的投票通过。秘书处应将每次修订投票结果报告理事会，以便付诸相应行动。

第七章　终止程序

7.1　论坛经理事会批准方可解散。

第八章　附　　则

8.1　中国科技会堂是世界现代化论坛的主会场。世界现代化论坛的分论坛，可根据成员的要求在其他地方举行。

8.2 论坛官方网站为：http://www.modernization.ac.cn.

8.3 论坛办公邮箱为：imf@mail.las.ac.cn.

8.4 世界现代化论坛英文论文集的标题为“Global Modernization Review”，中文标题为“世界现代化报告”。

8.5 本章程自 2019 年 5 月 25 日生效。

2015 年 131 个国家的新人类发展指数

何传启
中国科学院中国现代化研究中心

“如何测量人类发展水平”一文，完成了 2015 年世界 131 个国家的新人类发展指数评价（表 1）。它从健康长寿、知识普及、信息共享、环境友好和富裕生活 5 个方面评价人类发展水平，反映了信息时代的人类发展水平。

表 1　2015 年 131 个国家的新人类发展指数

国家	预期寿命（岁）	大学普及率（%）	互联网普及率（%）	生活废水处理率（%）	人均购买力（美元）	健康指数	知识指数	信息指数	环境指数	富裕指数	新人类发展指数	排名
新加坡	82.7	83.9	79.0	100.0	83 760	87.9	83.9	79.0	100.0	104.7	90.6	1
挪威	82.3	78.0	96.8	78.4	64 280	87.2	78.0	96.8	78.4	80.3	83.8	2
丹麦	80.7	82.1	96.3	93.2	50 190	84.5	82.1	96.3	93.2	62.6	82.9	3
荷兰	81.5	80.6	91.7	97.5	49 250	85.8	80.6	91.7	97.5	61.5	82.4	4
瑞士	82.9	57.5	87.5	99.0	65 210	88.2	57.5	87.5	99.0	81.5	81.4	5
美国	78.7	88.9	74.6	89.5	57 880	81.2	88.9	74.6	89.5	72.3	81.0	6
奥地利	81.2	80.6	83.9	96.8	49 520	85.3	80.6	83.9	96.8	61.8	80.8	7
芬兰	81.5	87.7	86.4	91.6	42 450	85.8	87.7	86.4	91.6	52.9	79.4	8
韩国	82.0	93.3	89.9	98.5	35 300	86.7	93.3	89.9	98.5	44.0	79.4	9
澳大利亚	82.4	119.7	84.6	74.2	45 270	87.3	100	84.6	74.2	56.5	79.1	10
比利时	81.0	74.6	85.1	97.1	45 330	85.0	74.6	85.1	97.1	56.6	78.4	11
德国	80.6	66.3	87.6	95.5	48 690	84.4	66.3	87.6	95.5	60.8	77.8	12
瑞典	82.2	62.3	90.6	92.3	48 510	87.0	62.3	90.6	92.3	60.5	77.2	13
日本	83.8	63.2	91.1	99.8	42 270	89.7	63.2	91.1	99.8	52.7	77.1	14
爱尔兰	81.5	77.2	83.5	70.3	54 230	85.8	77.2	83.5	70.3	67.7	76.6	15

续表

国家	预期寿命（岁）	大学普及率（%）	互联网普及率（%）	生活废水处理率（%）	人均购买力（美元）	健康指数	知识指数	信息指数	环境指数	富裕指数	新人类发展指数	排名
西班牙	82.8	89.5	78.7	97.5	34 740	88.1	89.5	78.7	97.5	43.3	76.5	16
英国	81.0	57.3	92.0	97.6	40 660	84.9	57.3	92.0	97.6	50.7	74.0	17
加拿大	82.1	65.3	88.5	76.8	43 960	86.9	65.3	88.5	76.8	54.8	73.3	18
新西兰	81.5	80.6	88.2	75.9	36 090	85.8	80.6	88.2	75.9	45.0	73.1	19
法国	82.3	62.8	78.0	92.1	41 100	87.1	62.8	78.0	92.1	51.3	72.6	20
沙特阿拉伯	74.4	60.6	69.6	84.5	55 580	74.0	60.6	69.6	84.5	69.4	71.2	21
以色列	82.1	64.7	77.4	93.3	35 580	86.8	64.7	77.4	93.3	44.3	70.9	22
爱沙尼亚	77.6	72.0	88.4	92.9	28 090	79.3	72.0	88.4	92.9	34.9	69.7	23
希腊	81.0	126.4	66.8	75.2	26 820	85.1	100	66.8	75.2	33.4	67.7	24
斯洛文尼亚	80.8	80.0	73.1	75.7	30 520	84.6	80.0	73.1	75.7	38.0	67.7	25
意大利	82.5	62.9	58.1	95.4	36 440	87.6	62.9	58.1	95.4	45.4	67.4	26
智利	79.3	88.3	76.6	85.5	22 120	82.2	88.3	76.6	85.5	27.5	66.6	27
捷克	78.6	64.5	75.7	81.9	31 210	81.0	64.5	75.7	81.9	38.9	66.1	28
科威特	74.6	21.1	77.5	100.0	81 000	74.3	21.1	77.5	100.0	101.3	65.7	29
拉脱维亚	74.5	74.3	79.2	78.4	24 620	74.1	74.3	79.2	78.4	30.6	63.7	30
斯洛伐克	76.6	50.7	77.6	81.7	28 990	77.6	50.7	77.6	81.7	36.1	61.8	31
波兰	77.5	66.7	68.0	77.1	25 670	79.1	66.7	68.0	77.1	31.9	61.5	32
葡萄牙	81.1	61.4	68.6	61.7	28 720	85.2	61.4	68.6	61.7	35.7	60.2	33
立陶宛	74.3	69.7	71.4	61.2	27 730	73.9	69.7	71.4	61.2	34.5	60.0	34
白俄罗斯	73.6	88.2	67.3	76.2	17 540	72.7	88.2	67.3	76.2	21.7	59.0	35
俄罗斯	71.2	80.5	70.1	—	24 060	68.6	80.5	70.1	—	29.9	58.3	36
克罗地亚	77.3	67.0	69.8	60.1	22 860	78.8	67.0	69.8	60.1	28.4	57.5	37
匈牙利	75.6	48.9	72.8	75.6	24 680	75.9	48.9	72.8	75.6	30.7	57.5	38
马来西亚	75.1	42.4	71.1	81.9	25 900	75.2	42.4	71.1	81.9	32.2	56.9	39
土耳其	75.5	95.4	53.7	44.3	24 570	75.8	95.4	53.7	44.3	30.5	55.5	40
乌拉圭	77.3	55.6	64.6	63.6	20 530	78.9	55.6	64.6	63.6	25.5	54.0	41
哈萨克斯坦	72.0	45.8	70.8	—	23 550	70.0	45.8	70.8	—	29.3	50.8	42
保加利亚	74.6	70.3	56.7	48.9	17 820	74.4	70.3	56.7	48.9	22.1	50.2	43
阿尔巴尼亚	78.2	66.4	63.3	64.8	11 800	80.3	66.4	63.3	64.8	14.5	50.2	44
阿根廷	76.4	86.0	68.0	26.5	19 980	77.4	86.0	68.0	26.5	24.8	49.5	45
罗马尼亚	75.0	46.8	55.8	57.1	21 130	75.0	46.8	55.8	57.1	26.2	49.4	46
伊朗	75.7	68.8	45.3	—	17 620	76.2	68.8	45.3	—	21.8	47.7	47

续表

国家	预期寿命（岁）	大学普及率（%）	互联网普及率（%）	生活废水处理率（%）	人均购买力（美元）	健康指数	知识指数	信息指数	环境指数	富裕指数	新人类发展指数	排名
哥斯达黎加	79.6	53.6	59.8	—	15 000	82.7	53.6	59.8	—	18.5	47.1	48
巴拿马	77.8	47.3	51.2	—	19 980	79.7	47.3	51.2	—	24.8	46.8	49
中国	76.1	45.4	50.3	59.7	14 400	76.8	45.4	50.3	59.7	17.8	45.1	50
叙利亚	69.9	43.7	30.0	—	—	66.5	43.7	30.0	—	—	44.3	51
巴西	75.3	51.1	58.3	38.6	15 320	75.5	51.1	58.3	38.6	18.9	44.0	52
马其顿	75.5	41.1	70.4	—	13 400	75.9	41.1	70.4	—	16.5	43.7	53
多米尼加	73.7	50.1	54.2	—	13 660	72.8	50.1	54.2	—	16.9	42.7	54
约旦	74.2	37.4	60.1	77.3	8 940	73.6	37.4	60.1	77.3	11.0	42.6	55
墨西哥	76.9	30.8	57.4	45.2	16 830	78.2	30.8	57.4	45.2	20.8	42.0	56
突尼斯	75.5	34.7	46.5	73.5	11 110	75.9	34.7	46.5	73.5	13.7	41.5	57
阿塞拜疆	71.9	25.5	77.0	—	17 100	69.9	25.5	77.0	—	21.2	41.3	58
泰国	75.1	49.3	39.3	—	15 400	75.2	49.3	39.3	—	19.0	40.8	59
乌克兰	71.2		48.9	—	7 850	68.6	80.1	48.9	—	9.6	40.1	60
厄瓜多尔	76.1	45.5	48.9	42.4	11 250	76.8	45.5	48.9	42.4	13.8	39.8	61
秘鲁	74.7	69.6	40.9	30.3	12 100	74.6	69.6	40.9	30.3	14.9	39.5	62
亚美尼亚	74.4	46.5	59.1	—	9 090	74.1	46.5	59.1	—	11.1	38.8	63
黎巴嫩	79.4	38.5	74.0	20.1	13 990	82.3	38.5	74.0	20.1	17.3	38.2	64
哥伦比亚	74.2	55.7	55.9	19.6	13 490	73.7	55.7	55.9	19.6	16.7	37.6	65
埃及	71.3	35.1	37.8	60.6	10 570	68.8	35.1	37.8	60.6	13.0	37.3	66
格鲁吉亚	73.1	45.6	47.6	—	9 350	71.8	45.6	47.6	—	11.5	36.6	67
巴拉圭	73.0	35.1	49.7	—	11 430	71.7	35.1	49.7	—	14.1	36.4	68
委内瑞拉	74.4		61.9	19.1	16 010	73.9	28.5	61.9	19.1	19.8	34.6	69
蒙古	69.1	68.6	22.5	—	11 160	65.1	68.6	22.5	—	13.7	34.3	70
摩洛哥	75.6	28.4	57.1	38.1	7 670	76.0	28.4	57.1	38.1	9.4	33.8	71
摩尔多瓦	71.5	41.2	69.0	—	5 410	69.1	41.2	69.0	—	6.5	33.7	72
博茨瓦纳	65.8	28.2	37.3	—	15 770	59.7	28.2	37.3	—	19.5	33.3	73
菲律宾	69.0	29.6	53.7	—	8 850	64.9	29.6	53.7	—	10.8	32.5	74
阿尔及利亚	75.9	36.8	38.2	19.1	14 220	76.4	36.8	38.2	19.1	17.6	32.5	75
南非	62.0	20.5	51.9	—	12 850	53.3	20.5	51.9	—	15.9	30.8	76
牙买加	75.8	26.9	42.2	—	8 310	76.4	26.9	42.2	—	10.2	30.6	77
越南	76.1	28.8	43.5	—	5 610	76.8	28.8	43.5	—	6.8	28.4	78
斯里兰卡	75.1	19.8	30.0	—	11 500	75.1	19.8	30.0	—	14.2	28.2	79
萨尔瓦多	73.3	28.1	26.8	—	7 120	72.1	28.1	26.8	—	8.7	26.2	80

续表

国家	预期寿命（岁）	大学普及率（%）	互联网普及率（%）	生活废水处理率（%）	人均购买力（美元）	健康指数	知识指数	信息指数	环境指数	富裕指数	新人类发展指数	排名
土库曼斯坦	67.7	—	15.0	—	15 030	62.8	—	15.0	—	18.6	26.0	81
印度尼西亚	69.0	23.0	22.0	—	10 670	65.0	23.0	22.0	—	13.1	25.6	82
危地马拉	73.2	21.3	28.8	—	7 600	71.9	21.3	28.8	—	9.3	25.3	83
吉尔吉斯斯坦	70.7	47.3	30.2	—	3 310	67.8	47.3	30.2	—	3.9	24.8	84
纳米比亚	63.8	19.3	25.7	—	10 570	56.3	19.3	25.7	—	13.0	24.5	85
玻利维亚	68.8	—	35.6	19.0	6 720	64.6	—	35.6	19.0	8.2	24.4	86
印度	68.3	26.9	26.0	—	6 060	63.8	26.9	26.0	—	7.3	23.9	87
洪都拉斯	73.4	20.8	27.6	—	4 280	72.3	20.8	27.6	—	5.1	21.5	88
乌兹别克斯坦	71.2	8.2	42.8	—	6 200	68.7	8.2	42.8	—	7.5	20.6	89
老挝	66.3	18.1	18.2	—	5 860	60.6	18.1	18.2	—	7.1	19.4	90
塔吉克斯坦	70.9	26.3	19.0	—	3 360	68.1	26.3	19.0	—	4.0	19.2	91
加纳	62.4	15.8	31.4	—	3 980	54.1	15.8	31.4	—	4.7	18.9	92
尼加拉瓜	75.1	10.8	19.7	—	5 130	75.2	10.8	19.7	—	6.2	17.7	93
赞比亚	61.4	—	21.0	—	3 800	52.3		21.0	—	4.5	17.1	94
孟加拉国	72.2	17.3	14.4	—	3 550	70.3	17.3	14.4	—	4.2	16.5	95
柬埔寨	68.6	13.1	22.3	—	3 290	64.4	13.1	22.3	—	3.9	16.4	96
塞内加尔	66.8	10.4	21.7	24.1	3 040	61.3	10.4	21.7	24.1	3.6	16.4	97
喀麦隆	57.6	17.4	20.7	—	3 450	46.0	17.4	20.7	—	4.1	16.1	98
尼日利亚	53.0	9.6	24.5	—	5 890	38.3	9.6	24.5	—	7.1	15.9	99
也门共和国	64.7	10.5	24.1	—	3 160	57.9	10.5	24.1	—	3.7	15.3	100
巴基斯坦	66.3	9.9	14.0	—	5 310	60.5	9.9	14.0	—	6.4	15.2	101
科特迪瓦	53.1	9.0	38.4	—	3 350	38.4	9.0	38.4	—	3.9	15.1	102
尼泊尔	69.9	14.9	17.6	—	2 500	66.5	14.9	17.6	—	2.9	15.0	103
安哥拉	61.2	8.5	12.4	—	6 720	52.1	8.5	12.4	—	8.2	14.6	104
缅甸	66.5	5.4	21.7	—	5 220	60.8	5.4	21.7	—	6.3	14.6	105
刚果共和国	64.1		7.6	—	5 840	56.9		7.6	—	7.1	14.5	106
莱索托	53.7	9.1	25.0	—	3 210	39.6	9.1	25.0	—	3.8	13.6	107
肯尼亚	66.7	9.4	16.6	—	2 990	61.2	9.4	16.6	—	3.5	13.5	108
巴布亚新几内亚	65.4		7.9	—	3 890	59.0		7.9	—	4.6	12.9	109

续表

国家	预期寿命（岁）	大学普及率（%）	互联网普及率（%）	生活废水处理率（%）	人均购买力（美元）	健康指数	知识指数	信息指数	环境指数	富裕指数	新人类发展指数	排名
津巴布韦	60.4	8.5	22.7	—	2 110	50.7	8.5	22.7	—	2.4	12.4	110
毛里塔尼亚	63.1	5.5	15.2	—	3 690	55.1	5.5	15.2	—	4.4	11.9	111
贝宁	60.6	13.6	11.3	—	2 100	51.1	13.6	11.3	—	2.4	11.7	112
卢旺达	66.7	7.9	18.0	—	1 800	61.2	7.9	18.0	—	2.0	11.5	113
海地	63.1	—	12.2	—	1 770	55.1	—	12.2	—	2.0	11.0	114
埃塞俄比亚	65.0	7.3	13.9	—	1 630	58.4	7.3	13.9	—	1.8	10.1	115
几内亚	59.4	10.4	8.2	—	1 820	49.0	10.4	8.2	—	2.0	9.6	116
坦桑尼亚	65.0	3.9	10.0	—	2 610	58.3	3.9	10.0	—	3.0	9.1	117
乌干达	59.6	3.9	17.8	—	1 740	49.3	3.9	17.8	—	1.9	9.0	118
多哥	59.9	10.7	7.1	—	1 590	49.9	10.7	7.1	—	1.7	9.0	119
莫桑比克	57.7	6.5	16.9	—	1 170	46.2	6.5	16.9	—	1.2	8.9	120
马里	57.5	5.5	10.3	—	2 000	45.8	5.5	10.3	—	2.3	8.7	121
布基纳法索	59.9	5.1	11.4	—	1 640	49.9	5.1	11.4	—	1.8	8.5	122
塞拉利昂	51.4		6.3	—	1 380	35.7	—	6.3	—	1.5	6.9	123
马达加斯加	65.5	4.8	4.2	—	1 410	59.2	4.8	4.2	—	1.5	6.5	124
布隆迪	57.1	6.0	4.9	—	760	45.2	6.0	4.9	—	0.7	5.5	125
刚果民主共和国	59.2	6.6	3.8	—	800	48.7	6.6	3.8	—	0.8	5.5	126
尼日尔	59.7	3.5	2.5	8.5	950	49.4	3.5	2.5	8.5	0.9	5.1	127
乍得	52.6	2.1	3.5	—	2 130	37.6	2.1	3.5	—	2.4	5.1	128
马拉维	62.7	0.7	9.3	—	1 120	54.4	0.7	9.3	—	1.2	4.5	129
厄立特里亚	64.6	2.5	1.1	—	1 370	57.7	2.5	1.1	—	1.5	3.9	130
中非	51.4	2.6	3.8	—	660	35.7	2.6	3.8	—	0.6	3.8	131
高收入国家	80.3	76.1	79.4	80.5	45 129	83.9	76.1	79.4	80.5	56.3	74.5	
中等收入国家	71.1	34.1	38.6	—	10 793	68.5	34.1	38.6	—	13.3	33.1	
低收入国家	62.5	8.9	11.7	—	2 000	54.2	8.9	11.7	—	2.3	10.6	
世界	71.9	36.7	43.0	39.3	15 696	69.8	36.7	43.0	39.3	19.4	38.4	

注：“—”表示没有数据。